교대근무

교대근무

초판 1쇄 인쇄일 2015년 12월 28일
초판 1쇄 발행일 2015년 12월 31일

지은이 김진해
펴낸이 양옥매
편   집 육성수
디자인 이윤경
교   정 김인혜

펴낸곳 도서출판 책과나무
출판등록 제2012-000376
주소 서울특별시 마포구 월드컵북로 44길 37 천지빌딩 3층
대표전화 02.372.1537 팩스 02.372.1538
이메일 booknamu2007@naver.com
홈페이지 www.booknamu.com
ISBN 979-11-5776-098-5(03300)

이 도서의 국립중앙도서관 출판시도서목록(CIP)은 서지정보유통지원 시스템
홈페이지(http://seoji.nl.go.kr)와 국가자료공동목록시스템
(http://www.nl.go.kr/kolisnet)에서 이용하실 수 있습니다.
(CIP제어번호 : CIP2015025960)

교대근무

책과나무

　　우리나라 산업에 종사하는 교대근무자는 몇 명이나 될까?

　　뜬금없는 질문이지만, 우리나라에는 교대근무에 종사하는 근로자 수에 대한 정확한 통계가 집계된 자료가 확인되지 않는다. 고용노동부가 발표한 우리나라 취업자는 2015년 6월 기준으로 2,620만 명이다. 그 중에 남성 취업자는 1,506만 명이며, 여성 취업자는 1,114만 명이다. 그리고 고용노동부가 지난 2011년 6월에 상용근로자 10인 이상의 기업체를 대상으로 근로시간실태를 조사한 결과 따르면, 우리나라 산업체에서 교대근무제를 도입하여 운용하고 있는 기업체의 도입률은 15.4%에 이른다. 이 도입률은 10인 이하의 소규모 업체는 조사대상에서 배제되어 있어 실제적으로는 최소 16% 이상의 도입률이 추정되고 있다. 따라서 이러한 통계를 기준으로 우리나라의 교대근무에 종사하는 교대근무자의 수를 산출해 내기로 한다. 현재 우리나라 취업자 2,620만 명에다 교대근무제 도입률인 16%를 적용하여 환산하는 경우, 교대근무제에 종사하는 취업자 수의 산출규모는 400만 명을 훨씬 웃도는 통계수치이다.

수백만 명의 교대근무자는 어느 분야에서 무엇을 할까?

　교대근무자들은 우리나라 전체 산업의 거의 모든 직종에 종사하고 있다.

　수천 년의 역사를 지니고 오늘날까지 교대로 보초서는 경계경비는 한 나라의 국방의 초석이며, 경찰청과 교정청, 그리고 해양경비는 국가의 치안과 국민의 공공안녕과 질서를 담당하며, 소방관은 국민의 재산과 생명을 감시하고 지키며, 전기와 통신 및 가스, 그리고 상수도, 도로공사와 조폐공사 및 담배인삼공사 등은 공공서비스 제공과 물품을 조달한다. 철도와 지하철 및 항공 그리고 항만과 버스 및 택시 등 육해공로의 교통망은 여객과 화물운송을 담당하고, 병원과 응급센터는 국민의 건강과 응급서비스를 담당하며, 각종 관제센터는 응급상황을 통제 및 관리하고 있다.

　산업분야의 반도체와 석유화학 및 자동차, 그리고 제철, 조선 등 중화학공업 분야는 국가의 기간산업이며, 섬유와 신발, 제약은 물론 제과와 제빵 등은 일상생활의 소비재를 생산하고 있다.

　또한 방송국과 신문사 및 통신사, 이동통신, 케이블 TV, 홈쇼핑 등의 언론 및 통신 분야는 24시간 동안 정보와 오락을 제공한다. 그리고 호텔과 숙박업, 백화점과 대형마트 및 24시간 편의점, 카지노 및 오락, 외식업 등은 국민의 레저와 휴식을 제공하고 있으며, 유치원과 보육원 등은 유아보육을 담당하고, 요양원과 노인복지센터 및 장애인복지관 등은 사회복지를 증진시키고 있다.

　그밖에도 국가의 주요시설과 빌딩의 경비는 시설보호, 아파트 등의 경비는 주민의 안녕을 도모한다.

교대근무자들의 위치와 가장 큰 고충은 무엇인가?

우리나라 전체 산업에서 교대근무자들과 관련되지 않는 업종은 없을 정도로 매우 다양한 직업과 직종에 골고루 분포되어 있다. 그러나 그들은 조직적으로나 신분적으로 사회적 약자들이다. 수직적 조직에서는 말단부서나 현장부서에서 근무하고, 조직의 상하관계에서는 대부분 명령에 복종하고 지시를 수행하는 감정노동자들이다. 일터인 현장에서 갑(甲)의 예속문화에 자신의 업무적 소신보다는 전근대적 세습적 섬김 의식으로 무장된 을(乙)의 위치이다. 최근에 항공기 라면사건과 땅콩사건 등으로 인해 세간의 관심은 반짝 끌기는 했지만, 그들의 목소리가 이내 속절없이 잦아드는 것을 목격했다. 그러한 고충은 언제나 갑의 시각에서 해결되고, 그들의 시각에서 업무를 지지하고, 불합리한 환경을 개선하려는 목소리는 관심에서 멀어지게 된다. 즉, '현장의 목소리는 현장에서 사라질 뿐이다.'라는 명제가 정답이 된다. 현장에서의 목소리는 커지면 커질수록 자신의 신상에 미치는 여파가 비례하고, 결국에는 교대근무자의 인격이 도외시되는 가운데 공과를 떠나 모든 해결은 물질적 손실마저 본인이 감수하는 선에서 끝나도록 관습화되어 있다. 끝내 자신의 잘못이 없어도 고객을 우선하는 고객우월주의에 그들의 애달픈 목소리만 허공을 메아리친다. 필자도 종전의 직장에서 40여년을 근무하면서 간과 쓸개를 집에 걸어놓고 출근하라는 우스갯소리를 선배들로부터 종종 들어왔고, 또 후배들에게 대물림으로 들려주었다. 그래서 교대근무자들은 쓰라린 감정을 추스르기 위해 폭음과 폭주에 애꿎은 분풀이를 계속하여 자신의 건강을 크게 해치는 경우가 늘어나고 있다.

교대근무제는 영구불멸의 근무제도이다.

　오늘날, 우리 사회는 고도화된 정보화시대에서 세분화된 사회적 기능과 다양하고 복잡한 국민적 욕구의 기대는 물론 국가적 재화의 생산과 서비스의 필요에 따라 이에 능동적으로 대처하기 위한 근무제로서 교대근무제는 절대적으로 필수적인 제도로 자리매김하고 있다. 따라서 교대근무제는 사회적 복잡성 및 다양성에 보다 효율적으로 대응하기 위한 필수적인 제도로서, 지구상의 영구불멸화의 근무제도로서 그 기능의 중요성을 간과해서는 안 된다.

　교대근무제에 대해 일반적으로 우리의 사회에 자리 잡은 것은 1970년대 산업화 시대라고 국민들은 의식하고 있다. 그러나 그렇지 않다. 교대근무는 수 천 년의 인류역사와 함께 유지된 것으로 유구한 역사성을 지닌 고유한 전통적 근무제이다. 즉, 원시시대부터 인류의 조상들은 자신의 생명과 재산을 지키기 위해 보초를 세워 교대로 번을 서게 된 것이 오늘날의 교대근무의 원류였다. 이와 같이 수만 년의 역사성을 지닌 교대근무는 인구의 증가와 문명의 발달과 더불어 점진적으로 발전하여 국가의 제도로 사회생활에 깊숙이 영위해오다가 산업혁명이라는 대변혁으로 인해 공장제 근무제도가 도입하게 되었고, 포드시스템의 발명으로 현대적 교대근무제를 가동하면서 오늘에 이르기까지 그 명맥을 유지해 오면서 산업의 총아로 각광받는 제도로 정착되었다.

　이제, 우리는 씨족사회로부터 오늘날 문명의 이기가 고도화된 현대사회에 이르기까지 교대근무에 의해 국가와 사회가 발전해 왔음을 주지하여야 한다. 따라서 앞으로도 국가의 발전과 국민의 미래의 운명이 교대근무에 의해 좌우된다는 것을 간과해서는 안 된다. 이러한 역사적 조명과 증명에 의해 교대근무제는 이 지구상에서 인간과 더불어 영원히 발전해 나갈 것이라는 점을 그 누가거부하거나 부인할 수 있겠는가?

저자가 '교대근무'에 대한 집필의 계기는?

저자는 교대근무와 관련하여 두 가지 측면에서 정말 깊은 인연을 맺고 있다. 하나는 제도적으로 한평생 체험한 것이고, 다른 하나는 학문적인 접근으로 공부한 것이다.

먼저, 제도적인 측면에서의 경험이다. 저자는 40년 이상의 오랜 세월을 교대근무제 직장인 서울 지하철에서 근무했다. 1974년도 24시간 맞교대(철비)근무제를 시작으로 1989년 4조 3교대제, 2001년 3조 2교대제, 2012년 2조 2교대, 2015년 4조 2교대제의 시행으로 다양한 교대근무제를 직·간접적으로 경험하였다. 직접적인 사례를 들면, 앞서의 4조 3교대에서 1997년 일근(통상근무)으로 전환될 때도 그런 기대감을 가졌다. 그러나 교대근무의 비정상적인 생체리듬에서 정상적인 생체리듬으로 전환되었음에도 불구하고, 교대근무제로 누적된 생활의 불규칙성으로 생각지도 못하게 발생한 후유증에 3개월 정도 시달려야 했다.

두 번째는 교대근무에 대한 학문적 접근이다. 2006년 단국대학교 박사과정에 입학한 것이 결정적인 계기가 되었다. 교대근무 관련 자료를 수집하는 과정에서 학문적 기초자료가 다른 학문에 비해 매우 미미하여 학문적 불모지나 다름없었다. 사람중심의 근무시스템인 교대근무제는 통상근무제에서 요구되는 인문학, 사회과학, 자연과학적 연구보다 더 깊이 연구되어야 제대로 이해할 수 있고, 그로 인해 제기되는 문제의 해결대책이 축적되리라고 확신하였다. 당시에 일부 의료분야를 제외하고 학문적 기반이 너무나 빈약했다. 교대근무 관련 학문적 자료의 축적이 미미했고, 정책적 자료제공 기반이 취약했으며, 사회적 기반인식이 저조했었다. 따라서 교대근무제는 철학, 사회과학, 자연과학, 기술과학, 역사학 등 다양한 분야에서 활발하게 접근되어야 한다.

논어의 위정爲政편에서 공자는 "나는 열다섯 살에 학문에 뜻을 두었고, 서른 살에 학문을 터득하여 자립하였고, 마흔 살에 사리를 알게 되어 의혹을 품지 않았고, 쉰 살에 하늘이 내게 준 사명이 무엇인가를 깨달았고…(후략)"라는 구절이 있다. 이를 나에게 적용하면, 쉰의 나이에 학문을 시작했고, 예순의 나이에 학문을 터득하기 시작했으며, 예순이 넘어 사리를 깨닫기 시작하면서 평생의 직장에 대한 학문적 체계를 터득하기 시작했으니, 이러한 하늘의 뜻을 어찌 기쁘게 받아들이지 않겠는가? 이러한 뜻은 하늘이 내게 준 가장 소중한 사명이라고 생각한다. 그리하여 배우고 때때로 익히는 하늘의 뜻을 어찌 뒤로 미룰 수 있었겠는가? 먼저 깨우친 사람이 숙명적으로 해야 할 과업인 것을….

마지막으로 이 책이 나오기까지 물심양면으로 도와주시고 격려해주신 학교 선배님들과 동기들 그리고 후배들에게 감사의 말씀을 드린다. 특히, 박사과정의 학문적 기틀을 다져주신 송운석 교수님과 우리나라 교대근무에 대한 연구의 필요성을 강조해 주신 정창화 교수님께 감사의 말씀을 드린다. 그리고 이 책이 출판되기까지 조언을 아끼지 않은 '도서출판 책과 나무'의 양옥매 사장님과 부족함이 넘치는 원고를 편집에서 교정과정을 거쳐 제본까지 심혈을 기울인 육성수 편집장님, 그리고 표지의 디자인을 담당한 이윤경님께 감사드린다. 끝으로 욕심을 내지 않는 무던한 모습으로 늘 안타까움만 끼쳐드린 아버님 영전에 이 책을 바칩니다. 그리고 시골에서 오매불망 아들 걱정에 노심초사하시는 어머님께 이 영광을 돌립니다. 또한, 늘 옆에서 무심하듯 지켜보며 예리하게 채찍해 준 아내 정금선, 아빠를 존경하는 든든한 나의 사랑하는 큰딸 현주와 작은 딸 효주, 그리고 아빠로서 따뜻한 친구가 돼주지 못한 사이 믿음직스럽고 멋진 청년으로 성장해준 아들, 재연과 그간의 노고를 함께합니다.

2015년 10월, 북악산 기슭에서, 영봉 쓰다.

교대근무는
비정형 근무형태이다

일반적으로 조직의 목표를 달성하기 위하여 과업을 맡고 있는 개인이나 집단들이 어떻게 연결되어 있느냐에 따라 조직구조가 달라진다. 교대근무제는 일반적으로 공공부문과 일반조직의 하부 또는 말단의 공식적 조직에서 기계적인 생산성을 지향하기 위하여 비정형적인 근무시간시스템에 의해 근무하는 특수한 제도이다. 조직차원에서 교대근무제의 구조는 비공식조직과 대비되는 공식적인 조직이며, 기능적으로는 회사의 상층부에서 수립한 정책을 현장에 하달하면, 실무적인 업무를 집행하는 현장조직 또는 현업조직이다. 그리고 업무적으로는 회사의 본사나 본부의 지휘명령체계에 의한 수직적 체계이며, 강한 상명하복의 지휘체계여서 교대근무조직에서 본사나 본부로 건의 및 제안 등의 절차가 극히 수직적인데 비해 교대근무 현장은 업무의 인수인계 등으로 비교적 활성화된 수평적 조직이다.

1

교대근무의
근무형태

　교대근무제는 특수한 근무제도이다. 일반적으로 공공부문과 일반 조직의 하부 또는 말단의 공식적 조직에서 기계적인 생산성을 지향하고 있기 때문에 비정형적인 시간에 근무하는 제도이다. 조직적인 차원에서 교대근무제의 구조는 비공식조직과 대비되는 공식적인 조직이며, 본사나 본부는 통상적인 근무 제도를 시행하고 현장과 현업은 대부분 교대근무제를 실시하는 이원적 근무제도이다. 기능적으로는 본사나 본부에서 수립되는 정책이나 지시사항을 집행하기 위하여 현장이나 현업에 하달하여 물적 재화와 무형의 재화를 생산하도록 실무적인 업무를 수행하는 현장조직 또는 현업조직이다. 그리고 업무적으로는 본사나 본부의 지휘명령체계에 의한 강한 수직적 체계이자 조직의 상·하간 권한 위양이 고도로 제한적인 반면 현장조직은 상대적으로 수평적 조직에 가깝다.

교대근무제의 정의

일반적으로 교대근무제란 한 가지 일을 몇 개 팀이 바꾸어 가며 순환하는 것을 말하며, 사전적 의미로 교대근무제란 '동일한 노동에 종사하는 근로자가 일정기간마다 주간근무와 야간근무를 번갈아 하는 제도'라고 정의하고 있다. 일반적으로 통상근무는 근무시간을 오전 9시부터 오후 6시까지 8시간 근무가 하루 일과인 고정 틀과 달리, 교대근무제는 하루 24시간을 서로 다른 둘 이상의 팀을 순환적으로 배치하여 근무하게 하거나 교대근무자의 개인적 생활유지와 팀 간의 근무시간 형평성을 유지하기 위하여 일정주기마다 근무시간대를 바꿔어 가면서 근무하도록 구성되어 있다.

우리나라에서는 공공기관마다 교대근무제를 각각 다르게 정의하고 있다. 그에 대한 개념을 종합하면, 1일 24시간을 공공기관이나 기업체 등에서 조업시간을 연장하거나 연속조업을 하기 위하여 '작업자를 2개 이상의 조로 나누어 동일 직무 군을 각각 다른 시간대에 할당하여 교대로 근무하는 제도'로서 근무시간이 아침, 낮 또는 밤으로 바뀔 수 있는 직무형태의 제도라고 정의할 수 있다.[1]

■ 우리나라의 다양한 교대근무 관련 규정

1. 교대제근로자 근로기준법 적용지침
교대제근로란 '근로자를 둘 이상의 조(組)로 나누어 근로시키는 제도'

2. 기상청훈령 제685호(2010. 12. 02)
교대근무자란 '전일근무관서에서 교대로 근무하는 자'

3. 항공교통분야 교대근무자 복무지침
교대근무자란 '업무성격상 초과근무가 제도화되어 있는 공무원으로서 관제탑, 계류

장관제소, 접근관제소, 지역관제소, 비행정보실, 항공정보실, 통신실 등에서 근무편성
표에 따라 근무하는 자'

4. 소방공무원 복무규정 제6조
① 소방기관의 장은 화재를 예방·경계·진압하기 위하여 필요하거나 재난·재해 및 그 밖
  의 위급한 상황에서의 구조·구급 활동을 효과적으로 수행하기 위하여 필요한 때에는
  소속 소방공무원에게 2교대제(2개 조로 나누어 24시간씩 교대로 근무하는 방식을 말
  한다.) 또는 3교대제(3개 조로 나누어 일정한 시간마다 교대로 근무하는 방식을 말한
  다) 근무를 하게 할 수 있다.
② 또한 제1항에 따라 2교대제 근무를 하는 소방공무원에게는 순번을 정하여 주기적
  으로 근무일에 휴무하게 할 수 있다. 다만, 비상근무를 하는 경우에는 그러하지 아니
  한다.
③ 교대제 근무의 범위 및 방법, 그 밖에 교대제 근무에 필요한 사항은 소방방재청장이
  정한다.

5. 서울메트로 취업규칙 제3조
교대근무란 '3조 2교대제에 의하여 근무하는 것'

교대제의 비정형적 요인

교대근무의 조직구조는 하루의 24시간을 교대로 운영하는 시스템
이기 때문에 통상근무와 달리 비정형적인 근무체계로 운영된다. 통상
근무는 모든 사업장마다 동일하게 적용되는 근무시간이 통일된 근무
시스템으로 정기적인 토요일과 일요일은 고정된 휴일이다. 하지만 교
대근무 사업장은 일정주기마다 야간근무를 필수적으로 수반해야 하
고, 자체적인 교대근무편성표에 의해 기계적이며 반복적인 근무시스
템을 통하여 각 팀별 근무시간을 다르게 편성한다. 그리고 개인마다
지정휴무가 달라서 개인적으로 비정형적 근무시간에 따라 근무하게
한다.

교대근무제의 비정형성에 대한 3가지 기본적 요인에 대하여 살펴보

도록 하자.

첫째, 교대근무제는 반드시 야간근무를 수반하기 때문에 근무와 휴일이 비정형적이다. 현행 우리나라의 교대근무제는 일반적으로 야간근무 시간은 오후 22:00부터 익일 오전 06:00까지 8시간이 포함되게 편성되는 것이 보편적이다. 이와는 달리 당일 오전과 오후에 각기 출근하는 2교대근무 사업장에는 야간근무가 편성되지 않아서 비정형적인 사이클이 그래도 완만한 편이지만 여타 교대근무 사업장은 야간근무를 필연적으로 수반하기 때문에 개인의 비정형적인 생활은 곧 생체리듬에 직접적인 영향을 미치게 된다. 즉, 야간근무가 없는 교대근무제일수록 상대적으로 정형성이 높은 편이어서 개인의 생활에 미치는 영향이 그 만큼 줄어드는 편이다. 한편, 통상근무자가 오후 6시 이후에 잔무처리를 위해 야근을 한다하지만 이는 당무 익일에 비번이 발생되지 않기 때문에 엄밀한 의미에서 이는 연장근무에 해당된다. 그리고 일반근무자가 당직을 서거나 재해대책의 일환으로 비상근무를 하는 경우에 야간근무를 하게 되는데, 이러한 경우에도 여러 팀이 번갈아가며 주기적이고 반복적으로 하는 야간근무시스템에 의한 근무가 아니기 때문에 평상시 부르듯 당직근무 또는 비상근무라고 불러야 합당하다.

둘째, 교대근무제는 24시간 풀가동을 위해 근무자가 근무하는 시간이 교대로 이루어지기 때문에 출퇴근 시간이 제각기 다르다. 즉, 24시간의 한정된 시간 동안 무형의 자산을 제공하거나 유형의 상품생산을 극대화하기 위하여 팀별로 출퇴근시간이 달라야 하기 때문에 비정형적인 생활주기가 발생된다. 예를 들어, 3조 3교대(아침근무, 저녁근무, 야간근무)제를 도입한 사업장의 경우, 한 팀은 아침 08:00에 출근하고, 다른 팀은 오후 16:00에 출근하고, 나머지 다른 팀은 심야인 24:00에 출근하게 된다. 이러한 경우에 이 세 팀은 근무편성표라는 주기율에 따라 근무시간이 달라지기 때문에 생활주기에 의한 생체리듬이 또한 다르게 나타난다. 따라서 교대근무제는 각 팀당 근무시간이 일정한 주기마다 교대로 순환되기 때문에 비정형적인 근무시스템이 필수적으로 수반하게 된다.

셋째, 교대근무제에서 지정 휴무는 개인별로 부여되기 때문에 비정형적인 근무체제가 형성된다. 일반적인 통상근무자는 조직 구성원이 토요일과 일요일 그리고 국경일 및 명절 때 모두가 제도적으로 휴식을 부여하기 때문에 정형적인 근무체계로 이루어진다. 그러나 교대근무제의 근무자는 각자 매월 휴일을 편성할 때 미리 직원 상호간에 휴무일을 협의하여 휴무편성표를 작성하게 된다. 이에 따라 주 5일제를 적용하는 교대근무제는 주중에 이틀씩 개별적인 휴무를 지정하고 휴식을 취한다. 예를 들어, 어느 주중에 토요일과 일요일 그리고 국경일 및 명절 등 4일의 공휴일이 발생하더라도 공휴일 개념은 관계없이 1주일 즉, 주중 7일을 팀당 구성원들이 균등하게 휴무를 편성하여야 업무의 효율성을 높일 수 있다. 그래서 교대근무 조직은 주중에 법정휴일 4일 쉬고 3일 근무하는 경우라도 시스템적으로 팀 구성원이 매일 제한된 인원이 고르게 분포된 휴무를 편성하도록 운용하고 있다, 만약 주중의 어떤 하루에 편중되게 휴일을 편성하는 경우에는 당무팀의 당일 업무수행은 감당할 수 없는 상황이 전개되게 될 것이다.

이와 같이 교대근무제는 근무자의 사회생활과 가정생활 그리고 개인적인 생활까지 영향을 미치는 비정형적인 근무제도이다. 그럼에도 불구하고 경제개발 5개년 계획의 산업화 시대에는 불철주야로 교대근무에 매진함으로써 조국근대화의 주역이 되었고, 오늘날에도 고도로 다변화된 사회에서 국민들의 삶의 질을 향상시키는데 헌신하고, 국민의 재산과 생명을 지키고 보호하는 매우 중요한 역할들을 수행하고 있다. 하지만 정작 그들은 자신들의 삶의 질이 상대적으로 열악한 상황에서 교대근무를 점점 기피하거나 이직하는 경향이 계속 증가추세에 있어 이에 따른 대책마련이 절실한 실정이다.

교대근무제를 운영하는 조직 분야

분류	교대근무 도입 직종
치안과 질서	경찰청, 교정청, 기상청, 중앙소방본부, 해안경비안전본부 등
공공서비스	전기 및 통신, 도서관, 가스, 상수도, 도로공사 등 국영기업
교통 및 운송	철도, 도시철도, 대도시형버스, 항공, 항만컨테이너, 택시 등
의료, 응급센터	병원간호사, 응급센터, 119구급센터, 콜센터, 관제센터 등
반도체, 정밀공학	반도체, 전자, 정밀, 연구(생명공학, 식물, 동물)
자동차, 철강	자동차, 제철, 제련, 원자력(수력, 화력)발전, 비철금속 등
식품 및 화약	제약, 일반식품, 유(乳)가공 식품, 석유화학, 섬유, 신발, 의류
언론 및 통신	방송국, 신문사, 통신사 등, 이동통신, 케이블 TV, 홈쇼핑
사회복지시설	노인의료복지시설, 영아양육시설, 양로원, 장애인생활시설 등
서비스 및 유통	호텔 및 숙박업, 대형마트, 24시간 편의점, 카지노, 외식업
보안 및 경비	경비(국가 보안시설, 빌딩, 아파트), 사설경호 및 경비업체 등

교대근무의 유형

부족국가시대에 마을을 방어하기 위해 보초를 서거나 팀을 편성하여 번番을 돌던 방식 등에서 유래된 교대근무는 크게 두 가지 유형으로 나눌 수 있다.

첫 번째 유형은 마을 어귀의 나무나 높은 언덕 또는 야산 등 망을 보기에 적합한 장소에 필요한 초소를 만들고, 청장년들이 그곳에서 번갈아 교대로 망을 보거나 감시하는 등 고정적으로 보초를 서는 방식이다. 이렇게 고정된 장소에서 지루하지 않을 정도의 일정한 시간마다 면대면面對面으로 교대로 근무한다.

두 번째 유형은 마을 청장년들을 여러 팀으로 나누어 편성한 후 순번에 의해 한 팀 또는 두 팀이 한 순회 조를 편성하여 정해진 마을의 순회코스를 순찰하며 번을 서는 공간적 노선방식이다.

첫 번째 유형과 같이 지정한 고정된 장소(Place)에서 1인 또는 2인이 일정한 시간(Hour)마다 번갈아가며 교대(Shift)로 보초를 수행하는 방식을 PHS 방식이라 하고, 두 번째 유형과 같이 지정된 장소(Place)에서 일정한 순회코스를 따라 마을을 한 바퀴 순찰을 돌며 처음 출발지로 돌아오고, 일정한 시간의 간격으로 다른 팀이 교대(Shift)하여 주기적으로 순찰을 도는 공간(Space)적인 노선방식을 PSS 방식이라 한다. 이와 같은 PHS 유형과 PSS 유형의 교대근무제는 매우 중요한 의미를 지니고 있다. PHS 유형과 PSS 유형 모두 부족국가시대부터 원초적인 방식에서 시작된 교대근무 방식에서 점차 발달하여 최첨단 경비시스템이 도입된 오늘날의 정보화시대에도 예전의 교대활동 유형이 그대로 유지되고 답습되고 있다.

이것을 세부적으로 살펴보면, PHS 유형의 경우 오늘날의 행정·입법·사법부 등의 주요시설물은 물론 경찰과 국방 그리고 교도소 등에서 시설물보호나 출입자의 통제를 감시하기 위해 초소나 망루를 설치하여 보초를 서는 형태는 예나 지금이나 시공간을 초월하여 전승되고 있다는 것을 알 수 있다. 또한, 유구한 세월이 지나면서 시대적 흐름에 따라 초소나 망루의 형태와 기능이 시대환경에 적합하게 진화하고 발전해 온 것이다.

한편, PSS 유형의 경우, 오늘날의 철도노선과 버스노선 그리고 항공노선 등의 육로 운송과 항공운송을 위해 일정한 시간간격으로 열차나 버스 그리고 항공기를 투입하여 지정된 노선별로 운항하는 공간적 교대방식은 지금도 예전의 방식이 그대로 유지되고 있음을 이해할 수 있다. 그리고 PSS 유형에서 방송국의 경우는 특이한 경우이다. 방송국은 전파라는 무형의 자산을 송수신하는 관계로 유형의 자산을 수송하는 운송 분야와 달리 전파 전송의 지정된 위피의 장소에 고정된 변형의 PSS 유형이라고 볼 수 있다.

이와 같은 교대근무의 PHS 유형과 PSS 유형은 인간의 원초적인 심리적 방어의식에서 시작하여 문명이 발전하고 문화가 발달하여 인간의 무한한 욕망이 인간과 조직에 깊숙이 내재되어 있는 한 앞으로도 유구한 역사 속에서 불변의 교대시스템으로 계속 발전해 나갈 것이다.

부족국가에서 고대국가로 발전하면서 더욱 활발한 인적교류와 물물교환은 국가와 부족의 외세에 대한 감시와 방어활동의 범위가 점점 확대됨에 따라 PHS 유형과 PSS 유형의 교대근무 방식이 국토 전

지역으로 확대되었다. 이에 따라 장소적 PHS 유형은 전 국토의 주요 요충지에 설치의 수가 급증하게 되고, 공간적 감시망 체계인 PSS 유형은 공간적 순회범위가 점점 확장되어 갔다. 따라서 이 시기에는 영토의 확장과 왕권의 확립을 위해 PHS와 PSS 방식은 새로운 전환기를 맞아 어느 때보다 국가적 차원에서 한 단계 더 발전하는 계기가 되었다. 즉, 중국의 주 왕조시대의 역전제驛傳制, 신라 때 설치된 우역제郵驛制, 그리고 광대한 영토를 지배했던 몽골의 역참제驛站制 등이 PSS의 대표적인 사례들이다. 이러한 PSS는 주로 왕명의 전달 등 군사적 목적과 외침 등 국가적 위급한 상황에의 대처, 그리고 중앙과 지방간 서신과 문물의 교환 등 통신수단으로 활용되었다. 이러한 PSS 유형이 오늘날까지 발전해온 사례로는 우편발송과 문서의 전달 및 수화물, 택배 등이 있다.

　중세의 봉건체제가 확립되면서 PHS와 PSS은 한 층 더 발전하게 되었다. 중앙의 도성 축조와 지방의 주요 요충지의 산성 축조는 PHS기능의 발전을 가져왔다. 또한 이 시대에 전국적으로 확대된 역驛과 전국의 중요 군사적 요충지와 해안을 연결하는 정보 전달체계의 통신수단이었던 봉화대의 설치는 PSS는 물론 PHS의 제도적인 확립과 두 방식의 복합적인 기능을 구축하는 계기가 되었다. 따라서 PHS와 관련된 초소와 망루 및 구성인원의 편제 등의 제도적 정비를 중앙정부 차원에서 성립하기에 이르렀다. 게다가 PSS는 전국의 주요 요충지를 잇는 연결망 체계가 확립되어 원활한 운영이 이루어졌고, 국제적인 PSS 제도를 도입하여 운용되기에 이르렀다. 이러한 복합적인 기능의 교대활동의 유형과 비슷한 성격을 지닌 대표적인 제도로는 철도노선 및 도시철도노선 그리고 항공노선 등이 예전의 복합적인 기능에서 현대적, 국제적인 가능으로 발전된 사례라고 할 수 있다. 즉, 노선에는 PSS 유형을 선택한 것이고 역은 PHS 유형을 선택한 방식이다.

오늘날 우리에게 익숙한 현대적 의미의 교대근무제는 1914년 미국의 포드사에서 연속적인 공정 시스템을 도입하면서 근로자에게 기존의 1일 9시간 노동을 시키던 것을 근로시간을 8시간으로 줄이는 대신 하루의 24시간 내내 공장을 3교대로 가동하게 된 것에서 시작되었다고 인식되고 있다. 하지만 실상은 예전부터 전해 내려와 유구한 역사를 지닌 PHS 방식이라는 것을 쉽게 이해할 수 있다. 시간개념이 명확하지 않던 과거의 PHS 방식에 시간이라는 도구를 고정된 장소에 도입하여 24시간 동안 활용하도록 시간이라는 관념으로 근무시간 기준을 명확하게 제시한 것이다.

따라서 교대근무의 PHS 유형과 PSS 유형은 인류가 자신의 생명과 재산을 지키기 위한 씨족 공동체의 자발적인 보호의식의 발상으로부터 조직되어 오늘날까지 거듭해서 발전해온 역사적으로 불변의 유형인 것이다.

2

수천 년의 역사를 지닌
교대근무

교대근무의 기원

원시시대의 농경사회가 점차 발달하여 외부세계와 인적 및 물적 교류가 활발해지면서 외세의 침략과 약탈 등으로부터 자체안전망을 구축하기 위한 방어의식과 체계가 성립되기 시작하였다. 그래서 부족민들은 자체적인 방어망과 군비를 조직한 뒤, 조를 편성하여 부족과 부락의 안녕과 재산을 위해 야간에 번이나 교대로 보초를 섰다. 필자는 1950−60대의 농촌 마을에서 일종의 자체방범활동을 위해 마을의 청장년 두, 세 명이 한 조를 이루어 순번으로 야경을 도는 풍습을 본적이 있다. 당시의 청장년들은 사랑방에 모여 놀다가 일종의 '야경용 딱딱이(?)'를 휴대하고 '딱! 딱!' 소리를 내면서 동네를 한 바퀴씩 순회하며 경비를 맡았다. 이렇게 주야로 집단부락을 순찰하며 번을 돌거나 주요 요충지에서 보초를 서는 풍습이 바로 오늘날의 교대근무의 기원이다.

고대에서 중세를 거쳐 근대에 이르기까지 다양한 문헌에서 번番과 교交의 어휘가 나타난 것은 교대交代와 관련된 뜻으로서 오늘날 운송 분야에서의 교번交番의 어원이라고 할 수 있다. 또한, 번과 교와 관련된 기록이 문헌에 자주 발견되는 것으로 보아 교대근무의 형태는 이미 수천 년 전부터 체계화된 근무형태였던 것으로 보인다. 따라서 교대근무는 부족국가의 조직적인 기능과 제도적인 발전을 가져와 점차 국가적인 면모를 갖추게 되면서 국가의 행정적인 체계로 발전하여 계승된 것이라고 할 수 있다.

이러한 체제는 이집트와의 활발한 해상교역을 했던 서양 고대시대의 크레타 문명에서부터 흔적을 찾을 수 있으며, 그리스 · 로마 시대에도 야간 습격에 대비하여 병사들이 교대로 야간에 보초를 섰다는 기록이 있다.[2] 또한, BC 1110년경에 중국의 주 왕조시대(B.C. 1110-B.C. 256)에 천자와 제후들 사이의 명령의 전달과 지방특산물의 전달, 군사적인 통신제를 운영하였던 역전제驛傳制를 설치하였고, 몽골제국에서는 통신수단인 역참제驛站制 및 봉수제烽燧制를 설치하였다. 우리나라에서는 ≪삼국사기≫ 신라본기 소지왕炤智王 9년(487) 3월초에 "사방四方에 우역을 설치하고 유사儒士들에게 명하여 도로를 수리하게 하였다."는 기록으로 보아 이때부터 도로가 크게 정비되기 시작하였고, 국가의 위급한 상황을 알리거나 왕권의 강화를 위해 설치되었던 우리나라 최초의 우역제郵驛制가 실시되었다. 이러한 제도들이 모두 오늘날의 교대근무 방식으로 운용되었던 것이다.

교대근무 체제의 성립과 전래

중국에서는 진한대秦漢代 이전부터 역참에서 역참으로 사람과 말을 바꾸어가며 우편과 전보를 전달하는 다양한 우전郵傳 기구들을 활용했었다.

전국시대戰國時代에는 우우郵, 정후亭, 전사傳舍, 구廏 등과 같은 문서전달기구를 설립하여 교대로 운용하다가, 한대漢代에 이르러 '우전'의 기능과 규정이 확립되기 시작했다.[3] 이 당시의 우행郵行 문서는 최대 500리里라는 거리를 운송했으며, 우인郵人이 하루 24시간에 문서를 보내야(행서行書)하는 거리를 200리로 규정했다. 우행 문서는 20일에서 약 1개월 내에 모두 처리되어야 했다.[4] '경족행輕足行'이 한 사람의 빠른 걸음(경족輕足)에 의한 문서전달방식인 반면에, '우행'은 여러 명의 우인이 릴레이식으로 문서를 전달하는 방식으로서 역마驛馬가 아닌 '보행步行'의 문서전달방식이다. 한서漢書에 나타나 있는 우전의 문서전달체계를 보면 하루 이동거리가 나와 있는데, 말을 타고 전달할 때에는 300-400리, 수레를 타고 전달할 때에는 70리 내외, 보행은 40-50리로 되어 있다.[5]

따라서 중국에서는 우전제가 성립되면서 우전기구를 통한 인원과 물자 및 문서에 대한 운송이 교대근무 방식의 전달체계에 의해서 지정된 기일 내에 도착할 수 있는 율령이 확립되어 있음을 알 수 있다. 그리고 이러한 전달체계가 점차 이웃의 고대국가에 전파되면서 자국의 문화와 제도에 적합하게 발전하여 운용되는 과정을 거쳐 지속적으로 발달하게 되었다.

삼국시대의 교대근무 체제

한반도의 고구려에도 역제驛制가 존재한 것 외에 천리마千里馬와 천리인千里人과 같은 구체적인 우역제郵驛制가 시행되었음을 유추케 하는 사료史料가 있다.[6] 광개토왕 16년(406)에 남연南燕에 천리마를 보냈고, 18년(408)에 다시 천리인 10인과 천리마 1필匹을 보냈다는 기록이 있다.[7] 이것은 우역제를 수행하는 보전步傳, 즉 사람이 도보로 문서 등을 전달하는 역할을 맡은 사람인 천리인과 기전騎傳 즉, 기마騎馬로 급전문急電文을 전달하는 말인 천리마가 고구려 사회에 존재하였음을 나타낸다. 고구려의 이 천리인 편제는 10인 단위로 구성되어 있었는데, 앞에서 언급한 천리인 10인과 천리마 1필로 대응하는 양상은 이들 10인이 1000리를 담당한다는 의미일 가능성이 높다. 즉, 1000리를 100리 단위로 10명이 배치되어 교대로 연결하는 방식인 것이다. 이로 보아 이때 이미 고구려는 군사적 정보통신체계에 교대근무 방식을 도입하여 활용했다는 것을 알 수 있다.[8]

한편, 봉수는 군사상의 목적으로 설치된 것으로써 변경의 외적의 침입 등 급박한 상황을 교대근무 방식에 의해 높은 산정에서 횃불烽이나 연기燧를 신호로 하여 효율적으로 중앙이나 변경의 진영에 전파하는 통신체제였다. 이와 같은 봉수는 인류가 공통적으로 사용한 방법이다.

유럽의 경우, 기원전 3세기에 알렉산더 대왕이 통신용으로 봉화를 사용했다고 전해진다.[9] 고대 중국의 한대에 군사적인 조직적인제도가 발생한 이후 우리나라에는 삼국시대에 교대근무 방식의 봉수가 전래되어 운영되었다. 즉, 가락국의 시조 수로왕(42~199) 때 봉화

를 사용한[10] 사례가 최초의 기록이다. 백제의 경우는 온조왕(18~28)
이 봉현烽峴에서 가장 먼저 사용하였으며,[11] 이어 백제는 일본에 봉
화관련 기술을 전파하기도 하였다.[12] 그리고 신라는 내해 이사금
(196~230) 때 백제에게 정복당한 봉산성烽山城을 되찾는[13] 등 이미 한
반도에서는 기원전 1세기경부터 외적의 침입이 있을 때 봉화를 올
리는 것과 같은 교대근무 방식에 의한 통신망이 구축되었다.

고려와 조선시대의 교대근무제 확립

문헌상으로 우리나라의 최초의 봉수제는 고려 의종 3년(1149년)에 서
북 병마사 조진약曹晋若의 건의로 봉수식烽燧式을 제정한 것이다.[14] 이에
따르면 평상시 야간에는 불(횃불)을, 주간에는 연기를 각 1회, 2급急
(보통위급)에는 각 2회, 3급에는 각 3회, 4급에는 각 4회 올리도록 되
어있다. 봉수소烽燧所에는 30인을 배치하여 교대인력이 봉화를 올렸
다. 중국 송나라 최초의 문헌인 서극徐兢의 『고려도경高麗圖經』에 따르
면, 송나라 사신이 도착하면 야간에 흑산도黑山島에서 왕성까지 산정
봉수山頂烽燧에 불을 밝혀 인도하였다는 내용이 기록되어 있는 것으로
보아 봉수제도는 고려 중기까지 확립되었다. 그러나 고종(1214~1259)
중엽 이후에는 몽고元의 지배로 100여 년간 중단되었다. 충정왕 3년
(1351)에 송악산松嶽山 중앙봉수소에 간수군看守軍이 배치되었는데,[15]
이때의 배치기준은 사봉수四烽燧체제로서 중앙 봉수소의 1봉수마다 3
체번遞番으로 3명씩 교대한 것으로 나타나 있다.

한편, 조선전기에 이르러 태종 때 자주慈州(오늘날 평안남도 평성시) 사
람이었던 조수일曹守一 등을 거제현巨濟縣 봉졸로 삼았으며, 봉화烽火

와 해망海望은 군정의 체제로 정비하였다.[16] 그리고 세종 때 봉수제 체제가 정비되었고, 조직과 기능이 전국적으로 확립되었다. 이때 거화법[17]의 제정 및 근무와 관련된 벌칙규정이 제정되었으며,[18] 봉수에 대한 관계규정과 봉수노선을 정하였다.[19] 따라서 세종은 전 국토에 대한 봉수망을 일괄 정비하고 체계화하여 전 국토에 교대근무를 실시한 것이다.

조선시대의 봉수는 크게 경봉수(중앙), 내지봉수(중간, 연계), 연변봉수(연대)로 나누었고, 전국적으로 5거炬의 봉수망이 조직되어 있었다. 제1거는 함경도와 강원도에, 제2거는 경상도에, 제3거는 평안도에서 육로로, 제4거는 평안도와 황해도 양동에서 해안으로, 제5거는 충청도와 전라도에서 한양으로 연결되었다.[20] 이때 남산 중앙봉수의 봉수군 인원을 건국 초기(1394년)의 15명에서 20명으로 늘려 상하上下 2번番으로 나누어 소所마다 2명씩 근무하게 하여 온전한 교대근무 형태를 갖추었다. 중앙봉수소는 조선 태조 3년(1394년)부터 고종 32년(1895년)까지 약 500년 동안 전국 각지의 총 686개소의 봉수망으로부터 전달되는 정보를 종합 보고하는 중요한 역할을 담당하였다. 그리고 성종(1474) 때에는『경국대전』에 봉수규정의 원형을 이루어, 이후 500년간 봉수관계 규정의 근간을 이루었다. 봉군의 근무요령은 연변沿邊에는 10인, 내지에는 6인, 경봉수에는 4인이 매 봉화소마다 절반 인원이 상하번으로 10일씩 교대로 근무하도록 했으며, 당시 군대편제 중 5명으로 이루어진 오伍의 수장이었던 오장伍長은 매 봉수소에 2명씩 상하 양번兩番으로 교대하게 하였다.[21]

조선시대 봉수대요원의 정원 및 입직(교대)인원

봉수	정원			입직(교대) 인원					비고
	봉군 烽軍	감고 監考	계	봉군 烽軍		감고 監考		계	
				처소	5개소	처소	5개소		
연변봉수	50	10	60	5	25	1	5	30	상·하 양번 (10일체)
내지봉수	30	10	40	3	15	1	5	20	
경봉수	20	10	30	2	10	1	5	15	

출처: 허선도(1990), "우리나라의 봉수제도". 재구성

이렇게 교대근무 형식으로 지속되어 온 봉수제는 선조(1597) 때에 폐지되고 새롭게 명나라에서 군사통신망인 파발제를 도입하였다. 그 이유는 명종 때의 을미왜변(1555년)과 선조 때의 임진왜란(1594~ 1598)을 맞아 봉수의 기능을 제대로 발휘하지 못하여 무용론이 제기되었기 때문이다. 그 후 봉수제는 17세기 숙종(1675~1720)때 다시 복구되어 고종의 대한제국 말까지 파발제와 병행되어 운영되었다. 하지만 갑오개혁(1894년) 때 문물제도의 근본적인 개혁이 일어나면서 더 빠르고 효과적인 전신·전화, 근대적 우편제도가 도입되자 결국 폐지되었다.[22] 우리나라에서 현대적 의미의 교대근무제가 나타난 것은 일제강점기 시대였다. 1929년 7월 25일 식민지 조선의 여성의 단결과 지위향상을 위해 전국적인 규모로 조직된 '근우회'[23]에서 제정된 7개 항의 행동강령 중에 "부인 및 소년공의 위험노동 및 야업폐지"라는 조항이 있다. 이것은 일찍이 서구의 선진문물을 도입한 일본이 식민지인 조선의 근대화라는 명분으로 우리나라에 각종 공장들을 설립하

교대근무

고, 우리나라의 값싼 노동력을 착취하기 위해 여성과 어린이를 야간 근로에 투입했다는 증거이다. 이로써 일제 식민지시대에 소위 현대적 의미의 교대근무제인 2조 맞교대 근무 등이 철도, 전기 및 전화통신, 병원 등 새로운 사회적 · 경제적 시스템과 일반상품을 생산하는 현대식 공장에 이미 도입되었다는 것을 알 수 있다.

■ 남산 봉수대

한양 도성의 남산에는 동쪽에서 서쪽을 향해 5개소의 봉수대가 있었다. 목면산 봉수대 혹은 경봉수京烽燧라고도 했다.

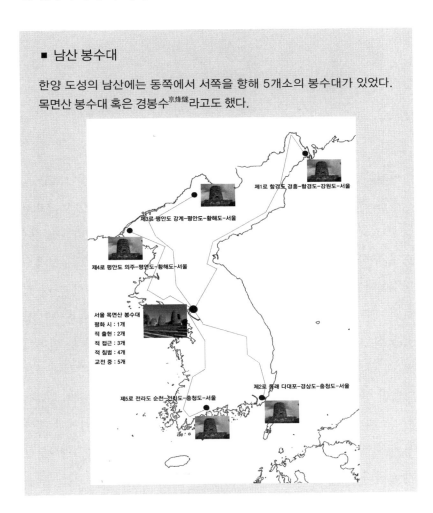

3

교대근무제
도입 요인

    기계화 또는 자동화는 인간의 정신적 · 육체적 노동을 절약하고 생산성과 경제성의 고도화와 노동력, 정보, 기계 재료와 같은 제요소들을 효과적으로 유지하기 위해 지속적으로 도입되고 있다. 그럼에도 불구하고 교대근무제는 경제적 · 사회적 필요에 의해 오늘날에도 필수불가결한 요소로 남아 있다.[24] 산업사회가 고도화됨에 따라 정보의 네트워크화와 생활의 자동화가 보편화됨에 따라 연속조업의 장점을 살린 야간 조업의 비중이 높아지는 경향을 보이고 있다. 따라서 교대근무제는 선진국에서 개발도상국에 이르기까지 여러 나라에서 다양한 산업분야에, 그리고 대기업과 중소기업에 이르기까지 사회적 서비스의 증가와 생산 기술적 그리고 경제적인 이유 및 기간의 제한성 등으로 지속적으로 활용되고 있기 때문에 그 필요성을 고찰해 보기로 한다.

사회적 서비스 증가

교대근무는 오늘날 사회적 생활편의 증진의 목적에 따라 서비스의 증가는 다양한 분야로 확산되고 있다.[25]

정부와 지방정부 및 공기업 등의 공공부문의 경찰청 · 법무부교정청 · 국가안전처의 중앙소방본부와 해안경비안전본부 등에서 교대근무를 도입하여 24시간 공공의 안녕과 질서유지를 제공하고 있으며, 국민의 기초생활의 복리증진을 위하여 철도, 상수도 · 전기 · 통신 · 가스 · 도서관 · 도로 등에서 24시간 서비스를 제공하고 있다. 그리고 대도시에서의 교통문제를 해결하는 등 교통편의를 제공하는 도시철도분야의 지하철과 경전철, 버스, 택시 등 여객운송은 시민의 편의증진을 장시간 제공하기 위하여 교대근무제의 실시는 불가피하다. 또한, 의료분야의 병원 및 119구급센터, 콜센터와 관제센터 등에서 국민의 건강과 안전을 위해 불철주야 의료서비스의 제공이 필수적이다. 그리고 사회복지분야의 노인의료복지시설, 영아양육시설, 양로원 및 장애인생활시설 등에서 노인생활을 돌보거나 건강을 증진시키기 위하여 주야로 지속적인 서비스의 제공이 필수적이기 때문에 교대근무로 인한 야간근무가 불가피하게 되었다. 또한, 맞벌이 부부와 싱글족의 증가 등 사회적 변화에 따른 다양한 욕구를 충족시키기 위하여 서비스와 유통분야에서 24시간 영업하는 편의점, 대형마트, 오락실, 외식업 등이 점점 증가추세에 있다. 그리고 우리나라의 경우 인터넷 등 정보통신의 발달과 국민소득 2만 달러시대의 다양한 욕구와 수요에 비례한 가치충족과 공급이 필수적이며, 고도로 복잡하고 분화된 다기능화의 환경 속에서 다양한 직종과 업종이 세분화에 따른 수요의 증가로 야간근무의 필요성은 계속 증가하는 추세에 있다. 사회복지시설(노인요양시설, 아동복지시설, 여성복지시설, 장애인복지시설 등)의 사회적 수요의 증가에 따른 기대가치의 높은 충족을 위하여 교대근무제가 계속 도입되어 늘어나는 추세에 있다.

연속적 조업의 생산·기술적인 특성

교대근무는 연속적인 조업이 필요한 산업의 생산·기술적인 특성과 관련하여 도입되고 있다.[26] 철강·석유정제·초자제조·합성화학업종 등의 장치산업에서는 원료로부터 완제품까지의 생산과정에서 연속적인 공정의 흐름으로 구성되어 있다는 특성이 있기 때문에 조업의 중단이 기술적으로 거의 불가능하다. 만약 이러한 산업의 특성이 고려되지 않고 조업의 연속성이 중단될 경우, 기업의 경영상 막대한 손실은 물론 치명적인 존폐의 기로에 처하게 되는 위험을 가져오게 된다. 따라서 이러한 산업의 기업들은 연속적 조업의 공정상의 특성을 고려하여야 하기 때문에 교대근무제의 채택이 다른 산업에 비하여 특별히 부득이한 경우로서 세계 여러 나라에서 거의 공통적으로 도입하고 있는 실정이다. 예를 들자면 제철소, 제련소, 석유화학, 원자력발전소, 반도체 및 전자 그리고 제약 및 식품과 유가공업 등이 이에 해당된다.

대규모 설비투하 자본의 회수

교대근무제는 기업이 대규모의 설비투자가 불가피하고 소비자의 기호 변화에 민감하게 반응해야 하는 경우에 도입된다. 따라서 감가상각률을 높이고, 빠른 기술의 노후화 등으로 기업의 투하 자본을 조기에 회수하기 위해서 조업시간을 연장해야 하는 기업들이 흔히 교대근무제를 도입한다. 한편 조업도를 높여 이윤의 증대를 도모하거나, 기업의 경영상 교대근무제의 필요성이 증대될 때에도 교대근무제가 도입된다.[27] 기업의 입장에서 기술혁신에 따르는 거액의 설비투자를 해야 하고 새로 도입한 최신설비의 내구연한耐久年限이 도래하기 이전 조기 투하자본을 회수하려는 경영상의 이유 등으로 인하여 교대근무가 도입된다고 할 수 있다. 예를 들면 대형 프로젝트라든가 우주 및 항공산업, 방위산업, 유전개발, 조선소 등에서 나타난다.

제한된 기간 내의 공사의 종료 및 제품의 납품

교대근무는 기업이 제한된 기간 내에 공사를 종료해야 하거나 제품을 납품해야 하는 경우에도 도입된다.[28] 즉 계절적 또는 시간적으로 제한된 기간 내에 공사를 끝마쳐야 하거나, 완제품의 납기단축에 대비하여 일정한 기간까지 납품하여야 경우 그리고 현대의 소득수준의 향상과 다변화된 생활패턴 및 맞벌이 부부의 증가 등으로 인해 생활용품의 적기의 공급 등 특별한 서비스의 제공이 필요한 경우에 업체에서 신속한 대응을 위하여 교대근무제를 채택한다. 이러한 업무는 주로 근로자의 노동집약적인 사업장인 의류제조와 식품·음료제조업, 호화유람선과 대형유조선의 수주 등에서 나타난다.

4

교대근무제의
구성 요소

2004년 한국근로기준협회의 조사에 따르면, 교대근무의 형태를 결정하는 요소는 하루에 교대하는 횟수, 교대근무 팀이 순환하는 교대근무 주기, 팀별 교대근무 주기가 순환하는 근무방향 그리고 교대근무자가 동일한 시간대에 연속적으로 근무하는 일수 등이 있다. 또한, 이러한 구성요소에 의해 교대근무를 분류하기도 한다.

하루의 교대 횟수

교대근무 횟수란 교대근무 팀원의 수와 근무에 필요한 인원수가 같을 때 하루의 일과를 수행하는데 일정한 시간 단위로 팀을 교대하는 횟수를 말한다. 즉, 2교대는 하루 24시간의 일과를 12시간마다 번갈아 두 번 교대하는 것을 말하며, 3교대는 하루 24시간의 일과를 8시간마다 세 번 교대하여 근무하는 것을 말한다. 한국근로기준협회가

조사한 교대 횟수별 장단점은 다음 표와 같다.[29]

교대근무 횟수별 장단점

구분	장점	단점	비고
2교대 (12시간)	– 휴일 수(주당, 연간)가 많아 근로자는 사적인 목적의 활용에 유리 – 다기능화 등 휴일의 교육 훈련 계획을 수립할 때 용이하게 실시	– 1일 근로시간이 길어 근로자들의 피로가 쉽게 누적될 수 있음	근로조건에 따라 교대주기로 조정
3교대 (8시간)	– 1일 8시간 근무로 사무직 근무형태와 유사하거나 동일 – 1일 근로에 대한 과업 부담을 덜 수 있음	– 휴일을 활용한 다기능화 교육 등 실시 곤란	가장 일반적인 근무형태
4교대 (6시간)	– 고도의 집중이나 안전에 필요한 근무형태에 적합	– 조의 수를 늘리지 않는 경우 휴일수가 극히 적어짐	원자력 등 고도안전 업무에 채택 가능

출처: 한국근로기준협회(2004), 『제1차 교대제 변경 설계 및 기업 사례 연구조사단 세미나』.

그리고 교대로 근무하는 팀의 구성의 수에 따라 2교대 유형으로는 4조 2교대, 3조 2교대, 2조 2교대 등이 있으며, 3교대 유형에는 9조 3교대, 4조 3교대, 3조 3교대 등이 있다. 그리고 4교대 유형에는 8조 4교대, 6조 4교대, 5조 4교대, 4조 4교대 등이 있다. 대체적으로 교대하는 팀의 구성수가 많을수록 근무인원이 많이 소요되고 근로자의 휴일 등 휴식시간이 늘어나는 제도이다.

한편, 하루에 근무교대가 몇 번 이루어지는가와 야간근무의 연속 일수 및 1주기 내의 야간근무 일수에 따라 교대근무제를 분류한 루텐프란츠Rutenfranz 등[30]과 고시 가즈타카小木和孝 ·사카이 카즈히로酒井一

博31등은 일일 교대횟수를 기준으로 교대근무제를 분류하였는데 이를 살펴보면 다음과 같다.

일일 교대횟수에 의한 근무제의 분류

··루텐프란츠 등	고시 가즈타카 · 사카이 카즈히로
1. 비심야교대제 - 2조(double-day) - Overlapping형	1. 불연속조업 비심야정시제 - 2조 2교대제 - 기타
	2. 불연속조업 심야정시제 - 2조 2교대 - 기타
2. 심야, 주휴교대제 - 2조(day & night) - 3조(8시간 3교대) - 1조(permanent night shift)	3. 불연속조업 전일제 - 2조 2교대 - 3조 3교대 - 기타
3. 심야, 연속조업 교대제 - 3조(12시간 3교대제) - 4조(8시간 3교대제 - 불규칙형	4. 연속조업 전일제 - 연속조업 2교대(2조, 3조, 4조 등) - 연속조업 3교대(3조, 4조 등) - 기타
	5. 1일 밤낮 교대
	6. 기타

출처: 루텐프란츠 외(1981), "Shift Work Research Issues", 『Biological Rhythms, Sleep and Shift, Work』, Spectrum Publications.; 고시 가주타카 · 사카이 카즈히로(1991), 『勞動時間問題としての夜勤・交代制度』, 勞動科學硏究所. 재구성

팀의 교대근무 주기

교대근무 주기란 한 교대근무팀이 근무하는 근무유형이 A, B, C라 할 때, A에서 C까지 근무하는 한 사이클을 말한다. 즉, 병원의 간호사들이

교대근무

낮 근무, 저녁근무, 밤 근무의 3조 3교대를 하는 경우, 한 팀이 낮 근무와 저녁 근무를 하고 밤 근무를 마친 뒤 다시 낮 근무로 돌아오기 전까지를 말한다. 다시 말해서 일정한 교대근무 한 주기 동안에 모든 근무조의 근무일수와 휴일의 수가 동일하게 되는 기간을 말한다. 즉, 16일 주기의 4조 3교대를 예로 들면, 16일 동안에 어떠한 팀에 근무하여도 4개조의 근무일수와 휴일수가 동일한 것을 의미한다. 이에 대한 장단점은 한국근로기준협회의 세미나 내용을 기준으로 살펴보기로 한다.[32]

교대근무 주기별 장·단점

구분	장점	단점	비고
장주기	- 1주기 내 연속휴일이 길어서, 휴일의 계획적 · 다양한 활용이 가능 - 휴일에 다기능화 등 교육 훈련 계획시 용이하게 실시	- 연속 근무일수가 길어서 피로의 누적이 매우 커짐(불량률과 산업재해률이 높아질 수 있음)	경공업이나 자동화 투자가 잘되어 있거나 감시 · 단속적 근로인 경우에 적합
단주기	- 연속 근무일수가 짧아서 피로의 누적은 적음	- 연속 휴일이 짧아 휴일의 계획적, 다양한 활용이 어려움 - 다기능화 등 휴일 교육 실시에 어려움	집중력을 요하는 원자력 분야 및 연구 분야에 적합

출처: 한국근로기준협회(2004), 『제1차 교대제 변경 설계 및 기업 사례 연구조사단 세미나』.

2교대제에서 오전 6시에 교대하여 근무하는 것을 주간(낮번)근무라 하고, 오후 6시에 교대하여 근무하는 것을 야간(밤번)근무라 할 때, 주간근무에 근무하는 팀이 연속해서 7일간 근무하고, 다음 주에는 근무시간을 오후 6시로 변경하여 야간근무를 연속해서 7일 동안 근무하기 때문에 이를 2주일 교대주기라고 말한다. 일반적으로 교대주기는 한 팀의 교대주기에 따라 짧은 교대주기로 9일 교대주기와 12일 교대주기가 있고, 중간정도의 교대주기에는 15일 교대주기, 3주(21일) 교대주기 등이 있으며, 긴 교대주기에는 4주 교대주기, 30일 교대주기 등이 있다. 참고로 24시간 맞교대근무제에서는 교대근무주기가 발생되지 않는다. 교대주기는 기업체의 산업적 특성과 생산품의 특성에 따라 적합한 교대주기가 결정된다.

교대근무의 순환방향

교대 순환방향이란 근무하는 각 팀의 단위 별로 교대하는 사이클의 순환적 방향을 일컫는다. 즉, 교대근무 시간을 A(오전, 06:00~14:00), B(오후, 14:00~22:00), C(야간, 22:00~ 06:00)로 구분하는 3교대의 경우를 예를 들면, 교대근무주기가 지구의 자전주기와 일치하는 정순환(시계방향: A→ B→ C→ A)근무주기라 하고, 지구의 자전주기와 반대방향 즉, 시계의 반대방향(A→ C→ B→ A)근무주기를 역순환 근무주기라 한다. 이러한 순환교대주기에 대하여 한국근로기준협회의 세미나에서 발표된 장단점을 비교하면 다음과 같다.[33]

교대순환 방향의 장단점

구분	장점	단점
정방향	생체리듬이 지구자전의 리듬에 맞아 신체적 하중이 적음	대체로 야간근무 후 오전 근무까지의 간격이 상대적으로 크지 않아, 야근 후 휴식이 짧아 신체적 하중이 큼
역방향	대체로 야간 근무 후 오전 근무까지 의 간격이 상대적으로 커서, 야근 후 휴식이 길어 신체적 하중이 적음	생체 리듬이 지구자전의 리듬에 맞지 않아 신체적 하중이 큼

출처: 한국근로기준협회(2004), 『제1차 교대제 변경 설계 및 기업 사례 연구조사단 세미나』.

교대근무

일반적으로 인체의 생리적 수면리듬이 지구의 자전방향과 일치하는 생활패턴인 시계방향의 정순환 근무주기가 대체적으로 적응하기가 쉬운 반면, 이에 비해 시계의 역방향의 경우는 생체리듬의 혼란과 수면리듬의 파괴로 인해 생리적 적응에 상당한 어려움이 뒤따른다. 따라서 대부분의 기업체는 교대근무주기 방향을 정순환 방식을 선택하는 경우가 대부분이지만, 특별한 상황에 따라 어쩔 수 없는 경우 시계 반대방향의 역순환 방식을 선택하기도 한다.

연속적인 교대근무 일수

교대근무자의 경우 교대근무 순환주기가 신체의 생물학적으로 미치는 영향은 매우 크다. 교대의 속도란 교대근무 팀의 근무일수 기간을 일컫는다. 동일한 교대제와 동일한 주기의 순환방향이라 하더라도 교대근무 속도는 빠른 교대와 느린 교대로 구분된다. 즉, 교대의 근무일수가 3일에서 1주일 주기, 그리고 12일 주기 등으로 나누어지는데, 이러한 각 교대근무 속도의 장단점은 다음과 같다.[34]

교대 속도의 장단점

구분	장점	단점
빠른 교대	낮 시간 적응의 24시간 리듬을 지킬 수 있어서 낮과 저녁교대에 충분한 수면을 취함	밤 시간에는 매우 낮은 각성을 하여 문제임
느린 교대	인체 24시간 리듬이 밤 시간활동 패턴으로 완전히 전환됨	낮 시간 적응이 잘 안 되는 등 현실에 적용하기가 매우 어려움

출처: 한국근로기준협회(2004), 『제1차 교대제 변경 설계 및 기업 사례 연구조사단 세미나』.

이러한 근무일수의 기간이 길고 짧음에 따라 생물학적 리듬의 적응도가 크게 좌우된다. 인체의 전반적인 생체기능은 부분적으로라도 순응하는데 필요한 기간은 이론상 최소한 21일 이상의 기간이 소요된다. 이러한 생물학적 리듬의 측면에서 적응과 관련하여 교대근무 속도에 대한 견해는 크게 두 가지로 나누고 있다. 하나는 교대근무의 속도를 느리게 하는 경우 순응에 필요한 시간을 확보할 수 있어 좋다는 견해이다. 다른 하나는 인체는 아무리해도 야간근무에 완벽하게 순응할 수 없는 특성을 지니고 있어서 교대근무의 속도를 빠르게 하는 것이 좋다는 견해이다.

하루주기의 생물학적 리듬에는 개인적 차이가 존재한다. 일찍 잠들고 일찍 일어나는 종달새 유형의 사람들이 있는가 하면(이하 '종달새형'이라고 칭한다), 늦게 잠들고 늦게 일어나는 올빼미 유형의 사람들이 있다(이하 '올빼미형'이라고 칭한다). 이렇듯 인체의 생리적 적응력과 사회적인 측면, 그리고 삶의 질적인 측면을 고려하여 자신이 선호하는 교대속도는 다르게 나타나는 것이다. 그러나 야간근무는 연속해서 3일 이상은 넘지 않아야 하며, 야간근무 후에는 최소한 2일 이상의 휴일이 부여되어야 하기 때문에 야간 근무일수가 길면 길수록 더 많은 휴일을 부여하여야 한다.

교대근무

5

교대근무제
도입의 장단점

교대근무는 정상적인 근무형태에서 일일생산량의 증대를 위해 변형된 근무제도이다. 기업들은 업종특성상 불가피하게 교대근무제를 도입하여 운용하고 있다. 하지만 교대근무자들은 이 제도의 고유한 특성 때문에 교대근무를 기피하거나 이직하는 경향이 높다. 그리고 전반적으로 국민소득과 생활수준의 향상으로 개인의 욕구수준이 높아지고 있어 노사 간의 갈등도 계속 높아지는 추세에 있다. 우리나라도 유럽의 국가들처럼 유연한 노사관계가 성립될 수 없는지 등의 이해의 폭을 넓히기 위하여 ILO 등에서 제시한 교대근무제의 장단점에 대하여 자세히 살펴보기로 한다.

유용한 점
교대근무제는 일반적인 통상근무제보다 시간의 활용도를 3배까지 극대화할 수 있는 근무형태이다. 따라서 24시간 국민의 공공복리와 기초생활을 영위하는데 필요한 서비스를 제공하는 분야와 기업체에서 생산설비를 계속적으로 가동하여 생산성을 극대화하기 위한 산업분야에서 교대근무제를 운용하고 있다. 이렇게 운용되고 있는 교대근무제에 대한 장점은 다음과 같다.

먼저, 교대근무제는 자본을 집약적으로 운용할 수 있다. 즉, 고용주는 교대근무제를 이용하여 자본을 집약적으로 운용할 수 있으며, 교대근무시간을 이용하여 근로자의 재능과 자질을 좀 더 집약적으로 이용할 수 있다.

둘째, 교대근무제는 상품수급을 조절할 수 있다. 즉, 고용주는 재고상품을 처리하거나 높은 수요를 극복하기 위하여 생산량의 증가를 조절시킨다. 가령 교대근무제는 재고상품을 처리하고자 하는 경우 교대근무자들의 근무시간을 유연하게 대처하여 수급조절을 용이하게 할 수 있고, 수요가 폭증할 경우에는 단기간에 생산량을 증대시킬 수 있다. 이에 따라서 교대근무제는 제조과정에서 생기는 생산량을 연속운영과 반연속적인 운영에 따라 효과적으로 조절할 수 있다. 그리고 고용주는 교대근무제를 도입함으로써 에너지 또는 다른 자원을 야간 또는 불황기에 최적으로 이용할 수 있다.

셋째, 교대근무제는 고정자산의 효율성을 극대화 시킨다. 기업의 입장에서 교대근무는 기업의 고정자산의 효율화를 극대화하는 데 절대적인 수단이 된다. 석유화학의 정제 시스템과 제철소의 제련설비, 제빵업계의 고로 등 각 분야의 기계 설비를 24시간 쉬지 않고 가동하여야 할 설비를 계속해서 운용하여 고가의 설비에 대한 투자비용을

교대근무

단기간 내의 감가상각을 높여 설비에 대한 효율화의 극대화를 가져온다. 또한, 고정된 설비와 장비 및 건축물에 근무자만 교체하여 장비와 설비 및 건물은 그대로 사용함으로써 고정자산을 최대한 이용할 수 있다.

넷째, 교대근무제는 고용의 증대효과를 가져다준다. 일반적으로 통상근무 8시간제 하루일과를 24시간 동안 투입하여 근무하게 할 수 있기 때문에 교대 수만큼 비례적으로 인원을 투입함으로써 고용효과를 3배 이상 증대시킨다.

다섯째, 교대근무제는 공공재인 국가의 안보와 치안을 공고히 한다. 교대근무제는 국가적인 측면에서 사회적으로 무형의 서비스 등을 제공하여 국가의 안보는 물론 재해로부터 국민의 안녕과 치안을 튼튼하게 지켜준다. 특히, 우리나라의 경우와 같이 남북으로 분단된 국가에서 휴전선을 감시하기 위하여 보초를 서는 등 국민의 안보와 국토방위의 주춧돌이 되고 있다. 또한, 경찰은 불철주야 국민의 안녕과 법치로서 사회의 질서를 수호하기 위해 교대근무로 이를 엄수하고 있다. 재해로부터 국민의 재산을 지키고 위급한 환자를 긴급 출동체제로 국민의 생명을 보호하는 소방관들 역시 교대근무를 실시하고 있다. 따라서 교대근무제는 국민의 안녕과 법치질서 및 국민의 생명을 좌우하는 매우 긴요한 근무형태이다.

여섯째, 교대근무제는 국민의 사회적 복리증진에 이바지한다. 가령 전력산업에 종사하는 교대근무자들은 국민의 생활과 가장 밀접하게 생활의 번영과 행복을 추구하도록 전기를 공급하고 있으며, 통신 분야 산업의 교대근무자들은 전화 및 인터넷과 텔레비

전 등 문명의 이기를 윤택하게 하고, 철도와 지하철, 버스 및 택시, 화물 등 교통운송 분야의 기간산업의 종사자들은 도시교통의 원활하게 하고, 물자수송은 산업의 동맥으로서 물자를 적기에 공급하여 수도권과 지방간의 일일생활권 역할을 담당한다. 또한, 병원의 간호사들은 환자들을 보살피는 등 국민의 건강을 증진시키고, 항공분야의 관제사와 승문원 등은 항공기와 탑승객의 안전을 제공하여 국위를 선양하고 있다. 나아가 공공기관과 빌딩 및 아파트의 경비원들은 주민의 재산 및 안녕 등 보안의 욕구를 충족시켜 주고 있다. 또한 백화점이나 대형마트 및 음식점과 편의점에서 교대근무자들은 24시간 서비스로 주민들의 편익을 증진시키고 있다.

불리한 점

교대근무는 근무시간이 비정형적인 형태로 불규칙하여 여러 가지 단점을 내포하고 있다. 기업주에게는 고비용으로 인한 경영상의 악화를 초래할 수 있고, 교대근무자에게는 피로와 수면장애로 인한 건강과 안전사고의 잠재적인 요인으로 작용되고 있으며, 발암물질의 요인으로도 작용하고 있다. 또한 교대근무는 개인과 가정생활에 불리한 영향을 미치고 있으며, 교대근무자의 욕구충족과 자아실현의 기회 동기를 저해하고 있는 등 여러 가지 문제점이 제시되고 있어, 이를 구체적으로 살펴보기로 한다.

첫째, 교대근무제는 경영상의 고비용을 동반한다. 고용주는 회사운영에 교대근무제를 도입함으로써 보다 많은 수의 근로자를 보유하게 되어 행정상의 부가비용이 더 많이 발생한다. 특히, 야간에 적당한 관리를 책임지기가 복잡하고 어렵다. 그리고 교대근무제의 운용은 교대근무자의 편리와 훈련, 복지급여 등의 교대상여금 등 높은 노동비용으로 되어 있다.

그리고 시설이나 기계류 등도 사용하는 내구연한이 매우 짧아져 고정비용이 증가한다. 예를 들어 영업용자동차의 내구연한을 5년으로 책정한 것과 자가용 내구연한을 길게 한 것을 비교하면 쉽게 이해할 수 있을 것이다.

둘째, 교대근무제는 근로자의 건강과 안전사고의 위험성을 높이고 있다. 특히, 야간근무를 포함하는 작업장 내의 근로자의 건강과 안전은 부정적인 잠재력을 내포한다. 교대근무제는 근로자의 수면방해, 피로의 증가, 신장혈관과 위장장애, 건강재생의 영향, 야간 교대근무의 여성의 경우 유방암 위험의 증가 등 잠재적인 영향력을 포함하고 있다. 특히, 반사회적이고 불규칙한 업무의 시간으로 근로자의 가정생활과 사회생활을 와해시키고 있다. 특히, 교대근무제는 야간근로자의 운송과업에 곤란을 주고 있다.

셋째, 교대근무제는 개인의 욕구충족과 자아실현을 제한하고 있다. 교대근무제는 불규칙한 근무시간으로 인해 교대근무 비번 날 근로자들의 개인훈련과 학습 기회의 접근을 제한하고 있다. 따라서 정부와 고용주는 이와 같은 교대근무의 잠재적이고 부정적인 영향력을 제한하기 위하여, 사고방식(마음)의 모습(양상)을 계속해서 구축할 수 있는 교대근무제를 적극적으로 권장해야 한다. 즉, 교대근무자들은 짧은 주기에 규칙적인 순번이 익숙해 져야 할 것이고, 앞으로 새로이 도입되는 교대근무제는 근로자 개개인의 연속적인 야간업무는 거의 없어져야 한다. 그리고 근로자 개개인에게 적어도 2일간의 충분한 휴가가 있는 다소의 자유로운 주말이 있어야 한다. 교대시간 사이가 짧은 간격은 취소되어야 한다. 이것은 교대근무 후 충분한 휴식시간이 주어져야 한다는 것이다. 교대근무자들의 교대교체 시기와 교대기간에 관해서는 무엇보다 유연성의 가치가 우선 적용하는 것이 필요하다.

넷째, 교대근무제는 발암성물질이다. 교대근무제의 가장 큰 단점은 교대근무로 인한 야간근무 그 자체가 발암성물질이라는 것이다. 오늘날 우리의 현대사회생활 저변까지 일상생활과 밀접해 있는 야간 교대근무가 최근에 발암성물질이라는 것이 밝혀졌다. 세계보건기구(WHO)는 산하의 국제암연구기구(IARC: International Agency for Research on Cancer)의 전문가들의 연구를 통해 야간 교대근무제가 유력한 발암성물질 2A급(IARC 2A, Probable Carcinogen)이라고 발표하였다. 이러한 결과는 흡연이나 석면이 속한 발암물질 그룹(IARC 1, Carcinogen) 1급의 발암물질로 분류되는 물질에는 납, 디젤엔진 연소가스 등에 버금가는 것이다.

다섯째, 교대근무에 의한 야간근무는 인간의 수명을 단축시키고 건강의 악영향에 깊은 관련이 있다. 인간의 수명과 관련해서 야간근무는 주간 근무의 근로자보다 평균수명이 12년 짧다고 독일수면학회에서 밝히고 있다. 또한, 미국의 산업안전보건원(NIOSH)은 교대 근무자의 심혈관계 질환의 위험성은 교대근무를 하지 않은 통상근무자에 비해 약 40% 정도 위험성이 증가하는 것으로 밝혀져 건강에 매우 치명적이다. 우리나라 산업안전보건연구원에서 1999년에 발행한 '교대근무에 따른 안전 및 생산성의 변화' 보고서에서 교대근무 부적응 증후군인 불면증, 불안, 사고증가 등이 나타났다고 설명했다. 그리고 5년 이상 교대근무의 근로자는 만성적인 부적응 증후군인 수면장애, 심혈관계 질환, 위장관계 질환, 장기 결근 등에 시달리는 것으로 밝혀졌다. 한국노동안전보건연구소 등이 2013년 7월에 교대근무자 1,773명을 대상으로 한 조사에 따르면 교대근무자의 84%가 불면증이나 주간 졸음증 등과 같은 수면장애를 나타냈다.[35] 그 밖에도 시간대별로 불리한 근무교대 조에서의 낮은 생산성, 높은 결근율, 높은 사고율, 불충분한 근로자의 수면, 육체적 질병 발생가능성의 야기와 일상생활자와 다른 생활패턴으로 인한 고립된 사회생활 등이 나타났다.[36]

여섯째, 교대근무제는 가정과 개인의 생활에 불리한 영향을 미친다. 특히 교대근무로 인한 야간근무는 가정생활에 불리한 영향을 끼친다.[37] 교대근무자는 가족과 함께 지내는 시간과 취학하고 있는 자녀와의 접촉이 적어진다. 왜냐하면 부족한 수면을 보충하기 위해 출퇴근 전후 충분히 자 두어야 하기 때문이다. 그리고 식사준비 횟수가 많아지고, 식사시간과 성생활이 불규칙적으로 된다. 또한, 야간근무할 때 아내가 고독이나 불안감을 느끼고, 교대근무 후 자택에서 낮잠을 자고 있을 때, 아기를 조용하게 하는 등 매우 조심스러워진다. 나아가 집안일에 대한 아내의 부담이 증대되고, 다른 사람이 일할 때 휴식을 취하고 다른 사람이 놀 때 근무를 해야 하기 때문에 친구나 타인과의 교제나 사회적 참가의 기회가 제한된다. 더군다나 한국적 사회생활에서 매우 중요시되는 경조사가 발생하는 경우에도 참석할 수 있는 기회가 제한적일 수밖에 없다. 거기에 부부동반 모임에 참석하는 기회가 적어짐은 물론 일정한 주기에 따라 참가하는 집회에 언제나 참석하기도 어렵다. 그리고 정해진 요일에 방송되는 TV 프로그램을 시청하기가 어렵고, 주기적인 프로그램의 교육이나 세미나 및 포럼, 회의에 참석하기 어렵다.

6

교대근무제의
입법규정

교대근무를 수행하는 과정에서의 결과는 근로자와 기업은 서로 상반된 입장이다. 교대근무는 기업의 생산성을 극대화하고 국민의 복리증진에 이바지하고 있다. 하지만 근로자의 입장에서는 생체적 리듬의 교란으로 신체적 건강과 정신적 기능에 문제를 야기하고 있다. 아쇼프Aschoff에 의하면, 교대근무는 인간의 생리적, 기능적 현상인 호흡횟수, 소변배출, 세포분열, 혈압, 부신 호르몬 생산, 효소활동, 단기간 기억능력 및 반응시간의 변동과 같은 행동학적인 문제와 연관되어 있다.[38] 그뿐만 아니라 교대근무는 개인과 가정, 그리고 사회생활의 저해 등으로 삶의 질에 직접적인 영향을 미치고 있다. 특히, 2007년에 세계보건기구(WHO)의 IARC에서 교대근무에 의한 야간근무는 발암물질이라고 발표하여 국제적으로 큰 경각심을 주었다. 또한, 2008년에는 30여 편의 기존 연구를 분석한 결과 야간에 빛에 노출되면 수면리듬은 파괴되고, 멜라토닌이라는 암 발생을 억제하는 호르몬 생성이 줄어든다는 사실을 제시하였다. 또한, 교대근무로 인한 야간근무로 인하여 산업재해의 위험도가 높아지는 것은 물론 근로자는 만성피로나 불면증 등의 질환에 시달리고, 안전사고의 위험에 노출되어 대형사고가 유발되는 경우도 적지 않다. 김지용의 "교대근무형태에 따른 안전사고에 관한 조사"에 의하면, 전체근로자의 안전사고 발생율이 100인당 7.9건이고 상주근무자는 3.1건인데 비하여 2교대 근무자는 100인당 12.4인, 3교대제는 100인당 7.3건으로 나타나 월등히 높은 사고율을 나타냈다.[39] 실질적으로 우리나라에서 교대작업에 따른 야간근무로 인한 수면장애에 대해 직업병으로 인정한 판례가 존재한다. 2010년 2월 22일, 서울행정법원은 자동차 조립공정에 종사하는 A씨의 수면장애를 업무상 재해로 판결하였다.

따라서 세계 각국에서는 교대근무제 근무의 경우 제도적 보호 장치를 마련하여 근로자를 보호하려고 다각적인 차원에서 제한규정을 마련하고 있으나, 우리나라에는 별도의 법률규정이 마련되어 있지 않다. 따라서 유럽국가에서 교대제에 따른 제도적인 근로자보호 규정에 대한 내용은 무엇인지, 우리나라의 근로시간 등에 대한 입법규정인 근로기준법의 내용에 대하여 살펴보기로 한다.

유럽 국가의 교대근무제 입법 규정

유럽의 교대근무제 근로의 시간에 대한 입법 규정은 1999년 이전의 입법규정을 제시한 것임에도 불구하고 유럽에서는 당시의 주당 근로시간이 40시간을 거의 초과하고 있지 않았으며, 특히 교대근무제 근로에 대하여는 근로자의 행복추구권을 배려하는 차원에서 개인의 휴식시간이 충분하게 보장되는 것으로 나타났다. 또한 교대근무제 근로에 대한 엄격한 제한규정을 명문화하는 법률규정으로 근로자를 보호하고 있는 점이 다르다. 우리나라에서는 교대근무제에 대한 법률적 입법규정이 없어 교대근무자에 대한 제도적 보호 장치가 미미하여 유럽과는 너무나 대조적인 상황에 놓여 있다. 유럽의 대부분의 국가에서는 자체 실정에 맞는 다양한 입법규정을 보여주고 있는데, 대표적인 복지국가인 스칸디나비아 반도의 노르웨이와 핀란드 그리고 북유럽의 아일랜드, 서유럽의 프랑스의 교대근무제 입법규정을 표본으로 선정하여 이를 중심으로 살펴보고자 한다.[40]

외국의 교대제에 대한 입법 규정 주요내용

국가	근무시간에 대한 입법규정
그리스	– 8주 동안의 평균 주 근로시간이 법정 기준시간(단 48시간)을 넘지 않는 범위 내에서 허용 (단, 작업이 주야로 계속되는 경우 주당 최고 56시간까지 가능)
노르웨이	– 일요일을 포함 24시간을 축으로 주기적으로 교대근로 하는 경우는 38시간 – 완전 연속적인 교대근무나 지하작업의 경우 36시간 – 일요일 및 공휴일 교대근무는 단체협약의 동의 및 노동위원회 허가 필요.
루마니아	– 모든 교대근로자는 정액급여의 15–25%의 할증률로 임금지급
벨기에	– 일일 11시간, 주 50시간 이내
불가리아	– 2회 연속 교대조업 금지
소련	– 일주일 단위로 교체 – 2연속교대 금지 – 교대근로 사이의 휴식기간은 교대근로시간의 2배 이상

국가	근무시간에 대한 입법규정
스위스	- 교대근로는 6주마다 교체 - 교대근로수당(야간 교대근무의 경우 정액급여의 지급) 자립 - 교대근로자는 연간 52일의 휴식을 갖는다.
스페인	- 근로자가 원하지 않는 경우 2주 이상 연속야간 교대근무 금지
아일랜드	- 15시간 이상 연속적 작업이 필요하거나 노동부 장관에 의해 인가된 일부 작업을 제외하고 일반적으로 허용이 안 됨 - 근로시간이 9시간을 넘지 못하며 2연속 교대 근로금지 및 교대근로 사이에 8시간 이상 휴식을 주어야 함 ※ 근로시작 후 3~4시간 사이 15분간 휴식 ※ 인가된 교대근로의 경우 3주 연속하여 총 근로시간이 주당 48시간 이하 ※ 연속적 공정의 경우, 주당 56시간 이하
호주	- 12일 동안 최대 11회 교대근무 - 할증률로 임금지급 - 일반근로의 경우 연차유급 휴가가 4주이나 교대제 근로의 경우 5주
오스트리아	- 주 평균 근로시간은 40시간을 초과하지 못함
포르투칼	- 교대근로시간은 기준근로시간(일일 8시간, 주 48시간)을 초과하지 못함
폴란드	- 교대근로 시 주당 평균 근로시간은 42시간을 초과 못함
프랑스	- 2회 연속 교대근무 금지 - 항상적인 교대근로자는 1년을 기준으로 주당 정규 근로시간이 평균 35시간 이하
핀란드	- 교대제근무는 3주 동안 126시간, 2주 동안 86시간을 초과하지 않는 조건 하에서 평균적으로 어떤 기간의 3주에서든 120시간, 2주의 경우 80시간이 되도록 미리 설정된 일정표에 따라 운영 - 16세 이상의 연소근로자의 경우 당국의 승인 및 감독 하에 직업훈련 목적으로 1:00까지 교대제 근로 가능
체코	- 2~3 교대제의 근로시간(1교대: 8시간 30분, 2교대: 8시간, 3교대(야간근로): 7시간 30분)
터키	- 주 연속 2교대제의 경우, 일주일 이상의 야간 근로 금지 - 교대근로가 주로 이루어질 경우 15일마다 교체

교대근무

국가	근무시간에 대한 입법규정
헝가리	- 임산부는 오전 교대노동에만 허용

출처: 조영태(1999), "종업원이 느끼는 교대제근무의 영향에 관한 연구-섬유산업의 2
조 2교대와 3조 3교대를 중심으로", 재구성.

시기적으로 오래된 자료이지만, 표에서 볼 수 있듯이 노르웨이는
24시간 교대근무를 주기적으로 하는 경우 1주 근로시간을 38시간으
로 하고, 완전 연속적인 교대근무나 지하철이나 지하 등에서의 교대
근무 작업 시에는 근로자의 건강을 위해 1주 근로시간을 36시간으로
제한하고 있다. 또한 사용자가 일요일 및 공휴일에 교대근무를 요청
하는 경우 단체협약의 동의 및 노동위원회의 허가를 필요로 하고 있
다. 예를 들어, 지하철에서 12시간 교대근무를 실시하는 경우에 1주
간의 근무일수는 3일이 되고, 주간휴일의 일수는 4일이 된다.

핀란드는 교대근무제의 근로시간이 3주 동안 120시간, 2주 동안
80시간으로 계획된 일정표에 근무하면서 초과근로를 3주 동안 6시
간, 2주 동안 6시간을 초과하지 않는 조건에서 실시하고, 연소자근
로자인 경우 16세 이상인 경우에는 당국의 승인 및 감독 하에 직업훈
련 목적으로 1:00까지 교대근무제 근로를 허용하고 있다. 즉, 핀란
드는 교대근무 근로일 때 부득이한 경우 3주 동안 126시간 이내로 하
고, 2주 동안은 86시간 이내로 제한하는 것으로 1주일에 42~43시간
을 초과하지 못한다는 의미이다. 이는 우리나라의 1주간 최대 84시
간의 절반수준에 불과한 근로시간이다.

아일랜드에서는 일반적으로 교대근무를 제한하고 있으나, 작업공
정이 15시간 이상의 연속적 작업이 필요하거나 노동부장관에 의해

인가된 일부 작업으로 제한하고 근로시간은 9시간을 넘기지 못한다. 또한 2연속 교대근무가 금지되고 있으며, 교대근로 사이에 반드시 8시간 이상의 휴식시간을 부여하도록 되어 있다. 노동부 장관의 인가된 교대근무 근로의 경우, 3주 연속하여 근무하는 근로시간은 1주간 근로시간인 48시간으로 제한하고 있으며, 연속적인 공정의 경우는 주당 근로시간을 56시간 이하로 제한하고 있다. 예를 들어, 3주간의 연속적인 근무를 필요로 하는 경우에는 인가를 받고 하루에 9시간씩 1주일에 5일 근무하고, 하루는 3시간 이내의 근무로 제한한다는 뜻이다. 또한, 교대근로 시작 후 3~4시간 사이에 휴식시간으로 15분을 부여하고 있다. 즉 교대근무 근로에 대하여 어느 국가보다 엄격하게 제한하여 근로자의 건강을 우선시하고 있음을 보여주고 있다.

프랑스의 경우에는 2회 연속적인 교대근무가 금지되어 있으며, 정기적인 교대근로자의 경우 1년을 기준으로 1주당 정규근로 시간을 평균 35시간으로 제한하고 있다. 이는 1년 이상 정기적인 교대근무자는 1주일 동안에 9시간, 교대근로가 3일, 4시간 근로가 2일, 휴일 2일이 부여된다는 것을 의미한다. 따라서 교대근로에 대하여 교대근무자의 건강차원의 배려가 우리나라의 통상근무자보다 더 높은 수준이다.

교대근무제 관련 입법이 필요한 우리나라

서두에서 밝힌 바와 같이 우리나라에는 교대근무제에 대한 별도의 법률규정이 없다. 다만, 근로자에 대한 근로시간을 규정하는 포괄적인 규정의 근로기준법이 있을 뿐이다. 따라서 특수한 근무형태인 교대근무제의 근로자들도 이 규정에 준하여 적용하도록 되어 있다. 이에 따라 우리나라의 근로기준법을 중심으로 살펴보자.

우리나라는 2004년 7월 1일부터 1,000인 이상 사업장인 금융보험과 공공부분부터 시작하여 2011년 7월 1일부터 20인 미만 사업장 및 국가, 지자체의 기관 등 기업규모에 따라 단계적으로 주40시간제를 도입하면서 근로기준법 제50조에는 1주간의 근로시간은 40시간을 초과할 수 없다고 명시되어 있으며, 1일의 근로시간은 8시간을 초과할 수 없도록 규정하고 있다. 사업장 규모별 주 40시간제 적용 시기는 다음과 같다.

사업장 규모별 주 40시간제 적용 시기

구분	1,000인 이상	300~ 1,000인	100~ 300인	50~ 100인	20~ 50인	5~ 20인
적용 시점	2001. 07.01	2005. 07.01	2006. 07.01	2007. 07.01	2008. 07.01	2011. 07.01

그리고 사용자는 임의로 근로기준법 제51조(탄력적 근로시간제) 제1항의 근거에 의해 2주 이내의 일정한 단위시간을 평균으로 하여 1주간의 근로시간을 48시간, 특정한 날의 근로시간 12시간을 초과하여 근로하게 할 수 없도록 되어 있다. 다만, 근로기준법 제51조 제2항의 근거에 의해 사용자는 근로자대표와 대상근로자의 범위와 3개월 이내의 단위기간과 단위시간의 근로일 및 그 근로일별 근로시간에 대하여 서면으로 합의하면, 3개월 이내의 단위시간을 평균하여 특정한 주의 근로시간은 52시간을 초과할 수 없으며, 특정한 날의 근로시간

은 12시간을 초과할 수 없도록 되어있다. 이에 대하여 사용자는 기존의 임금 수준이 낮아지지 아니하도록 임금보전방안을 강구하여야 한다. 그리고 사용자는 15세 이상 18세 미만의 근로자와 임신 중인 여성근로자에 대하여는 근로자대표와 합의하여도 3개월 이내의 단위시간의 특정한 주의 52시간과 특정한 날의 12시간을 적용하여 근로시킬 수 없도록 되어있다. 또한, 사용자는 근로기준법 제52조(선택적 근로시간제)의 규정에 의하여 취업규칙에 따라 업무의 시작 및 종료 시각을 근로자의 결정에 맡기기로 한 근로자에 대하여 근로자 대표와의 서면 합의에 따라 1주간의 근로시간이 48시간을 초과하지 아니하는 범위 내에서, 그리고 1일에 8시간을 초과하여 근로하게 할 수 있다. 다만 대상 근로자의 범위에서 15세 이상 18세 미만의 근로자는 제외하도록 규정하고 있다.

근로기준법 제54조에서 사용자는 근로시간이 4시간인 경우에는 30분 이상, 8시간인 경우에는 1시간 이상의 휴게시간을 부여하여야 하고, 근로자는 자유롭게 근로시간 도중에 이용할 수 있게 되어있다. 그리고 사용자는 근로자에게 1주일에 평균 1회 이상의 유급휴일을 부여하게 되어있다(근로기준법 제56조). 또한 사용자는 연장근로와 야간근로(오후 10시부터 오전 6시까지 사이의 근로) 또는 휴일근로에 대하여는 통상임금의 100분의 50 이상을 가산하여 지급하거나(근로기준법 제56조), 임금을 지급하는 것을 갈음하여 휴가를 줄 수 있다(근로기준법 제57조).

근로기준법 제69조에 의해 15세 이상 18세 미만인 자의 근로시간은 1일에 7시간, 1주일에 40시간을 초과하지 못하게 되어있다. 다만,

교대근무

당사자 합의에 따라 1일에 1시간, 1주일에 6시간을 한도로 연장할 수 있게 되어있다. 또한, 근로기준법 제70조에 의하면, 사용자는 18세 이상의 여성은 오후 10시부터 오전 6시까지의 시간 및 휴일에 근로시키려면 그 근로자의 동의를 받도록 하고, 임산부와 18세 미만인자를 오후 10시부터 오전 6시까지의 시간 및 휴일에 근로시키지 못하도록 하고 있다. 다만, 18세 미만자와 산후 1년이 지나지 아니한 여성의 경우에는 본인의 동의가 있을 때와 임신 중의 여성의 명시적인 청구가 있을 때 사용자는 고용노동부장관의 인가를 받아 근로를 시키도록 하고 있다. 그리고 사용자는 산후 1년이 지나지 아니한 여성에 대하여는 단체협약이 있는 경우라도 1일에 2시간, 1주일에 6시간, 1년에 150시간을 초과하는 시간외근로를 시키지 못하도록 하고 있다(근로기준법 제71조). 또한, 사용자는 여성과 18세 미만의 자를 갱내坑內에서 근로시키지 못하도록 하고있다(근로기준법 제72조).

그러나 우리나라의 경우 교대근무제 근로에 대한 별도의 법령으로 교대근무제 근로자의 근로조건을 보호하고 있지 않다. 다만 근로기준법을 기준으로 하는 교대제 근로자 근로기준법 적용지침(근기 68201-574, 1999.11.10, 2004.11.5 고시)이 있을 뿐이다. 이 지침은 법정 근로시간이 단축(주 44시간 → 주 40시간)됨에 따라 나왔으며, 교대제 적용지침을 주 40시간제에 맞도록 변경하는 것과 산업현장에서 교대제 근로를 도입할 경우 유형별로 고려해야 할 사항과 적법성 판단 기준을 제시하고, 교대제 사업장을 지도하는 경우 동의 지침으로 활용함으로써 교대제 근로자의 건강과 안전을 보호하는 한편 기업의 생산성 제고를 지원하는데 그 목적을 두고 있다.

이 지침에서 교대근무제 근로 도입 시 유의사항을 살펴보면 다음과 같다. 교대근무제의 연중무휴 가동은 예비근무조가 있는 근무조(4조 3교대제 등)로 편성하고, 규칙적인 근무조 교대 및 근무간격은 최소 12시간 이상을 유지해야하며, 근로시간은 1주간 40시간, 1회 8시간을 준수하도록 되어있으며, 연장근로는 부득이한 경우로 제한하고 야간근로 일수는 최소화하는 것으로 되어 있으며, 휴일은 가능하면 많이 확보하고 휴가는 실제 사용하도록 배려해야 한다는 수준이다. 그리고 출퇴근버스의 운행 등 편의를 제공하고, 교대제 근로의 배치 전후 건강진단 실시 및 진단결과 및 판정의견에 따라 비교대 근로나 주간근로로 전환 등의 배려를 명시하고 있다. 여기서 특히 「근로시간 및 휴게시간의 특례 사업(근로기준법 제58조)」 및 「근로시간 등의 적용제외 업무(근로기준법 제63조)」에 규정된 근로자는 3조 또는 2조 등 교대팀의 근무형태와 상관없이 연중무휴 가동이 가능하나, 근로자 건강보호 등을 이유로 가급적 지양되어야 한다고 규정한 것이 교대제에 대한 별도의 내용이다.

7

교대근무제의
국내·외 도입현황

교대근무제는 제한된 시간 내에 기업의 생산성을 위해 도입한 근무제도로서, 세계의 모든 국가에서 기업의 규모에 관계없이 도입하여 운용되고 있다. 1998년 OECD에 따르면, 유럽의 11개국에서 교대근무자 수가 차지하는 비중이 8.1%이며, 미국의 경우 1991년에 17.8%, 핀란드의 경우 1993년에 17.9%에 이르고 있다. 우리나라는 고용노동부의 조사에 의하면, 1999년에 40.5%, 2002년에 39.9%로 다소 감소추세지만, 교대근무를 도입하여 실시하고 있는 산업의 비중은 높은 것으로 나타났다.

유럽연합(EU) 국가의 도입 비중

유럽연합의 회원국들 중에서 크로아티아의 교대근무 도입률이 33.5%로 가장 높다.[41] 주요 국가의 교대근무 도입률을 살펴보면, 영국은 15.4%, 독일은 15.7%, 프랑스는 14.9%, 요람에서 무덤까지로 불릴 정도로 세계에서 복지수준이 가장 높은 북유럽의 스칸디나비아 3국에서는 핀란드가 24.3%로 가장 높게 나타났으며, 노르웨이는 23.4%, 스웨덴은 16.0%로 나타났으며, 덴마크는 9.3%인 것으로 나타났다. 한편 유럽의 국가들 중에서 교대근무 도입률이 가장 낮은 국가는 6.4%의 터키인 것으로 나타났다.

한편, 2004년에 10개 국가가 처음 유럽연합 회원국으로 조인했을 때 교대근무제 도입률은 23%였는데, 2004년 유럽연합의 회원국을 확장하기 이전의 교대근무 도입률은 16%로서 유럽연합이 결성된 이후에 교대근무제 도입률이 상당히 낮아졌다. 그리고 기존의 유럽연합의 15개국에 10개국이 신규회원국으로 가입한 2004년의 교대근무 도입률은 17.1%로서 도입률이 종전보다 조금 높아졌다. 나아가 2007년에 유럽연합의 25개 회원국에 추가적으로 가입한 불가리아와 루마니아의 교대근무 도입률은 17.3%로서 종전보다 다소 높게 나타났다.

유럽의 국가별 교대근무제 도입률(2005년, %)

국가	도입률	국가	도입률	국가	도입률
오스트리아	13.2	헝가리	20.7	슬로베니아	30.0
벨기에	13.2	아일랜드	12.0	스페인	22.2
불가리아	21.0	이탈리아	18.1	스웨덴	16.0
크로아티아*	33.5	라투비아	21.9	스위스	12.9
사이프러스	11.8	리투아니아	19.4	터키*	6.4

교대근무

국가	도입률	국가	도입률	국가	도입률
체코	22.2	룩셈부르크	13.9	영국	15.4
덴마크	9.3	말타	22.3	슬로바키아	27.5
에스토니아	20.4	네덜란드	11.8	***EU25	17.1
핀란드	24.3	노르웨이	23.4	****EU15	16.0
프랑스	14.9	폴란드	10.3	*****NMS	23.0
독일	15.7	루마니아	21.0		
그리스	13.0	**EU27	17.3		

* 유럽연합의 두 후보회원국
** EU27: 2007년 신규 가입국인 불가리아, 루마니아를 포함한 유럽연합 국가
*** EU25: 2004년 10개의 신규 가입국을 포함한 유럽연합 국가
**** EU15: 2004년 확대 이전의 유럽연합 가입국
***** NMS: 2004년 유럽연합 신규 가입국

출처: 세계보건기구(2007). 『IARC Monographs on the Evaluation of Carcinogenic Risks to Humans』. VOL 98. p.569.

우리나라 산업의 도입현황

우리나라는 경제발전의 근대화과정에서 제조업 등과 같은 산업에 교대근무제를 도입하였다. 교대근무제는 저임금의 대량생산체제를 구축하여 경제성장에 중요한 견인차 역할을 하였다. 오늘날 정보화 사회에서도 교대근무제는 제조업을 중심으로 계속 유지되고 있는 가운데, 고도화된 사회의 다양한 욕구충족을 위해 다양한 산업으로 확산되고 있다. 따라서 오늘날의 산업별 교대근무제 도입사례 대비 현황과 산업별로 도입된 교대근무 유형의 도입률을 살펴보기로 한다.

1) 우리나라의 교대근무제의 도입 사례

한국노동안전조건연구소[42]가 밝힌 우리나라의 산업별 교대근무제의 유형별 특성을 살펴보면, 1일 맞교대 근무제는 부동산업 분야에서 68개 업체 중 65개 업체에서 실시하고 있어 95.6%를 차지하여 가장 비중이 높은 것으로 나타났다. 이는 빌딩이나 아파트 등의 시설물 경비업무를 수행하고 있는 근로자 대부분이 24시간의 장시간 근로에 종사하고 있음을 나타내고 있다. 다음은 숙박 및 음식점업이 29.3%, 여행이나 운수분야 서비스업 등 특정 업종분야에서 25%를 차지하여 높은 비중을 나타내고 있다.

산업별 교대근무제 도입 현황

(단위 : 개소, %)

구분 / 산업별	사례	2교대	3교대	맞교대	개별 교대제	기타	계
석탄광업	10	40.0	60.0				100.0
금속광업	2	50.0	50.0				100.0
기타광업	22	63.6	9.1	18.2	4.5	4.5	100.0
음식품제조	18	50.0	38.9	11.1			100.0
담배제조업	1	100.0					100.0
섬유제조업	24	20.8	75.0	4.2			100.0
펄프제조업	7	14.3	85.7				100.0
출판인쇄업	3	100.0					100.0
석유제조업	1		100.0				100.0
화학제조업	11	18.2	72.7	9.1			100.0

교대근무

구분 산업별	사례	2교대	3교대	맞교대	개별 교대제	기타	계
고무프라스틱	13	69.2	30.8				100.0
비금속제조	12	16.7	83.3				100.0
제1차 금속	22	22.7	72.7		4.5		100.0
조립금속제조	6	83.3	16.7				100.0
기계장비제조	12	91.7	8.3				100.0
사무회계기계	1		100.0				100.0
전기기계제조	13	76.9	23.1				100.0
통신장비제조	34	58.8	41.2				100.0
광학기계제조	3	100.0					100.0
자동차제조업	23	91.3		8.7			100.0
기타운송장비	5	60.0	40.0				100.0
가구기타제조	1	100.0					100.0
재생재료가공	1		100.0				100.0
전기가스중기	35	20.0	74.3	2.9	2.9		100.0
건설업	3	33.3	66.7				100.0
도매상품중개	11	45.5	27.3	9.1	9.1	9.1	100.0
소매소비품수선	7	57.1	28.6		14.3		100.0
숙박 음식업	41	43.9	24.4	29.3	2.4		100.0
육상운송업	40	72.5	5.0	17.5	2.5	2.5	100.0
여행운수서비스	8	37.5	37.5	25.0			100.0
통신업	9	44.4	22.2	11.1		22.2	100.0
금융업	2	100.0					100.0
보험연금업	1	100.0					100.0

구분 산업별	사례	2교대	3교대	맞교대	개별 교대제	기타	계
부동산업	68		2.9	95.6	1.5		100.0
기계장비임대	1	100.0					100.0
정보처리운용	2	50.0	50.0				100.0
연구및 개발업	2			100.0			100.0
사업관련서비스	34	29.4	47.1	17.6	2.9	2.9	100.0
교육서비스	1	100.0					100.0
보건사회복지	34	8.8	88.2	2.9			100.0
위생서비스	1		100.0				100.0
오락문화운동	8	25.0	50.0	12.5	12.5		100.0

출처: 한국노동안전보건연구소(2008), 『교대제, 무한이윤을 위한 프로젝트』 재구성

2) 우리나라 산업별 교대근무유형별 도입률

우리나라 고용노동부에서 2011년 6월1일부터 6월 30일까지 1개월 간 상용근로자 10인 이상의 회사법인 기업체 3,414개 업체를 대상으로 실시한 근로시간 실태 조사를 수행한 바 있다. 이 조사결과에 따르면, 우리나라 산업의 전체 기업 중에서 15.4%가 교대근무제를 도입하여 활용하고 있는 것으로 나타났으며, 이 중 2조 2교대 근무제가 63.5%로 가장 많이 도입되어 활용되고 있으며, 3조 3교대 근무제가 12.8%, 2조 격일제가 12.4%인 것으로 나타났다.

이를 산업별로 살펴보면, 전기 · 가스 · 증기 및 수도 사업 분야가 52.5%, 사업시설관리 및 사업 지원 서비스업 분야가 36.1%, 운수업 분야가 35.7%, 숙박 · 음식점업 분야가 34.0%, 예술, 스포츠 및 여

교대근무

가관련 서비스업 분야가 34.0%로 비교적 교대근무제를 많이 도입하여 활용하고 있는 것으로 나타났다. 그리고 제조업 분야가 22.0%, 부동산업 및 임대업이 23.2%, 광업 분야가 13.0%로 나타났다.

교대근무제 유형별로 가장 많이 도입하여 활용하고 있는 산업을 중심으로 비교적 높은 순위를 살펴보면, 2개조가 24시간씩 교대로 근무하는 2조격일제를 도입한 산업에서는 사업시설관리 및 사업지원 서비스업 분야가 59.5%로 가장 높게 나타났으며, 다음은 부동산업 및 임대업 분야가 50.4%이고, 협회 및 단체, 수리 및 기타 개인서비스업 분야가 30.3%, 광업 분야가 27.5%, 숙박업 및 음식료업 분야의 25.9% 순으로 나타났다. 2개 근무조가 하루에 12시간씩 교대하는 2조 2교대근무제를 도입한 산업을 살펴보면, 건설업이 91.0%로 가장 높게 나타났으며, 제조업 분야가 77.%, 도매 및 소매업 분야가 73.6%, 운수업 분야가 63.7%, 예술·스포츠 및 여가관련 서비스업 분야가 61.0%, 전문·과학 및 기술서비스업 분야가 50.2%로서 전체 산업분야에 골고루 도입된 교대근무제라고 할 수 있다. 즉, 우리나라의 제조업 및 제조유통 관련 서비스업과 시민생활, 문화 및 예술, 전문부야 등 다양한 서비스산업에서 12시간 교대근무제를 선호하고 있는 것으로 나타나 있다. 하루 24시간 동안 8시간씩 3개조가 근무하는 3조 3교대 근무제를 비교적 많이 도입한 산업을 살펴보면, 금융 및 보험업 분야가 61.3%로 가장 높게 나타났으며 출판, 영상, 방송통신 및 정보서비스업 분야가 50.0%, 전문·과학 및 기술서비스업 분야가 44.3%로 비교적 높게 나타났으며, 숙박 및 음식점업 분야가 37.5%, 하수폐기물 처리, 원료재생 및 환경복원업 분야가

29.7%, 예술, 스포츠 및 여가관련서비스업 분야가 23.7%, 광업 분야가 22.5% 등으로 나타났다.

다음은 각 산업별로 기업의 특성에 적합한 형태를 도입하는 다양한 3조 2교대근무제에 대하여 살펴보면, 도매 및 소매업 분야에서 도입이 10.0%로 가장 높게 나타났으며 여타 산업들은 5% 내외로 도입하였다. 다음은 2004년 7월 1일부터 단계적으로 주40시간 근무제가 도입되면서 근로시간의 단축이라는 새로운 근로조건의 방향을 모색하는 기업의 형태인 뉴패러다임의 차원에서 도입한 교대근무제로서 4조 2교대제를 꼽을 수 있는데 그 실태를 살펴보면, 전 산업에서 도입하여 활용하고 있는 비중이 0.4%로서 가장 낮은 교대근무 형태를 보여주고 있다. 이 교대근무제는 전기, 가스, 증기 및 수도 사업 분야에서 17.7%로 가장 높게 나타나 고도의 전문성을 요하는 원자력발전소 등에서 도입하여 활용하고 있는 교대근무제라고 볼 수 있다. 또한 우리나라의 교대근무제 근로자들의 근로조건의 개선의 방향이 요원한 과제로 남을 수밖에 없는 환경임을 입증하는 사례라고도 볼 수 있다.

산업별 교대근무유형의 도입률

(단위 : %)

구분 산업별	교대제 실시	2교대 격일제	2조 2교대	3조 3교대	3조 2교대	4조 3교대	4조 2교대	기타
전체	15.2	12.4	63.5	12.8	3.1	3.7	0.4	4.2
광업	13.0	27.5	45.7	22.5	0	4.4	0	0
제조업	22.0	1.7	77.0	12.3	2.9	4.1	0.1	1.9

교대근무

구분 산업별	교대제 실시	2교대 격일제	2조 2교대	3조 3교대	3조 2교대	4조 3교대	4조 2교대	기타
전기가스, 증기 및 수도 사업	52.5	0	2.3	10.0	4.9	65.1	17.7	0
하수폐기물 처리, 원료재생 및 환경 복원업	12.1	0	41.3	29.7	5.9	10.8	0	12.4
건설업	1.3	0	91.0	0	0.8	8.1	0	0
도매 및 소매업	3.3	0	73.6	2.6	10.0	0	1.2	12.5
운수업	35.7	19.9	63.7	3.1	2.6	1.1	0	9.7
숙박 및 음식점업	34.0	25.9	29.4	37.5	0	0.9	0.4	6.0
출판, 영상,방 송통신 및 정보 서비스업	4.7	0.7	28.2	50.0	0	15.0	0	6.1
금융 및 보험업	2.4	10.1	0	61.3	0	0	0	28.7
부동산 및 임대업	23.2	50.4	28.6	15.5	4.1	0	0	1.3
전문, 과학 및 기술서비스업	2.4	0	50.2	44.3	0	5.5	0	0
사업시설관리 및 사업지원 서비스업	36.1	59.3	15.6	11.6	3.9	2.7	2.3	4.7

구분 산업별	교대제 실시	2교대 격일제	2조 2교대	3조 3교대	3조 2교대	4조 3교대	4조 2교대	기타
예술, 스포츠 및 여가관련 서비스업	34.0	4.5	61.0	23.7	2.5	0	1.2	7.0
협회 및 단체, 수리 및 기타 개인서비스	8.5	30.0	31.7	18.8	2.7	0	0	16.8
교대근무조 주 당 실근로시간 (시간)	45.6	49.2	46.3	41.2	43.8	42.0	40.8	42.4

출처: 고용노동부(2013). 「고용형태별 근로실태조사」

교대근무

1 김진해(2011), 『교대근무제 기반 공공기관의 조직유효성 결정요인에 관한 연구-서울메트로 역장신뢰와 조직유효성관계에 교대근무 팀의 매개효과를 중심으로』, 단국대학교, 박사학위논문.

2 한국노동안전보건연구소(2007), 『교대제, 무한이윤을 위한 프로젝트』, 도서출판 메이데이 참고.

3 吳峻錫(2013), 『秦漢代 문서행정체계 연구』, 慶北大學校, 博士學位論文 참고.

4 『張家山漢簡』, 二年律令 行書律 참고.

5 吳峻錫(2013), op. cit. 참고.

6 『太上二年(406년) …是年 高句驪遣使獻 千里馬 生熊皮障泥於超 超大悅·以水牛 能言鳥』, 『太上 四年(408년) …高句驪復遣使至獻 千里人十人 千里馬一疋, 《十六 國春秋》』 卷 64 南燕, 『千里人南燕慕容超時·句驪獻千里人十人《池北偶談》, 권 21.

7 『三國史記』, 卷37 志 6 地理 4 高句麗.

8 조법종(2011), "고구려의 우역제와 교통로: 국내성시기를 중심으로", 『한국고대사 연구』, Vol. 63, pp. 41-79. 참고.

9 허선도(1990), "우리나라의 봉수제도", 『한국통신학회 학술대회 및 강연회』, pp. 45-62.; J. S. Back 저, 『금강저』, 키메이커, 2013. 참고.

10 『三國遺事』, 卷2, 紀異 駕洛國記.

11 『三國史記』, 卷23, 百濟本紀 23 溫祚王 10년 冬10月條 "靺鞨寇北境 王遣兵 二百 拒戰於昆彌川上 我軍敗績 依靑木山自保 王親帥精騎一百 出烽峴救之 賊 見之卽退".

12 李元根(1987), "韓國烽燧制度考", 『人文學報』, 4, 江陵大學, p. 384.

13 『三國史記』, 卷2, 新羅本紀 2 奈解尼師今 29년 秋7月條 "二十九年秋七月 伊伐 湌連珍與百濟戰烽山下破之殺獲一千餘級八月 烽山城".

14 『高麗史』, 卷81, 병지 1. 毅宗 3年 8月條.

15 『高麗史』, 卷81, 兵志 1 忠定王 3年 8月條 置松嶽山烽燧所. "松嶽山烽燧 將校 二 副烽燧 將校二 軍人三十三".

16 『太宗實錄』, 卷12, 6年 12月 庚子條.

17 『世宗實錄』, 卷4, 元年 5月 庚午條.

18 『世宗實錄』, 卷19, 5年 2月 庚戌條.

19 『世宗實錄』, 卷18, 4年 12月 癸卯條. "命兵曹 與議政府諸曹 定烽燧."

20 서영보(1808), 『만기요람』, 군정편.

21 허선도(1990), op. cit. 참고.

22 허선도(1990), Ibid. 참고.

23 근우회(槿友會)는 1927년에 조직된 항일여성운동 단체이다. 당시 좌우익 세력

이 합작하여 결성된 항일단체인 신간회 창립의 직·간접적인 영향을 받았다. 1927년 4월 26일에 인사동 중앙유치원에서 사회주의, 민족주의 여성운동단체 간의 대립과 분열 및 갈등을 극복하기 위하여 41명(사회주의 여성 10명, 민족주의 여성 25명, 그 외 여성 6명)의 발기로 결성되었다. ; 강미애(1992), "일제하 근우회 연구 - 중앙본부 및 지회활동을 중심으로", 『한국교총』Vol 12, pp. 1-43. 참고.

24 조영태(1999), 『종업원이 느끼는 교대제근무의 영향에 관한 연구·섬유산업의 2조 2교대와 3조 3교대를 중심으로』, 성균관대학교, 석사학위논문 참고.
25 Marc Maurice(1975), 『Shift Work』, ILO.
26 김형배(1993), 『근로기준법』, 박영사.
27 조영태(1999), op. cit. 참고.
28 박은철(2004), 『유연적 근로시간제도가 조직유효성에 미치는 영향에 관한 실증적 연구 - 교대근무제를 중심으로』, 동국대학교, 석사학위논문 참고.
29 한국근로기준협회(2004), 『제1차 교대제 변경 설계 및 기업 사례 연구조사단 세미나』 참고.
30 Rutenfranz et al.,(1981), "Shift Work Research Issues", 『Biological Rhythms, Sleep and Shift, Work』, Spectrum Publications.
31 고시 가주타카·사카이 카즈히로(1991), 『勞動時間問題としての夜勤·交代制度』, 勞動科學研究所.
32 한국근로기준협회(2004), op. cit. 참고.
33 한국근로기준협회(2004), Ibid. 참고.
34 한국근로기준협회(2004), Ibid. 참고.
35 한겨레(2013. 8. 18). "뒤척이는 밤잠' 5년새 57% 늘었다." 참고.
36 박진혁(2010). 『항공사 교대근무자의 직무만족도 평가(A항공사를 중심으로)』, 한국항공대학교, 석사학위논문 참고.
37 Thierry, H. & Jansen, B.(1982): "Social support for the night and shiftworks", 『Shiftwork: Its Practice and Improvement』, J. of Human Ergol, II(suppl), pp. 483-498.
38 Aschoff J.,(1981), "Circadian rhythms:Interference with and dependence on work-rest schedules", Johnson LC, Tepas DI, Colquhoun WP, Colligan (eds), 『The Twenty-four-Hour Workday: Proceedings of a Symposium on the Variations of Work-Sleep Schedules』. DHHS(NIOSH) publication no. 81-127, pp. 13-50.
39 김지용(1996). "교대근무형태에 따른 안전사고에 관한 조사", 『대한산업의학지』, 8(2), pp. 330-339 참고.
40 조영태(1999). op. cit. 참고
41 세계보건기구(2007), 『IARC Monographs on the Evaluation of

Carcinogenic Risks to Humans」, VOL 98, pp. 561-764.
42 한국노동안전보건연구소(2007), op. cit. 참고.

둘째
마당

교대근무는
야간근무를 수반한다

    교대근무자는 교대근무 주기에 따라 일정기간의 야간근무를 수행하고 있다. 야간근무는 심야시간에도 업무의 연속성을 유지하는 특성이 있다. 또한 야간근무는 심야시간의 퇴근과 새벽시간에 출근하는 교대자의 업무 인수인계의 교량역할을 하기도 한다. 따라서 야간근무는 무엇이고, 교대근무 당사자들은 야간근무를 어떻게 인식하고 있으며, 야간근무시의 문제점과 야간근무를 회피하는 요인은 무엇인지 살펴보고, 그리고 국내와 유럽연합의 야간근무에 대한 법률규정을 살펴보고, 아울러 유럽연합의 국가별 및 산업별 야간근무 도입률을 살펴보기로 한다.

1

야간근무

일반적으로 야간근무는 하루의 해가 진 이후에 근무하는 것으로 인식하고 있다. 하지만 직종과 사업장마다 다른 의미를 가지기 때문에 교대근무의 야간근무에 대한 개념을 정의하고, 교대근무사업장에서 실시되고 있는 야간근무의 다양한 실태에 대하여 살펴본다.

야간근무의 정의

하루의 일과는 지구의 자전에 의해 크게 주간과 야간으로 나눈다. 주간은 먼동이 튼 후부터 해가 지기 전까지이고, 야간은 해가 진 뒤부터 먼동이 트기 전까지 동안을 의미한다. 지구의 밤과 낮의 길이는 계절마다 달라진다. 즉, 지구의 자전축이 23.5도 기울어 태양 주위를 공전하는 위치에 따라 지구의 밤낮의 길이는 달라진다. 우리나라의 경우 봄과 가을에는 밤낮의 길이가 거의 같아지고, 여름에는 낮의 길이가 밤의 길이보다 훨씬 긴 반면, 겨울에는 반대로 밤의 길이가 낮의 길이보다 훨씬 더 길다. 따라서 밤낮의 시간은 태초부터 지구의 자전과 공전에 의한 계절적인 일몰이 기준이었다. 그에 따라 낮에는 근로의 시간이었고, 밤은 휴식과 수면을 취하는 시간이었다. 인간은 이렇게 해가 뜨고 해가지기 까지 하루의 일과시간이 자연스럽게 접근되었다. 그러나 영국에서 산업혁명이 일어나 산업화의 발전에 따라 낮과 밤의 시간은 인위적으로 세분화되고 진화해 왔다.

오늘날 야간근무에 대한 정의는 직종과 사업장 마다 적용되는 의미가 다르다. 일반적으로 통상근무자에게 야간근무는 보통 하루의 일과시간 이후 밀린 업무를 처리하거나 추가적인 업무를 처리하기 위하여 근무시간을 연장시키는 것을 의미한다. 이러한 야간근무는 하루의 근무시간 8시간을 초과하여 근무하는 것으로 연장근무 또는 초과근무라 부르기도 하고 야간근무라고도 한다. 그리고 통상근무자가 어떤 프로젝트에 참여하여 일정을 맞추기 위해 며칠 동안 밤새워 프로그램을 개발하여야 하는 경우에도 야간작업을 수행하게 된다.

그러나 교대근무자는 교대근무 편성표에 의해 일정한 주기마다 야간에 근로시간을 수행하는 시간이 있다. 따라서 교대근무자의 야간근무는 교대근무형태 및 교대근무주기에 따라 야간의 근무시간, 주기, 연속근무 등이 각각 다르게 수행된다. 이것은 통상근무자에게 일시적, 비주기적으로 수행하는 야간근무와는 달리 교대근무자의 야간근무는 24시간 교대로 연속하여 주기적으로 반복적인 일정과 계획에 의해 수행되는 기본적인 근로시간이라는 점이 다르다. 그리고 우리나라 근로기준법에는 저녁 6시부터 밤 22시까지 및 새벽 6시부터

9시까지를 초과근로시간으로 산정하여 초과근로수당을, 심야시간인 오후 22시부터 다음 날 새벽 6시까지를 야간근무시간으로 정하여 야간근로수당을 지급하기 위한 기준의 야간근무시간이 있다. 그러나 유럽의 경우 야간근무시간에 대한 개념을 우리나라와 다르게 적용하고 있다. 유럽의 대다수 국가에서는 야간근무를 밤 10시에서 새벽 6시로 정의하고 있다. 이 야간근무는 심야시간동안 최소한 3시간 정도 근무하여도 당일의 기본적인 야간근무시간으로 인정하여 우리나라와 같이 밤샘 근무하는 것과 다르게 적용하고 있는 것이다.

따라서 야간근무라 함은 24시간을 활용하기 위한 교대근무제에서 교대근무 편성표에 의해 일정한 주기마다 근로자가 당일의 소정의 근로시간을 수행하기 위하여 야간에 근무하는 것이라고 정의할 수 있다. 여기서 소정의 근로시간이라 함은 교대근무자가 야간에 당일 수행하여야 할 기본적인 근로시간을 근무편성표에 의해 8시간 또는 8시간 이상 수행하는 근무시간을 의미한다.

현장의 야간근무의 실태

우리나라의 사업장에서 교대근무자들이 야간근무를 수없이 실시하고 있지만 실질적인 통계로 발표된 결과는 거의 찾아볼 수 없다. 극히 일부분이기는 하지만 박인경, 박혜자, 백연옥 등이 의료분야에서 수행했던 연구결과들은 야간근무 시간에 대한 현황을 부분적으로 보여주기 때문에 이를 활용하기로 한다.[1] 박인경의 '교대근무 간호사의 업무 및 복지연구'에 나타난 야간근무 시간과 일수의 현황에 의하면 간호사의 평균 야간근무시간은 11.6시간인 것으로 나타났다. 그리고 전체의 73.1%가 하루에 10시간~12시간 정도 야간근무를 하고 있는 것으로 나타났으며, 하루에 13시간 이상 16시간의 장시간 동안 야간근무를 하는 경우도 무려 17.3%에 달하고 있다.

한편, 병원 간호사가 교대근무로 인해 야간근무를 연속적으로 지속한 근무일수는 평균적으로 4.5일인 것으로 나타났다. 1개월에 가장 많이 야간근무를 지속하는 연속 야간근무일수가 5일로서 그 비중이 절반정도인 52%에 달하고 있는 실정이다. 우리나라 병원의 교대근무 간호사들은 1개월에 야간근무 지속일수가 5일 미만인 경우가 전체의 93%를 차지하고 있어 대부분이 2일에서 5일정도 야간근무를 지속하는 것을 알 수 있다. 그러나 야간근무의 연속일수가 일주일 이상 12일 지속하는 경우도 2.5%에 달하고 있어서 근무자들의 건강이 우려된다.

특히, 병원의 교대근무 간호사는 1개월에 4명중 3명에 해당하는 74.5% 정도가 7일~10일 간의 야간근무를 수행하는 것으로 나타났다. 나아가 병원 간호사의 약 90%정도가 1개월에 10일 정도 야간근무를 하는 것으로 나타났다. 여기서 특히 유의해야할 점은 최악의 경우 여성근로자인 병원의 간호사가 1개월에 15일을 야간근무를 실시하는 병원이 있다는 점이다.

이에 반해 드라 매어 워커Dela Mare Walker는 2일, 2일, 3일씩 3조 교대로 3년간 근무해 온 50명 중 43명이 이 짧은 교대주기를 좋아한다고 밝혔다. 병원의 간호사들도 보다 짧은 교대주기를 선호하고 있지만 현실적으로 이와 같은 격차가 나타나는 것은 간호사의 교대근무가 5~7일 단위의 3교대를 주기적으로 하는 하나의 근무형태로 구성되

어 있기 때문인 것으로 보인다.[2]

교대근무 간호사의 야간근무 관련 종합 자료

구분	야간근무시간		구분	야간지속일수		구분	야간근무일수(월)	
	빈도	비율		빈도	비율		빈도	비율
9시간 이하	28	8.7	2일	3	0.9	6일 미만	46	14.5
10시간 이하	36	11.1	3일	62	19.4			
11시간 이하	113	35.0	4일	66	20.6	7-10일	237	74.5
12시간 이하	90	27.0	5일	167	52.2			
13시간 이하	13	4.0	6일	14	4.4	11~15일	34	10.7
14시간 이하	41	12.7	7일	3	0.9			
16시간 이하	2	0.6	9-10일	4	1.3	15일 이상	1	0.3
			12일	1	0.3			
평균	11.6	–	총계	320	100	총계	318	100
			평균	4.5	–			

출처: 박인경(1996). "교대근무 간호사의 업무 및 복지 연구 – 야간근무 간호사를 중심으로", 숙명여자대학교, 석사학위논문. 재구성.

과거에는 나이팅게일의 백의의 천사로서 세간의 선망의 대상이고 자부심과 긍지가 충만했던 시기였지만, 오늘날에는 주변상황과 근무여건이 종전과 같지 않다. 왜냐하면, 5인 이상의 사업장에서는 주 40시간 근무제를 도입하여 어느 때보다 근로자의 삶의 질과 복지수준의 향상을 대처하고 있지만 교대근무제가 여가생활과 자기개발에 적합한 근무제도가 아니라는 의식이 높아지고 있기 때문이다. 또한,

교대근무

노사합의에 의해 주당 시간외 근무시간이 60시간을 초과하지 못하게 명시되어 있기 때문에[3] 최다근무시간을 적용한다 해도 시간외 근무시간이 21-56시간을 초과하고 있다. 여기서 '슬리핑 오프sleeping off'라 하여 야간 지속근무 5일 이상이 발생할 때 24시간의 유급휴가 시간제를 활용하고 있다. 하지만 과다한 시간외 근무시간의 발생은 근로기준법에 저촉됨은 물론이고, 간호사의 신체적 · 정신적인 건강 측면에서 여러 가지 위험요인에 노출되고, 인간다운 생활에 대한 여건을 저해하고 있다는 점에서 이러한 야간근무제도는 시급히 근로자의 생체리듬을 저해되지 않는 차원으로 점진적 개선이 필요하다.

2

야간근무에 대한
경험적 인식

　교대근무자들은 심야의 야간근무에 임할 때 상당히 심리적 압박감을 받거나 정신적으로 위축되기 쉽다. 그러함에도 불구하고 야간근무에 대하여 선호도가 높은 것은 그들에게 있어서는 매우 중요한 동기부여의 요인이 작용되고 있기 때문이다. 따라서 그들이 야간근무를 어떻게 인식하고 있는지에 대한 그들의 내면의식을 도출하는 것은 정책적 자료나 조직 관리지침으로 활용하는데 매우 중요한 가치를 제공한다. 따라서 야간근무 현장에서 그들을 대상으로 현실적인 인식을 도출한 박혜자의 야간근무에 대한 만족도는 어느 정도인지, 그리고 어떤 불편함이 있는지, 압박감은 어느 정도 느끼는지, 야간근무의 장단점에 대한 인식은 어느 정도인지 등 그들에게 잠재된 의식 등 연구결과를 중심으로 살펴보고, 끝으로 그들의 야간근무 기간 중의 수면보총과 운동량에 대하여 살펴보겠다.

야간근무 필요성에 대한 인식

2014년 건강보험심사평가원에 따르면 2014년 10월말 기준으로 30 병상 이상의 입원진료가 가능하여 교대근무가 실시 가능한 병원은 전국에 3,129개소(종합병원이상 330개소, 병원 1,328개소, 요양병원 1,328개소)이다. 이렇게 크고 오랜 전통과 역사를 지닌 병원에서 3교대(낮번-저녁번-밤번)로 근무하는 간호사들이 밤번근무에 대한 필요성을 어느 정도 느끼는지 조사한 결과 지표 5점 중 평균 3.58로 나타나서 간호사들은 병원에 밤번근무에 대한 필요성을 긍정적으로 인식하고 있다.[4] 그러나 간호사들은 병원에 밤번근무가 필요하다고 인식하는 정도는 세부적인 변수(근무병동, 병원경력, 낮번-저녁번-밤번 교대방식)에서는 인식의 차이를 나타내고 있다. 병원의 근무병동별 변수에서는 신생아실이 간호사가 밤번근무에 대한 필요성을 긍정적으로 인식하는 수준이 가장 높게 나타났으며, 다음은 중환자실, 수술실 · 회복실 · 분만실, 신경정신과, 외과, 내과, 산부인과 · 소아과 순으로 나타났는데, 응급실의 인식 수준이 가장 낮은 것으로 나타났다.

병원의 3교대 근무경력에 대한 변수에서 간호사들은 병원에 밤번근무의 필요성을 긍정적으로 인식하는 정도는 3년~7년 경력자인 경우가 밤번근무에 대한 필요성을 긍정적으로 인식하는 수준이 가장 높게 나타났으며, 다음은 10년 경력자, 그리고 7년~10년 경력자의 순으로 나타났는데, 근무경력이 짧은 3년 미만의 경력자의 경우 병원의 밤번근무에 대한 필요성을 긍정적으로 인식하는 수준이 가장 낮은 것으로 나타났다.

야간근무 만족도에 대한 인식

박혜자는 교대근무 중 밤번근무에 대한 간호사의 인식에 미치는 요인을 조사한 바 있다. 그 결과 우선 병원의 3교대제에서 밤번근무에 대한 간호사들의 만족도는 근무병동, 종사예정시간 등과 같은 세부적인 변수에 따라 차이를 보이는 것으로 나타났다.[5] 먼저, 교대제 근무병동의 간호사들이 밤번근무에 대해 나타나는 만족도는 신경외과가 가장 낮았으며, 이어 내과·신생아실 순으로 낮게 나타났다. 다음은 외과·중환자실·소아과·산부인과·응급실 순으로 높게 나타났으며, 분만실·회복실·수술실이 가장 높게 나타났다. 따라서 간호사들은 야간의 병동 근무가 심리적으로 부담을 느끼고 업무적으로 성취감이 낮으며, 상대적으로 여유시간이 없는 병동일수록 야간근무에 대한 만족도는 떨어지는 것으로 나타났다. 또한, 3교대제 병원의 간호사들은 가능한 정년까지 근무하려는 그룹이 야간근무의 만족도가 가장 낮은 것으로 나타났다. 다음은 가능한 빨리 그만두고 싶다는 그룹이며, 자신이 언제까지 병원에 종사하겠다는 뚜렷한 목표를 설정한 그룹이 야간근무에 대한 만족도가 가장 높게 나타났다. 따라서 병원의 3교대제에서 야간근무에 대한 개인별 선호도가 낮은 것은 개인의 직무에 대한 만족도에 영향을 미치는 중요한 요인으로 작용하고 있는 것을 의미한다. 야간근무에 대한 선호도가 높을수록 개인의 목적을 달성하기 위한 원동력이 높기 때문에 병원에서 조직의 성과에 보다 효율적이고 질적으로 높은 결과물을 창출하기 위해서 간호사의 선호도를 제도적으로 분석하는 시스템이 강화되어야 한다.

한편, 박혜자는 3조 3교대제(낮번-저녁번-밤번)의 낮번과 저녁번을 선호하는 그룹, 낮번-저녁번-밤번근무의 순환근무를 선호하는 그룹, 낮번고정근무를 선호하는 그룹, 밤번고정근무를 선호하는 그룹 등 4그룹으로 나누어, 병원의 근무형태에 대한 간호사의 선호도를 조사하였다. 간호사들은 고정근무 형태에서 낮번에 대한 선호도는 189명 중 147명으로 가장 높게 나타났다. 병원의 낮번-저녁번의 근무형태의 선호도에 대해서는 189명 중 72명이 세 번째로 지원하겠다고 밝혔다. 전형적인 낮번-저녁번-밤번근무의 3교대제에 대한 선호도는 각각 65명이 세 번째 및 네 번째로 지원하겠다고 선택하였다. 저녁번을 지원할 가능은 189명 중 40명이 선호하여 조사대상자의 21%에 불과하였으며, 밤번을 지원할 가능성은 189명 중 2명으로 매우 미미한 것으로 나타났다.[6]

간호사들의 근무형태에 대한 불만족이 높을수록 이직을 하려는 의도가 높아질 수 있다. 이러한 의도가 실질적인 이직으로 이어지는 확률이 높은 것은 아니지만 이직 의도는 새로운 인력 수요나 인력채용을 예측하는 중요한 역할을 한다.[7] 최근 인구의 고령화와 건강 백세시대를 맞이하여 병원은 질적으로 보장된 의료를 제공하기 위해서 많은 인력의 병원종사자가 필요하고, 개인의 욕구를 충족시키기 위해서는 자신에게 악영향을 미치는 교대근무제 특히 야간근무에 대한 기피현상은 갈수록 높아질 것이다.

야간근무 불편함에 대한 인식

병원의 3조 3교대제에서 근무하는 간호사들이 밤번 근무하는 과정에서 불편을 어느 정도 느끼는지에 대한 인식도는 5점 중 4.18로 나타나 매우 불편한 것으로 인식하고 있다. 불편감에 대한 세부적인 변수로서 밤번근무의 보완방법과 낮번-저녁번-밤번 교대근무 형태로 나누어 간호사들이 느끼는 선호도와 인식도를 조사했다. 그 결과 보안방법에 대한 세부적인변수에서는 밤번근무 전담방법이나 기타의 방법을 선호하는 그룹 간에는 인식의 차이가 있다. 그리고 병원의 3조 3교대 방식인 낮번-저녁번-밤번근무형태에 대한 선호도에서도 차이가 있는 것으로 나타났다. 즉, 낮번-저녁번-밤번 교대근무 형태 중 이 근무방식을 세 번째로 선호한 그룹이 밤번근무에 대한 불편감을 가장 높게 나타냈으며, 다음은 이러한 방식을 네 번째로 선호한 그룹이 밤번근무에 대한 불편감은 두 번째로 선호도가 높았으며, 첫 번째로 선호한 그룹이 세 번째로 높게 나타났으며, 두 번째로 선호한 그룹이 밤번근무 불편감이 가장 낮은 것으로 나타났다.[8] 이와 같이 간호사들은 3조 3교대 근무에서 낮번근무와 저녁번 근무에서 느끼지 못하는 불편함을 밤번근무에서 많이 느끼고 있으며, 이에 대한 불편감이 해소되기 위한 보완방법으로 고정적인 밤번근무를 전담하는 것이라는 인식이 높게 나타났다. 따라서 현행의 3조 3교대 근무 형태를 운영하는 각 병원에서 밤번근무의 불편을 해소하는 방법으로 간호사의 밤번근무 고정근무에 대한 희망을 적극 수렴하는 것이 하나의 방법이 될 수 있다.

야간근무 압박감에 대한 인식

교대근무자들은 야간에 근무하는 과정에서 여러 가지 장애요인으로 인해 심리적으로 압박감을 받고 있다. 특히 여성근로자인 경우 남자근로자 보다 심리적 압박감은 더 클 것으로 예상되는데 이러한 상대적인 연구사례는 거의 찾아 볼 수 없다. 따라서 병원의 3조 3교대제의 간호사들을 대상으로 야간업무를 수행하는 과정에서 업무적으로 받는 심리적인 압박감을 조사한 결과에서9 전체적으로 높은 압박감을 느끼는 수준으로 나타난 문항별 순서와 몇몇 변수에 대한 압박감의 정도를 살펴보기로 한다.

먼저, 병원에서 3조 3교대근무 간호사는 야간에 근무를 할 때 중환자가 발생하는 경우에 심리적으로 압박감을 가장 많이 받는 요인으로 작용하고 있었으며, 다음은 밤 근무로 간호 인력이 부족하여 환자 상태에 대해 적절한 처치를 해주지 못하는 경우로 나타나 야간에 부족한 인력으로 심리적 압박을 받는 비중이 다른 요인보다 높았다. 또한, 간호사들은 야간근무에 대한 행정적인 배려(off, 수당 등)가 부족하거나, 야간근무로 인해 개인적인 사회생활이 불가능할 때 높은 심리적 압박감을 받았으며, 불규칙적인 식사로 인한 소화 장애가 일어나고 얼굴이나 피부장애 등의 건강상태가 전반적으로 저조할 때에도 심리적인 압박을 받았다. 그리고 불규칙한 개인의 수면습관으로 밤 근무 시에 명쾌한 컨디션을 유지할 수 없는 경우와 의사가 없는 밤 동안의 환자상태에 대한 보고가 있어도 즉시 응답을 들을 수 없는 경우에 중간 정도의 심리적 압박을 받는 것으로 되어 있다. 또한, 간호사들은 야간근무를 할 때 방사선촬영이 지연되고 시설물이 고장 났을 때 수리가 지연되는 등 부서간의 협조가 부족하거나 야간근무 후 다음 근무 시 적응이 안 되어 건강장애가 발생하는 경우, 그리고 응급상황에 신속하게 대응하기 어려울 때에도 중간정도의 심리적 압박을 받고 있었다. 나아가 간호사들의 심리적 압박을 주는 것으로 의사가 법적인 한계가 불분명한 일을 일임할 때나 환자가 문제를 호소해도 해결이 어려울 때, 그리고 약품이나 진료재료 공급이 원활하지 못하는 경우에는 심리적 압박이 평균수준 보다 이하인 것으로 나타났다. 끝으로 병원의 간호사들은 야간에 환자에 대한 소재파악이 어려울 때 심리적 압박감은 그리 크지 않는 것으로 나타났다.

병원의 간호사들이 야간근무에 대한 압박감을 받는 정도를 종사예정기간(가능한 정년까지, 필요한 기간만, 빨리 그만 두고 싶다, 기타)을 변수로 하여 측정한 결과 밤번 근무를 빨리 그만 두고 싶어 하는 간호사들이 심리적으로 야간근무에 대한 압박감을 가장 적게 받는 것으로 나타났다. 반면 가능한 정년까지 병원에서 조사하려는 간호사들이 심리적 압박감이 가장 높은 것으로 나타나기 때문에 장기적으로 오랜 기간 근속하는 간호사들에 대한 동기부여 방안이 필요하다. 예를 들어, 일정기간 야간근무에 종사한 간호사들은 통상근무제나 낮 고정근무 또는 저녁고정근무로 전환하여 피로의 누적과 수면부족을 해소시키는 것도 좋은 방법이다. 또한, 교대근무 간호사의 자녀수를 변수로 측정한 경우 자녀가 있는 간호사들이 야간근무에 대한 심리적 압박감을 자녀가 없는 경우 보다 상대적으로 높게 받는 것으로 나타나 직장생활과 가정을 병행하는 부모들이 자녀에 대한 심리적 부담을 더 느끼는 것으로 볼 수 있다. 그리고 3조 3교대 근무 간호사들은 교대근무를 보완해야 할 필요성을 느끼고 있는 경우가 교대근무의 보완을 느끼지 못하는 간호사들보다 야간근무에 대한 심리적 압박감을 더 느끼고 있다. 따라서 교대근무에 대한 불안감을 해소하고 심

교대근무

리적으로 안정감을 갖도록 유도하기 위해서는 주기적으로 현장의 불만요소나 요구사항 등을 적기에 반영하는 제도적 정치가 마련되어야 할 것이다.

야간근무 장·단점에 대한 체험적 인식

교대근무자들은 야간근무로 발생되는 여러 가지 장단점을 체험적으로 경험한 이력을 가지고 있다. 박혜자는 여러 가지 야간근무의 장단점 가운데 장점으로 5개 문항, 단점으로 11개 문항을 선정한 뒤 그들의 체험적인 경험을 바탕으로 인식한 부정적인 측면과 긍정적인 측면으로 구분하여 조사하였다.[10]

야간근무에 대한 장점으로는 '낮 근무를 활용한다', 'off를 활용한다', '상급자가 없다', '대인접촉이 적다', '근무수당이 있다' 등을 선정하였다. 이러한 장점 가운데 간호사들은 '근무수당이 있다'와 'off를 활용한다'는 야간근무의 장점과 부합되게 긍정적으로 인식한 반면, '낮 시간을 활용한다', '상급자가 없다', '대인접촉이 적다' 등에 대해서는 체험적인 측면에서 장점과 부합되지 않게 부정적으로 인식하고 있다. 그 중에서도 '낮 시간을 활용한다'에 대해서는 부정적인 인식이 강하게 나타나 실제적으로 여유시간이 생각했던 것보다 차이가 있음을 실증적으로 경험을 한 것이다. 즉, 낮 시간에 야간근무로 부족한 수면을 보충하기 때문에 실제로 긴요하게 활용하려던 기대치가 낮아지기 때문에 부정적으로 인식하게 되는 것이다. 그리고 부정적인 인식이 강하게 나타난 '상급자가 없다'는 장점도 야간업무를 수행하는 과정에서 신속하고 정확한 판단이 요구되는 사고의 경우 감독자의 자문을 구할 수 없는 심리적 부담을 느끼기 때문이다.

야간근무 장 · 단점에 대한 인식도 비교(n=189)

구분	내용	긍정(예)		부정(아니오)	
		빈도	비율	빈도	비율
장점	낮 시간을 활용한다.	16	8.5	173	91.5
	off를 활용한다.	127	67.2	62	32.8
	상급자가 없다	21	11.1	168	88.9
	대인접촉이 적다	46	24.3	143	75.7
	근무수당이 있다.	145	76.7	44	23.3
단점	수면부족	125	66.1	64	33.9
	남편 및 자녀 등 가족관계	78	41.3	111	58.7
	소화기계통의 신체적 장애	89	47.1	100	52.9
	피부미용의 저하	73	38.6	116	61.4
	업무과다	97	51.3	92	48.7
	불규칙한 생활 리듬	158	83.6	31	16.4
	취미 및 여가활동의 부족	85	45.0	104	55.0
	정신적 스트레스	134	70.9	55	29.1
	독자 업무에 대한 부담감	67	35.4	122	64.6
	공부할 수 있는 시간 부족	33	17.5	156	82.5
	실수에 대한 두려움	40	21.2	149	78.8

출처: 박혜자(2004). "교대근무 중 밤번근무에 대한 간호사의 인식에 미치는 요인분석과 근무환경개선에 관한 연구", 재구성

또한, 장점 중에서 부정적으로 인식하고 있는 '대인 접촉이 적다.'에 대해서는 개인적으로 사람의 접촉이 적을수록 업무수행이 용이할 수도 있지만, 개인적인 특성에 따라 인식의 정도는 다를 수 있다. 게다가 야간근무는 주간근무 보다 운영하는 인력이 적은 관계로 낮 근무보다 업무의 집중도가 높아서 주간근무와 비교하여 부정적으로 인

교대근무

식하게 되는 것이다.

한편 3교대 근무 간호사들의 밤번근무에 대한 단점으로 11개 문항을 선정하여 그들이 경험한 인식을 조사하였다. 이 가운데 '불규칙한 생활리듬'과 '정신적 스트레스' 그리고 '수면부족' 등은 야간근무의 단점과 부합되어 단점으로 인식하였으며, 나아가 야간근무를 회피하는 요인으로까지 인식하게 되었다. '공부할 수 있는 시간 부족'과 '실수에 대한 두려움'은 밤번 근무의 단점이 아니라는 인식을 나타냈다. 그리고 '혼자 하는 업무에 대한 부담감'과 '피부미용의 저하' 및 '취미 및 여가활동의 부족'과 '소화기 계통의 신체적 장애'의 문항은 밤번근무의 단점이라는 인식과 아니라는 인식이 거의 비슷하여 밤번근무뿐만 아니라 낮번근무에서도 나타나는 단점이라는 것을 보여주었다. 또한, '업무과다'는 밤번근무의 단점에 매우 부합하다고 인식하는 것으로 나타났다.[11] 근무병동별 세부적인 변수에서 3조 3교대 근무를 하는 간호사들 중 신생아실에서 근무하는 간호사들이 밤번근무의 단점이라고 인식하는 것이 가장 높게 나타났으며, 다음은 신경정신과로 나타났고, 내과가 평균보다 조금 더 높게 나타났다. 그 외의 병동에서는 평균보다 조금 더 낮게 나타났다. 그리고 병원경력의 변수에서는 3년~7년의 경력자가 밤번근무의 단점이라는 인식이 가장 높게 나타났으며, 그 외의 병원근무 경력에서는 평균적인 인식보다 조금 더 낮게 인식하였다.

한편, 병원의 밤번고정근무자가 계속적으로 밤번고정근무를 선호하는지에 대한 인식에서는 쉬는 날이 많아 개인적으로 시간을 활용하는데 자유롭고, 규칙적인 근무라서 자신의 생활리듬이 맞으며, 고

정근무로 직무에 숙달되어 능률적이라고 나타났다.[12]

야간고정근무의 단점과 장점

단점	장점
– 생활리듬이 불규칙해 피곤하다 – 주간보다 간호 인력이 부족하여 업무량이 부담되며 신속한 대처가 어렵다 – 신체적으로 힘들어 건강상태가 미흡하다 – 주간근무자와 친밀도가 떨어져 개인적인 협조와 동료애가 부족하다 – 1개조 근무가 3명으로 off나 휴가쓰기가 어렵다 – 정신적으로 우울 등 힘들다 – 수면이 부족하다 – 소속감이 떨어진다. – 환자들이 수면을 취해 상태파악이 어렵다 – 주간 근무상황에 대한 이해도가 떨어진다 – 야간근무수당이 적다 – 사회생활과 개인생활에 방해가 된다 – 쉬는 날 잠자기 바빠 시간을 활용 못한다 – 야간근무시간이 길다	– 쉬는 날 시간활용이 자유롭다 – 낮 시간을 자기개발, 여가활동 등에 규칙적으로 활용할 수 있다 – 3교대보다 생활리듬이 규칙적이어서 상대적인 피로도가 낮다 – 환자방문 등의 대인접촉이 적어 상대적으로 업무에 집중할 수 있다 – 고정근무로 직무에 쉽게 숙달할 수 있으며, 능률적이다 – 야간근무수당을 받는다 – 생활리듬을 어느 정도 맞출 수 있다 – 주간보다 상급자가 적어 자율적으로 업무수행이 가능하다 – 근무시간 외 잔무시간이 없다 – 출퇴근 시간에 대한 부담이 적다 – 고유 업무 외의 추가업무 부담이 없다

출처: 장선영(2010). "밤번고정근무 간호사와 3교대근무 간호사의 삶의 질, 소진 및 직무만족 비교", 재구성

그리고 근무수당이 있으며, 낮 시간에 규칙적으로 육아에 활용할 수 있다는 점과 방문객이 적은 야간에 대인 접촉이 적어서 낮 보다 업무에 집중할 수 있다는 것을 장점으로 들었다. 그러나 밤번고정근무자가 밤번고정근무를 기피하려는 근본적인 이유로는 야간에 근무하는 것이 신체적, 정신적으로 힘이 많이 들고, 야간에 업무수행에 필요한 행정적인 지원시스템과 배려가 부족하여 업무수행에 불편을

느끼며, 밤샘근무로 인한 생활리듬이 깨져 지속적인 피로의 누적으로 가정생활과 사회생활에 방해가 되며, 장기적으로 계속 야간에 근무해야 하는 심리적 부담이 기피요인이자 중요한 단점으로 작용한다는 것이다. 또한, 밤번고정근무자들이 계속해서 밤번고정근무를 선호하는 이유와 동기 중에서 특이한 요인으로는 쉬는 날이 많아서 자기개발(학업, 자격증)과 여가생활(취미, 운동)을 위해서 선택하는 것으로 나타났으며, 3교대근무 보다 규칙적인 생활리듬이 가능하고, 느긋한 출퇴근 시간으로 부담이 적으며, 주간근무시의 과중한 업무를 수행해야 하는 부담과 상급자가 없는 시간에 자율적으로 업무수행이 가능하다는 것을 장점으로 인식하고 있다.

야간근무 기간 중 수면보충과 운동량

병원에서 3조 3교대로 근무하는 간호사들이 밤번근무 기간 중 낮에 수면을 취하여 보충하는 시간은 평균 5.72시간으로 나타났다. 이러한 수면시간도 종교, 교대보완 여부, 보완방법에 따라 차이가 있는 것으로 나타났다.[13]

우선 종교적인 측면에서 밤번근무 후 낮 시간에 보충하는 수면시간을 살펴보자.[14] 종교 그룹을 기독교, 불교, 천주교, 무교 및 기타로 나누어 조사한 결과, 불교 그룹과 무교 및 기타 그룹이 5.91시간으로 가장 길게 나타났다. 다음은 기독교 그룹이 5.59시간으로 나타났으며, 마지막으로 천주교 그룹으로 4.77시간으로 가장 짧았다. 이러한 집단 간의 수면의 양은 약 1시간 정도의 차이가 나는데, 이는 사후 검증결과 중요한 의미가 있었다.

다음으로 교대근무에 대한 보완이 필요한 경우와 필요 없는 경우에서는 교대에 보완이 필요한 그룹은 밤번 근무를 한 뒤 낮에 수면을 취하는 시간이 5.93시간으로 교대보완이 필요 없다는 그룹의 6.59시간보다 약 1시간가량 짧은 것으로 나타났다.

　마지막으로 병원의 3교대 근무 방법에서 밤번근무에 대한 보완방법으로 밤번근무는 전담하자는 그룹이 5.54시간, 기타 그룹의 5.93시간과 20여분의 차이를 나타냈다. 따라서 우리나라도 교대근무자들이 매번 야간근무 후 주간에 수면을 보충하여 부족한 수면과 피로를 해소하기 보다는 유럽의 국가에서처럼 야간근무시간을 매월 10시간 이내로 제한하여 야간근무자의 생체리듬의 저해를 최소화하는 정책이 선행되도록 하여 주간에는 정상적인 종교 활동 등이 가능하도록 보장되어야 한다. 한편, 교대근무 사업장의 근무형태를 고려한 건강증진에 관련한 운동에 대한 연구는 미진한 실정이지만 병원의 3조 3교대근무제 간호사와 다양한 교대근무형태의 지하철근로자에 대한 연구 내용은 다음과 같다.

　먼저, 병원에서 3조 3교대로 근무하는 간호사들의 96.3%가 밤번근무 기간 중에 낮에는 운동을 하지 않는다고 하여 절대다수가 밤번 시에는 운동을 하지 않는 것으로 나타났다. 그러나 일주일에 땀이 배일 정도의 운동을 하는 횟수를 살펴보면, 1주일에 1회~2회 가 다섯 명 중 한 명(23.4%)이며, 3회~4회 운동은 6.9%, 5~6회 운동은 2.1%, 매일 규칙적으로 운동을 한다는 2명(1.1%)에 불과했다.[15] 이 결과는 절대 다수가 운동을 하지 않는 것과는 달리, 실질적으로 3명 중 1명(33.9%)이 자신의 건강을 위해 운동을 한다는 것을 보여준다.

다음은 지하철 근로자의 근무형태에 따른 건강행위 실천도와 관련된 연구 결과이다.[16] 지하철 근로자 789명에 대하여 건강행위 실천도를 조사했는데, 근무형태별 분포는 통상근무자 191명, 3조 2교대 역무직 187명, 3조 2교대 차량직 204명, 8조 5교대 승무직 207명이었다. 지하철 근로자들이 1주일에 운동을 하는 횟수를 조사하였는데, 통상근무자, 역무직(3조 2교대, 이하 생략), 승무직(8조 5교대, 이하 생략)은 "운동을 거의 안 한다"에서 가장 높은 분포도를 보였으며, 차량직(3조 2교대, 이하 생략)의 33.3%는 "주 1~2회 운동을 한다"고 하여 가장 높았다(p=.001). 근무형태별로 운동과 관련해서는 통상근무자는 38.1%, 역무직은 47.7%, 차량직은 53.1%, 승무직은 47.8%로 나타나 근무형태별에 따라 유의한 차이가 있었다(P=.001). 그 중에서 1회 운동하는 시간은 역무직이 1시간 35분으로 가장 길게 나타났다. 이렇게 근무형태가 다양한 지하철 근로자들이 운동에 따른 어려움으로 전 직종에서 시간이 없음을 이유로 들고 있다. 그들은 자신의 건강을 위한 행위로 운동을 선택하는 인식이 가장 높은 분포를 보이고 있다. 이러한 인식에도 불구하고 운동여건이 가장 열악한 직종인 역무직이 가장 높은 것으로 나타났다(30.5%). 회사에서 제공하는 운동시설의 이용은 통상근무자(54.5%), 차량직(66.2%), 승무직(54.6%)순으로 이용률을 보낸 반면에 역무직은 17.7%로 나타나 매우 낮은 이용률을 보이고 있는 이것은 근무형태와 장소에 따라 유의한 차이가 있기 때문이다. 또한, 직원들이 회사 내의 운동시설을 활용하는 운동이 월 1~2회인 경우가 통상근무자는 12.6%, 역무직은 2.7%, 차량직은 22.5%의 순으로 나타났다. 그리고 주 1~2회 운동하는 승무직은 25.6%로서 근무 중에 일정한 휴식시간의 부여유무가 유의한 차이를 나타내고 있다. 이것은 교대근무자들이 건강증진을 위해 가장 많이 운동을 선호하고 있음에도 불구하고 근무형태와 근무 장소에 따라 체력단련 환경에 많은 편차를 나타내고 있음을 보여준다. 따라서 교대근무자들이 운동을 할 수 있는 여건은 사업장의 다양한 특수성을 고려하여 근로자의 체력증진을 위한 운동시설 및 운동기구를 설치하여 보다 접근이 원활한 환경을 조성하는 것이 무엇보다 중요하다.

3

야간근무의
문제점

야간근무로 발생되는 문제점은 첫째, 멜라토닌의 분비를 억제한다. 둘째, 직무몰입을 저해한다. 셋째, 사고의 발생 위험률의 증가이다. 넷째, 건강장애 호소율의 증가이다. 이와 같은 교대근무로 인한 야간근무 시 발생할 수 있는 문제점에 대한 보다 깊이 있는 연구는 그리 많지 않다. 따라서 교대근무로 야간에 근무하는 밤번간호사들을 대상으로 연구된 대내·외적인 자료를 중심으로 야간근무의 문제점에 대하여 살펴보기로 한다.

멜라토닌 분비 억제

송과선은 간뇌 등면에 돌출해 있는 내분비선으로, 스트레스 증후군을 방어하고 적응하는 생리조절기관이며,[17] 일주기 리듬변동을 중재하는 기관으로 작용한다.[18] 송관선에서 생성되는 호르몬인 멜라토닌은 신체에서 낮과 밤의 길이에 대한 빛의 신호를 보내는 역할을 맡는[19] 생체 일주기 리듬의 가장 기본적인 표식자이면서 체온, 수면 등 생체리듬의 주요 조절인자로 알려져 있다. 일주기 리듬을 지배하는 멜라토닌은 24시간 주기성을 보여주며, 포유동물에 있어서 멜라토닌 조절은 뇌의 시상하부의 상교차핵 내에 존재하는 24시간 주기시계에 의해서 발생된다.

야간의 빛은 밤 동안에 멜라토닌 분비를 억제하고, 인체의 일주기 리듬을 변형시킨다.[20] 그리고 급성 스트레스나 밤 동안에 신체적 운동이 멜라토닌의 분비를 억제한다.[21] 따라서 야간근무는 수면시간을 바뀌게 하고, 야간동안의 활동과 인간조명은 멜라토닌 분비 억제를 유도해 인체의 일주기 리듬을 교란시킨다.

국내의 민순 등이 일상생활을 하는 비교대근무자와 교대근무로 인한 야간근무자를 대상으로 멜라토닌의 혈중농도에 대한 비교연구를 수행한 결과[22]를 중심으로 살펴보기로 한다.

먼저, 야간근무시의 혈장 멜라토닌의 농도변화에 대한 연구에서 낮에 활동하고 밤에 수면을 취하는 비교대근무자를 대조군으로 하여 혈장 멜라토닌을 측정한 결과, 밤 24시까지 낮은 상태(20pg/㎖이하)를 유지하다가 새벽 3시에 130pg/㎖ 정도로 최대치를 나타낸 다음 새벽 5시에는 기본수준(10pg/㎖)으로 회복하거나 감소(60pg/㎖)하였고, 오전 9시에는 평상의 낮은 상태로 회복되었다.

두 번째는 야간근무가 혈장 멜라토닌의 리듬을 교란시키는가를 조사하기 위하여 일상생활에서 시계반대 방향으로(야간 5일→휴일 1일→저녁 3일→낮 3일) 야간근무를 시작한 다음에 야간근무에 어느 정도 적응되었을 것으로 생각되는 3일째 20시부터 익일 오전 9시까지 혈장 멜라토닌을 측정하여 보았다. 그 결과, 멜라토닌의 양이 최대치를 보이는 새벽 3시까지 낮은 상태를 유지하였다. 아침 9시까지는 혈장 멜라토닌 농도가 낮게 유지되거나, 2시간 지연된 새벽 5시에 멜라토닌이 76.4pg/㎖로 증가된 다음 9시에는 기본 수치로 올라오고, 6시간 지난 아침 9시에 56.8pg/㎖로 증가현상을 나타나기도 하였다. 이것은 야간활동이나 인공조명에 의하여 멜라토닌의 분비가 억제되는 것임을 의미한다.

세 번째는 3일 낮 근무(08:00~16:00)와 3일 저녁근무(16:00~24:00)를 거쳐 야간근무를 시작한 시계방향의 교대근무자(낮 3일→저녁 3일→휴일 1일→야간 5일)는 일상생활에서 바로 야간근무를 시작한 교대근무자와는 다르게 멜라토닌의 혈중량이 한밤중에도 증가되지 않고, 야간근무 다음날 오전 9시까지 일상의 활동시간인 낮과 같은 20pg/㎖ 이하의 수준을 유지하였다. 이는 야간 교대근무 사흘째에 멜라토닌 일주기 리듬이 이미 야간근무에 완전하게 적응되어 변화되었음을 보여주고 있는 것이다.

따라서 야간작업을 위한 인공조명도 멜라토닌의 분비를 억제하는 것으로 알려져 있고,[23] 빛은 멜라토닌과 생체의 일주기 리듬의 강력한 시계조절 인자이므로, 야간근무지의 조명이 일주기 리듬을 변화시킨 주요인의 하나로 볼 수 있다. 조명의 이러한 특성으로 인공조명은 밤번근무자들의 일주기 리듬이 빨리 적응하도록 도와주는 데 이용되기도 한다.[24]

직무몰입의 저해

오늘날 서비스산업의 발달로 인해 소비자의 욕구충족을 제공하는 측면에서 교대근무의 형태가 점점 진화하면서 다양한 직종으로 확대되어 교대근무로 인한 야간근무자는 점차 증가하고 있다. 2013년에 고용노동부가 수행한 '근무형태별 근로실태 조사'에 따르면 교대근무에 따른 야간근무자에 대한 정확한 통계는 알 수 없지만 우리나라 전체 사업장의 15.6% 정도가 교대근무를 한다. IMF 이후 고용불안정에 따른 새로운 일자리 창출을 위한 근로시간의 단축은 새로운 근무형태로 자리매김하기 시작하였고, 실업자의 증가와 더불어 서비스수요의 증가는 새로운 일자리 창출이라는 고용증대 효과를 극대화하기 위해 소규모 야간근무 업체가 늘어나기 시작하였다. 가족단위의 소규모로 운영되는 자영업, 밀집된 주택가 상권을 점령한 생활편의점 그리고 공기업의 민영화와 전문화로 인한 기업의 세분화 등은 결국 야간근무자를 양산하는 계기가 되었다.

교대근무로 인한 야간근무는 정상적인 수면과 각성주기의 파괴에서 오는 불면증과 과도한 주간졸림증 등의 수면문제의 원인이며[25], 생리적 기능의 변화, 정신적 및 신체적 건강의 문제, 가정생활과 사회적 활동의 문제, 직무상 효율성의 감퇴 등 다양한 문제를 일으킨다.[26] 직무몰입은 교대근무 구성원들이 자신의 일상생활에서 교대직무가 얼마나 중심적인 가치로 여겨지고 있으며, 현재 수행하고 있는 직무에 대해 얼마나 동일시하고 몰두하고 있는지를 설명하는 개념이다.[27] 교대근무를 시행하고 있는 공공부문에서는 국가 보안 및 경비, 도시교통운송, 방송 및 신문 등 다양한 국가의 주요기관에서 정책을 집행하는 등 주요업무를 수행하고 있다. 비공공부문의 개별기업체의 경우에도 의료분야, 방위산업체, 항공분야, 운수교통, 항만, 원자력발전소, 자동차, 조선, 석유화학 등 국가의 기간 및 핵심 산업에서 교대근무를 시행하고 있다. 따라서 공공부문이든 개별사업장이든 이들 사업장에 종사하는 교대근무자들의 업무는 국민의 생명과 재산상의 보호 등과 직접적인 관련이 있어서 이들의 업무에 대한 몰입은 매우 중요한 업무성과요인의 하나이다. 직무몰입에 영향을 미치는 요인에는 연령과 성별, 교육수준 등의 인구학적인 특성과, 역할스트레스와 조직몰입 및 근무형태가 있다.[28] 특히, 교대근무자는 교대근무로 인한 생체리듬과 생활양식의 변화, 야간근무로 인한 수면부족 등은 직무만족이 고정근무자에 비해 떨어지고 이는 직무몰입과 연결되며, 더 나아가 교대근무자의 업무효율성에 영향을 미칠 수 있기 때문에 대내외적으로 더 많은 관심이 무엇보다 필요하다. 교대근무자는 불규칙한 생활로 인한 정신적, 신체적 피로의 누적과 밤과 낮의 뒤바뀐 생활로 인한 불면증, 수면의 각성을 유지하는 것이 어렵거나 주간의 과도한 수면으로 인해 나타나는 주간수면과다증 등 수면장애, 생리적 혼란과 불규칙한 생활로 인한 식욕저하 등은 생산성의 저하와 비효율적인 업무를 초래하는 것으로 나타났다.[29]

한편, 황은희와 강지숙은 병원간호사의 근무형태와 주간수면과다증에 따른 직무몰입에 관한 연구를 수행하였다. 그 결과 교대근무가 밤에 자고 낮 동안에 깨어있는 습관과 리듬에 역행하여 내적 신체체계와 외적인 낮과 밤 주기 사이의 불균형을 초래하기 때문에 건강상태와 직무만족도에 부정적인 영향을 미치는 것으로 나타났으며, 교대근무 간호사의 낮은 수면양상이 수면의 질과 직무만족도에 영향을 주어 수면의 질이 낮으면 직무만족도도 낮아지는 것으로 보고하였다. 즉, 주간수면과다증은 심할수록 직무몰입이 떨어지는 것으로 나타났다.[30]

따라서 교대근무로 인한 야간근무자들의 주요한 직무스트레스의 요인인 생체리듬의 부적응과 스트레스로 수면장애, 위장장애, 불면증, 신경장애 등의 경험을 최소화하여야 하며, 가족과의 원만한 유대관계 유지 및 사회활동의 적극적인 권장과 장려하여 갈등과 불만을 감소시키고, 정상적인 수면양상을 조성하고, 수면의 질의 향상을 조성하며 수면부족현상을 해소시킴으로써 피로증가, 위장장애 및 기존의 건강문제 등을 해결하는 적극적인 대책과 다양한 정책이 동시에 수립 및 집행되어야 한다.

사고 발생의 위험률 증가

일주기 생체리듬에 의한 활동은 자연에 순응하는 활동으로 각종 생활에 지장을 받지 않는다. 그러나 교대근무자는 몸속의 생물학적 시계가 잠을 자도록 맞추어진 한 밤중에 근무하기 때문에 생체리듬 상의 또렷한 상태의 정신력을 유지하기 힘든 사이클에 해당된다. '졸음 앞에서는 장사가 없다.'는 옛말은 아무리 천하장사라도 제 눈꺼풀은 들지 못한다는 의미로서, 졸음이 쏟아질 때의 혼미한 정신적 중압감을 어느 누구도 감당하기 힘들다는 것을 의미한다. 하루 일과 중 사고율이 가장 높은 시간대는 공장 가동률이 최고조에 달하는 정오 무렵으로 나타나고 있다. 그리고 새벽녘 2-4시에 가장 졸린 시간이기 때문에 사고율이 증가한다. 공공의 안전과 대형 참사는 야간에 근무하는 교대근무자들의 졸음이 중요한 요인이라는 것은 누구도 부인할 수 없다. 예를 들어, 1986년 4월 26일 소련의 체르노빌에서 발생한 원자력발전소 사고와 1912년 4월 15일 북대서양에서 영국의 호화유람선 타이타닉호가 침몰한 사건 등의 근본적인 원인이 모두 야간의 졸음에 의한 안전사고[31]라는 점에서 졸음이 대형 안전사고와 직결되어 있음을 알 수 있다. 따라서 교대근무는 근로자들의 수면박탈(수면부족)로 이어져 만성적인 피로로 고통을 수반할 뿐만 아니라 정신이 명료하지 못하여 업무 수행정도를 떨어뜨리거나 감정의 변화를 초래하여 사고의 위험이 높아지는 등 안전사고 등의 손실이 갈수록 높아지고 있다. 최근에 사고가 발생할 위험을 분석한 연구결과에 따르면 사고가 발생할 위험은 교대근무에서 오전근무에 비해 오후근무 때 18.3%, 야간근무 때 30.4%씩 각각 증가하는 것으로 나타났다. 또한 연속적인 야간근무일 때 야간근무 첫째 날에 비해 이틀째 되는 날에 6%, 사흘째 되는 날에 17%, 나흘째 되는 날에는 36% 증가하여 야간근무가 지속될수록 사고의 발생 위험이 높은 것으로 나타났다. 그리고 휴식시간이 안전사고에 미치는 영향을 분석한 결과 마지막으로부터 30분 이내에 발생한 사고를 위험의 기준으로 보았을 때, 90분에서 120분 사이에는 2배 이상의 사고발생 위험이 높게 나타나 휴식을 취한 후에 시간이 흐를수록 사고의 발생위험이 증가하는 것으로 나타났다.[32] 그리고 교대근무에 따른 안전사고의 발생형태를 살펴보면 통상근무 보다 교대근무가, 3교대제보다는 2교대제에서의 안전사고의 발생이 높았으며, 이중 부주의로 인한 안전사고의 발생이 상당

히 높았다.[33]

건강장애의 호소율 증가

교대근무자는 일정한 주기마다 한 근무형태에서 다른 근무형태로 근무주기 전환이 반복되기 때문에 근무주기가 변화할 때마다 생체리듬의 재적응이 필요하고 내적리듬의 불일치로 인해 건강문제와 스트레스가 증가한다. 즉, 하나의 근무형태로 전환하여 생체리듬이 적응될 만하면 또다시 다른 근무형태로 전환되는 등 생체리듬의 교란이 반복되기 때문이다. 특히, 교대근무자들은 야간 근무에 임할 때 상당한 심리적 부담을 갖고 업무(작업)에 임하고 있다.

간호사들의 50% 이상이 밤번근무를 할 때 자신의 건강에 대해 억지로 견디어 낼 자신이 없다고 했고, 72.1%가 밤번 근무에 대하여 건강상 변화를 주기 때문에 부담스럽게 느끼는 것으로 나타났다.[34] 이러한 연구 결과는 대부분의 간호사가 밤번근무로 인해 건강문제에 부담감을 갖는 것을 의미한다. 이에 실제적으로 39명의 간호사를 대상으로 관찰한 연구에서 수면의 양과 질이 저하된 것이 관찰되었는데, 수면장애는 피로를 지속시키고 식욕을 감퇴시켜 다른 병리적 증상을 야기할 수 있었다.[35] 1981년의 조사 결과에도 야간근무에 의한 수면장애가 피로를 지속시키고 식욕을 감퇴시킨다고 나타났는데, 70% 이상이 수면부족을 호소하고 불규칙적인 식사를 하고 있다고 밝혔다.[36]

한편 1995년에 자동차공장 교대작업 근로자들의 건강상태를 평가한 자료를 보면, 주간작업자에 비하여 교대작업자들은 전반적으로 생체리듬의 부조화로 인한 수면장애, 식사장애, 위장관계장애 등과 같은 일련의 자각증상에 대한 호소를 많이 했다.[37] 김윤규는 교대근무자들이 비교대근무자보다 일반적인 신체적·정신적 건강상태, 수면장애, 스트레스 자각 등에서 매우 불리하며, 이러한 요인들은 교대근무자들의 삶의 질을 저하시키고 있다고 하였다.[38] 미국의 교대근무간호사를 대상으로 한 장기적인 연구결과에 의하면, 교대근무경력이 6년 이하의 간호사가 심장병에 걸릴 위험성이 20% 높았으며, 교대근무경력이 6년 이상 된 간호사가 심장병에 걸릴 위험성은 50%나 되는 것으로 나타났다.[39] 또한, 미국 근로자의 건강관련 행위에 대한 교대근무의 영향을 분석한 바에 의하면, 교대근무자는 지속적인 피로, 수면장애, 소화기장애를 많이 호소하고, 비교대근무자에 비해 업무스트레스, 정서문제, 음주의 빈도가 높은 것으로 나타나 교대근무는 건강에 좋지 못한 영향을 미치는 것으로 보고되고 있다.[40]

오랜 기간의 교대근무가 실시될 경우에는 건강의 불량상태가 증가할 수 있다는 것을 간과해서는 안 될 것이다. 교대근무 여성근무자의 대표적인 건강장애는 소화기질환과 수면장애 및 피로이며, 이중에서 가장 빈번하게 일어나는 장애는 소화기 장애나 수면장애로서 심각한 위해를 미치는 것으로 강조되고 있다. 따라서 교대근무에 의한 야간근무는 불규칙적인 식사습관으로 교대근무자들이 위장계통 증상과 관련이 있는 신체적 증상을 가장 많이 호소하고 있음을 보여주고 있다.

4

야간근무의
기피요인

심한 스트레스 유발

일반적으로 교대근무 직장의 교대근무 형태는 직종의 상품 생산 체계에 따라 다양한 형태를 이루고 있으며, 업무의 능률성을 고려하여 교대주기도 다양하다. 하지만 어떠한 교대주기의 교대근무형태라도 교대근무자들은 교대근무 및 야간근무 형태에 의해 스트레스를 받고 있다는 점이 공통적으로 나타나 심각한 문제점이 되고 있다. 이러한 현상은 일반근로자들이 당직근무 후에 생체리듬의 변화로 인하여 몸이 비정상적인 감각을 느끼는 것과 마찬가지로, 야간근무자는 신체 주기의 변화로 신체적·정신적 건강의 손상을 자주 경험하기 때문에 스트레스를 많이 받게 되고 이로 인하여 야간근무를 기피하게 된다. 직업적으로 선택한 근무형태이지만 야간근무자는 순환적으로 3교대 근무할 때, 낮번(오전) 근무조, 저녁번(오후) 근무조, 밤번(야간) 근무조 등의 순환근무표 때문에 심리적으로 잠재된 스트레스를 많이 받게 된다는 것이다. 개별적으로 교대근무 순환 시스템이 고정적인 경우에는 그나마 내면적 스트레스는 덜 하지만 예측할 수 없는 환경적 요소가 작용하는 경우 교대근무표로 인한 스트레스는 일출, 일몰과 같은 생체적 리듬주기보다 더 심각한 반응이 전개될 수 있다. 이러할 때 야간근무자는 특히, 불안전한 수면과 신경과민을 호소하기도 하고, 부적절한 시기의 기상과 취침, 식용부진, 소화불량, 장기능의 변화, 피로, 자극에 대한 늦은 반응시간 등을 경험한다. 또한 근무성취도의 저하와 근무 중 실수 등을 호소하기도 하는 한편, 체온, 혈압, 배뇨주기에도 변화가 오고 질병에 대한 저항력 저하가 쉽게 나타난다.[41] 간호사들의 경우에는 야간업무 중에 전문지식과 기술분야에서 응급 시 처리법을 모를 때 스트레스가 가장 높은 것으로 나타났으며,[33] 이에 대한 해결방안에서는 77.6%가 경력자와 상의를 하고, 17.5%가 스스로 문제를 해결하는 것으로 나타났다.[43]

택시분야 야간근무자들은 낮은 임금에도 불구하고 장시간의 노동시간에 시달려야 한다. 또한 택시운전자는 택시를 근무시간 내에 운행하여 회사에서 정한 일일 소정의 납입책정액을 회사에 납입하는 사납금제의 형태를 취하고 있어 장시간 운행유무와 동승한 승객의 수에 따라 매월 임금체계가 달라지기 때문에 교통서비스의 질적 저하 및 안전사고를 발생시키는 증가요인[44]으로 작용하고 있다. 이러한 열악한 환경조건에도 불구하고 택시분야 근로자들은 수입을 확보해야 하기 때문에 스트레스를 받고 있다.[45] 택시분야 교대근무는 일반적으로 그 자체가 직무 스트레스 원인으로 알려져 있는데, 운전경력이 5년 이하인 경우 야간근무로 인한 수면장애와 7일 이상 사납금을 못 채우는 경우에 직무 스트레스가 가장 심했다. 이와 같이 야간근무로 인하여 피로와 수면장애 때문에 사납금을 못 채우는 일수가 늘어나거나 사납금을 지급하고 남은 수입이 적을수록 직무스트레스가 증가하게 되고 이에 따라 이직률이 높아지고 있다.[46]

　대도시 도시교통의 큰 축을 담당하고 있는 도시철도의 경우 종사자들은 교대근무 그 자체가 스트레스로 작용하여 심적 갈등에 시달리어 만성적인 스트레스에 노출되어 있다 해도 과언이 아니다. 도시철도의 꽃이라고 불리고 있는 역무원들은 지하의 역에서 출근하여 퇴근하기까지 서비스접점인 역사에서 수천 명 내지 수만 명의 불특정한 승객들을 대상으로 일과시간 내내 서비스를 제공하는 관계로 정신적, 육제적인 긴장감이 고조되어 스트레스에 노출되어 있다. 그들은 자신도 모르는 사이 무감각해지는 만성적인 스트레스에 노출되어 있다. 특히, 심야시간의 취객, 과다한 요구, 부정승차자 등이 본인의 잘못에 대해 인정은커녕 직원에게 과도한 감정을 유발시키는 폭언과 억지 및 떼를 쓰거나 술에 취해 인사불성, 횡설수설 등 이상행동을 하는 등 극한적인 스트레스를 유발시킨다. 어떤 승객은 직장이나 외부에서 쌓인 불평불만을 불친절하다는 핑계로 직원의 멱살을 잡는 것을 예사로 여기기 때문에 직원들은 직장에 대한 모멸감으로 극악한 스트레스를 받는 사례가 비일비재하였다. 이렇게 당한 직원은 의욕상실에 차일피일 시간 보내기에만 급급하여 퇴근하는 것 자체를 행복하게 여기고 있을 정도로 만성적인 스트레스노이로제에 전전긍긍하고 있다. 더욱이 민원에 약한 공공기관이다 보니 제도적인 뒷받침이 마련되어 있지도 않다. 항공사 승무원이나 콜센터가 처한 감정노동보다 수많은 일반대중을 접해야 하는 지하철역 역무원은 공공기관의 근무자라는 미명아래 감정노동에 완전 무방비상태로 당해도 하소연할 곳도 없다. 다시 말하면 도시철도를 운영하는 서울메트로와 서울도시철도공사에 종사하는 직원들은 서울시 산하공기업이라는 공공기관의 공직자라는 의식 뒤에 숨겨진 인권의 사각지대에 놓이게 된 것이다. 역사 내 곳곳에 CCTV를 설치한 이후에 상당히 나아지기는 했지만 자동화시스템에 걸 맞는 기초질서 등의 시민의식은 찾아 볼 수 없고 기회만 닿으면 무임승차를 위해 갖은 방법을 다 동원하다 적발되면 오히려 안하무인격으로 적발한 직원을 다른 역으로 인사 조치를 요구하는 민원을 내는 등 정당한 업무를 수행하는 직원에게 몰매를 가하여, 일하는 풍토가 봉쇄당한지 오래되었다. 이렇게 감정노동에 대한 무분별한 극한의 상황에 놓인 직원들은 마지못해 피동적으로 민원을 처리하거나 아예 고객과 마주치기를 기피하기 때문에 요령만 팽배해지기 십상이다. 그래서 요령이 있는 직원이 근무를 잘 하는 것으로 인식된 것이 어제오늘의 일이 아닐 것이다. 따라서 지하철역의 근무자는 자신의 본질적인 감정마저 억압당한 채 업무에 대한 소신과 저조한 시민의식 사이에서 만성적인 스트레스에 시달리고 있는 것이다. 그리고 기관사는 열악한 지하의 좁고 단조로운 철도노선을 따라 열차의 정시운행과 승차위치의 정위치 정차에 대한 강박관념, 전동차 및 터널 등의 이례적인 상황발생 시 신속 정확한 조치에 대한 부담 등으로 인해 극도의 정신적 압박과 만성적인 스트레스가 급증하고 있다.

수면장애에 의한 시달림

우리나라 속담의 '잠이 보약이다.'라는 말과 영국의 속담 '잠이 약보다 낫다(Sleep is better than medicine).'라는 말에 나타나듯이, 수면이 인생에서 차지하는 비중이 매우 크다. 그리고 최근에 수면이 피로회복과 면역체계, 인지기능 등에 직접적으로 영향을 미친다는 연구결과들이 밝혀짐에 따라, 수면건강의 중요성에 대한 인식이 갈수록 증대되고 있다. 특히, 의료분야에서 수면장애와 관련한 전문적인 수면건강센터나 수면클리닉 등이 급격히 생겨나면서 수면이 개인과 가정 차원의 진단과 치료 단계를 넘어 사회적 이슈로 부각되고 있으며, 이에 대한 범국가적 차원에서의 대책이 절실하게 요구되는 실정이다.

우리나라 근로자는 교대근무로 인한 야간근무의 경우 80%가 수면장애에 시달리고 있으며, 수면부족에 따른 신경장애 현상은 교대근무자는 60~70%로 높은 반면, 일반근로자는 25%에 불과했다.[47] 이를 뒷받침하듯 국민건강보험공단이 2013년 8월에 발표한 자료에 의하면, 수면장애로 병원을 찾은 환자는 2008년 22만 8천명에서 2012년 35만 7천명으로 1.57배 정도 급증했다. 수면장애의 유형별로는 쉽게 잠들지 못하거나 자주 깨는 '불면증'이 전체의 67%로 가장 많은 것으로 나타났으며, 상세불명 수면장애, 수면 무호흡증의 순으로 나타났다. 특히, 불면증 증가율은 지난 5년간 수면장애의 전체 증가율보다 높은 1.61배로 나타났는데, 이러한 결과는 업무스트레스와 야간작업을 하는 교대근무 등이 주요원인인 것으로 나타났다. 그리고 한국노동안전보건연구소 등이 2013년 7월에 교대근무자 1,773명을 대상으로 조사한 결과 84%가 불면증이나 주간 졸음증 등과 같은 수면장애에 시달리는 것으로 나타났다.[48] 또한 교통안전공단이 2013년에 최근 3년간 버스 교통사고를 경험한 182명의 버스업체 교대근무 운전자를 대상으로 조사한 결과, 인적요인에 의한 교통사고의 59.9%(109명) 가운데서 졸음운전으로 인한 사고가 26.6%로 가장 높은 것으로 나타났다.[49] 나아가 미국 위스콘신대의 연구팀이 2015년 5월 19일자 'Sleep Health' 저널에 게재한 내용에 의하면 교대근무자의 23.6%가 불면증을 앓아 일반근무자의 16.3% 보다 더 높게 나타나 교대근무자들의 수면장애 발병 위험률이 더 높은 것으로 나타났다. 그리고 깨어 있는 시간의 과도한 졸림도 일반근로자의 24.4%에 비해 교대근무자는 31.8%로 더 높게 나타났다.[50]

이와 같이 교대근무자들이 수면장애의 대표적인 불면증의 증상으로 호소하는 피로감과 집중력 및 기억력 장애, 사회적 및 직업적인 장애, 기분장애나 짜증, 주간졸림, 동기와 에너지의 감소, 일이나 운전 시 잦은 실수, 수면부족으로 인한 긴장과 두통 및 소화기 장애 증상 등은 미국수면학회(American academy of sleep medicine)에 의해 국제수면장애로 분류된 증상들이다.[51] 또한, 대한수면학회도 2014년 3월 세계수면의 날의 심포지엄에서 교대근무자의 수면시간 부족과 수면의 질 저하로 유발되는 주간 졸림증으로 교대근무자는 피곤함, 두통, 업무능력저하를 일으키고, 사회적으로는 주위와의 관계를 악화시키거나 타인의 안전을 위협하고 기업 경쟁력을 저하시켜 국가적 비용증가 및 경쟁력 저하 등을 일으킬 수 있다고 하였다. 나아가 교통안전공단의 박상권 박사는 도시철도기관사나 버스운전자 등 교대근무자는 한 번의 순간적 사고로 수많은 인명피해를 유발시킬 수 있

기 때문에 수면장애 관련 사전진단을 통한 안전관리가 매우 중요하다고 하였다.[52]

한편, 우리나라에서 교대근무자가 야간작업에 의한 수면장애에 대하여 직업병으로 인정한 판례까지 나왔다. 즉, 2010년 2월 22일 서울행정법원은 K자동차 조립공정에 종사하는 A씨에 대하여 수면장애로 인한 업무상 재해를 판결한 것이다. 따라서 야간근무로 인한 졸음증, 수면부족, 수면방해 등의 수면장애로 생체리듬의 교란과 멜라토닌의 분비 억제 등 발암물질과 직접적으로 관련된 요인들로 작용하고 있어서 갈수록 높아지는 교대근무자에 대한 삶의 질과 국민생활의 삶의 균형에 대한인식과 맞물려 야간근무를 기피하려는 인식이 계속 증가할 것이다.

극도로 증가 및 누적되는 피로

넓은 의미에서 교대근무자들의 피로는 교대근무자들이 야간에 수행해야 할 작업에 필요한 능력이 현저히 감소한 상태를 의미한다. 교대근무자의 피로는 연속적인 야간근무의 수행뿐 만 아니라 신체와 정신에 영향을 주는 심리적, 환경적 사회경제적 요인에 의해 발생한다. 이러한 피로는 방어적 생리기전의 하나로 건강상태를 나타내는 가역적인 생체변화로서 건강이 나빠질 때 느끼는 첫 번째 지표이다. 따라서 피로는 서서히 누적되기 시작하여 어느 시점에 도달하면 일시에 급격한 변화로서 적절한 기능장애를 초래하는 현상을 보이는 특성이 있다. 이러한 특성은 야간근무 시 피로가 작업적 상해를 일으킨다는 프리센 등의 연구[53] 결과가 이를 뒷받침하고 있다. 그리고 알

프레드슨 등은 피로는 교대근무로 인한 생체리듬의 파괴 등의 요인과 직접적인 관련성이 크게 작용하고 있으며, 특히 야간근무자의 경우 피로로 인한 양상은 더욱 뚜렷하다고 하였다.[54] 야간 운전자는 운전 자체가 복잡하고 빠른 의사결정 및 자동화된 제어 기능을 모두 포함하는 행동이기 때문에 일상생활 중 피로뿐 아니라 운전하는 도중에 쌓이는 피로의 정도를 고려해야 운전자의 안전을 확보할 수 있다.[55]

피로는 특히 교대근무자가 야간근무로 인한 부하에 대처하기 위해 노력을 기울이는 상황과 주의 및 지각, 그리고 의사결정과정에서의 예측할 수 없는 감정적 충동 사건들에 지속적으로 대처하는 상황에서 발생한다는 것이다.[56] 그리고 피로를 느끼게 되는 것은 교대근무자의 동기나 직무에 대한 흥미 그리고 다른 심리적 요인들에 의해서도 영향을 받는다. 특히 교대근무에 의한 야간근무의 경우 정신적, 육체적인 생체리듬의 불균형상태에서 인간의 한계를 극복하기 위한 집중력의 강화가 크게 영향력을 미치고 있음을 주지하여야 한다. 피로의 결과로 나타나는 현상은 다양하지만 일반적인 현상을 살펴보면, 시간이 경과함에 따라 물리적 노력을 요하는 활동뿐만 아니라 복잡한 의사결정, 자동화된 지각운동 제어기능과 같은 인지적 활동에서도 변화가 발생한다.[57]

한편, 서울행정법원은 2004년 10월 14일에 교대근무제에 따른 불규칙한 업무로 육체적 과로로 급성심근경색이 유발되어 사망한 사례(사건번호: 2004구합4581)에 대해서 업무상 재해로 판례를 남겼을 정도로 피로의 누적은 한 순간에 모든 것을 잃게 만든다.

야간근무는 발암성 물질

세계에서 '교대근무로 인한 야간근무는 발암성 물질이다.'라고 가장 먼저 결정을 내린 국제기구는 IARC이다. IARC는 2007년에 24명의 각 분야 전문가들의 회의 결과에 따라 교대제에 의한 야간근무를 에틸렌산, 프로필렌산, 폴리염화비페닐, 크로람페니콜, 스티렌산, 폴리염화비페닐, 크로람페니콜 등과 같은 물질로 분류되는 2A(2A, Probable Carcinogen)그룹의 발암성성 물질로 정의한 것이다.[58]

IARC의 인체 발암성 물질 분류기준

그룹	구분	발암물질	해설
1	인체 발암성 물질	흡연, 간접흡연, 석면, 비소, 방사선, 자외선, 벤젠, 톨루엔, 자이렌, 다이옥신, 프롬알데히드, 경유배기가스, 크로뮴, 벤조피렌, 카드뮴, 라돈	인체에 대한 충분한 발암성근거 있음
2A	인체 발암성 예측/추정 물질	에틸렌산, 프로필렌산 폴리염화비페닐, 스티렌산, 교대근무, 크로람페니콜, 아크릴아마이드, 에틸 카바메이트, 퍼클로로에틸렌,	실험동물에 대한 발암성 근거는 충분하지만 사람에 대한 근거는 제한적임(사람에 있어서 원인적 연관성이 관찰되었으나 혼란변수 등이 제거되지 못한 불완전한 연구에서 유래된 것임)
2B	인체 발암성 가능 물질	납, 나프탈렌, 카페인산, 휴대전화, 휘발유 배기가스, 글리스움, 소방활동, 커피, 유리섬유 아플라톡신M1,	− 실험동물에 대한 발암성 근거가 충분하지 못하며 사람에 대한 근거 역시 제한적임 − 실험동물에 대한 발암성 근거는 충분하지만 사람에 대한 근거는 부적당함(사람에 있어서 원인적 연관성 연구결과들이 상호일치되지 못하고 아울러 통계적 유의성도 약함)
3	인체 발암성 미분류 물질	콜레스테롤, 카페인, 형광등, 알드린, 말라티	실험동물에 대한 발암성 근거가 제한적이거나 부적당하고 사람에 대한 근거 역시 부적당함
4	인체 비발암성 추정 물질	−	동물, 사람 공통적으로 발암성에 대한 근거가 없다는 연구 결과임

출처: 세계보건기구(2007. 12. 5). IARC Monographs Programme finds cancer hazards associated with shiftwork, painting and firefighting.

그리고 국가로서는 최초로 덴마크의 직업병 판정위원회가 야간근무를 포함한 교대근무를 발암물질로 인정하고 산업재해로 보상하였다. 즉, 덴마크 직업병판정위원회는 2008년 일주일에 1회 이상 20년에서 30년 가까이 야간근무를 한 여성 근로자들에게서 발생한 유방암을 직업병으로 인정하고, 국가가 산재보험으로 보상하라는 판정을 내린 것이다. 그 결과 간호사와 항공사 승무원 등 38명의 여성근로자가 장기적인 야간근무로 인해 산업재해보상을 받게 되었다.[59] 이러한 결과는 야간 근무의 어떤 요소가 암을 발생시키는가에 대해서 생물학적으로 설명이 가능한 여러 가설들이 이미 제시되었고 또 여러 실험 결과들이 이를 뒷받침했기 때문에 가능했다. 가령, 야간근무자가 밤 시간에 빛에 노출이 되면 수면 리듬이 파괴되고, 또 멜라토닌이라는 암 발생을 억제하는 호르몬 생성을 억제시킨다는 것이다.[60] 따라서 교대근무자가 야간에 근무하는 동안에 자신도 모르는 사이에 멜라토닌의 생성이 억제된다.

가정과 사회생활의 저해

의료기관인 병원에서 3조 3교대(낮번근무-저녁번근무-밤번근무)로 근무하는 간호사들은 일정주기마다 순환근무를 하기 때문에 어떤 근무주기가 상대적으로 근무하기가 수월한가를 잘 알고 있다. 그 중에서 야간근무는 누군가는 근무해야 할 의무사항으로 여기고 이를 극복해나가고 있는 것이다.

그들이 왜 야간근무를 기피하고 있는지 그들의 경험적 장애요인들을 살펴보면, 밤번근무가 낮번근무와 저녁번근무보다 힘들다는 것이

67.9%로 가장 높게 나타나 야간근무에 대한 심리적 부담을 상대적으로 많이 느끼고 있다는 것을 알 수 있다. 두 번째는 67.6%가 건강을 해친다로 응답하여 야간근무로 인한 자신의 건강을 염려하는 것을 알 수 있다. 세 번째는 29.4%가 사회생활에 지장을 받는다고 응답하여 셋 중에 한 명이 야간근무로 인해 사회적 적응에 문제가 발생하고 있는 것으로 풀이된다. 끝으로 기혼한 간호사의 경우 28.5%가 결혼 후 가정생활과 병행이 어렵다고 하여 가사와 자녀와의 원만한 생활이 어렵다는 것을 경험하고 있는 것이다. 따라서 이러한 요인들이 간호사들이 야간근무를 기피하게 하는 주요 요인으로 크게 작용하고 있는 것이다. 그리고 최상옥의 연구에서도 '자녀양육과 가족들 불편'이 89.6%로 높게 나타나 기혼 간호사가 직장생활에서 느끼는 가장 어려운 점이라는 것을 보여준다.[62] 따라서 교대근무에 의한 야간근무를 기피하는 요인은 가정생활의 영위와 건강문제가 가장 큰 장애요인으로 작용하고 있었다. 그리고 교대근무로 인한 야간근무가 발암물질로 공식적으로 밝혀짐에 따라 교대근무는 건강문제와 직결되는 요인으로 크게 작용될 것이다. 이에 따라 야간근무에 대한 근본적인 문제점을 해소하거나 유럽 선진국 수준으로 야간근무 시간을 축소하는 방안이 점진적으로 도입되어야 할 과제로 부상하고 있다.

5

야간근무에 대한
법률규정

우리의 야간근무의 법률규정

우리나라는 야간근무 시간 기준을 법률로 제정한 제도적 장치가 마련되어 있지 않다. 표본적인 모델은 공무원 보수규정에 따라 야간에 근무한 수당을 지급하기 위하여 내부 규정에 정한 것을 기준으로 적용하고 있을 뿐이다. 그래서 야간시간과 야간근무 시간에 대한 개념이 공공분야와 개별사업장에 따라 다르게 적용되기 십상이다. 또한 야간시간에 대한 일치된 개념과 야간근무 시간에 대한 일치된 개념이 서로 다르게 적용하고 있어 학문적 적용에 적지 않은 혼란을 불러오고 있는 실정이다. 공무원의 경우 당일 22:00부터 익일 06:00까지의 근무를 야간근무에 따른 야간수당 지급 기준으로 적용하고, 그에 따른 임금지급률을 정하여 야간수당을 지급하고 있다. 따라서 공공부문의 경우에는 공무원을 기준으로 하는 야간근무 시간을 적용하고 있기 때문에 제도적인 효력을 유지하고 있다.

그러나 개별사업장에서는 야간시간에 대한 개념의 정의와 야간근무 시간의 적용에 제각기 다른 시각과 기준을 적용하고 있어서 일치된 개념의 정립이 무엇보다 시급한 실정이다. 물론 공공부문도 야간시간과 야간근무 시간에 대한 뚜렷한 기준이 마련되어야 함은 불문가지이다. 따라서 21세기에 접어들면서 선진국 대열에 합류하기 위한 다양한 복지정책의 수립과정에서 근로자의 삶의 질과 삶의 균형을 이루기 위해서는 무엇보다 기초적이고 진일보한 제도적인 기준이 정립되어야 함은 당연한 가치임은 두말할 나위가 없을 것이다. 이것은 OECD국가에서 근로시간이 가장 길고, 교대근무로 인한 장시간의 야간근무 시간에 대한 근로자의 산업재해발생률이 매년 증가하고 있는 실정이어서 이에 대한 근본적인 기준부터 수립되어야 할 필요성이 절실하다고 볼 수 있다. 따라서 오늘날 우리나라에서 적용되고 있는 야간시간과 야간근무 시간에 대하여 공공부문과 개별적인 산업별로 자세히 살펴보기로 한다.

국가공무원의 통상근무 시간은 오전 9시 부터 오후 6시까지로 한다고 국가공무원복무규정 제9조에 명시되어 있다. 그리고 근무시간의 변경 등 유연근무에 대해서는 동 규정 제10조, 시간외 근무 및 공휴일 등 근무에 대해서는 동 규정 제11조에 명시되어 있다. 현업공무원 등의 근무시간과 근무일은 동 규정 제12조에 명시되어 있다. 지방공무원 수당 등에 관한 규정(대통령령 제25226호, 2014. 3. 5) 제15조에 초과근무 수당, 제16조(현업공무원 등에 대한 야간근무수당)에 야간근무수당 지급에 관한 기준이 명시되어 있다. 야간근무는 일일 8시간을 기준 즉,

22:00부터 익일 06:00까지로 정의하고 있으며, 야간근무 수당 지급은 기준율에 따라 예산의 범위 내에서 시간외 근무수당 적용대상 즉, 18:00이후 22:00까지의 4시간과 06:00이후 09:00까지 3시간은 시간외 근무수당을 적용하여 이를 야간수당과 병행하여 지급하는 것으로 되어 있다.

공공부문의 좋은 사례로서, 외근 소방공무원의 경우에는 2조 1교대 또는 3조 2교대의 형태로 근무하고 있는데, 2조 1교대 근무자들은 2개조로 나누어 1일은 24시간 근무하고 1일은 24시간 휴식을 취하는 형태이며, 3조 2교대 근무자들은 3개조로 나누어 1일은 09:00부터 18:00까지 주간근무를 한 뒤 퇴근하고, 1일은 18:00부터 다음 날 09:까지 야간근무를 하고, 1일은 야간근무 후 09:00 퇴근하여 휴식을 취하는 형태로 근무한다. 따라서 2조 1교대와 3조 2교대의 경우 통상적인 야간근무 시간은 18:00부터 익일 09:00까지로 인지 및 수행하고 있으며, 22:00부터 익일 06:00까지는 단지 야간근무수당을 산정하기 위한 방편에 지나지 않음을 잘 나타내고 있다. 따라서 야간근무 시간이란 명시에도 불구하고 18:00부터 22:00까지 및 06:00부터 09:00까지는 시간외수당을 지급하기 위한 명분에 지나지 않는다.

외국의 경우 야간시간은 24:00부터 06:00까지 명시하는 대신 이 시간에 최소 3시간만 근무하여도 야간근무 시간으로 인정하고 있고, 독일의 경우 4주에 8시간, 1개월에 10시간의 야간근무 시간을 초과할 수 없는 것과 비교하면 상당한 격차가 나는 것을 알 수 있다. 따라서 야간근무 시간은 법리적으로 수당을 지급하기 위해서 시간을 산정하기 위한 목적에 불과하다고 볼 수 있어서 야간근무에 따른 근로자의 생리적 리듬 등의 영향에 의한 정신적, 육체적 효과를 위하는 것과는 전혀 다른 방향에서 접근하고 있는 것이다.

다음으로 우리나라의 민간부문의 대표적인 산업인 자동차산업을 중심으로 야간근무 시간을 살펴보기로 하자. K자동차 공장의 경우 2조 2교대제의 주야 2교대제를 기본으로 하는 야간근무 시간은 평일과 휴일의 야간시간이 각각 다르다. 평일의 경우 야간근무 시간은 20:30부터 익일 07:30까지 10시간 근무(휴식 및 식사시간 제외)이며, 휴일인 경우의 야간근무 시간은 17:30부터 새벽 02:00까지 8시간(휴식 및 식사시간 제외)이다. 그리고 H자동차의 경우에는 주간근무는 08:00부터 19:00까지 10시간 근무이며, 야간근무 시간은 21:00부터 아침 08:00까지 10시간(휴식 및 식사시간 제외)이다. 휴일수당에 대한 지급율은 통상임금으로 산정하여 지급하는데, 08:00부터 17:00까지는 통상임금의 150%, 18:00부터 22:00까지는 통상임금의 300%, 22:00부터 익일 06:00까지는 통상임금의 350%, 06:00부터 08:00까지는 통상임금의 300%를 지급하고 있다. GM대우자동차의 경우에는 야간근무 시간이 19:00부터 익일 06:00까지이며, 르노삼성자동차의 경우에는 야간근무 시간이 17:00부터 익일 03:00까지이다.

이와 같은 사례를 중심으로 살펴본 바와 같이 우리나라의 대표적인 산업의 대표적인 기업들마저 야간시간에 대한 개념정립과 야간에 근무한 시간은 단지 근무수당을 지급하기 위한 방법으로 활용되고 있을 뿐 기업마다 제각기 다른 특성을 지니고 있어 근로자의 입장에서 정신적, 육체적인 생체리듬을 고려한 과학적인 분석과 데이터를 바탕으로 최소한의 야간근무를 실시하여야 할 필요성이 크게 대두되고 있는 입장이다. 따라서 근로자의 삶의 질 향상을 위한 건강관리, 자기개발, 종업원 만족도 향상 등 삶의 질과 생산성 제고를 위한 관리능력과 직무능력, 직무향상교육 프로그램 등을 개발하고 운영하여 외국기업들과의 치열한 경쟁력에서 비교우위의 정신적, 육체적 건강을 확보할 수 있는 인간공학적 야간근무 제도를 확립하여야 한다. 그리고 야간시간의 개념과 야간에 근무하는 시간은 근로자를 위한 개념으로 국가적 차원에서 제도적으로 개선되고 정립되어야 한다.

유럽연합의 법률규정

IARC에서 2007년에 발표한 자료를 보면 유럽연합의 15개 국가가 야간근무에 대한 법률적 규정을 제정하고 있다. 유럽연합의 국가에서는 우리나라와는 달리 야간시간을 24:00부터 06: 00까지 명시하고 있었으며, 근로자가 야간근무 시간에 최소한 3시간 이상에서 8시간까지 근무한 경우에는 야간근무로 인정받고 있다. 그리고 임산부나 사회적 약자인 3세 미만의 어린이를 동반한 근로자는 야간근무를 할 수 없도록 명시하여 행복한 가정을 영위하기 위한 제도적 장치를 마련하여 근로자를 보호하고 있다.

특히 여러 나라 국가 중에서 독일과 이탈리아 그리고 영국에서는 야간근무자에 대한 법률규정을 비교적 자세히 마련하고 있어서 근로자를 위한 매우 중요한 가치를 지니는 제도적 장치를 갖추어 놓고 있다.

유럽연합의 국가별 야간근무에 대한 자세한 내용은 다음과 같다.

유럽연합의 국가별 야간근무의 법률규정

국가	최대야간 근무시간	법률 규정 내용
오스트리아 (AUSTRIA)	–	– 야간근무 법률 354(1981), 1993년 개정 – 야간근무란, 22:00~06:00사이의 야간에 적어도 6시간 이상의 근무를 한 달에 6번 근무하는 것. – 야간 교대 수당은 10분단위로 추가 지급한다 – 유급휴가는 매년 마다 야간근무 60회는 2당무, 교대 근무 5년부터는 4당무, 15년부터는 6당무를 부여한다 – 조기퇴직 가능성을 대비하여 건강검진을 실시
벨기에 (BELGIUM)	8	– 법률 1997년 제정 – 야간시간이란, 20:00~06:00 사이에 대체적으로 8시간 근무하는 것을 말한다 – 야간근무는 여러 가지의 가치를 손상시키지는 것을 제외하고는 원칙적으로 금지한다
핀란드 (FINLAND)	–	– 근로시간조례(1996) – 야간근무는 23:00~06:00 사이에 최소 3시간 일해야 한다 – 사용자는 근로자에게 야간근무를 요구하는 경우 정기적으로 야간근무시의 근로자의 보호권을 공시하여야 한다
독일 (GERMANY)	8/10	– 노동시간법(1994) – 야간시간은 23:00~06:00 사이의 시간을 포함하고, 빵을 구울 때는 22:00~05:00 사이의 시간이다 – 야간업무는 야간시간보다 2시간 더 추가근무한다 – 교대근무자 또는 야간근무자의 작업시간은 4주간의 일일 평균 작업시간이 8시간 또는 1개월 이내의 경우 8시간 내지 10시간을 초과하지 않아야 한다 – 야간근무자들은 건강진단을 야간근무를 시작하기 전에 실시하고, 3년마다 받을 권리가 있다 – 50대 이후의 야간근무 기간은 1년까지 축소한다 – 야간근무자는 야간시간에 최소한 2시간동안 과업을 수행한 사람을 말한다 – 야간근로자는 일반적으로 교대근무시스템에 의해 야간작업을 1년에 48일 이내 야간근무를 수행한다 – 인간공학적 작업을 위해 교대근무자와 야간근무자의 가로놓인 인간적인 핵심에 관해서 입증된 기초지식을 바탕으로 설계되어야 한.

국가	최대야간 근무시간	법률 규정 내용
프랑스 (FRANCE)	-	- 법 461호(1998) - 야간시간은 22:00~05:00사이에 근무하는 시간 또는 24:00~05:00 사이의 심야 근무시간이다 - 야간근무자는 고용주의 영업에 매주 마다 2회 출근하여 3시간씩 근무는 야간근무를 정의한다
그리스 (GREECE)	8	- 감독명령 제88호(1999) - 야간시간은 22:00~06:00 사이의 8시간을 말한다 - 야간근무자란, 매일 작업시간에 3시간의 야간작업을 하였거나, 1년에 야간작업을 최소한 726시간을 수행한 종업원을 말한다
스웨덴 (SWEDEN)	-	- 근로 시간법(1982): 모든 고용주는 야간에 휴식시간을 자유로이 부여하여야 한다. 각자의 자유시간은 24:00~05:00 사이의 시간에 포함되어야 한다. 예외적으로 근로의 본질은 신뢰성이 있어야 한다. 야간근무자는 매일 근무 중 야간을 최소한 3시간 정도 업무에 종사하거나, 그의 연간 야간근무 시간이 최소한 업무시간의 38%를 종사한 사람을 말한다
아일랜드 (IRELAND)	9	- 법령문서 제485호(1998) - 야간시간은 24:00~07:00 사이의 시간을 말한다 - 야간근무자란, a) 매일 평소의 남녀의 근무시간에 최소한 3시간을 야간에 근무한 종업원을 말한다. b) 매년 일 년 동안의 작업 시간이 전체 구성원의 50% 초과하거나 동등하게 야간에 작업하는 종업원을 말한다

포르투갈 (PORTUGAL)	8	- 법령 259호 98:
		- 야간시간은 20:00~07:00 사이의 시간을 말한다
		- L73/98(야간근무) : 8시간을 초과하지 않아야 한다
		  * 야간근무는 24시간에 8시간이상 근무할 수 없다
		  * 사용자는 진단을 채택하기 전에 근로기간동안 무료 건강검진의 기회를 근로자에게 보장하여야 한다

스페인 (SPAIN)	8	- 법령(1995): 야간시간은 22:00~06:00 사이의 간격을 포함한 시간을 말한다. 야간근무는 15일의 기간에 8시간을 초과해서는 안 된다. 평상시 사용자는 야간 근무를 활용하기 전에 알릴 권한을 갖고 있다. 야간근무자는 매일 업무시간에 최소한 3시강을 야간작업을 실행한 근로자를 말한다

국가	최대야간 근무시간	법률 규정 내용
이탈리아 (ITALY)	–	– 법류문서 제66호(2003) 0. 야간근무는 밤 12시부터 새벽 5시를 포함하여 최소한 연속적으로 7시간을 밖에서 운반하는 활동을 말한다 0. 야간근무자란; a) 예외적인 것을 제외하고는 매일의 업무시간 중에 야간작업을 최소한 3시간 동안 외부운반 작업에 종사하는 종업원을 말한다 b) 최소한 작업시간의 규정의 한 부분으로 야간에 외부운반 작업을 하는 종업원을 말한다 0. 야간근무의 금지조항 a) 3세 미만의 어린이는 어머니가 일하는 경우와 부친과 동거하는 경우에는 양자택일 b) 12세 어린이와 동거하는 어느 한 쪽의 경우로서 위탁할 곳이 없는 근로자 c) 어린이가 무능하여 돌볼 필요가 있는 근로자 0. 여성은 공식적으로 임신의 판정되고 아이가 첫돌이 될 때까지 24:00~06:00 근무는 금지한다. 그로부터 아이가 자발적인 행동에 기초가 되는3살이 될 때까지 야간근무는 금지한다
영국(Unite Kingdum)	8	– 법령문서 1833호(1998) – 야간시간은 24:00~05:00 사이를 포함하여 최소한 7시간을 계속 근무한 시간을 말한다 – 야간근무는 24시간마다 적절한 조회로 8시간을 초과하지 않는 정상적인 근무를 말한다 – 야간근무자는 공동협약과 근로협정에 일 년간의 작업시간에 대한 일정비율을 조건으로 규정하고, 그 목적을 달성하기 위해 매일 근무시간 중 3시간 야간작업의 십중팔구를 정상적으로 작업한 근로자를 말한다 – 고용주는 근로자들이 야간업무에 숙달하기 전에 책임을 부여해서는 안 되며, 야간근로자에게 무료건강검진의 기회를 제공하여야 한다 : 야간근무 초기에 건강진단을 실시하기 전에는 업무를 배당하거나 떠맡겨서는 안 되며, 업무배당이 건강진단의 유효기간이 길게 하는 이유가 되어서는 안 된다
네델란드 (NETHER- LANDS)	–	– 1995년: 야간근무는 24:00~06:00까지 전체 또는 일부분의 시간을 커버하는 것을 말한다

국가	최대야간 근무시간	법률 규정 내용
룩셈부르크 (LUXEM -BOURG)	–	– 보편적으로 야간근무와 야간근무자에 대한 입법의 제정은 전혀 고려하지 않는다
덴마크 (DENMARK)	–	– 야간시간과 야간업무라는 개념은 보통 집단적 쾌적함의 측면에서 정의되었다
스페인 (SPAIN)	8	– 법령(1995): 야간시간은 22:00~06:00 사이의 간격을 포함한 시간을 말한다. 야간근무는 15일의 기간에 8시간을 초과해서는 안 된다. 평상시 사용자는 야간 근무를 활용하기 전에 알릴 권한 을 갖고 있다. 야간근무자는 매일 업무시간에 최소한 3시강을 야 간작업을 실행한 근로자를 말한다

출처: 세계보건기구(2007). IARC Monographs on the Evaluation of Carcinogenic Risks to Humans. VOL 98. 561-764.

6

유럽 국가의
야간근무 보급률

유럽 국가의 야간 및 저녁근무 보급률

ILO에서 2005년도 유럽국가의 야간근무와 저녁근무에 대한 월 단위 보급률을 아래 표와 같이 발표하였다. 이러한 보급률은 매월 실시하는 야간근무와 저녁근무를 1~5시간과 5시간 이상 두 단위로 구분하여 조사한 것이다. 그리고 매월 야간근무시간과 저녁근무시간의 보급률이 동일한 국가를 그룹별로 묶어 보급률을 나타냈다. 이 결과에 따르면, 유럽에서 매월 1~5시간의 야간근무의 보급률이 가장 적은 국가는 Ⅵ그룹의 불가리아와 루마니아로 나타났으며 그 비중은 7% 정도이다. 즉, 한 달에 전체 기업체의 7%가 1~5시간미만의 야간근무를 실시하고 있다는 것을 의미한다. 5시간 이상의 보급률을 나타낸 국가는 Ⅱ그룹, Ⅴ그룹, Ⅵ그룹의 12개 국가로 나타났으며, 나머지 15개 국가는 이들 나라 보다 적은 보급률을 나타내고 있다. 이에 비하여 우리나라에서는 야간근무에 대한 통계자료를 공식적으로 발표된 사례를 파악할 수 없다. 이를 감안하고, 유럽의 27개 국가의 평균 보급률을 살펴보면, 야간근무시간이 1~5시간인 경우가 10% 마만으로 나타났으며, 5시간 이상의 야간근무를 실시하는 경우도 10%정도에 지나지 않아서, 결국은 유럽의 국가들은 근로자들의 야간근무를 극소화하고 있다는 것을 쉽게 이해할 수 있는 것이다.

한편, 유럽 국가의 저녁근무에 대한 보급률은 매월 1~5시간 근무를 실시하는 보급률이 가장 높은 국가는 I 그룹의 4개 국가가 보급률 33%로 나타났으며 여타 23개국은 20리고 저녁근무를 5시간 실시하는 국가에서 보급률이 가정 높은 국가는 Ⅵ그룹의 불가리아와 루마니아로서 37%를 나타내고 있다.

유럽 국가의 야간근무와 저녁근무 보급률(월, %)

그룹	국가	야간근무		저녁근무	
		1~5	5이상	1~5	5이상
I	덴마크, 네델란드, 핀란드, 스웨덴	12	8	33	25
II	아일랜드, 영국	8	13	18	25
III	벨기에, 독일, 프랑스, 룩셈부르크, 오스트리아	9	8	17	23
IV	그리스, 스페인, 이탈리아, 말타, 사이프러스, 포르투갈	8	10	16	32
V	체코연방, 에스토니아, 라투비아, 리투아니아, 헝거리, 폴란드, 슬로베니아, 슬로바키아	12	13	17	30
VI	AC2: 불가리아, 루마니아	7	13	12	37
VII	CC2: 터키, 크로아티아	8	10	12	26

그룹	국가	야간근무 1~5	야간근무 5이상	저녁근무 1~5	저녁근무 5이상
Ⅷ	Non-EU: 스위스, 노르웨이	14	8	28	25
	EU 27	9	11	18	28
평균		9.8	10	19	28

출처: WHO(2010) "IARC Monographs on the Evaluation of Carcinogenic Risks to Humans", Vol 98, P.571~572. 재구성

유럽 국가의 산업별 야간 및 저녁근무 보급률

유럽국가의 산업별 야간근무와 저녁근무에 대한 보급률은 아래 표와 같이 나타나고 있다. 즉, 야간근무를 실시하는 산업에서 매월 1~5시간을 실시하는 보급률이 가장 낮은 산업은 도소매업의 4%로 나타났으며, 가장 높은 산업은 를 1~5시간에 실시하는 산업의 보급률이 가장 높은 산업은 보건 분야로서 19%의 보급률을 나타나고 있다. 매월 5시간 이상의 야간근무를 실시하는 산업은 호텔과 레스토랑으로서 보급률은 19%에 지나지 않는다. 전체적으로 살펴보면, 유럽의 야간근무는 제조업이 가동되는 공장 보다는 국민건강과 편의를 증진시키는 분야를 중심으로 실시하고 있음을 알 수 있고, 모든 산업에 자동화 시스템을 도입함으로써 매월 10% 정도로 불가피한 분야에 국한된 것으로 여겨진다. 저녁근무에 대한 보급률도 매월 1~5시간을 실시하는 산업이 18% 미만으로 나타났으며, 5시간 이상을 실시하는 경우도 30% 미만의 보급률을 나타내고 있다. 보급률이 가장 높은 산업은 호텔과 레스토랑으로 전체의 57%가 5시간 이상을 저녁근무

를 실시하고 있으며, 여타 산업에서는 보급률이 거의 대동소이한 결과를 나타내고 있다.

유럽의 산업별 야간근무와 저녁근무 보급률(월, %)

산업별 분류	야간근무		저녁근무	
	1~5	5이상	1~5	5이상
농업	12	5	15	40
제조업	9	13	15	30
전기, 가스, 수도	10	11	19	15
건설업	6	3	19	15
도매 및 소매업	4	6	18	20
호텔 및 레스토랑	15	27	15	57
운송 및 통신	18	19	18	38
금융업	5	2	17	20
부동산	9	8	20	28
공공기관과 변호	13	13	17	22
교육	5	3	18	18
보건	19	17	23	32
기타 서비스	9	10	17	28
평균	10.3	10.5	17.8	27.9

출처: WHO(2010), "IARC Monographs on the Evaluation of Carcinogenic Risks to Humans", Vol 98, P. 571~572. 재구성.

❖ 미주 ❖

1 박인경(1996), 『교대근무 간호사의 업무 및 복지 연구 – 야간근무 간호사를 중심으로』, 숙명여자대학교, 석사학위논문 참고.
2 박인경(1996), Ibid. 참고.
3 배무기(1983), "임금, 노동시간 및 노동환경", 『한국의 노동문제 – 그 현황과 과제』, 서강대학교 산업문제연구소, pp.111-112 참고.
4 박혜자(2004), 『교대근무 중 밤번근무에 대한 간호사의 인식에 미치는 요인분석과 근무환경개선에 관한 연구』, 한양대학교 박사학위논문 참고.
5 박혜자(2004), Ibid. 참고.
6 박혜자(2004), Ibid. 참고.
7 백연옥(2012), 『병원 간호사의 유연근무제 인식과 직무만족도, 이직의도에 관한 연구』, 이화여자대학교, 석사학위논문 참고.
8 박혜자(2004), op.cit. 참고.
9 박혜자(2004), Ibid. 참고.
10 박혜자(2004), Ibid. 참고.
11 박혜자(2004), Ibid. 참고.
12 장선영(2010), 『밤번고정근무 간호사와 3교대근무 간호사의 삶의 질, 소진 및 직무만족 비교』, 경희대학교, 석사학위논문 참고.
13 박혜자(2004), op.cit. 참고.
14 Scheffe's test, $p < .05$(같은 문단의 천주교 그룹의 경우도 동일함).
15 박혜자(2004), op.cit. 참고.
16 최숙경(2002), 『일부 지하철 근로자들의 교대근무형태에 따른 건강행위 실천강도와 건강증진 프로그램 요구도』, 가톨릭대학교 석사학위논문 참고.
17 Reiter, R. J.(1982), "The pineal gland Extra reproductive effects" CRC Press: Florida 111, pp. 90-96.
18 Khan, R., Daya S. & Potgieter B.(1989), "Evidence for a modulation of the stress response by the pineal gland", 『Experientia』, September, pp. 860-862.
19 Brahim S., Lambrozo, J. & Touitou Y.(1996), "Magnetic fields and pineal fuction humans : Evaluation of noctunnal acute exposure to extremely low frequency magnetic fields on serum melatonin and urinary 6-sulfatoxymelatonin circadian rhythm", 『Life Sciences』, 58(18), pp. 1543-1549.
20 Minors D. S., & J. M. Waterhouse(1993), "Separating the endogenous and exogenous components of the circadian rhythm of body temperature during night work using some

purification" ,『Models Ergonomics』, 36, pp. 497-507

21 Palnnier, M., Antonio, F., Giovanni, N., & Mario, M.(1992), "Temporal relationship between melatonin cortisol response to nighttime physical stress in humans"『Psychoneuroendocrinology』, 17(1), pp. 81-86.

22 민순, 김미승, 임욱빈(2000), "야간 근무시의 형장 멜라토닌의 농도 변화: 시계방향과 반시계 방향의 교대근무 비교" ,『대한기초간호자연과학회』, 2(2), pp. 81-89..

23 Lewy, A. J., Wehr T. A., Goodwin, F. K, Newsome, D. A. & Markey, S. P.(1980), "Light suppresses melatonin secretion in human" ,『Science』, 210, pp. 1267-1269..

24 Eastman, C. I.(1991), "Squashing versus nudging circadian rhythms with artificial bright light: Solutions for shift work?"『Perspectives in Biology and Medicine』, 34(2), pp. 181-195. ; Dawson, D. & Campbell, S. S.(1991), "Timed exposure to bright light improves sleep and alertness during simulated night shifts " ,『Sleep』, 14, pp. 511-516. ; Linda, C. G. & Charmane, I. E.(1993), "Circadian rhythm during gradually elaying and advancing sleep and light schedules" ,『Physiology and Behavior』, 53, pp. 119-126.

25 Maurice, M. O., Patrick, L., Veronique, A. & Martine, D.(2002), "Prevalence and consequences of sleep disorders in a shift worker population" ,『Journal of Psychosomatic Research』, 53, pp. 577-583.

26 Bae, J. H., & Jeong, J. H.(2003), "Combined effects of individual background, workshift and job stress on the prevalence of sleep problems in hospital employers" ,『Journal of Korean Academy of Family Medicine』, 24, pp. 232-244.; Christopher, L. D., Timothy, R., Gary, R., James, K. W. & Thomas, R. P.(2004), "Shift work sleep disorder: Prevalence and consequences beyond that of symptomatic day workers" ,『Sleep』, 27, pp. 1453-1462.

27 Lodahl, T. M., & Keiner, M. (1985), "The definition and measurement of job involvement" ,『Journal of Applied Psychology』, 49, pp. 24-33.

28 Seo, Y. S., & Kim, Y. C.(2007), "A study on factors affecting the turnover intention and job involvement of nurses" ,『Business Education』, 12, pp. 151-172.

29 Escriba. V., Perez-Hoyos, S., & Bolumer, F.(1992), "Shiftwork: It's impact on the length and sleep among nurses of Valencian

region in Spain" , 『International Archives of Occupational and Environmental Health』, 64(2), pp. 125-129.

30 황은희, 강지숙(2011), "병원간호사의 근무형태와 주간수면과다증에 따른 직무몰입" , 『동서간호학연구지』, 제17권 제2호, pp.81-86 참고.

31 http://blog.naver.com/sbsafety/60160056576 (위기탈출넘버원; 야간교대근무증후군, KBS 2TV, 2006.11.18.)

32 Simon Folkard and Philip Tucker(2003), "Shift work, safety and productivity" , 『Oxford Journals Medicine & Health Occupational Medicine』. Volume 53, Issue 2, pp. 95-101.

33 김지용(1996), "교대근무형태에 따른 안전사고에 관한 조사" , 『대한산업의학지』, 8(2), pp. 330-339. 참고.

34 이인자·김명자(1977), "밤번 간호사의 역할 인식정도" , 『중앙의학』, 32;5, pp. 545-546 참고.

35 이원철·강원숙(1987), "교대근무 여성근무자의 건강문제" , 『산업보건』, 10월호, pp. 40-44 참고.

36 변희재·유재길(1981), "서울시내 일부 종합병원 간호사의 밤번근무 기간 중의 신체적인 변화에 대한 연구" , 『중앙의학』, 40;2. 참고.

37 이중정·정종학(1995), "자동차공장 교대작업 근로자들의 건강상태 평가" , 『예방 의학회』, 28(1), pp. 103-122 참고.

38 김윤규(2002), 『교대근무 근로자의 건강상태와 삶의 질』, 동아대학교 대학원, 석사학위논문 참고.

39 Kawachi I1, Colditz GA, Stampfer MJ, Willett WC, Manson JE, Speizer FE, Hennekens CH.(1995), "Prospective study of shift work and risk of coronary heart disease in women" , 『Circulation』, 1;92(11), pp. 3178-3182.

40 Gordon NP, Cleary PD, Parker CE, Czeisler CA.(1986), "The prevalence and health impect of shift work" , 『Am J Pub Health』, 76(10), pp. 1225-1228.

41 이은옥·한영자·최명애(1974), "종합병원 근무 간호사들의 피로도에 관한 조사연구" , 『중앙의학』, 27(2), p. 176 참고.

42 McClosky, J.(1973), "What Rewards will Keep Nurses on the Job?" , 『A. J. N』, April, pp. 600-602.

43 박인경(1996), op. cit. 참고.

44 Sabbagh-Ehrlich, S., friedman, I., Richter, E,D.(2005), "Working conditions and fatigue in professional truck drivers at Israeli ports" , 『Injury Prevention』, 11(2), pp. 110-114.

45 원종옥(2007), "운전기사와 건강" , 『산업보건』, 225호 참고.

46 김윤경(2008), 『택시 교대근무자의 피로, 수면장애 및 직무스트레스와의 관계』, 전남대학교, 석사학위논문 참고.

47 안전저널(2011. 7. 20), "심야근무에 대한 사회적 논의 필요" 참고.

48 한겨레(2013. 8. 18), "'뒤척이는 밤잠' 5년새 57% 늘었다." 참고.

49 메디칼업저버(2014. 12. 23), "수면장애, 국가 건강까지 위협한다." 참고.

50 메디컬투데이(2015. 5. 20), "교대 근무하는 사람들 수면장애 더 흔해" 참고.

51 http://cafe.daum.net/rkdghkgP(검색일: 2015. 7. 20) 참고.

52 메디칼업저버(2014. 12. 23), Ibid. 참고.

53 Fransen, M., Wilsmore, B., Winstanley, J., Woodward, M., Grunstein, R., Ameratunga, S., Norton, R.(2006), "Shift work and work injury in the new Zealand Blood Donors' Health Study", 『Occupational & Environmental Medicine』, 63(5), pp. 352-358.

54 Alfredson, L., Akerstedt M., Mattsson M & Wilborg B.(1991), "Self-reported health and well-being amongst night security guards: A comparison with the working population", 『Ergonomics』, 34, pp. 525-530.

55 황윤숙, 오주석, 이순철(2009), "시내버스 및 택시운전자의 작업부하가 피로에 미치는 영향과 부적정서상태의 매개효과", 『한국심리학회지: 산업 및 조직』 22(1), pp. 87-108 참고.

56 Brown I. D.(1994), "Driver Fatigue", 『Human Factors』, 36-2, pp. 298-314.

57 Brown I. D.(1994), Ibid.

58 IARC(2007.12.5), "IARC Monographs Programme finds cancer hazards associated with shiftwork, painting and firefighting", Press Release, N. 180.

59 http://www.ask.dk/sw25371.asp.

60 Straif K, Baan R, Grosse Y, Secretan B, El Ghissassi F, Bouvard V, Altieri A, Benbrahim-Tallaa L, Cogliano V.(2007), "Carcinogenicity of shift-work, painting, and fire-fighting.", 『Lancet Oncol』, 8(12), pp. 1065-1066.

61 박인경(1996), op,cit. 참고.

62 최상옥(1993), 『기혼간호사의 육아실태 및 직장탁아시설에 관한 연구: 서울시내 3개 대학병원을 중심으로』, 한양대학교, 석사학위논문.

셋째
마당

교대근무는
바이오리듬을 교란시킨다

　지구상의 모든 만물은 해가 뜨면서 잠에서 깨어나고, 해가 지면서 하루를 정리하며 휴식에 들어간다. 사람 또한 마찬가지다. 사람의 일과는 하루의 주기, 한 달의 주기, 일 년의 주기율에 따라 활동한다. 즉, 인간은 자연을 떠나서는 존재할 수 없고 자연의 변화는 인체에 그와 상응하는 영향을 미치므로 그 변화에 따라 생활하는 것이 건강한 삶의 관건이 된다. 그러나 교대근무는 인간의 생체리듬을 교란시키는 근무형태이다. 따라서 인체의 기본적인 바이오리듬을 중심으로 교대근무로 인해 수면과 피로에 미치는 영향에 대하여 살펴보기로 한다.

1

인체의
바이오리듬

생명체의 기본적인 특성

1) 인간의 생물학적 리듬

인간의 생물학적 리듬은 항상성과 마찬가지로 중요한 생명체의 기본적인 특성이다. 생물학적 리듬은 그 주기에 따라 29시간 주기인 인프라디언 리듬infradian rhythm, 20시간~28시간 주기인 서카디언 리듬circadian rhythm, 19시간 주기인 울트레이디언 리듬ultradian rhythm으로 분류된다. 그 중에서 인간생활에 가장 중요하게 영향을 미치는 주기는 서카디언 리듬이다. 이 서카디언 리듬은 생체시계에 의해서 생성되는 것이지만, 조절은 환경과의 상호작용을 통해 이루어진다.[1] 인체의 송과선에서 분비되는 호르몬인 멜라토닌은 서카디언 시계를 측정하는 수단으로[2], 서카디언 단계인 표식자로 이용되고 있다.[3]

교대근무

인체 내에서 나타나는 모든 리듬에는 내인성 리듬과 외인성 리듬 및 중간 리듬으로 구분할 수 있다.

내인성 리듬은 내인성이 강한 리듬과 내인성이 약한 리듬으로 구분되는데, 내인성이 강한 리듬은 외부환경의 변화에 의해 영향을 적게 받는 것이며 내인성이 약한 리듬은 외부환경의 변화와 개인의 활동에 의해 많은 영향을 받는 것이다.[4] 내인성이 강한 리듬에는 심부체온, 코르티솔 분비, 요중 K 배설, 속파수면 등이 있다.[5] 내인성이 강한 리듬의 심부체온은 24시간 동안 0.5~1.5℃의 변동을 보이며, 오전 6~9시 사이에 최저치를 나타내고, 오후 4~8시 사이에 최고치를 나타낸다.[6] 스트레스에 영향을 받는 코르티솔은 오전 0시경에 최저치를 보인 후 점차 증가하여 오전 6시경 최고치를 보인 다음 다시 감소하는 호르몬이다.[7] 또한 내인성이 강한 리듬인 요중 K는 오전 3~6시 사이에 최저치를 나타낸 후 증가하기 시작해서 오후 4시경에 최고치에 이른 후 다시 감소하는 리듬을 보이며[8], 수면 중 속파수면은 수면의 후반부에 지속시간이 긴 특성을 보이는 리듬을 보인다.[9]

외인성이 강한 리듬에는 심박출량, 혈류량, 혈압, 맥박 등의 심맥관 기능, 서파수면, 호흡기능, 소화 및 대사 기능, 성장호르몬 등이 있다. 외인성이 강한리듬인 성장호르몬은 수면초기에 증가하여 최고치에 이른 후 계속 감소하여 각성 기간 동안 낮은 수치를 유지하고, 수면 중 서파수면은 수면의 전반부에 지속시간이 길고 지난날의 수면 각성주기에 의해 더 많은 영향을 받는 것으로 알려졌다.[10] 또한 심박출량, 혈류량, 혈압 및 맥박 등은 오전 2~5시경에 최저치를 보인 후, 빠르게 증가하여 정오 12시~오후 4시 사이에 최고치를 나타내고 다시 감소하는 양상을 보인다.

일주기 리듬 중 중간 리듬을 보이는 것에는 요량, 요전해질 배설 등이 있다. 그리고 중간 리듬으로 오줌의 Na과 Cl의 배설은 밤에 감소하고 아침에 증가하기 시작하여 오후 4시경에 최고치를 나타낸다. 또한 오줌의 양은 오전 6시에서 정오 사이에 가장 많으며 자정에서 오전 4시 사이에 가장 적다.[11]

2) 인체의 항상성

인체는 어느 한 부위나 기능에 불균형이 생기면 스스로의 힘으로 자연스럽게 불균형을 완화시키는 방향으로 움직이는 자연의 역동성을 지니고 있다.[12] 항상성이란 내적, 외적인 환경 변화에도 일정한 상태를 유지할 수 있는 능력을 말하는 것으로서 찬물과 따뜻한 물을 일상에 내놓으면 대류작용을 통해 평온수로 돌아오는 이치와 같은 자연적 형상이다. 따라서 음식물을 부족하게 섭취하거나 과잉으로 섭취하면, 영양의 불균형을 초래하여 면역능력이 저하되며 그 결과 각종의 감염증에 걸리기 쉽게 되고 암을 비롯한 각종 성인병에 노출되기 쉬울 뿐만 아니라 노화 현상이 촉진된다.[13] 그리고 교대근무자의 경우에는 동조인자 중 수면각성주기가 변화로 서카디언 페이스메이커의 교란이 커지기 때문에 그때마다 새로운 동조인자에 맞추어 리듬을 적용하는데 오랜 시간이 소요되어 육체적 적응리듬이 갈수록 불안전하게 된다. 또한, 교대근무자는 내인성 리듬의 불일치로 인해 수면장애, 피로, 식용부진, 우울 등의 신체적·정신적 문제와 교대근무를 제대로 적용하지 못하는 경우에 정서적 장애, 소화기계, 내

교대근무

분비계 및 심혈관계 질환 등의 발생으로[14] 인체의 향상성이 저하되는 현상에 심각하게 노출되어 있다.

교대근무자에게 가장 기본적이고 중요한 신체의 향상성은 크게 12 가지로 분류되고 있다. 즉 체온조절, 산소와 이산화탄소의 균형, 산과 알칼리의 균형, 혈압과 혈류, 혈당조절, 체액조절, 호르몬 분비 조절, 면역계와 백혈구, 적혈구, 교감신경과 부교감신경, 두뇌조절, 활동과 휴식 등이 있다. 이들 중 어느 한 가지라도 정상적인 기능의 균형이 기울어지면 병적인 상태가 발생되고, 극단적인 경우에는 목숨까지도 잃는 경우가 발생한다는 것이다. 따라서 불규칙한 근무 형태로 인해 교대근무자들은 가장 기본적인 항상성이 깨어지기 쉬운 근무환경에 처해 있다. 그들에게 이러한 인체의 항상성의 절대 기준을 유지하는 것이 무엇보다 중요하다는 것을 아무리 강조하여도 지나치지 않을 것이다.

인체의 항상성의 기준과 증상

분류	정상 기준	적정 범위	증상
체온조절	36.5℃	36.2℃ ~ 37.6℃	- 체온 저하증 - 체온 고열증세
산소와 이산화탄소의 균형	들숨: 산소 20%, 날숨: 산소 16%, 이산화탄소 3.5%	혈중 농축산소: 동맥 97%, 정맥 70%, 세포 27%	- 저산소증 - 이산화탄소 과다증
산과 알칼리의 균형	약알칼리: pH 7.45	pH 7.35~7.45	-산성혈증 (acidosis) - 알칼리증
혈압과 혈류	115~120 mmHg	90/60mmHg ~140/90mmHg	- 고혈압 - 저혈압

분류	정상 기준	적정 범위	증상
혈당	80~120mg/ 100ml	공복: 110mg이하, 식후: 140mg	– 당뇨병, 비만증
체액조절	세포 내액: 70%, 세포 외액: 30%	일일섭취 및 배출 : 2,600ml	– 갈증
호르몬 분비	내분비선에서 생성	항체의 형성 불가, 지정기관에 극미량	– 인슐린: 당뇨병 – 갑상선: 기능항진증
면역계와 백혈구	면역계: 촉진세포와 억제세포 균형, 2:1	백혈구: 1㎣의 혈액에 5,000-10,000	– 면역결핍: 감염,암 – 면역과다: 림프종, 알레르기
적혈구	적혈구 용적(HCT): 남자 45~52%, 여자 37-48%	헤모글로빈 수치: 남 13-18g/100ml, 여 12-16g/ 100ml	– 빈혈증세
교감신경 및 부교감신경	교감신경: 기능촉진, 부교감 신경: 기능 억제작용	자율적 신경계의 자동적 작용	– 교감: 스트레스, 비 상사태에 반응 –부교감: 위기 균형
두뇌조절	중앙 통제기능	활동과 기능조절	– 균형의 건강이 필수
활동과 휴식	생체리듬과 신진대사	휴식: 자연적 치유력(회복력)	– 과한활동: 과로, 스 트레스, 수면부족

인간의 생체리듬의 주기

1) 인간의 서카디언 리듬

인간에 있어 체온, 혈압, 맥박, 혈액과 소변 내의 호르몬이나 전해질 농도 등이 일주기 리듬을 가지고 있음이 규명되었는데,[15] 이를 서카디언 리듬이라고 한다. 이러한 서카디언 리듬은 인체 대부분의 장기기능에서 나타나는 현상으로 서카디언 시스템에 의해 유발되며, 자연적인 환경에서는 적절한 환경자극에 의해서 지구자전의 24시간 주기에 편승하게 된다.[16]

서카디언 시스템의 중추적 역할을 하는 페이스메이커Pace maker는 생체시계로서 외부환경의 자극 없이도 개체고유의 리듬을 유발시키는 능력을 갖고 있으며, 심부체온주기유발(X-Pace maker)와 수면-각성주기유발(Y-Pacemaker)로 구성된다.[17] 이 두개의 페이스메이커는 각기 다른 리듬 주기로 리듬을 발생시키지만 상호작용을 통해 수면-각성주기유발이 그 리듬을 심부체온주기유발의 리듬발생주기에 맞추고 있는데 이를 내적일치라 한다. 또한 페이스메이커들은 적절한 환경자극을 받아들여서 페이스메이커 리듬을 자구자전의 24시간 리듬으로 편승시키게 되는데 이를 외적일치라 한다.[18] 이때 생체주기를 24시간 주기로 편승시킬 수 있는 환경의 주기적 변화를 동조인자라 하며, 인간의 경우 가장 중요한 동조인자는 생활방식(수면습관, 활동, 휴식, 식습관 등)과 빛 주기가 있다.[19]

인체는 주위환경이 변화하는 경우 그 변화된 환경주기에 맞추어 자신의 리듬을 점차 적응시키게 된다. 그러나 환경주기의 변화에 대한 서카디언 리듬의 적응시간은 외인성 리듬의 경우 불안정 진동체로서 그 시간의 폭이 18.5~33.5시간으로 넓기 때문에 환경의 급격한 변화에도 인체가 적응을 잘하게 되나, 내인성 리듬의 경우에는 안정된 진동체로서 그 폭이 23.5~26.5 시간으로 좁다. 따라서 환경주기의 변화가 이 범위 이상으로 급격하게 일어나거나 반복되는 경우에는 페이스메이커의 기능이 악화되어 장기 리듬 간에 유지되어 있던 위상관계가 깨어질 뿐만 아니라 일주기 계통과 외부환경 사이의 위상관계도 깨어진다.[20] 이를 외적 불일치라 하며, 리듬의 교란이 일어나는 경우 신체적인 질병 상태를 초래할 수 있으며, 질병은 다시 이와 같은 리듬의 위상관계를 해체시키게 된다. 이렇게 정상적인 리듬을 깨뜨리는 요인으로는 신체적·정신적 질병, 장기간의 활동 중지, 투약, 대륙 간 횡단 제트여행, 교대근무 등을 들 수 있다. 이러한 서카디언 리듬 계통의 교란이 초래되면 환경의 급격한 변화로 인해 적응력을 감소시키게 되어 두통, 피로감, 식용부진, 위궤양, 변비, 긴장감, 신경과민, 강박감, 몽롱함, 항상성기전의 변화 등 여러 가지 증상이 나타난다.[21]

인간의 서카디언 리듬은 생리적 기능 외에 시간적 요소에 의해 영향을 받게 되어 있는데 시간에 따라 차이가 있으며, 동일한 시간에는 거의 일치하는 특성이 있다. 그러므로 내적주기성을 통합하고 이를 외부환경의 주기적 변화에 일치시키는 것은 최적의 건강상태를 유지시키는데 필수적이다.[22]

교대근무는 수면-각성주기와 같은 동조인자와 위상관계에 급격한 변화를 일으키게 되므로 서카디언 리듬의 교란이 일어난다. 교대근무는 주위환경의 변화는 없고 다만 동조인자 가운데 수면-각성주기만이 변화하기 때문에 서카디언 리듬의 교란이 크고 동조인자의 주기에 맞추어 리듬을 적응시키는데 더 큰 어려움을 경험하게 된다.[23] 더욱이 교대근무자들은 대부분 한 근무형태에서 다른 근무형태로 변화를 반복하기 때문에 근무패턴이 변경될 때마다 계속 재적응이 필요하므로 반복되는 교체는 내적리듬의 불일치를 가져와서 많은 건강문제와 불만을 일으키게 된다. 또 낮 근무와 초저녁근무를 할 때에는 적응할 수 있는 범위 내에 위치하므로 리듬의 교란이 거의 일어나지 않지만, 낮 근무에서 밤 근무, 초저녁 근무에서 밤 근무로 변화되는 근무에 있어서는 리듬교란이 크게 일어난다.

　따라서 정상적인 리듬을 깨뜨리는 요인인 야간근무·교대근무에서 근무시간과 휴식시간의 영향은 매우 크다고 할 수 있다. 인간에게는 약 24시간의 생리적 주야 리듬이 있으며, 야간은 휴식(수면)기에 해당되는데, 야간에 수면을 취하지 않고 작업(업무)을 수행하면 생리적 기능에 커다란 저항에 맞서지 않으면 안 된다. 따라서 생리적 리듬이 깨어져 혼란이 야기되면 컨디션 불량의 원인이 되고 있다. 이로 인해 교대근무를 할 때에는 쉬 피로를 느끼게 되며, 정신적 주의력도 저하되어 생산성의 질을 나쁘게 한다는 점에서 유의해야 한다.

　또한. 밤을 새워가며 작업(일)을 하게 되면, 낮 시간에 수면을 취하게 된다. 그러나 생리적으로 보면 생리적 리듬은 이미 활발한 활동 주기에 해당되어 낮에 제대로 잠을 취할 수 없는 또 다른 수면환경이 나쁜 것과 함께 생리리듬 사이클에 교란을 일으켜 수면환경에 맞지 않는다. 따라서 최근의 수면뇌파 연구에서 보더라도 낮에 잠이 들기까지는 다소의 시간을 필요로 하며, 깊은 숙면을 취할 수 없다든지, 수면도중 각성이 많은 야간수면에 비해 수면의 질이 나쁘다는 것을 알 수 있다. 그리고 낮에 자는 수면시간은 지속시간이 짧아 결국 야간 교대근무자의 수면에 있어서는 량과 질적인 모든 면에서 부족하게 된다.[24] 이러한 점을 주지하고 야간 교대근무자의 생활을 잘 관찰하여 보면, 수면부족을 막기 위하여 수면에 드는 잠자리를 보고 가족이 밖으로 나간다든지, 유리창의 커튼으로 방안의 환경을 다소 어둡게 조성한다든지 하는 등으로 수면부족을 막기 위하여 본인과 가족들이 정성을 들여 깊은 수면을 위해 노력한다는 것을 알 수가 있다. 나아가 더욱 중요한 것은 야간 교대근무 생활을 주기적으로 반복하더라도 생리적인 역전(생리적 적응) 현상은 일어나지 않는다는 사실이다. 야간 교대근무를 계속하는 한, 생리적 동요도 계속된다.[25] 이러한 수면 조정과 특히 교대근무와 수면과의 관계를 잘 보아 근무편성을 고안할 필요성은 매우 중요하다고 할 수 있을 것이다.

2) 사람의 서카디언 리듬 유형

하루 동안에 활동, 수면, 구강체온, 신체최적 상태, 시간측정 오차 및 음식섭취 등에 있어서 개인차가 있다. 인장상태에서도 서카디언 리듬은 개인에 따라 차이를 보이는데, 이에 영향을 미치는 것으로는 연령, 성, 일주기 유형, 교대근무 방향 등이며 이에 가장 큰 영향을 미치는 인자는 일주기 유형이다.[26] 여기서 교대 근무하는 근로자에 대한 내성은 각자의 크로노 타입Chrono type과 관련이 있는 것으로 밝혀졌다. 크로노타입이란 개인의 고유한 생체리듬의 패턴을 지칭하는 과학적 용어로서, 사람의 활동적인 시간과 휴식을 취하는 시간의 일주기성을 나타내는 것이다.

서카디언 리듬은 혼Jim A Horne과 오스트버그Olov Östberg가 개발한 자가 사정 측정도구에 의해 사람을 크게 세 가지 유형의 크로노타입으로 분류하고 있다. 이 세 가지 유형에는 새벽형과 저녁형, 그리고 중간형이 있다. 그 명칭을 새벽형은 아침형 또는 종달새형이라고도 하고, 저녁형을 올빼미형, 부엉이형이라고 다양하게 불리고 있지만, 여기서는 크로노타입의 3가지 유형을 새벽형, 저녁형, 중간형으로 부르기로 하자. 박영만이 근로자를 대상으로 수면습관을 조사한 결과에 의하면, 새벽형의 비율은 7.4%, 저녁형은 11.9%씩의 비중을 차지하고, 나머지 80.7%는 중간형에 속한다.[27]

새벽형의 인간들은 천성적으로 다른 사람들보다 약 2시간쯤 일찍 기상해서 저녁 8~10시 사이에는 취침 준비가 되어 있는 사람들이라고 설명할 수 있다. 그들의 자정은 밤의 중간이며, 이러한 유형은 전반근무에 더 쉽게 적응한다. 즉, 새벽에 일찍 기상해도 신체적 장애가 발생하지 않아 6~7시에 조기 출근하는 전반근무에 더 적합한 유형으로 오전에 수행능이 높고 기분이 좋다.

일주기 리듬의 진폭은 새벽형이 저녁형 보다 크다. 새벽형은 밤 근무 시 체온의 진폭이 높아지므로 더 큰 내성이 있다.[28] 즉, 서카디언 리듬의 진폭이 작은 사람이 큰 사람에 비해 교대근무에 쉽게 적응하므로 저녁형인 사람이 새벽형 보다 리듬의 진폭이 작아서 교대근무에 잘 적응하는 편이고, 새벽형과 저녁형 간에 수면, 각성주기 변화에 대한 반응에서 새벽형이 저녁형에 비해 부정적인 반응을 보이며 교대근무를 회피하는 경향이 있다. 따라서 이러한 유형에 대한 연구결과 단기간에는 새벽형이 저녁형 보다 야간근무에 적응하는데 더 큰 어려움을 겪는 것으로 나타났다. 일찍 기상하는 새벽형의 습성이 야간근무후의 주간 취침을 감소시키기 때문인 것이다. 자신이 스스로 새벽형이라고 생각하는 사람은 비록 숙면을 대신할 수 없겠지만, 저녁에 잠간 졸거나 잠을 청하는 것이 야간 근무할 때 업무에 대한 집중력과 주의력을 높이는데 상당한 도움이 되는 전략이라고 할 수 있다.

저녁형의 인간들은 천성적으로 다른 사람들보다 약 2시간쯤 늦게 기상해서 자정에서 새벽 2시까지는 졸음을 느끼지 않는 사람들이라고 설명할 수 있다. 그들의 새벽은 가장 달콤한 잠에 빠져있는 시간이며, 초저녁에서 자정으로 갈수록 눈망울이 더 초롱초롱 빛나서 후반근무에 더 쉽게 적응한다. 즉, 그들의 신체리듬은 정오가 지나야 본격적으로 활동하기기에 적합한 컨디션으로 전환하여 밤 9시에서 자정까지가 가장 능률이 상승세로 올라가서 늦게 출근하는 후반근무에 더 적합한 유형으로 오후에 수행능이 높고 기분이 좋은 패턴을 보인다. 또한, 저녁형이 새벽형에 비해 야간근무에 잘 적응하는 이유는 저녁형이 새벽형에 비해 수면, 각성주기의 변화에 적응력이 높기 때문에 저녁형은 밤근무 후에도 쉽게 숙면을 취할 수 있는 반면에 새벽형은 그렇지 못하기 때문이다.[29] 그러므로 저녁형은 전반부 근무조에 출근할 때에는 출근해서 잠시 졸거나 잠간 눈을 감은 채 잠시 있는 것이 업무의 집중력을 강화하는 방법이다.

따라서 교대근무 사업장에서는 크로노 타입의 측정도구를 활용하여 교대근무 종사자들의 개별적인 유형을 파악하면 근로자들의 서카디언 리듬에 맞는 교대근무 주기와 교대형태를 과학적으로 개발할 수 있으므로 업무에 대한 집중력과 주의력을 높이고 안전사고를 예방하는데 기본적인 전략으로 강화해 나가야할 것이다. 그리고 교대근무자들은 교대근무 주기에 따라 출퇴근 시간이 달라지는 등 생활 패턴에 큰 영향을 미치게 되므로 어느 때보다 자신에게 알맞는 크로노타입의 유형을 잘 파악하여 그에 적절한 대응력을 과학적으로 강화해 나간다면 자신의 건강은 물론 삶의 질을 향상시키는데 도움이 될 것이다.

생물체 내의 생체시계

1) 생체시계의 연구는 계속된다

생체시계(Biological clock)는 일주기성과 같은 생체리듬의 주기성을 나타내는 생체 내에 내재되어 있는 생물학적 시계를 의미한다. 즉, 생체시계는 지구 생물의 생체 내에 유전적으로 내재되어 있어 자발적으로 작동하는데, 빛의 밝기와 어둠의 명암주기나 온도와 같은 외부환경에 의해 재설정되기도 한다.

생물학적 시계에 관한 최초의 기록은 기원전 4세기경 안드로스테네스Androsthenes가 식물의 잎이 낮과 밤의 일주기에 따라 일정하게 움직인다는 사실을 밝힌 것이다. 이에 대한 최초의 실험은 230년 전 프랑스의 드 마랑de Mairan이 미모사라는 식물을 움직임을 어두운 지하실에 관찰한 것으로 낮에는 잎이 열리고 밤 시간에는 잎이 닫히는 주기성이 지속되는 것을 발견하였다. 이 실험 결과 미모사는 빛에 대한 환경변화가 없어도 잎이 피고 지는 주기성을 가지고 있으며, 내재적으로 이를 조절하는 어떤 생물학적 기작이 식물체 내에 있다는 것을 발표하였다. 그 후 드 캔돌de Candolle은 자발적 움직임을 최초로 실험을 통하여 증명하였는데, 이는 생체시계의 중요한 특징이다. 그는 드 마랑의 실험에서 잎이 피고 지는 일정한 주기성이 24시간이 아니라 22~23시간으로 약간 짧다는 사실을 발견하였다. 이는 생명체에 따라 생명시계의 주기가 조금씩 다르다는 사실을 보여주며, 주기성이 정확하게 24시간이 아니라 23~25시간으로 내장되어 있어서 낮과 밤의 주기와 같은 환경적 영향에 의해 재설정됨으로써 24시간 주기를 나타낸다는 것이다.[30] 이후 일주기성을 가진 생물체의 행동에 관한 다양한 연구들이 이루어졌다. 특히, 철새의 경우, 태양을 중심 항로로 결정하고 매년 일정하게 이동하는데 이에 대한 연구를 통하여 생체시계가 철새에 내장되어 있다는 사실도 밝혀졌다.[31]

1960년대에 영국의 과학자 하커는 실험을 통하여 바퀴의 생물시계의 위치가 인두하신경절에 있다는 것을 알아내었다. 또한 그 생물시계가 어긋난 바퀴는 장에 암이 생겨 죽어버린다는 사실도 밝혀냈다. 그리고 1980년대 초 미국의 캘리포니아 대학의 코노프카Konopka는 한 돌연변이를 발견했는데, 이를 통하여 생체시계가 유전자에 의해서 작동된다는 사실을 알게 되었다. 그의 발견은 생체시계의 분자생물학적 연구에 새로운 장을 열었다.

2002년에는 미국의 메릴란드주 유니폼드 대학의 이그나시오 프로랜시오 연구팀이 쥐의 망막에서 빛을 감지하는 세포 네트워크를 발견하였다. 이 연구팀에 의하면 망막에서 발견한 세포조직은 시각세포와 다른 것으로, 이 세포조직을 통하여 밤낮의 변화를 인지하며, 이것이 24시간의 주기리듬을 가동하는데 도움을 준다. 게다가 이 주기, 즉 생체시계는 잠을 자고 깨는 주기적인 인자와는 별도로 호르몬 분비, 혈압, 체온과 같은 전반적인 신체과정을 통합하는 역할을 한다. 쥐의 망막은 '멜라놉신melanopsin'이라는 단백질을 포함하고 있는

데, 멜라놉신은 빛을 인지하여 낮과 밤의 길이를 뇌의 기본주기 시계에 전달하는 역할을 한다. 인간의 눈에도 같은 단백질이 있기 때문에 생체 리듬에 영향을 받는다.[32] 또한 미국의 스크립스 연구소(TSRI)와 노마티스 게놈학 연구소는 단백질 멜라놉신을 코팅하는 유전자 Opo4가 빛을 포획하고 서카디언 리듬으로 신체를 움직이게 하는 핵심유전자라는 것을 밝혀냈다.[33]

2) 생물의 생체시계는 조절된다

지구 생물체 내의 리듬은 일반적으로 환경리듬에 맞추어져 있어 건전한 신체기능을 영위하게 된다. 그래서 매일 반복되는 생활리듬이 자연계 리듬에 의한 일주리듬, 바이오리듬과 일치되어 있으면 신체는 용이하게 건강을 유지할 수가 있다. 그러나 인간은 체내리듬이 흐트러지거나 소멸되면 정신병자가 되기도 하고, 동물의 경우 수면과 각성, 활동과 휴식의 리듬이 흐트러지면 뇌사에 이르게 된다.

따라서 지구의 인간은 규칙적인 일상생활에 따라 체내리듬을 명확히 하면서 환경리듬과 일치시키는 것이 건강유지에 매우 중요한 일이다.

앞에서 언급했다시피 생물의 생체시계는 빛을 통해 생명현상에 영향을 끼친다. 망막에 있는 세포조직은 빛의 유무를 뇌에 전달하고, 뇌는 전달받은 신호를 바탕으로 각종 호르몬 분비기관에 명령을 내린다. 이러한 역할을 하는 망막의 대표적인 세포의 중 하나는 간상세포(rod cells)인데 이 세포는 매우 민감하여 약한 빛을 감지하기 때문에 야간에 시각을 담당한다. 또 다른 세포로는 원추세포(cone sells)가 있는데, 0.1 Lux 이상의 밝은 빛을 감지하며, 색깔을 감지하는 기능을 한다. 포유류와 같은 고등생물은 시교차상핵(SCN: suprachiasmatic nucleus)을 가지고 있어 망막을 통해 일주기 정보를 얻어내고, 뇌 중앙에 있는 송과선에서 분비되는 수면조절 호르몬인 멜라토닌을 이용해 24시간 주기에 따른 생체시계를 조절한다. 멜라토닌은 주로 밤에 분비량이 많은데, 송과선에서 적정량의 멜라토닌이 분비되지 않으면 잠에 들 수 없다. 멜라토닌 수치의 변화에 따라 특정한 색깔의 빛이 조절되는데, 빛의 색깔에 따라서 24시간 주기가 재편성된다.[34]

세상에서 가장 무거운 것은 감기는 눈꺼풀이라고 할 정도로 졸음은 인체의 자연스런 현상이며 동시에 치명적인 약점이다. 따라서 사람들은 오래 전부터 전쟁터의 보초병들이 졸지 않고 경계를 늦추지 않도록 하는데 많은 노력을 기울여 왔다. 이를 위해 기존에 사용되었던 엄한 정신 훈련과 적당한 시간의 교대 근무와 같은 방법에, 이제는 개인의 생체 주기를 조절하여 과학적으로 졸음을 쫓는 시도가 등장했다. 즉, 인간의 생체시계를 마음대로 조절할 수 있게 되었다. 2000년도에 미국의 ETA(Enlightened Technologies Associates)사는 삼내비 Somnavue라는 조절기를 개발해 24시간 주기의 생체리듬을 조절할 수 있도록 했다고 전했다. 삼내비는 빛을 이용해 인간의 생물학적 리듬을 인위적으로 바뀌게 하는 조절장치이다. 이 조절장치의 전원장치에서 발사된 빛은 광전자 케이블을 타고 안경렌즈의 유리섬유다발을 통해 눈의 특정부위에 전달된다. 이렇게 전달된 빛은 눈의 움직임을 피로와 잠의 패턴을 통제하는 두뇌의 시교차상핵(SCN)에 연결되어 눈에 전달되는 빛을 조절해 생체시계를 0으로 재편성하게 된다는 것이다. 이와 같이 삼내비는 사용자의 주문에 따라 24시간 리듬을 변화시키는데, 교대근무자는 어느 때라도 일정시간 동안 삼내비를 착용하면 그때부터 과학적인 힘으로 생체리듬이 새롭게 조절된다는 것이다.[35]

생체시계에 관련된 유전자들은 아직 완전하게 과학적으로 입증되지 않았다. 낮과 밤이 바뀌는 가운데 빛이 순환적으로 변하면서 시계유전자들에 의해 신체의 생리적인 리듬을 일시적으로 조절하는 정도밖에 없다. 하지만 인위적인 방식의 생체리듬 제어가 인체에 미치는 영향도 불분명한 가운데 삼내비가 잠을 조절해 새로운 주기의 생체리듬을 만든다 해도 자연적인 생체시계가 인위적인 것에 맞게 제어되는 것은 아니다. 따라서 이것은 과학적으로 일시적인 기능에 불과하기 때문에 장기적인 교대근무시스템에 의한 불규칙적인 생체리듬을 자연적인 생체시계의 작동 메커니즘을 존중하는 생리현상에 가깝게 제도적으로 전환하는 것이 순리일 것이다.

3) 인간의 생명활동 변화

인간의 생명활동은 일주기 리듬의 생체 내 시계에 의해 하루의 활동이 시간대별로 나타나는 생리적 또는 병리적 상태가 상황에 따라 다르게 나타난다. 이에 대하여 미국의 록펠러대학의 유전자연구소장인 마이클 영의 인간 생명활동의 주기율표를 중심으로 '인간의 오전 생병활동의 변화'와 '인간의 오후의 생명활동 변화'에 대하여 살펴보기로 한다.

인간의 오전 생명활동의 변화

시간	가장 집중적으로 나타나는 생리 또는 병리적 상태	
자정	– 세포 자생력이 최고인 시간이며, 신진대사 역시 최고인 시간	
새벽 1시	– 면역군사 중 임차구가 가장 활발함 – 임산부들의 진통이 시작되는 시간	– 혈압, 맥박 최저 – 부신피질호르몬(코티졸) 최하 – 심장마비 등 사망빈도최하
새벽 2시	– 성장 호르몬 혈중 농도가 가장 높은 시간	
새벽 3시	– 청각 예민해지는 시간 – 대부분의 신체기능 최하 – 뼈가 가장 많이 파괴되는 시간	
새벽 4시	– 체온이 최하(추위를 가장 많이 느끼는 시간) – 산업재해발생빈도가 가장 높은 시간 – 천식발작빈도 최고	
새벽 5시	– 암 등 병적 세포 증식이 왕성한 시간	
새벽 6시	– 혈압과 맥박이 올라가기 시작함 – 항스트레스 호르몬(코티졸)의 혈중농도 증가 – 수면도입 호르몬 멜라토닌의 혈중 농도 감소 시간 – 월경이 시작되는 시간 – 인슐린 농도가 가장 낮은 시간	
오전 7시	– 알레르기 증상(콧물, 두드러기 등) – 체온 상승 – 맥박 증가	– 자살이외의 대부분의 사망률 가장 높음 – 부신피질 호르몬 혈중농도 최고 – 천식환자 약효 발효 최고
오전 8시	– 심장마비나 뇌졸중 발작이 가장 빈번한 시간 – 류마티스 관절염 증상이 가장 악화되는 시간	
오전 9시		
오전10시	– 통증, 불안에 대한 인내력이 최고	
오전11시	– 내성적인 사람의 경우 의사결정력, 문제해결력, 정신집중력 최고 – 단기간 암기능력 15% 정도 상승	

출처: Michael W. Young(2000), The Tick-Tock of the Biological Clock, Scientific American Mar. Medical Hypotheses 77, pp.430-436. 재구성

먼저, 오전의 생명시계는 자정부터 오전 11시까지로서 각 시간대별로 생리적 또는 병리적 상태가 가장 집중적으로 나타난다. 이러한 일주기의 생명활동 리듬은 인간의 정신적, 육체적 건강의 균형을 유지하는 체내외의 자연스런 순환과정 현상이다.

그러나 인간의 오전의 생명활동 시계와 교대근무와 관련한 과학

적 실험결과는 아직은 미미하지만, 이러한 자연적 순리에 따른 생체리듬과 비교하여 전혀 다른 인위적인 불규칙한 근무시간은 비교조차 힘들 정도로 생체리듬의 혼란이 가중되기 쉽다는 점에서 교대근무자들의 어려움을 쉽게 이해할 수 있다.

교대근무로 인한 육체적 활동이 계속되는 야간근무자는 체내 세포자생력이 최고인 자정 무렵에도 왕성한 활동과 야식 등 주간에서와 비슷한 수준의 활동을 하기 때문에 체내 세포자생력과 신진대사가 최고수준으로 순환되어야 하는 시간적 여유가 없거나 지연되는 등의 생체리듬 부작용이 발생한다고 보아야할 것이다.

그리고 새벽 2시경은 성장호르몬의 혈중농도가 가장 높은 시간으로 밤 10시부터 새벽 2시 사이에 가장 많이 분비되므로 어린이는 이 시간에 잠을 자야 키가 쑥쑥 자랄 수 있다. 따라서 18세 미만의 미성년자와 임산부에 대한 야간근무를 금지해야 하는 것은 생리적 기준에도 합당하다고 할 수 있다.

새벽 3시경은 대부분의 신체기능이 최하에 머물고 뼈가 가장 많이 파괴되는 시간으로, 야간 작업을 할 경우 신체적 기능의 장시간 과도한 활용으로 인해 신체기능과 뼈의 파괴가 가속화된다.

새벽 4시경의 작업은 체온이 최하로 내려가는 체내 순환과정을 무시한 육체적 활동으로 체온의 상승작용이 이어져 자신도 모르는 사이에 발생하는 산업재해 빈도가 최고에 달할 수 있다. 즉, 야간작업이 체내 순환리듬에 반하는 활동의 결과로서 체내생리 거부현상이 나타난다고 할 수 있다.

새벽 5시경은 암 등 병적 세포분열이 왕성한 시간으로 체력적으로 힘이 약한 근무자는 장기간 노출되는 야간근무에서는 배제하는 것이 좋을 듯하다.

새벽 6시경은 하루를 시작하기 위해 야간수면에서 깨어나는 시간으로 생체리듬의 저점에서 서서히 혈압이나 맥박이 서서히 올라가기 시작하는 시간으로 잘못하면 뇌졸중이나 심장마비의 위험이 있어서 혈압이 높은 사람은 잠자리에서 일어나기 전에 준비운동을 해야 한다. 항스트레스 호르몬인 코티졸의 혈중 농도가 증가하는 반면 수면 도입 호르몬인 멜라토닌의 혈중농도는 감소하기 시작하는 시간이다. 그런데 야간근무자는 이와는 반대의 생산성 활동으로 육체적 체내 현상인 혈압과 맥박은 최고의 정상적인 상태이고, 수면에 직접적인 영향을 미치는 코티졸 호르몬과 멜라토닌 호르몬은 체내 증가나 감소현상이 나타나지 않는 시간이 지속되는 시간이어서 수면주기가 소멸된다고 보아야 할 것이다.

오전 7시에서 9시 사이는 자연적인 사망률이 가장 높은 시간이며, 부신피질호르몬 혈중농도가 최고에 달하는 시간이다. 콧물, 두드러기 등 알레르기 증상이 악화되고, 체온이 상승하며 맥박이 증가한다. 알레르기 체질인 사람이 이 시간쯤에 일어나며 연달아 재채기를 하는 것은 이 때문이다. 따라서 천식환자의 약효가 가장 잘 듣는 시간이다. 오전 8시경은 남성의 성호르몬 분비가 최고조에 달하며 이때 강한 성욕을 느끼게 된다. 오전 9시경에는 통증이나 불안에 대한 인내력이 최고조에 달하게 되는 때이며, 뇌에서 진통작용을 하는 물질인 앤돌핀과 앤케파린36이 가장 많이 분비되어 통증을 별로 못 느끼게 된다. 이와는 반대로 교대근무자는 체온이 상승하고 맥박이 증가하여야 할 이 시간에 야간근무로 인해 체내 순환기는 이미 피로의 누적과 수면부족현상으로 말미암아 정신적, 육체적으로 생물적 본능이 이끄는 상태로 접어들어 주변 환경을 기피하고 도외시하려는 심리적 격리작용이 꿈틀거리게 된다. 이는 남들이 출근한 다음 아침에 퇴근하니까 남들과 반대 현상이라는 심리적 공허함 속에 친구를 만날 수도 없는 등 마땅히 갈 곳도 없는 주변 환경을 묵시적으로 받아들이며 극도로 피곤해진 천근만근의 몸과 마음을 추스르며 곧장 집으로 퇴근하는 것과 무관하지 않다.

야간근무자가 8시를 전후하여 퇴근해서 아침 겸 점심을 들고 나면 야간근무자가 편하게 취할 수 있는 환경은 매우 열악한 편이다. 그래서 지난밤에 취하지 못한 수면을 열악한 환경에서 강제로 취하려는 또 다른 생리적 스트레스가 쌓이게 된다. 밝은 대낮은 육체적인 피로와 자연적인 생리와 반비례적으로 반응하여 숙면을 제대로 취할 수 없게 된다. 이러한 관계로 가면상태의 휴식을 취하는 것이 거의 일상화되니 피로누적의 주요 요인으로 작용하는 반복적인 생활이 되는 것이다. 특히, 내성적인 사람의 경우 의사결정력과 문제해결력 및 정신집중력이 최고조에 이르러 가장 집중적이고 활발해야할 정신적 활동시간에 자연적인 생리적 리듬을 인위적인 개인의 의지로 해소하려는 고통은 결국은 소화불량 및 과도한 스트레스요인으로 작용하기 때문에 생산성과 직결된다고 할 수 있다. 따라서 이러한 성격의 소유자는 교대근무에서 배제하는 것이 생산성 향상에 도움을 줄 것이다.

오전 10시부터 11시까지는 단기간의 암기능력이 15%정도 상승하여 가장 높은 시간대로 조용히 공부에 몰입할 수 있다. 그리고 내성적인 사람은 이 시간에 집중력과 기억력이 최고가 되어 업무는 물론 회의 등에서 최고의 컨디션을 유지할 수 있다. 또한, 정오경에는 시력이 가장 좋아지고 알코올의 효과가 가장 크다. 식사에 곁들이는 반주 한 잔에 크게 취할 수 있어서 낮술은 피하는 것이 좋다.

인간의 오후 생명활동의 변화

시간	가장 집중적으로 나타나는 생리 또는 병리적 상태	
정오	− 헤모글로빈의 혈중 농도가 가장 높고, 시력이 최고조 시간 − 알코올에 가장 약한 시간으로 낮술을 피하는 것이 좋다	
오후 1시	− 기력과 체력이 일시적으로 저하되는 시간	
오후 2시	− 식곤증을 느끼는(체내 호르몬의 변화) 시간으로 낮잠이 잘 시간	
오후 3시	− 근력, 악력(손의 힘) 증가하고, 호흡률이 증가하는 시간 − 반사 신경의 예민도가 최고조인 시간 − 창조력, 관찰력이 최고조인 시간 − 외향적인 사람의 업무능률이 최고시간	− 운동하기에 가장 좋게 컨디션 유지하는 시간 − 교통사고가 많이 발생하는 시간대 − 7~9시대 다음으로 사망률이 높은 시간대
오후 4시	− 체온과 맥박 및 혈압이 높아지고, 신진대사에 변화가 있는 시간	
오후 5시	− 미각과 취각이 가장 예민해지고, 가정불화가 가장 많은 시간	
오후 6시	− 신체적 힘과 스테미나가 가장 왕성하고, 운동하기 최고로 적합한 시간 − 배뇨량이 가장 많은 시간	− 섭취한 칼로리가 지방으로 변하기 쉬운 시간대
오후 7시	− 정신적, 신체적으로 가장 불안정한 시간 − 호르몬변화로 혈압이 불안정한 시간	
오후 8시	− 소화작용이 가장 활발한 시간 − 체중 증가가 가장 많은 시간	− 체온이 하강하는 시간대 − 신진대사가 저하되는 시간대 − 청각신경이 최고로 예민해지는 시간대
오후 9시	− 통증에 대한 예민도가 가장 심한 시간	

오후10시	− 각종 호르몬 분비의 감소와
	  혈압이 강하 되고, 호흡이 느려지고
	  업무 수행력 감소	

오후11시	− 알레르기 반응이 가장 잘 일어나는 시간	

출처: Michael W. Young(2000), The Tick-Tock of the Biological Clock, Scientific American Mar. Medical Hypotheses 77, pp.430-436. 재구성

한편 오후의 생명시계는 정오부터 밤 11시까지 각 시간대별로 가장 집중적으로 나타나는 생리 및 병리적 상태 즉, 마이클 영의 제시한 '인간의 오후의 생명활동 변화'는 다음 쪽의 표와 같으며, 이를 자세히 살펴보면 역시, 교대근무에 의한 야간근무자는 일반적인 생체리듬이 인위적인 생활로 인해 정신적, 육체적인 내적리듬이 역행되고 있는 사실을 확연하게 인식할 수 있다.

교대근무자들은 헤모글로빈의 혈중 농도가 가장 높은 시간인 정오경에 전날 야간근무로 인해 부족한 수면을 취하거나 당일 야간근무를 위해서 미리 잠을 자기 위해 준비하는 시간이니 자연적 생리현상과는 전혀 다른 차원에서 행동을 하는 것을 느낄 수 있다.

오후 3시경은 근력과 손의 힘이 증가하고, 호흡이 증가하며 창조력과 관찰력이 최고조에 달하는 시간이다. 또한, 장기간의 암기력과 창조력, 업무능률이 최고조에 달하는 시간으로서 외향적인 업무능률이 최고조에 달하는 시간임에도 불구하고 교대근무자는 이를 생산성 증진에 활용할 수 있는 여건이 되지 못하며 당일 야간근무를 위해 대낮에 강제로 잠을 청하는 시간으로 활용될 수밖에 없다.

오후 4시경은 정상적인 활동으로 인해 체온과 혈압 및 맥박이 최고조에 이르러 몸이 화끈거리거나 땀이 나거나 한숨이 자주 나오는 등 육체적 신진대사가 변화하는 생리현상이 일어난다. 그래서 불안과 초조 및 우울 등의 감정이 일어나 기분이 나빠지는 현상이 발생한다. 그러나 교대근무자는 이러한 신진대사와는 관계없는 수면시간으로 체온의 저하를 유지해야 하거나 저녁에 출근하기 위한 준비 상황에 바쁘게 움직이는 시간이다.

오후 5시경은 모든 감각이 예민해지는 시간으로서 특히, 후각과 미각이 예민해지고 허기를 느껴 다이어트증인 여성에게는 가장 괴로운 시간대다. 신경도 극도로 예민해져 주변의 시끄러운 소리에 자신도 모르게 짜증을 내게 되고, 교통사고나 싸움과 다툼이 가장 잘 일어난다. 반면, 운동하기에는 가장 좋은 시간대로서 운동으로 예민해진 신경과 주변의 스트레스를 해소하는데 적합한 시간대다.

오후 6시경은 신체적 힘과 스태미나가 가장 왕성해지는 등 육체적 활동이 하루 중 최고점의 시간이다. 그리고 체내 신진대사도 왕성하여 하루 일과 중 배뇨량도 가장 많은 시간이다. 집에 있는 아내는 남편이 퇴근해서 돌아오기만을 기다리고 있지만, 남편은 힘과 인내력이 솟아나 곧장 귀가하기보다는 외부모임에 참석하는 비중이 높다. 반대로 교대근무자는 남들이 즐기는 퇴근시간에 출근하여야 한다는 심리적 부담과 열등의식 및 정신적 스트레스를 억제해가며 직장으로 출근하여 당일 야간업무 일정을 점검하고 목표달성을 위한 당일의 업무를 개시하여야 한다.

저녁 7시와 8시경은 하루 종일 업무로 인해 정신적 신체적으로 가장 불안정한 시간이다. 혈압이 높아지고 호르몬의 변화가 크게 일어나 감정의 기복이 심하게 동요되며 마음이 불안해져서 짜증을 부려가면서 이를 해소하려고 동료들과 취중방담에 가감 없는 정보의 교환 등 하루의 회포를 마음껏 풀고 그도 부족하다면 노래방에 가서 스트레스를 마음껏 발산하며 해소하는 시간이다. 하지만 체중이 증가하고 소화작용이 가장 활발한 시간이다. 그러나 교대근무자는 이 시간이 반대로 야간업무시간 중에서 가장 집중해야 할 시간이다. 낮에 미리 수면을 취하면서 축적한 에너지가 서서히 발산되기 시작하는 시간이다.

밤 10시경은 각종 호르몬의 분비가 감소되기 시작하고, 체온이 저하되어 혈압이 떨어지기 시작하는 시간이다. 또한 몸의 모든 활동이 저하되며, 신체적 에너지의 순환기인 호흡도 점점 느려지기 시작하여 잠이 오기 시작하는 시간이다. 이때 감성적인 사람에게는 이성이 매력적으로 보이는 시간으로 남녀가 사랑을 나누기 좋은 시간대다. 그래서 오전 9시부터 시작한 일과가 연장되어 밤 10시경이 되면 체온이 떨어지면서 신진대사가 저하되어 업무수행력이 급격히 감소되기 시작하고, 주변상황에 대한 경계와 자신의 보호본능이 예민해지면서 청각신경이 곤두서기 시작한다. 따라서 우리나라에서는 통상적으로 밤 10시부터 새벽 6시까지는 야간근무시간으로 산정하는 기준이 된다. 이 시간대에 근무하는 근로자들의 정신적 · 신체적으로 미치는 생리적 · 심리적 악영향을 고려하여 평상시의 근무시간보다 시간당 단위 수당의 비중을 높여 반영하여 야간수당을 지급하고 있는 것이다.

여기서 우리가 집고 넘어야할 것은 이와 같은 심야시간에 근무하는 것을 노사 모두가 기피하고 있는 근무시간대라는 점이다. 기업주 입장에서는 단위시간당 투입비용 대비 산출량의 상대적 하락을 들 수 있고, 근로자는 단위시간당 생산성에 대한 효율성이 떨어지고 있어서 주간근무시보다 정신적 · 신체적인 집중도가 더 크다는 점이다. 그래서 유럽 선진국에서는 노사가 합의하여 계절적 요인 등의 수요에 대비하는 경우를 제외하고는 개인당 야간근무일수를 최소화하고 있는 추세에 있다.

비정상적 서카디언 리듬의 영향

일상적인 생활을 하는 사람이 교대근무를 하는 회사에 취업하게 되면 평상시에 잠자고 있어야 할 밤에 강제로 깨어 있어야 한다. 그리고 주기적으로 야간작업을 수행하기 때문에 시간이 흐를수록 서커디언 리듬이 깨지게 된다. 따라서 교대근무에 적응을 하지 못하게 되며 건강장애도 나타난다.[37] 인간의 서카디언 리듬은 외부 자극이 없는 경우에 25.4시간의 일주기를 갖는다. 이러한 일주기 활동시간이 어떤 요인에 의해 12시간 뒤로 밀리게 되는 경우 적응하는데 하루 1시간씩, 총 12일 정도의 시간이 필요하게 된다.[38] 또한 표준 시간대를 넘어가는 장거리 여행을 할 때 생체시계에 부담을 주기 때문에 나타나는 시차증時差症은 회복되는데 일반적으로 약 하루정도의 기간이 필요하다.[39] 일반적으로 인간의 신체는 생활의 활동시간대가 변화하였을 경우 여러 날짜가 지난 후(보통 일주일정도 후)에는 어느 정도 적응을 하게 되는데 이를 회복되었다고 말하기도 한다. 하지만 24시간 교대근무 사업장에서 일주기 활동시간을 12시간 뒤로 밀리는 야간작업을 하는 경우 근로자의 서카디언 리듬의 안정화를 위해 야간근무에 투입하기 전에 12일 간의 여유로운 기간을 부여하는 환경이 조성되어야 함에도 불구하고, 오히려 24시간 주기가 야간근무 시간에 맞춰지기 전에 야간작업을 요구하고 있다. 앞서의 표준시간대를 통과하는 장거리 여행에서의 시차 증에 대한 적응도 힘들어 하는데, 수년 또는 수십 년 동안에 걸쳐 주기적으로 생체리듬이 깨지는 증상이 반복적으로 교란될 때 교대근무자의 건강에 심각한 영향을 미친다는 것은 직접적으로 체험으로 알 수 있다.

특히, 야간근무자의 경우 앞서의 마이클 영의 연구에서 나타난 것처럼, 2007년 IARC는 체온의 상승과 저하, 멜라토닌으로 측정되는 서카디언 리듬과 외부에서 강요되는 수면 각성리듬이 서로 조화를 이루지 못하고 비동기화 상태에 있게 된다고 하였다. 즉, 정상적인 서카디언 리듬 중에서의 인간은 멜라토닌 분비가 최대가 되는 새벽 3시경, 체온이 최소가 되는 새벽 5시경에 졸음을 가장 많이 느끼게 되는데 야간근무자들은 이 시간대에 업무를 수행해야 하며 또한, 수면을 취해야 할 대낮 시간대는 수면도입 호르몬인 멜라토닌의 분비가 최소가 되고 체온이 상승하면서 잠들기 힘들어지는 것이다. 따라서 교대근무는 신체의 정상적 서카디언 리듬에 반대되는 활동을 함으로써 신체의 정상적 리듬과 생활패턴을 완전히 깨뜨리게 되어 각종 질병의 유발은 물론 기존질환을 악화시키는 요인으로 작용하고, 나아가 교대근무자의 수명을 단축시키는 기제로 작동하고 있다는 제반 연구결과를 중심으로 살펴보기로 한다.

1) 교대근무는 각종 질병을 유발시킨다.

가) 야간근무는 발암물질이다

앞서 언급하였듯이 2007년 IARC는 암을 유발하는 물질이나 환경들에 대하여 조사한 결과 교대근무가 서카디언 리듬을 손상시켜 암을 유발한다는 발표를 하며 교대근무를 발암성 물질 2A 그룹으로 분류하였다. 그리고 야간근무를 포함하여 교대근무가 인간에게 암 발생을 증가시킨다는 증거는 제한적이지만, 동물을 대상으로 매일 밤에 빛을 노출시킨 실험 결과 암이 발생할 수 있다는 충분한 증거가 발견되었다.[40] 교대근무로 인하여 야간에 빛에 노출되었을 때 서카디언 리듬이 깨지기 때문에 수면–활동 양상이 변화되어 야간에 분비가 증대되는 멜라토닌 생성이 억제되고, 반면에 에스트로겐 생성은 증가하게 된다. 멜라토닌은 항암작용을 하는데 밤에 망막에 들어오는 빛으로 인하여 멜라토닌 분비가 감소되기 때문에 암 발생과 관련이 있는 서카디언 리듬 유전자를 규제하던 작용이 정상적으로 작동하지 못하게 된다. 또한 여러 가지 내분비 리듬에 변화를 가져오기 때문에 면역계 리듬에 장애를 가져와 유방암이나 전립선암, 대장암 등 기타 다수의 암 발생률이 증가한다. 그 중 가장 많이 연구된 것은 유방암이다. 조사에 따르면 여성들이 야간작업을 하게 되면 유방암 발생 위험은 약 1.51배 정도 높아진다. 그리고 남성의 경우에도 전립선암의 발생 위험이 '어느 정도' 증가하는 것으로 나타났다. 그 밖에도 교대근무가 대장암, 자궁내막암, 난소암, 악성 임파종 등과 관련성이 있는 것으로 제시되고 있다. 하지만 아직 확실한 결론을 내리기에는 연구가 많이 부족하다.[41]

한편, 2011년도에 프리치아Fritschia 등의 학자들은 교대근무가 암을 유발시킨다는 메커니즘을 발표했다. 교대근무가 암을 유발하는 메커니즘의 분류를 크게 다섯 가지 요인으로 나타낼 수 있다. 교대근무의 실시, 야간 조명에의 노출, 수면양상 와해, 생활스타일 와해, 하루에 필요한 일광욕의 부족 등이다. 교대근무가 시작되면 생리적 교란이 일어나고 이러한 혼란은 세포의 와해를 가져온다는 것이다. 그리고 야간의 조명에 노출되면 멜라토닌 호르몬의 생성을 억제하고 이

러한 부작용으로 항암효과의 저하를 가져온다는 것이다.[42]

교대근무의 암을 유발하는 메커니즘

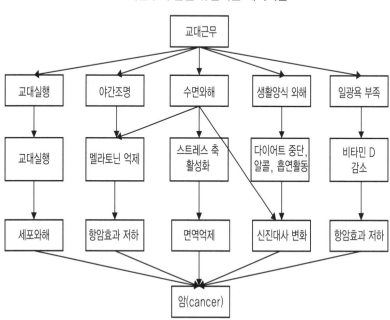

출처: Fritschia, L., Glassb, D.C., Heyworthc, J. S., Aronsond, K., Girschika, J., Boylea, T., Grundyd, A., Errene, T.C. (2011), Hypotheses for mechanisms linking shiftwork and cancer. Medical Hypotheses, Volume 77, Issue 3, pp .430-436.

암을 유발하는 메커니즘에서 가장 큰 비중을 크게 차지하고 있는 것은 수면장애이다. 수면장애는 멜라토닌 호르몬의 생성억제와 스트레스 축의 활성화를 가져오고 면역체계의 기능을 저하시켜 면역의 억제를 가져온다. 그리고 다이어트의 중단과 알코올과 흡연활동의 강화를 불러온다. 교대근무는 일반적인 생활양식을 저해하여 알코올과 흡연율을 증가시켜서 신체적 신진대사에 변화를 가져온다. 밤과 낮이 뒤바뀌는 생활 속에서 교대근무자는 일광욕의 부족을 가져와 비타민 D의 합성기능을 감소시키며, 항암효과를 저하시키는 등의 종합적인 요인들이 교대근무가 암을 발생시키는 요인으로 작용하고 있다는 것이다. 대표적인 예로는 스칸디나비아항공사(SAS)에서 30년간 승무원으로 근무한 이후 유방암에 걸린 울리 만코프는 산재가 결정된 후 영국의 BBC 방송에서 이를 입증하는 회견을 했다.[43]

2009년 3월, 덴마크 국립 산업재해이사회에서는 20~30년간 1주일에 1번 이상 야간근무를 한 이후 유방암이 발병한 여성근로자 38명에게 업무 강도와 증세에 따라 보상했다. 이러한 산업재해 인정은 2007년 IARC에서 과학적 연구결과들을 검토한 결과 야간근무가 잦은 간호사나 승무원 등과 같은 직업에 종사한 여성이 그렇지 않은 여성에 비해 유방암에 걸릴 확률이 높게 나타났다는 결론에 따른 것이다. IARC 모노그래프 프로그램 담당자인 빈센트 코그리아노 박사는 야간근무를 하거나 수면주기를 방해하는 것은 건강에 악영향을 미치며, 유방암 및 다른 암이나 건강이상을 야기할 수 있다고 경고하였다.[44]

나) 교대근무는 심혈관계 질환을 유발한다

오늘날까지 교대근무자들에서 심혈관질환 간의 관련성을 조사한 연구는 많이 수행되었다. 여기서는, 2011년 산업안전보건연구원의 심포지엄에서 '교대근무 근로자 건강 보호는 어떻게 할 것인가?'라는 주제로 임신애가 발표한 '교대근무자의 심혈관질환' 등과 관련한 부문을 중심으로[45] 살펴보기로 하자.

  교대근무와 심혈관질환의 관련성을 밝힌 연구는 상대적으로 많은 것으로 나타났다. 먼저, 미국의 크누트손 등이 종이와 펄프 제조공장 근로자 중 394명의 교대근무자와 110명의 대조군을 15년간 추적 조사한 결과, 낮 근무자에 비해 교대근무자에서 관상동맥질환 발생 위험이 비록 통계적으로 유의하지 않았지만 1.4배 증가했다.[46] 교대 근무기간을 좀 더 세분하여 분석한 결과, 교대근무기간이 2–5년인 경우 1.5배, 6–10년인 경우 2.0배, 11–15년인 경우 2.2배, 16–20 년인 경우 2.8배로 증가하여 교대근무기간이 길어지면서 관상동맥질환 위험도 증가하는 양–반응관계가 관찰되었다. 특히, 근무기간이 11–20년인 군에서는 위험 증가가 통계적으로 유의했다. 하지만 근무기간이 21년 이상인 군에서는 오히려 위험이 다시 낮아지는데, 이는 '선택효과' 때문이다. 연구 대상자들 중 교대근무 시작 후 3년 만에 63%가 의학적 또는 사회적인 문제 때문에 낮 근무로 전환했으며, 결국 매우 건강한 소수의 노동자들만이 20년 이상 장기간 교대근무를 지속할 수 있었다. 결론적으로 이 연구에서는 나이가 많아지고, 교대근무기간이 길어지는 것이 관상동맥질환 발병 위험을 설명하는 중요한 요인이라고 결론내렸다.

  그리고 미국에서 가외치 등이 42–67세의 간호사 79,109명을 대상으로 1988년부터 4년 동안 심근경색증과 관상동맥질환 등의 발생 여부를 추적 조사하였다. 그리고 관련된 심혈관질환 위험요인들을 보정한 후에도 대조군에 비해 야간교대근무 경험군의 관상동맥 질환 위험률이 유의하게 1.31배 높아졌으며, 야간교대근무기간과 관상동맥질환 발생 간에 양-반응관계가 관찰되었다.[47] 보길드Bøggild 등이 교대근무와 심혈관 질환 간의 관련성 등을 역학 조사한 결과들을 종합해 보면, 교대근무자들이 대조군에 비해 심혈관질환 발생 위험률이 40% 정도 증가했다.[48]

현대사회에서 교대근무자들에게 강조되는 심혈관질환의 위험인자들에 대한 연구가 많이 수행되었는데, 그 중에서도 복부비만, 고중성지방혈증, 저HDL 콜레스테롤혈중, 고혈압, 공복 시 고혈당 등에서 세 가지 이상에 해당되면 대사증후군으로 판정한다.[49] 이에 드바께 등에 의하면, 남녀 교대근무자들에게서 대사 증후군 발생위험이 1.8~5.0배 증가한 것으로 나타났다.[50] 2010년 피에트로이우스티Pietroiusti등이 교대근무군의 대사증후군에 대한 발생위험 연구에 따르면 교대근무자 남녀 모두에게서 대사증후군 발생 위험이 1.8~5.0배 증가하며 특히, 교대근무 기간이 길어짐에 따라 대사증후군의 위험도가 증가하는 것으로 나타났다.[51]

로우든Lowden 등에 의하면, 교대근무자들에게서 대사증후군이 발생하는 이유는 혈당과 중성지방 등의 대사 장애, 스트레스 그리고 생체리듬의 파괴 및 수면 장애, 활동량 감소 등 때문인 것으로 밝혀졌다. 교대근무자들에게서 문제가 되는 수면 부족은 포만감을 느끼게 해주는 렙틴을 감소시켜 식욕을 부추김으로써 체중 증가 등으로 이어지게 된다는 것이다.[52] 푸토넨Puttonen 등에 의하면, 아직까지는 교대근무가 심혈관질환을 야기하는지에 대해 명확한 기전을 제시할 수는 없지만, 앞서의 여러 원인이 상호작용하여 동맥경화증, 대사증후군, 제2형 당뇨병 등의 질환이 발생하게 되는데 결국은 심혈관질환으로까지 진행된다고 보는 것이다.[53] 그리고 팡Pan 등은 미국에서 약 7만 명의 간호사들을 대상으로 18~20년 추적 조사한 결과, 야간근무 경험그룹에서 제2형 당뇨병 발생 위험이 근무 기간이 길어짐에 따라 유의하게 증가하는 것을 밝혀냈다.[54]

다) 교대근무는 위장관계 질환을 유발한다.

교대근무자들의 건강에 영향을 미치는 질환 중 두 번째로 비중 있게 미치는 질환으로 위장관계 증상과 질환을 들 수 있다. 예전부터 소화성 궤양은 교대근무자들의 직업병으로 이야기되어 왔으며, 특히 크누투손은 복통 및 변비 또는 설사 등 배변 습관의 변화에서 오는 증상으로 흔하게 제기된 문제라고 하였다.[55]

로우든에 의하면, 교대근무자들은 보통 섭취하는 전체 칼로리 양은 변하지 않지만, 그들의 음식이 섭취 시간적분포가 달라지는 것으로 나타났다.[56] 또한, 야간근무자들은 식이섬유, 아연, 비타민 A, 비타민 D 등의 영양소를 권장량에 비해 적게 섭취하며, 낮 근무자들에 비해 불규칙한 음식의 섭취 양상을 보였다. 일반적으로 야간작업 시에는 평상시보다 근무인원이 더 적어 작업 중에 식사를 하는 경우 인적여유가 충분하지 않을 수 있다. 더욱이 야간작업을 하게 되면 가족이나 친구들과 같이 식사할 기회가 줄어들고 오히려 식사를 혼자 하게 되어 영양소 섭취 측면에서 뿐만 아니라 가정 및 사회생활에서도 지장을 초래하게 된다.[57]

크누트손과 보길드는 교대근무자들에서 위장관질환의 유병률이 높아지는 기전으로 '일주기 리듬, 가스트린과 펩시노겐 작용, 헬리코박터 파일로리Helicobacter pylori균에 대한 방어기전 약화, 상피세포에 존재하는 시계 유전자(clock gene)' 등을 제시하였다.[58]

1986년에 타르퀴니Tarquini 등은 위장질환이 없는 남자 교대근무 그룹과 대조그룹, 낮 근무그룹을 대상으로 소화성 궤양 등 위장관 증상에 중요한 역할을 하는 혈청 가스트린과 그룹 I 펩시노겐을 측정하였다. 그리고 교대근무자들은 1주일 간격으로 낮 근무, 아침근무, 저녁근무, 야간근무로 교대근무를 수행하도록 한 상태에서 교대근무 시작할 때와 종료할 때에 혈액을 채취한 후 분석하였다. 그 결과 가스트린은 대조그룹, 낮 교대근무 그룹, 교대근무 그룹에서 근무 시작 시보다 종료 시에 유의하게 증가된 양상이었으며, 대조그룹에 비해 교대근무 그룹에서 시작 시 및 종료시 모두 가스트린 농도가 2배 정도 증가하였다. 반면, 그룹 I 펩시노겐은 세 그룹 모두 근무 시작 시에 비해 종료 시 증가하는 양상을 보이지 않았다. 그러나 교대근무 그룹에서 대조그룹에 비해 그룹 I 펩시노겐 농도가 근무시작 시 및 종료 시 유의하게 증가하여 교대근무는 소화성 궤양 발생과 관계가 깊은 가스트린 및 그룹 I 펩시노겐 분비를 촉진시킴을 확인하였다.[59] 앞서의 연구결과 위장관 질환과 헬리코박터 파일로리 균과의 관련성이 이미 밝혀졌지만, 1998년 조버Zober 등에 의해 교대근로자들에게서 헬리코박터 파일로리 균에 대한 항체 양성 소견이 낮 근무자들에 비해 더 높다는 것이 보고되었다.[60] 그리고 2006년에는 피에트로이우스티Pietroiusti 등이 헬리코박터 파일로리 균 항체 양성 근로자들을 낮 근무그룹과 교대 근무그룹으로 분류한 후 내시경검사로 십이지장궤양 여부를 확인하였다.[61] 그 결과는 교대근무그룹에서 십이

지장궤양 유병률이 대조그룹에 비해 3.92배(95% 신뢰구간 2.13~7.21) 높았으며, 관련된 인자들을 보정한 이후에도 3.96배(95%신뢰구간 2.10~7.47)로 증가한 것을 확인하였다.[62]

라) 교대근무는 우울증을 유발한다.

현대사회에서 교대근무의 업무 특성은 여러 가지 요인의 스트레스가 작용하여 우울한 기분 및 신체 증상과 같은 스트레스 반응을 유발하며 결근 및 사고를 발생시킨다. 우종민에 의하면 교대근무는 우울증, 외상 후 스트레스 장애, 궤양 또는 심혈관질환 등의 질병을 야기시킨다고 하였다. 나아가 이런 질병으로 인해 자살이나 급사와 같은 치명적인 결과가 초래할 수 있다는 것이다.[63]

일반적으로 근로자들에게 스트레스로 인해 가장 문제시 되고 정신건강에 영향을 미치는 것으로 우울증 현상을 들 수 있다. 우울증이 심각한 문제가 되는 이유는 업무 능률의 저하도 있지만, 자살 등과 같은 극단적인 선택으로 연결되는 경우가 있기 때문이다. 따라서 우울증이 초기에 발견되면 즉시 치료하는 것이 긴요하다. 그러나 현실적으로 우울증이 오면 근로자들은 직장을 사직하는 경우가 많고, 직장에 계속 근무하는 경우라도 우울증보다는 약한 상태의 '우울한 기분'이거나 우울증 증상이 심각하지 않은 상태라고 가볍게 여기는 경우가 많다. 따라서 오늘날 교대근무 중인 근무자들만을 대상으로 한 우울증 여부를 조사하는 경우 실제보다 위험성이 더 낮게 나타날 수 있다.[64]

스콧 등이 교대근무와 우울증 발생 간의 관련성을 조사한 연구결과 주요 우울증의 유병률은 여자에서는 22.6%, 남자에서는 13.4% 나타났으며, 교대근무 기간이 20년까지 유병률이 지속적으로 증가하는 경향을 보인다는 것이다.[65] 네덜란드에서 드리젠 등은 MCS(Maastricht Cohort Study)를 수행하면서 근무형태 및 근무시간과 우울한 기분의 연관성을 조사하였다. 그 결과 남자에서는 낮 근무그룹에 비해 교대근무 그룹에서 우울한 기분의 위험은 3교대 그룹에서 가장 높았고, 불규칙교대그룹, 5교대그룹 순으로 나타났다. 여자의 경우는 5교대 그룹에서 5.96(95% 신뢰구간 2.83~12.56)배 높아졌으며, 근무시간이 늘어날수록 우울한 기분의 위험비율이 증가하는 경향을 보였다는 것이다.[66]

또 다른 드리젠 연구팀들은 우울한 기분으로 인하여 교대근무에서 주간근무로 전환하거나 교대근무 시 병가를 낼 위험성은 기초 조사 당시 우울한 기분을 호소한 그룹에서 더 높게 나타난다는 것을 밝혀냈다. 과거 또는 현재 교대근무 그룹에서 우울증에 대한 위험성은 특히 여자그룹에서 연령 및 교육수준을 보정한 후에도 여전히 유의하게 높은 것으로 나타났다. 기초 조사 당시 우울한 기분을 호소한 교대근무자들을 1년 뒤 추적 조사한 결과는 신뢰구간의 차이에도 불구하고 교대근무에서 낮 근무로의 전환율이 남자의 경우는 1.98배, 여자의 경우는 3.20배로 나타났으며, 교대근무 중 병가율이 2.96배로 유의하게 증가한 것으로 나타났다.[67]

2) 교대근무는 기존질환을 악화시킨다.
19세기에 영국에서는 산업혁명의 결과로 아동들까지도 야간노동을 해야 했다. 이들은 노화가 빨랐고, 수명도 짧았으며, 체질이 허약하여 간장병, 류머티즘, 폐렴, 폐결핵, 기관지염, 천식, 임파선 병과 같이 각종 질환에 시달렸고, 심지어는 과로노동으로 인하여 사망한 사례가 있다고 마르크스는 자본론에 기술했다. 19세기에 야간노동으로 인해 증가했던 여러 가지 질병들은 현대까지도 사라지지 않았을 뿐만 아니라 오히려 질환의 종류가 증가하고 있다. 24시간 공장 가동으로 주야연속교대제가 시행되고, 교대근무자들은 밤낮의 주기가 바뀐 상태에서 근무를 하게 되었다. 이로 인하여 근로자들은 수면부족, 불면증 등의 수면장애질환, 암, 심혈관계질환 및 고혈압, 위장관계질환, 간장관계질환, 내분비질환 등을 앓고 있으며, 결국 수명 단축까지 이어지고 있다.[68] 교대근무자들은 인체의 서카디언 리듬 변화 때문에 교란이 일어나게 되어 질병의 치료하기 위한 약물의 대사과정이나 효과 등에 방해를 받을 수 있어서 어떤 질환은 더 악화될 수도 있다. 질환별로 차이는 있지만 교대근무로 인해 더 악화되는 질병으로 암과 뇌전증(간질), 그리고 공유정옥의 '교대제와 노동자 건강'에서 제시한 천식 당뇨병, 우울증 등에 대한 내용을[69] 중심으로 살펴보기로 한다.

　가) 교대근무는 천식을 악화시킨다.
　천식은 기관지의 저항성에 의해 기관지가 반복적으로 좁아지는 만성호흡기 질환이다. 기관지가 좁아져서 숨이 차고, 기침이 나며, 가슴에서 색색거리는 소리가 들리고, 가슴이 답답해지는 증상이 반복적으로 되풀이된다. 이러한 천식은 기침, 천명, 호흡곤란 등의 증상이 나타나며, 특히 야간이나 새벽에 악화 되고 증상의 악화와 호전이 반복된다.

기관지의 저항성은 정상인이나 천식환자에게 서카디언 리듬에 따라 변화한다. 정상인의 최대호기유량(PEFR)[70]은 가장 많을 때와 가장 적을 때의 차이가 5% 정도에 불가하지만 천식환자는 그에 대한 차이가 20%정도 보이고 있으며, 이때의 호흡곤란으로 인한 정도의 차이는 3배에 이르는 경우도 있다. 천식환자의 경우 보통 오전 7시경이 최대호기유량이 가장 적게 나타나 호흡하기가 가장 어려운 때이고 오후 1시경에는 이와 반대의 경우가 된다. 이와 같이 천식환자들은 한 밤중과 이른 아침에 호흡곤란을 자주 일으키는 것은 바로 서카디언 리듬과 연관되어 있는 것으로 나타났다.

천식환자의 경우 서카디언 리듬에 따라 나타나는 증상이 다르듯이 천식을 치료하는 경우 그 효과도 하루주기 리듬에 따라 다르게 나타난다. 예를 들어 천식치료제를 아침에 복용하면 동일한 용량을 오후나 저녁에 복용하는 경우보다 더 높은 혈중농도에 이르게 되어 더 높은 효과가 나타난다. 이는 약물을 복용하면 약효가 몸 안에서 흡수, 대사, 배설되는 속도와 효율이 활동하는 시간대에 따라 달라지기 때문이다. 그래서 최근에는 천식환자에게 약물을 투여하여 가장 효과적으로 증상을 조절할 수 있도록 약물 투여 시간을 잘 설정하여 최소한의 약물로 투약의 효과를 극대화하려고 노력하고 있다. 그러나 이러한 약물 투여기준은 생물학적 리듬을 예측할 수 있는 통상근무자에게 가능한 방법이자 기준인 것이다.[71] 따라서 교대근무로 인한 서카디언 리듬이 불규칙한 경우 신체적 리듬주기에 맞는 약물 투여시기를 설정하기 매우 어렵고, 기존의 약물 투여방법에 의해 적용하여도 증상을 조절하기가 여간 쉽지가 않다.

　　나) 교대근무는 당뇨병을 악화시킨다.

　당뇨병은 인슐린 분비 이상으로 높은 혈당 수치가 지속되는 병이다. 인슐린은 인체 내의 세포들이 포도당을 정상적으로 사용하는 데 필요한 물질로 이러한 인슐린이 부족하거나 인슐린에 대한 감수성이 떨어지게 되면 탄수화물 대사에 이상이 생겨 혈당치가 증가하고, 포도당이 혈액 속에 점점 쌓여 과량의 당분이 소변으로 배설된다. 당뇨병의 증상으로는 소변의 량과 소변 횟수의 증가, 목마름, 가려움, 배고픔, 체중감소, 체질허약 등이 나타난다.

　당뇨병은 인슐린의 분비량이나 포도당 농도를 조절하는 감수성이 서카디언 리듬에 따라 달라진다. 인체의 혈당 농도 역시 6~8시간 주기의 리듬에 따르고 있다. 따라서 서카디언 리듬은 당뇨병에서 중요한 역할을 한다. 이것은 당뇨병을 치료하는 과정에서 24시간 내내 혈당이 너무 높아지지도 않고 너무 낮아지지 않도록 적절한 식사와 역물 투여를 규칙적으로 해야 하는 것이 매우 중요하기 때문이다. 이를 잘 실행하지 못하는 경우 보다 심각한 부작용을 초래하기도 한다. 따라서 교대근로자들은 교대근무로 인해 서카디언 리듬이 교란되어 혈당농도의 변화 양상이 정상적인 예측범위를 벗어나기 쉬우며, 약물의 약효에도 교란이 일어나 그 효과에 대한 예측 또한 어려워지고, 규칙적인 식사와 음식의 종류 및 식사량을 조절하기도 어려워져 당뇨병을 악화시키는 요인으로 작용하게 된다.[72]

다) 교대근무는 우울증을 악화시킨다.

일반적으로 우울한 상태는 일시적으로 기분만 저하된 상태를 뜻하는 것이 아니라 생각의 내용, 사고과정, 동기, 의욕, 관심, 행동, 수면, 신체활동 등 전반적인 정신 기능이 저하된 상태를 의미한다. 이와 같은 우울증의 확실한 원인에 대해서는 아직 명확하지 않으나 다른 정신질환과 같이 다양한 생화학적, 유전적, 그리고 환경적 요인이 우울증을 일으킨다는 것이다. 교대근무자들의 열악한 환경은 강한 스트레스에 노출되기 쉽다. 이런 스트레스만으로 주요 우울증 증세가 유발되는 것은 아니지만 증상 발현에 영향을 주는 요인이 환경적 요인이라는 점에서 간과해서는 안 된다.

우울증 환자가 아침에 일찍 일어나는 경우가 있는데 이것은 정상적인 사람들보다 하루주기 리듬이 앞당겨진 상태이기 때문이다. 이러한 우울증 환자의 경우 감정의 변화도 하루주기에 따라 이루어지기 때문에 아침에는 우울증상이 가장 심각해지는 때이다.[73] 그리고 REM 수면이 나타나는 시간이 짧아져서 보통사람들에 비해 야간 첫 1/3 동안에는 REM 수면이 많아지지만 뒤의 1/3 동안은 적어진다. 이 또한 서카디언 리듬의 영향으로서 정상인이 주로 새벽시간에 REM 수면이 많이 나타나는 것과 비교하여 잠들기 시작할 때 REM 수면이 최고조에 달하게 되는 것이다. 따라서 우울증 약을 복용하는 근로자가 교대근무를 하는 경우 우울증 치료제들은 서카디언 리듬을 천천히 진행시키는 작용을 하기 때문에 주의를 기울여야 한다. 그래서 교대근무로 수면이 부족한 경우와 사회생활의 지장으로 증상이 악화될 위험이 더욱 커질 우려가 있는 것이다.[74]

라) 교대근무는 뇌전증(간질)을 악화시킨다

　뇌전증이란 종전의 간질을 말하는 것으로 뇌에서 생기는 질환으로 간질이란 용어는 사용하지 않는다. 뇌전증은 뇌 신경세포가 일시적 이상을 일으키며 과도한 흥분 상태를 나타내면 의식의 소실이나 발작, 행동의 변화 등 뇌기능의 일시적 마비증상이 나타나는 상태이다. 이러한 경련이 만성적, 반복적으로 나타나는 경우 이를 뇌전증이라 한다. 대뇌에는 신경세포들이 서로 연결되어 미세한 전기적인 신호로 정보를 주고받는다. 뇌에서 이러한 정상적인 전기신호가 비정상적으로 잘못 방출되었을 때 발작이 일어난다.[75]

　뇌전증은 다양한 원인에 의해 발생될 수 있는데, 아직도 정확한 발생기전을 알 수 없는 경우가 많다. 또한 뇌전증 발작이 각종 심각한 뇌 질환에 의한 하나의 증상으로 발생될 수 있기 때문에 그 원인이 되는 질환이 더욱 문제가 될 수가 있다. 특히 청장년기와 노년기에 뇌전증을 일으킬 수 있는 대표적인 질환의 원인에 대한 정확한 검사가 필요하다.

　뇌전증 환자의 증상의 발현은 수면박탈과 깊은 관련성을 가지며, 고속안구운동수면(REM sleep)이 박탈되면 간질뇌파를 증가시켜 전신성 발작을 유발시킬 수도 있다. 따라서 교대근로자들은 교대근무로 인해 수면박탈 및 수면주기 변화로 인한 REM 수면 부족을 초래하기 때문에 뇌전증 발작을 유발시킬 수있는 환경에 취약하게 노출되어 있다.[76]

　뇌전증은 안정된 생활과 적절한 치료를 통해 증상악화와 병의 진행을 예방할 수 있는 질환이다. 그러하기 때문에 교대근무로 인한 불규칙한 생활 특히, 불규칙한 수면과 수면부족에 의해 뇌전증증상을 더 악화시킬 수 있다. 이는 뇌전증 환자들 중에서 24~26시간가량 수면을 취하지 못하면 간질뇌파가 활성화되는 현상의 관찰을 통해 이해할 수 있다. 또한 수면의 질이 낮아 REM 수면이 부족한 경우에도 뇌전증 뇌파가 활성화되거나 때로는 뇌전증 발작이 생길 수도 있다고 알려져 있다. 따라서 교대근무제가 수면박탈 및 수면부족으로 수면단계의 파괴를 통해 뇌전증 발작을 유발시켜 교대근로자들에게 부족한 수면의 량을 점점 늘려가는 제도적 장치가 절대적으로 필요한 것이다.

마) 교대근무는 암을 악화시킨다.

2001년에 한센Hansen이 수행한 주로 야간에 근무했던 30세에서 54세의 여성근로자를 대상으로 한 연구에서 유방암발생 위험이 1.5배 증가했다는 연구결과가 있었다. 특히, 야간근로를 포함한 교대제의 가장 큰 문제는 교대근무제 자체가 발암성물질이라는 것이 밝혀졌다. 잎에서 언급하였듯이 2007년 IARC는 교대제와 그로 인해 생체주기가 파괴되는 현상이 발암성(IARC Group 2A)을 갖는 것으로 분류하였는데, "교대제로 인하여 밤에 빛에 노출되었을 때, 24시간 생체주기가 파괴되고 수면-활동 양상이 변화되어 수면동안 분비가 증대하는 멜라토닌의 생성이 억제되므로 암 발생 경로와 연관되어있는 생체주기 유전자를 규제하던 작용이 제대로 작동하지 못하게 되어 암 발생이 증가하게 된다."고 강조하였다. 즉, 멜라토닌은 야간에 수면동안에 분비되는 것으로 항암작용을 한다고 알려져 있는 물질로서,

야간에 빛을 비추는 것은 인체 내에 멜라토닌의 분비를 감소시켜 암의 발생을 증가시키는 작용을 한다는 것이다.[77]

3) 교대근무는 생명을 단축시킨다.

현재 전 세계 노동인구의 약 20%가 야간근로를 포함한 교대근무 형태로 근무하고 있다. 우리나라에서는 철도분야가 일제 강점기시대에 맞교대 근무제가 도입되었고 또한, 서양 근대문물의 도입에 따른 병원, 전기, 통신 등 직접적으로 국민생활의 편리증진과 밀접한 관련이 있는 분야에서는 어김없이 교대근무가 시행되고 있다. 그리고 경제성장기에 이르러서는 제조업 분야에 교대근무제가 더욱 확산되어 본격적으로 자본주의 대량생산체제로 진입함에 따라서 교대근무제는 계속 증가되었고 오늘날에도 오히려 증가하고 있는 실정이다. 최근에는 병원에서 간호사들 뿐 아니라 간병인 등의 여성 근로자들의 야간근로가 증가하고 있는 추세이다. 또한, 소득수준의 향상으로 다양한 욕구문화와 맞벌이 부부의 증가 등의 새로운 소비문화의 패턴에 따라 백화점 및 대형 마트와 편의점, 요식업, 전자오락실 등에서 장시간근로 시간제 문화로 점점 확산되어 가는 추세에 있다.

인체는 일시적이고 단기간에 24시간 생체주기의 변화가 생겼을 경우에는 내부생체시계의 변화를 유발하지 않을 정도의 수면을 취하는 방법 등을 통해 정상 리듬으로 되돌릴 수 있다. 그러나 5일 이상 지속적으로 변화가 일어날 때에는 생체리듬의 내부와 외부 구성요소들 사이에 불일치가 일어나게 되어 내부시계와 외부시계의 불일치상태가 인체의 건강에 악화를 유발하는 것이다. 이러한 불일치가 단기간만 지속될 때에는 수면장애, 수면지연증세, 실수할 위험의 증대, 사고의 증대를 가져오지만 장기적으로 지속될 경우, 24시간 생체주기의 파괴가 수면주기에 영향을 미쳐 이 수면주기에 영향을 받는 여러 교감신경, 부교감신경 등 자율신경과 호르몬, 체온 내분비계 등에 악영향을 미쳐서 그들 장기에 질환을 유발하는 데, 예를 들면, 심혈관계 질환, 소화기계통질환, 내분비계통질환, 나쁜 임신결과 및 재생산기능의 장애 뿐 아니라 유방암을 비롯한 각종 암을 유발하게 되며 이 모든 건강장해들이 원인이 되어 종국에는 수명단축으로 이어지게 된다.[78]

교대근무를 하는 근로자가 통상근무를 하는 근로자에 비해 전체적인 사망률이 높다는 연구결과가 발표되지는 않았다. 그러나 특정부문의 질환으로 인한 사망률이 증가하고 있다는 연구결과는 계속 발표되고 있는 추세이다. 최근, 스웨덴에서 칼슨 등이 펄프와 종이를 생산하는 근로자 5,000여명을 50년간 추적 관찰한 연구 결과 교대근무 근로자가 통상근무 근로자에 비해 전체적인 사망률은 높지 않았지만, 관상동맥질환으로 인한 사망률은 1.24배, 뇌졸중으로 인한 사망률은 1.56배 높은 것으로 나타났다.[79]

지구상에서 야간근로를 포함한 교대근무제가 없었더라면 인류의 생명은 위험에 노출되지 않고 보다 연장되었을지도 모른다. 즉, 지금보다도 훨씬 더 긴 수명을 영위할 수 있었을 것이다. 이미 교대제는 인체 내 24시간 생체주기를 파괴하고 생체시간의 순서를 교란시킴으로써 암, 뇌심혈관계질환, 수면장애, 위장질환, 간질환, 당뇨, 교대부적응증후군, 정신질환 등을 유발시켜 노동자들의 전반적인 건강을 해치는 주요 요인이 되고 있으며, 건강불평등의 요인으로 작용하고 궁극적으로는 생명조차 단축시키고 있다.[80]

생체리듬 장애의 저감 방법

1) 수면과 피로관리 프로그램의 활용

일상생활에서 수면장애가 의심되지 않는 일반인에서도 주위 환경적인 요인이나 건강의 정도 또는 수면의 습관에 의해 졸리는 정도에 차이가 있을 수 있다. 그러나 교대근무자는 불규칙한 교대근무에 따라 수면시간이 일정하지 않은데 특히, 야간근무와 같은 인위적인 수면양상은 교대근무자의 주간 졸음증과 피로도 등 만성적인 장애에 노출되게 한다. 따라서 손경현은 한 공기업의 4조 3교대근무 형태를 분석하여 생체리듬의 장애를 경감하는 방안을 도출하였다.[81] 그는 이를 토대로 주간 졸음증과 관련된 변수들을 분석한 결과 비교대근무자에 비해 교대근무자는 일주기 리듬의 조절장애로 주간 졸음증과 피로도가 현저히 높은 수준임을 밝혀냈다. 따라서 이러한 교대근무군(특히, 40대 미만 교대근무군이 심함)에 대해서는 업무능률 향상과 안전사고 예방을 위한 방안으로 손경현이 제시한 교대근무 시의 수면관리와 피로도 관리 프로그램을 운영하는 두 가지 대처방안[82]에 대하여 살펴보기로 한다.

먼저, 교대근무자들의 수면과 피로도를 줄이기 위해서는 교대일정을 변경하는 방안을 강구해야 한다. 4조 3교대제에서 야간근무를 며칠 동안 연속으로 근무한 다음 교대주기가 변동하는가는 매우 중요한 문제이다. 왜냐하면, 주간수면 후 야간근무에 들어가면 생체리듬의 교란에서 엄습해 오는 생리적, 심리적 부담과 생체기능의 저하는 야간작업 2일째까지는 그리 크지 않으나 3일째부터 가중되기 시작하여 4일째부터 가장 심한 상태가 된다. 이 기간이 넘으면 점차 심리적 고통은 적어지나 본래의 바이오리듬의 파탄이 오기 시작하여 생리기능의 저하가 점차 심해진다. 새로운 바이오리듬이 형성되는 데는 수개월을 필요로 한다.[83] 그래서 4일 교대주기인 경우, 교대주기가 4일이기 때문에 근무자가 단기간 근무시간 적응에 어려움을 겪게 된다. 왜냐하면, 4일 야간근무의 교대주기는 수면적응에 방해하는 것으로 판단되기 때문에 생체리듬 교란을 최소화하기 위하여 현재 4일 밤 근무 2일 휴일로 실시한 교대주기를 2일 밤 근무 1일 휴일로 일정을 변경하는 것도 고려해 보는 것이 바람직하다.[84] 야간근무 전 휴일은 일반인들의 공휴일과 같은 역할을 하게 된다. 야간근무 후 휴일은 야간근무에 의한 스트레스와 피로를 회복하고 주간근무로 복귀할 수 있는 시간적 여유를 주게 된다.

교대근무자들의 수면과 피로도를 감소시키기 위한 두 번째 방안으로는 야간근무시간 중에 짧은 수면시간을 부여하는 것이다. 야간에 졸음이 오는 것은 생리적으로 자연스러운 현상이다. 따라서 야간근무 후 주간에 수면을 취하였더라도 야간작업을 할 때 피로감이 가장 심한 새벽 2시와 4시 사이에 쌓이는 것을 최소화하기 위해 짧은 수면시간이 필요하다. 보통 정상적인 수면을 취할 때 하룻밤 사이에 5회의 수면주기를 갖고 깊은 잠에 들었다 깨었다 하는 주기가 1시간 30분 정도의 시간으로 발생한다. 그래서 야간작업을 할 때에는 적어도

교대근무

짧은 수면시간으로 1시간 30분 이상의 시간은 주어져야 수면효과가 있을 것으로 본다. 그리고 수면시설 등 휴식시설을 마련하여 야간작업을 할 때 적정한 수면시간을 부여하게 되면 피로 감소와 업무능률의 향상에 큰 도움이 될 것이다.

2) 생체리듬의 시간요법

최근 24시간 주기의 생체시계 원리는 각종 질환을 치료하는 데 쓰이고 있다. 인간에게 적용하는 시간요법은 개인의 생체리듬을 이용해 교대근무 주기의 부작용을 줄일 수 있는 가능성을 열어 놓았으며, 언젠가는 이에 적합한 교대근무제에 응용되는 시대도 도래할 것으로 믿는다. 나아가 교대근무로 인한 각종 후유증의 치료에도 도움을 주게 될 것이다. 교대근무자는 크로노 타입 유형의 새벽형, 저녁형, 그리고 중간형 중에서 어느 한 가지 유형의 생체시계를 가지고 있다. 여기서 교대근무주기와 생체시계인 크로노 타입 유형이 서로 교차되는 교대근무자의 생체리듬은 복잡한 교란현상으로 더욱 혼란스러운 상황에 놓이게 될 것이다. 그러므로 크로노 타입 유형에 적합한 교대근무 주기를 선택하는 것은 자신의 생체리듬과 조화롭게 적응하게 하는 중요한 요인이 될 것이다.

또한, 교대근무로 인한 가장 큰 장애를 받는 요인은 수면장애이다. EBS의 보도에 따르면,[85] 생체시계를 교란하는 가장 큰 장애요인인 수면장애는 모든 육체적 신진대사를 헝클어 놓아 이튿 날 일주기 리듬을 깨트리는 역할을 한다는 것이다. 이와 같이 건강이 나빠진 몸 즉, 생체기능 복원능력에 치명적인 악영향을 미치게 되고, 심하면 약물치료조차 불가능해 지는데, 이것은 모두 생체시계의 고장에 결정적 요인이 된다.

그런데, 여기서 생물학적 시계인 생체시계를 정상적으로 작동하도록 돕는다면 불면증 치료는 물론 약물치료 효과까지 촉진할 수 있다는 결론에 도달하기에 이른다. 그러므로 불규칙한 교대근무자라 할지라도 일반적인 생체시계에 적합한 투약시간을 참조하여 이를 조절하는 경우 교대근무자의 생체기능 복원에 어느 정도 효과가 있을 것이다.

미국 텍사스 대학의 저명한 시간생물학(chronobiology)의 권위자인 마이클 스몰렌스키Michael Smolensky는 대부분의 의사들이 약 복용시간이 약효에 결정적인 영향을 미친다는 사실을 전혀 모르고 있다고 지적하기도 했다.[86]

그의 생체시간표에 따른 시간치료에 따르면, 인간의 신체는 최상의 컨디션을 유지하는 시간과 이와 반대로 최악의 시간대가 존재한다는 것이다. 이러한 최악의 시간대는 해당 병증이 최고점을 나타내므로 이 시간대를 맞추어 약물치료를 적용하면 생체리듬의 효과를 극대화할 수 있다는 것이다.[87]

생체리듬의 최고의 시간

일주기	최고의 시간
01:00	– T 림프구 수준 최다 – 산모분만이 빈번
02:00	– 세포의 재생능력이 높아지는 시간 – 성장 호르몬 수준이 가장 높음
05:00	– 꿈을 가장 많이 꾸는 시간(수면 / 각성 혼돈)

일주기	최고의 시간
06:00	- 스트레스에 반응해 분비: 코르티졸(혈중 인슐린) 최고조 - 뇌기능촉진 - 신체에 필요한 에너지 공급 - 키가 가장 커지는 시간(키 늘이기 운동)
07:30	- 테스토스테론 최고조, 생식기 발육 및 유지 남성호르몬
08:00	- 아드레날린 분비 시작과 수면과 각성의 임무 교대 시간
08:30	- 식욕/성장촉진호르몬(그렐린)분비, 장의 활동 가장 활발
09:00	- 체중이 가장 가벼워지는 시간
10:00	- 지력의 민첩도, 각성도 최고조 - 창의적 활동 최적
12:00	- 시력이 가장 좋아짐, 혈중헤모글로빈 수준이 가장 높다
14:00	- 눈과 팔의 협조가 가장 좋아지는 시간
15:00	- 악력, 폐활량, 반사신경 최고조
16:00	- 반응시간이 가장 짧아지고, 순발력 키우기 좋은 시간
17:00	- 근육강도와 유연성 최고조
18:00	- 미각이 가장 예민, 소변량 최고조
21:00	- 수면조절 호르몬멜라토닌 분비(면역력증가, 암발생율 억제)
22:00	- 성장 호르몬 분비

출처: Michael, W. Young(2000), "The Tick-Tock of the Biological Clock", 『Scientific American Mar. Medical Hypotheses』, 77, pp. 430-436. 재구성.

생체리듬의 최악의 시간

일주기	최악의 시간
01:00	- 림프구가 병원균을 향해 총반격을 가하는 시간
02:00	- 반드시 수면을 취하여 다른 기관의 에너지 소비를 줄여야 함 - 특히 피부재생관련 약이 효과를 보는 시간(저녁식후 투약).
04:00	- 천식 발작 위험이 가장 높은 시간(수면전 투약) - 편두통이 시작되는 시간(수면전 투약)

일주기	최악의 시간
05:00	− 치통이 시작되는 시간(수면전 투약)
06:00	− 멜라토닌 수준 감소 − 혈압 심장박동 증가하므로 고혈압+변비 환자들은 배변활동에 각별한 주의를 요함. − 월경 시작이 가장 빈번.
07:00	− 알레르기성 비염증상이 심해지고, 꽃가루 알러지 가장 심각
07:30	− 자녀 얻기 좋은 시간(계절상 10월)
08:00	− 멜라토닌 분비 정지 및 T 림프구 수준 최소 − 뇌졸중, 심장발작 위험 고조, 류머티즘 관절염 통증 최고조
08:30	− 일반 변비환자들의 통변유도시간
09:00	− 혈압 상승, 심장발작과 뇌졸중 위험 최고조
10:00	− 인지치료 프로그램 가동시간
12:00	− 영화감상하기 좋은 시간
14:00	− 두뇌활동이 가장 둔화되는 시간(낮잠 30분이 보약)
15:00	− 가벼운 집단 운동 프로그램
16:00	− 체온, 맥박수, 혈압 최고조 − 긴장성 두통 최고조
17:00	− 퇴행성 관절염 발병율 증가, 운동(물리)치료하기 좋은 시간
18:00	− 맛없는 음식 먹어도 좋은 시간
20:00	− 요통 최고조
21:00	− 아드레날린 분비정지, 고통 가장 쉽게 느낌: 치통 최고조
22:00	− 위산억제, 담즙분비정지(식도괄약근 약화 소화기취약)
23:00	− 알레르기 반응 최고조, 천식증세 발현
24:00	− 통풍발작 최고조

출처: Michael, W. Young(2000), "The Tick-Tock of the Biological Clock", 『Scientific American Mar. Medical Hypotheses』, 77, pp. 430-436. 재구성.

실제로 교대근무자 자신이 투약하여 약효를 보는 시간을 정확히 파

교대근무

악하고 있는 경우라면 근무시간 중이라도 투약시간을 어느 정도 조절할 수 있는 것이다. 따라서 특정 질환은 24시간 주기패턴을 보이기에 복용시간을 적절히 맞추면 약효를 더 높일 수 있는 것이다. 예컨대 천식은 주로 야간에 발생되며 일반적으로 낮보다는 한 밤중에 증상이 더 심하므로 천식환자들은 초저녁에 약을 복용하여 심야시간대에 천식을 줄이는 방법이다. 위산은 야간에 더 많이 분비되므로 궤양환자들은 저녁 식사 때 특정 산酸 저해제를 복용하는 노력을 기울여야 한다. 또한, 오전 11시 무렵이 감염균에 대한 체내 방어력이 가장 취약할 때이므로 이와 같이 항생제의 지원이 필요할 때 항생제를 복용하는 것이 효율적이다. 그리고 퇴행성 골관절염은 초저녁이나 밤에 가장 통증이 심하므로 이에 맞춰 소염진통제를 복용하면 약효가 높게 나타난다.

기본적으로 시간적 투약요법은 증상이 나타나는 일주기의 시간에 따라 투약시간을 달리하고 있다. 아침에 증상이 심해지는 경우는 저녁에, 낮에 증상이 심해지는 경우에는 아침에, 저녁에 증상이 심해지는 경우는 점심 때, 밤에 심해지면 저녁에 투약하는 것이 일반적이지만 약효가 전달되는 것은 매 약마다 다를 수 있기 때문에 성분과 약효시간은 의사의 지시에 따라 투약하는 것이 가장 바람직하다. 또한, 소화기능이 취약한 노인 등은 일반 정상인들보다 약효가 더 늦게 전달되므로 이를 고려하여 투약시간을 더 준수하여야할 것이다.

이에, 한 발 더 나아가 생체주기에 따른 시간요법형 약물치료도 가능하게 되었다. 즉, 위의 표에서 나타나듯 특정시간에 특정 질병을 악화시키는 생체리듬의 최고 및 최저의 원리를 이용해 약물을 투여하여 효용을 극대화하는 것이다.

  대표적인 사례로, 고혈압치료제인 슈왈츠제약의 '베를랜Verelan'은 취침 전에 복용하게 하는데, 이는 베를랜 PM이 특수코팅 처리로 인해 밤새 효과가 나타나지 않고 있다가 다음날 새벽 6시 무렵에 약효가 최대치에 이르게 한 것이다. 이는 대부분의 사람들이 잠에서 막 깨는 이른 아침에 혈압이 갑자기 오르고 있고, 고혈압환자에게 아침 시간은 특히 위험한 것을 고려한 것이다. 특히 심장마비와 뇌졸중 등이 이른 아침에 많이 발생하는 경우가 같은 맥락이다. 그런 까닭에 혈압약이 이른 아침에 효과적인 효능이 있도록 개발한 것이다. 그리고 뉴로젠사가 개발한 불면증 치료제는 복용하는 즉시 수면상태로 빠져들게 하고 아침에는 투약효과가 완전히 사라지게 된다.

  또한, 마이클 스몰렌스키 교수에 의하면, 오후 4시는 손과 눈의 궁합이 최적의 상태인 시간대이기 때문에 기분도 가장 좋을 때라는 것이다. 즉, 이 시간대에 집안청소를 하게 되면 휘파람을 불며 즐겁게 청소를 할 수 있게 된다는 것이다. 그리고 먼지 등 특정 알레르기 증상이 있는 사람들은 오전, 혹은 오후 6시 시간에 청소하는 것을 피하는 것이 바람직하다는 것이다. 왜냐하면, 정오와 오후 6시에 알레르기 증상이 가장 심하게 나타나기 때문이다. 대부분의 사람들은 낮잠의 욕구가 생기는 것은 점심 뒤의 포만감에서 오는 것으로 알고 있다. 그러나 마이클 스몰렌스키 교수의 연구에 따르면 정오 이후의 이른 오후 시간에는 체온이 조금 떨어지는 것으로 확인됐다. 즉, 체온의 저하는 졸음을 쏟아낸다는 것이다. 이는 해가 지고 잘 시간이 됐을 때도 마찬가지로서 체온이 떨어질 때 사람들은 졸음을 느끼게 된다.

　나아가 일부 학자들에 의하면 정오를 중심으로 24시간 활동 주기가 바뀌는 때로 이때 몸과 마음의 패턴이 바뀌기 때문에 휴식이 필요하다는 것이다. 그러나 이상적인 낮잠 시간은 15분~20분이면 충분하다. 여기서 30분 이상 낮잠을 자게 되면 잠의 관성에 빠져들게 되어서 이후 하루 종일 힘든 상태가 될 수도 있어서 굳이 졸리지 않은데 잘 필요는 없으며, 낮잠은 자고 싶을 때 부담 없이 자면 피로회복에 좋다. 또한, 병원에 가기 가장 좋은 시간은 오전 8시부터 오전 9시 사이, 또는 오후 1시부터 오후 2시 사이이다. 이것은 기다리는 시간이 짧아서 편리하고, 이때가 환자를 맞을 준비가 가장 잘 돼 있고 진료도 가장 집중하고 있다는 것이다. 그러나 수술을 하는 의사의 경우 수술 직후 진료를 되도록 피하는 것이 좋다. 그리고 환자는 처방을 받은 뒤 약국을 찾는 시간은 평일 오후 3시경이 가장 좋은데, 이는 약을 실수로 조제하는 가능성이 가장 적게 나타나는 시간이기 때문이다.[88]

2

수면장애에 시달리는
교대근무자

이 단원에서는 교대근무자들의 건강문제와 관련하여 가장 많이 호소하는 서카디언 리듬의 장애요소가 수면장애[89]이기 때문에 수면과 관련된 기초 이론과 그들에게서 나타나는 생리적인 증상에 대하여 살펴보기로 한다. 즉, 수면의 구조와 수면의 일주기성과 항상성, 그리고 수면의 기능 및 수면장애에 대한 진단을 이론적으로 접근 한 다음 교대근무자와 일반근무자에 대한 수면장애 정도 등의 증상에 대한 비교, 수면잠복기 등 교대근무방향에 따른 다양한 수면양상에 대한 비교, 그리고 멜라토닌을 투여하는 경우 나타나는 수면 효과에 대한 비교 등을 검토해 보기로 한다.

정상적인 수면의 기능

교대근무자의 기본적인 신체적 욕구로서 수면은 신체의 기능을 회복시키고 에너지와 건강을 유지하기 위해 필수적이다.⁹⁰ 수면은 적절한 자극에 의해 쉽게 깨어날 수 있는 자연적인 무의식 상태이다.⁹¹ 건강유지에 필수적인 요소로 충분한 양의 수면은 개인의 안녕과 삶의 질에 긍정적인 영향을 미친다. 그러나 수면이 방해받으면 신체, 정신, 행동장애가 발생하며, 집중력 장애가 있고 판단력이 저하되어 불안정하고 일상생활에 적극적으로 참여하기 어렵게 된다.⁹²

1) 수면의 구조와 일주기

가) 수면의 구조

수면의 구조는 수면단계와 수면주기로 구성되어 있다. 정상적인 수면구조를 결정하는 요건은 각각의 수면 단계 비율이 정상적으로 유지되고, 수면의 주기성이 일정하게 유지되며, 수면단계의 분포가 정상적인 비대칭적 분포를 보여야한다. 수면 중에 뇌파(EEG), 안전도(EOG), 근전도(EMG), 심전도(EKG), 산소포화도 등을 검사하는 수면다원검사를 실시하면 뇌파 및 안구와 근육의 움직임을 시간경과에 따라 특징이 나타난다. 이 결과를 중심으로 성인 수면은 크게 렘수면(REM: Rapid Eye Movement sleep)과 비렘수면(NREM: Non Rapid Eye Movement sleep)으로 구분되고 있다.

렘수면은 전체수면의 20~25%를 차지한다. 사람은 하룻밤 사이에 잠을 잘 때 보통 네 번의 수면-각성주기에 들게 되는데 길어야 90분~100분마다 렘수면상태가 나타나고 10~30분 정도 소요된다. 렘수면은 잠을 자고 있지만, 뇌파는 깨어 있을 때와 비슷한 유형을 보이는 상태라고 말한다. 또한, 렘수면상태에서는 뇌의 활동이 가장 활발하다는 것이다. 이러한 렘수면 상태에서 집중적으로 꿈을 꾸는데, 이때의 꿈 내용을 또렷하게 기억해 낸다는 것이다. 따라서 렘수면을 꿈꾸는 수면으로 쉽게 생각하고, 밤새도록 잠 보다는 꿈만 꾼 것으로 착각하게 되는데 실제는 그렇지 않다는 것이다. 이 REM 수면기는 학습, 기억력, 적응력에 중요한 역할을 하게 된다.[93] 또한, 우리의 육체는 근육이 긴장에서 이완되는 등의 주기적인 변화가 일어나고, 심장박동과 호흡이 불규칙한 현상이 나타난다는 것이다.

비렘수면은 수면 중에 안구와 뇌의 활동이 없는 상태를 말한다. 비렘수면은 수면의 깊이에 따라 얕은 잠에서 깊은 잠까지 뇌파의 특성에 따라 1단계~4단계로 구분하고 있다. 이 수면은 1~2단계에서 점차 3~4단계를 거쳐 렘수면으로 전환되는데, 이 과정이 하룻밤 사이에 3~5회 반복되는 것이다.[94]

1단계 수면은 하루수면의 5%이하를 차지하고, 각성으로부터 수면으로 이어지는 과정이다. 이 수면은 보통 잠에든지 3분~7분 정도에서 잠에 드는 것이 일반적이다. 뇌파는 각성이 8-12Hz의 알파파가 사라지고 4-7Hz의 저 전폭 세타파로 전환되게 되고, 호흡과 맥박은 느려지고 안정되게 된다. 외부의 자극에 대한 반응이 둔해지지만 중간에 깨우면 잠을 자기 않은 것처럼 느껴지는 가장 얕은 수면단계로서 안구는 천천히 좌우로 움직인다.

2단계 수면은 조금 깊은 수면으로서 안구가 위로 올라가 움직이지 않게 되며, 전체의 45-55%를 차지한다. 특징적인 수면방추파(sleep spindles와 K 복합파; K complex)가 나타난다. 2단계 수면에서 깨면 자신이 잠시 잠들었다는 것을 느끼기도 하고, 단편적이고 비현실적인 사고를 기억해 내기도 하지만 엄밀한 의미에서 꿈은 아니다. 이와 같이 수면의 2단계는 근육신경이 느슨해져서 감각기관이 무뎌지고 뇌간의 자극이 약해져서 깊은 잠에 빠지는 단계이다. 이때 잠을 깨웠을 경우 어리둥절해 하거나 당황스러워 하는 것은 꿈을 꾸지 않았다는 정황을 보여주는 것이다

   3단계의 수면은 취침 후 30분 정도 지난 시간으로 전체수면의 15-20%를 차지하고 있다. 앞서의 1-2단계에 비해 매우 깊은 수면으로서 일반적으로 서파수면이라 부른다. 4단계의 수면은 델타수면으로서 가장 깊은 잠을 말하는데, 이때의 잠은 깨우기가 힘들어져 시간이 오래 걸린다. 이 단계에서는 뇌로 가는 혈액량도 최저이고 외부세계와는 완전히 분리되어 머릿속에서의 생각이 뒤죽박죽 혼재된 상태가 된다. 성장기의 아이부터 청년기까지 비렘수면 3-4단계 중에 성장호르몬이 분비되며, 단백질합성은 증가하고 분해는 감소된다. 따라서 깊은 수면은 육체가 성장하고 손상된 부분을 회복시키는데 매우 중요한 시간이다.[95] 그래서 아이들과 청소년은 충분한 시간이 필요하며, 이때 수면에 장애가 있는 경우에는 야뇨증, 몽유병, 야경증, 악몽 등에 시달린다는 것이다.

    나) 수면의 일주기와 항상성 과정[96]
  일주기란 대략적으로 하루를 뜻하는 라틴어에서 유래되었다. 인간의 다양한 생리적 활동은 하루의 특정한 시간에 최고조에 달하는 체계적인 특징이 있다. 사람은 항온동물이지만 체온은 새벽 4~5시에

최저로 다운되고 심박동, 혈압 그리고 콘티졸, 성장호르몬, 프로락틴 등 호르몬 분비도 하루주기의 변화를 보여준다. 일관성 있는 서카디언 리듬은 외부 환경변화에 적응과 에너지 소비의 적정화에 관여한다. 서카디언을 주관하는 생물학적 시계 즉, 일주기 조정자는 시신경교차상핵에 위치한다. 서카디언 리듬은 심부체온과 멜라토닌 분비의 변화를 잘 반영하고, 수면을 조정하는 한 축으로써 수면성향, 졸림, 수면의 양, 렘수면 성향을 결정하는 요인으로 작용한다. 가장 강력한 시간 신호는 밝은 빛에 노출되는 것이다. 밝은 빛은 시계 유전자(Clock gene) 같은 유전자 발현을 통해 일주기 조정자가 생체 일주기 리듬을 외부환경에 적응시키도록 자극한다. 한편, 항상성과정은 시신경교착상핵이 파괴되어 일주기 리듬이 사라진 후에도 상당한 기간 동안 수면을 못 취하게 되면 보상적 회복 수면이 생긴다는 동물실험에 기초한 가설이다. 수면 압력은 이전에 깨어 있는 시간에 비례하여 증가하고, 각성은 이전에 수면을 취한 시간에 의해 결정된다는 가설은 수면을 결정하는 또 하나의 중요한 요소라고 할 수 있다.

2) 수면의 기능

인간의 체내 시계는 뇌의 시교차사상핵이라는 곳에 자리하고 있다. 눈에서 빛에 대한 정보를 받아, 시신경을 통해 시교차사상핵에 신호를 보내면 뇌의 깊은 곳의 송과체라는 작은 기관에서 분비되는 멜라토닌이라는 호르몬을 조절한다. 멜라토닌은 잠이 오게 하는 호르몬이다. 이러한 멜라토닌은 밤 10시경부터 분비량이 증가하여 새벽 2시를 전후하여 최고치에 이른다. 따라서 새벽 2시 경이 수면의 질이 최고조에 이르게 되어 이때 깊은 숙면을 취할 수 있다. 이것은 사람이 아침에 일어나 빛을 쐬면 14시간 정도 후에 멜라토닌이 분비되어 이때부터 사람을 졸리게 하는 역할을 한다는 것을 알려준다.[97]

인간에게 수면은 단순히 몸과 마음이 쉬는 시간이 아니다. 조앤Joan에 따르면, 수면이 인간생활에서 가장 중요한 휴식 방법으로 적당한 감각이나 자극에 의해 깨어날 수 있는 정상적 무의식 상태라고 하였다.[98] 그리고 수면은 낮 동안의 활동으로 지치고 피로한 신체 및 근육과 뇌의 기능을 회복시키고, 에너지를 재충전하는 과정이며, 낮에 보고 들은 것을 오래 기억할 수 있도록 기억을 저장한다. 또한, 충분한 수면은 육체적 건강과 정신적 안위를 증진시키는 중요한 기능을 한다. 또한, 수면은 육체적 항상성 유지와 정상적인 에너지를 보존하기 위한 필수불가결한 요소인 것이다.[99] 우리의 일상에서 질병이나 극도로 피로한 상태, 또는 임신, 스트레스 등 과도한 정신적 활동이 많은 경우에 수면의 요구가 증가하는 현상은 바로 생존기능과 보존기능을 조절하기 위한 작용인 것이다. 특히, 교대근무자와 같이 수면시간이 불규칙하거나 불안정한 수면인 경우, 수면의 부족현상이 장기화 될수록 현기증, 불안정, 지각력 장애, 피해의식, 주의력 장애, 감각장애, 일시적 수전증 등의 현상이 발생할 가능성이 높아지는 것이다.[100] 그리고 청소년기의 수면장애는 행동장애·학습장애 및 학교 및 가정 내에서의 여러 가지 문제를 야기하는 원인이 될 수 있어서 신체적 성장 및 행동발달, 주의력, 학업수행, 인지기능발달 등에 밀접한 영향을 미치게 된다.[101]

이와 같은 정상적인 수면은 우리에게 다양한 순기능의 역항을 수행하는 반면에, 수면이 부족할 경우 그에 대한 심각한 역기능 현상을 초래하게 된다. 먼저, 수면의 부족은 피로감과 자극 과민성을 증가시키고 공격성 등을 유발하며,[102] 수면의 참된 필요성은 잠이 부족한 현상을 경험해 보아야 알 수 있는 것이다. 그래서 수면은 하루일과를 너무 바쁘게 생활하는 현대인의 건강유지비결의 한 요소로 자리매김하고, 그에 대한 중요성은 갈수록 증대되고 있는 것이 작금의 현실이다. 모울 등에 의하면, 인간에게 있어 수면의 부족은 피로, 졸음, 기억력과 집중력의 감소는 물론 초좌와 불안감 및 긴장감을 초래하여 주간생활의 기능에 영향을 주고, 안전사고의 원인이 된다는 것이다.[103] 이는 전날 밤에 불안한 마음으로 잠을 설쳤을 때 운전하는 경우 안전사고의 발생률이 높게 나타나는 경우가 좋은 사례라고 하겠다. 단 하루의 야간에 잠을 설쳐도 다음 날 정신적, 육체적 불안감을 초래하게 되는데, 하물며 장기적으로 수면의 장애현상에 시달리고 있는 교대근무자들은 건강한 생활을 유지하기 위해서는 무엇보다 충분한 휴식과 수면이 우선하여 요구되고 있다. 교대근무자들은 수면이 자신의 생활과 건강에 밀접함에도 불구하고 가벼이 생각하는 경우가 많은데, 육체적·정신적인 항상성을 유지하는데 절대적인 것이라는 점을 각성하여 건강과 건전한 삶의 질을 위한 것임을 절대적으로 간과해서는 안 될 것이다.

따라서 수면의 기능을 종합적으로 살펴보면, 정상적인 수면은 첫째, 낮 동안의 소모되고 손상된 중추신경계를 회복시켜 주며, 활동기인 낮 동안 생존유지와 본능적 보존기능을 잘 할 수 있도록 생체에너지를 효율적으로 관리하고 저장하는 기능을 갖는다. 둘째, 낮 동안 학습된 정보를 재정리하고 불필요한 정보를 폐기하는 기능과 정보를 재학습하거나 저장하는 기능을 갖는다. 마지막으로 수면 중 꿈과 정보처리 과정을 통해 불쾌하고 불안한 감정들을 깨끗하게 정화시켜 잠에서 깨어난 이튿날 아침에는 상쾌한 기분이 들도록 마음을 업그레이드시켜 준다.[104]

수면장애의 고통을 겪는 교대근무자

인간은 낮에는 활동하고 밤에는 수면이나 휴식을 취하는 것이 매우 자연스러운 생리적 현상이다.[105] 산업화의 발달과 더불어 정보화 사회의 서비스분야가 세분화된 우리나라의 경우 대략 전체 근로자의 16% 정도가 어떤 형태로든 교대근무로 인한 야간근무를 하고 있다. 산업이 발달되지 않은 나라에서는 단지 교대근무가 생상성의 중요 수단에 불과한 것으로 소홀히 여기고 있지만,[106] 산업화 사회와 정보화 사회가 고도화된 나라에서는 교대근무자의 건강의 중요성은 교대근무의 적응과 삶의 질을 향상시키는데 무엇보다 중요하다는 것을 인식하고 있다.[107]

교대근무는 일하는 낮 시간의 주기와 밤에 휴식을 취하는 주기와는 관계없이 자체적인 교대순번에 따라 어느 때는 야간에 일하고 주간에 수면을 취해야 하는 등 밤과 낮의 생활리듬이 일정하지 않는 불규칙한 생활행태를 나타내고 있다. 이러한 교대근무제에서 교대하는 근무형태의 변화는 근무자의 서카디언 리듬의 교란 가능성과 생리적 적응의 어려움을 가져온다.[108] 특히, 교대근무의 경우에는 동조인자

중 수면각성주기만이 변화하기 때문에 서카디언 페이스메이커의 교란이 커지고, 더욱이 교대근무자들은 대부분 일정한 주기마다 근무형태가 반복적으로 변하기 때문에 그때마다 새로운 동조인자에 맞추어 리듬을 적용하는데 시간이 오래 소요되기 때문에 적응리듬이 갈수록 불안전하게 된다. 따라서 교대근무는 내인성 리듬의 불일치로 인해 수면장애, 피로, 식용부진, 우울 등의 신체적·정신적 문제와 교대근무를 제대로 적응하지 못하는 경우의 정서적 장애, 소화기계, 내분비계 및 심혈관계 질환 등의 교대근무 증후군을 유발시킨다.[109] 특히, 그 중에서 교대근무자들의 건강문제와 관련하여 교대근무자가 가장 많이 호소하는 것은 수면장애이다.[110] 이러한 수면장애는 불면증에서부터 고혈압, 뇌졸중, 심근경색증 등과 심각한 성인병을 유발할 수 있는 폐쇄성 수면무호흡증, 심한 주간졸음증을 일으키는 기면증에 이르기까지 매우 다양하다. 하지만 이러한 수면장애에 대한 악영향이 잘 알려져 있지 않기 때문에 교대근무자의 건강을 해치고 있으며 일상생활에도 큰 지장을 초래하고 있다.[111] 그리고 수면장애는 효율적이고 정확한 수행능력의 손상을 가져옴은 물론 지속적이며 만성적인 피로와 행동변화 그리고 소화불량 및 우울, 기분변화 등의 증상을 보이게 된다.[112]

수면장애의 진단과 분류

1) 수면장애의 진단
수면장애를 진단하기 위한 검사에는 일반적으로 임상적 면담, 이학적 검사, 수면일지, 수면다원검사와 입면시간 반복검사, 관찰 그리고 주관적 사정 등의 과정을 거치게 된다.

임상적 면담은 수면장애의 증상, 심한정도 및 경과에 대한 전반적인 정보를 얻는 것을 말하고, 이학적 검사는 수면에 영향을 주는 신체기능과 관련된 평가가 중요하기 때문에 신경학적 검사와 내분비 검사 그리고 알레르기 및 폐의 기능검사와 심혈관계 검사 등을 정밀하게 검사하는 것을 말한다. 수면일지는 자고 깨어나는 시간, 실제로 잔 시간, 낮잠 및 잠에 영향을 끼치는 약물, 음식, 흡연, 음주 등의 다양한 요인들에 대해여 환자 스스로 1~2주일간 작성하게 한다. 이때 검사 대상자의 수면 습관의 규칙성을 습득하면 수면문제의 인식을 높일 수 있다.

수면다원 검사와 입면시간 반복검사는 수면 중의 뇌파, 눈의 움직임, 근전도, 호흡운동, 심전도, 혈중산소포화도, 다리의 움직임 등과 같은 생리적인 신호에 대한 정보를 포괄적이고 체계적으로 제공하며, 다양한 수면장애를 진단하고 심한 정도를 알아보는데 필수적인 검사 방법으로 유일하게 신뢰성이 있으며 적은 표본을 대상으로 한 상세한 연구에 적용가능하다. 장점으로는 검사기록에 따라 수면을 렘, 비렘의 단계로 상세히 구분할 수 있다는 것이고, 단점으로는 널리 시행되기에는 제한이 따른다는 것인데, 이는 자연적 환경이 아닌 실험실 환경에서 시행하며, 반드시 전문가가 해석해야 하고, 자료가 방대하고 비용이 많이 들기 때문이다. 입면시간 반복검사는 야간수면 다원검사 종료 후 낮 시간에 2시간 간격으로 4~5회를 실시하는 방법이다. 평균 입면 잠복시간이 5분이하면 병적인 주간 졸음증

이 있는 것으로 판단하고, 렘수면이 발생하는 것은 병적인 상태라고 판단하고 있다.[113]

한편, 관찰은 객관적 수면측정방법이기는 하지만 신뢰성이 없으며, 잠이 들었다와 깨어 있다만을 규명할 수 있다.[114] 끝으로, 주관적 사정의 경우 정상수면은 연령, 성, 신체, 정신적 긴장 등 다수 요인에 의해서 영향을 받으며, 개인차가 크기 때문에 개개인에 대한 수면 질의 사정은 반드시 주관적 평가를 필요로 하는 측면이 있다.[115] 이러한 주관적 측정법을 이용하면 수면지연, 수면 중 깬 횟수와 시간, 총 수면 시간과 같은 여러 가지 수면양상의 변수를 도출하는 경우도 있다.

수면은 내용적인 측면에서 수면의 만족, 조용한 수면, 수면의 질 그리고 수면 후의 상쾌함 내지 휴식의 느낌 역시 측정될 수 있다. 자기-보고 법은 신뢰성이 높고 이용하기 쉬우며, 정상수면을 방해하지 않는다는 장점이 있어 최근에 많이 이용되고 있다. 성인들은 자신의 수면양상을 정확히 예측할 수 있기 때문에 수면의 주관적 사정은 개인 수면에서의 변화에 대한 유용한 정보를 제공할 수 있다.[116] 쉐이버Shaver, 지블린Giblin, 파울젠Paulsen 등은 중년여성을 대상으로 수면장애를 진단한 결과 전체대상자의 15%가 객관적으로 숙면을 취했는데도 불구하고 주관적으로 숙면을 취하지 못한 것으로 나타났다고 발표하였다. 그리고 전체 대상자의 20%가 객관적으로는 비숙면자였으나 주관적인 자기-보고에서는 숙면을 취한 것으로 나타났다.[117]그러므로 수면에 대한 주관적 측정과 객관적 측정이 반드시 일치하는 것은 아니다.

2) 수면장애의 분류

수면과 관련된 장애는 매우 다양하다. 미국정신의학회에서는 수면 장애를 원인에 따라 일차적 수면장애, 정신 장애적인 수면장애, 일 반적인 의학적 상태로 인한 수면장애, 물질로 유발된 수면장애 등으로 분류하고 있다.[118] 여기서 일차적 수면장애에는 수면곤란증과 수 면 관련 장애가 있다. 수면곤란증은 수면의 시작이나 유지 또는 과도한 졸음의 문제가 있는 일차성 불면증, 일차성 수면과다, 기면증, 호흡관련 수면장애, 일주기 리듬 수면장애, 기타 수면곤란증을 포함한다. 수면 관련 장애는 수면, 특정수면 단계, 또는 수면-각성의 전환기와 연관되어 일어나는 비정상적인 행동이나 생리적 사건이 나타나게 한다. 따라서 수면 관련 장애가 있는 사람들은 수면 동안 이상한 행동을 하게 되는데 악몽장애, 수면 경악장애, 수면 보행증 등과 같은 증상을 보인다.[119] 이러한 수면장애는 기분장애 또는 불안장애로 부터 초래되며, 많은 정신질환 중에서 불면증이나 수면과다증이 문제가 되고 있다. 기분장애와 관련되는 수면과다증은 양극성장애, 우울증과 관련이 있으며, 일부공황장애가 있는 사람은 야간 공황발작으로 불면증이 생기기도 한다. 불면증과 연관이 있는 정신장애에는 적응장애, 신체형장애, 인격 장애 등이 있다.

일반적인 의학적 상태로 인한 수면장애에는 퇴행성 신경과적 질병 (파킨슨 병, 헌팅턴 병), 뇌혈관 질환(상위 뇌간의 혈관 손상-불면증), 내분비 질환(감상선 기능 저하증 또는 항진증), 바이러스성 세균성 감염(바이러스성 뇌막염-수면과다증), 만성 기관지염, 류마치스성 관절염, 섬유성 근육 통 등이 있다. 그리고 물질로 유발된 수면장애는 물질을 사용 중이거나 또는 물질 사용의 중단에 따른 장애로서 알콜, 암페타인, 카페인, 코카인, 아편류, 진정제, 수면제, 항불안제 등의 물질이 원인이 되는 것이다.[120]

　불면(수면감소)은 임상적으로 빈도가 높은 증상이다. 보통 성인의 수면시간은 평균 8시간을 전후하여 개인차가 크지만, 편의상 6시간 이하밖에 잘 수 없는 경우를 불면이라고 한다. 불면은 나타나는 방법에 따라 상습성 불면과 기회성 불면(특수한 상황 하에서만 발생)으로 나눈다. 또한, 형태에 따라 입면불면, 숙면장애(얕은 잠, 중도 간성), 조조각성무朝覺醒 등으로 나뉜다. 반면에 과다수면은 나르콜렙시(narcolepsy; 일명 졸음 병)를 비롯하여 입면시 환각, 꿈, 수면 마비, 수면발작 등의 증세가 나타난다. 그 밖에 주기적인 간격으로 잠을 많이 자려고 하는 주기적 수면과다증과 시차병時差病이나 야간근무자의 수면장애 등이 속하는 수면각성스케줄장애가 있고, 수면시 몽유병, 야경증夜驚症, 야뇨증 등의 이상행동을 하는 수면시의 각성 기능 장애 등으로 분류된다.[121]

　사사키 미츠오는 『수면장애를 극복하는 법』에서 야간근무로 인해 신체리듬이 깨짐으로써 나타나는 증상인 '아침에 수면장애로 일어나지 못하거나', '밤에 자지 못하고', '하루 종일 졸리는' 등의 일주기 리듬 수면장애가 전체 수면장애의 13.4%로 나타났다고 하였다.[122]

　교대근무와 관련된 불면증 치료는 시간생물학적 특성에 맞게 근무편성표를 짜야한다. 교대근무편성표를 짤 때 시계반대방향보다는 시계방향(낮 → 저녁 → 밤근무) 순으로 순환되도록 짜야하고, 매주 교대시간을 바꾸는 것보다는 3주 정도는 같은 시간대에 근무하는 것이 좋다. 그래서 1~2주에 걸쳐 하루에 2~3시간씩 취침시간을 앞뒤로 조절하여 원하는 취침시간에 이르게 하는 것이다. 한편, 야간근무 시의 조명은 조도(2,500Lux)를 대낮처럼 밝게 유지되도록 한다. 그리고 광 치료는 2,500~10,000Lux의 백색광에 일전시간 노출시켜 체내 일주기 체계의 위상을 변화시키는 것이 좋다. 너무 늦게 일어나는 사람은 일어나자마자, 너무 일찍 자는 사람은 자기 전에, 주야 교대근무자는 근무에 따라 아침이기를 원하는 시간에 노출시켜 취침시간 및 기상시간을 조절하는 방법을 제시하였다.123 그러나 대한신경정신의학회에 따르면, 이 치료법이 효과적이기는 하지만 근무일정이 자주 바뀌는 교대근무와 같은 경우에는 적용시키기가 어렵다고 하였다.124 한편, 대한수면연구회는 교대근무자가 아침이나 낮에 수면을 취하려 할 때에는 수면 한 두 시간 전에 온수목욕을 하고, 빛을 차단시키면 잠이 드는데 도움이 된다고 하였다. 그리고 야간근무를 마치고 귀가할 때는 가능한 한 색안경을 착용하는 것이 햇빛을 차단하는데 도움이 된다고 하였다.125

교대근무자의 수면양상

교대근무는 일하는 낮 시간과 휴식을 취하는 야간시간의 일주기와는 관계없이 일정한 교대순번에 따라 어느 때는 야간에 일하고 주간에 수면을 취해야 하는 불규칙한 근무주기를 나타내고 있다. 이러한 교대주기의 변화로 인해 글래즈너는 근무자의 서카디언 리듬의 교란으로 생리적 적응의 어려움을 가져온다고 하였으며,126 아케르스테드는 교대근무는 내인성 리듬의 불일치로 인해 수면장애, 피로, 식용부진, 우울 등의 신체적 · 정신적 문제가 야기되기도 하고, 교대근무를 제대로 적응하지 못하는 경우에는 정서적 장애, 소화기계, 내분비계 및 심혈관계 질환 등의 교대근무 증후군이 유발된다는 것이다.[127] 특히, 미어스 등은 교대근무자의 주된 호소는 수면장애라고 하였다.[128] 따라서 교대근무자들이 많이 호소하는 수면양상 가운데 수면박탈, 수면장애, 수면무호흡증, 주간수면과다증, 주간 졸음증 등에 대하여 자세히 살펴보기로 한다.

1) 교대근무자의 수면박탈

인간의 경우에 적정량의 수면시간을 취하지 못하는 수면박탈은 주야 교대근무자들이 흔히 경험하는 문제이다. 이들은 야간에 일을 해야 하거나 또는 자주 밤낮이 바뀐 생활을 하게 됨으로써 수면박탈을 경험하게 된다. 포만은 수면박탈증상을 다양한 수면장애에 의해서 수면방해를 받았을 경우 나타나는 개인에 대한 행동, 정신, 신체변화를 의미한다고 하였다.[129] 즉, 수면의 각성주기는 생리적 기능, 휴식, 활동의 계획 및 건강과 질병의 감수성을 조절하는데 중요한 역할을 하는데, 그러하지 못할 경우는 여러 가지 생리적 부작용을 발생시킨다. 따라서 교대근무자의 수면박탈은 우울, 피로, 불안, 노여움, 화 및 긴장을 증가시킨다. 또한, 하트 등에 의하면, 급성적인 수면박탈은 경계(vigilance), 반응시간, 주의력, 기억력 등 기능의 저하를 유발한다는 것이다.[130] 임상적인 관점에서 총 수면의 방해는 중요한 관심대상 영역이었다. 전체적으로 수면을 방해하는 동안의 행동변화는 사람을 무력화시킬 뿐 아니라 종종 극적인 형태로 나타나는데 피로,

교대근무

불안정, 피해 받는 느낌, 지각장애, 기억력장애를 호소하거나 그 증상을 관찰할 수 있다. 이러한 행동변화는 10시간의 총수면 변화 후에 나타나고, 수면 상실이 진행될수록 좀 더 깊어지고, 이른 아침에 좀 더 잘 나타난다. 베이커에 의하면, 이러한 극적인 변화에도 불구하고 일단 수면을 취하도록 허용하면 빠르게 재정립되며 방해기간 이외에는 영구적인 정신병적 효과는 없다는 것이다.[131]

단시간의 수면 부족으로 나타나는 증상과 징후로는 피곤, 혼돈, 불안정성과 집중장애 등 심리사회적 현상이 보인다. 프리드먼의 연구에 따르면, 31시간 이상 수면을 박탈당한 전공의들은 주의력 유지가 필요한 탐지과제에서 실수가 증가되고 피로감, 슬픔, 기운이 없음, 분노감 등의 주관적 경험들이 보다 많이 나타난다고 하였다.[132] 이홍표 등의 또 다른 연구에서는 18명의 건강한 20대 남자를 대상으로 36시간 동안 수면박탈을 시행하여 수면박탈이 뇌의 인지기능에 미치는 영향력을 알아보는 연구결과, 루리아-네브라스카(Luria-Nebraska) 신경심리 검사상 주의지속력 및 촉각, 시각, 일기, 쓰기, 산수 및 지적 과정에는 수면박탈의 영향력이 없었으나 운동, 리듬, 수용성 언어, 표현성 언어, 복잡한 언어적 산술력은 수면박탈 후 저하된 것으로 나타났다. 그리고 운동기능은 속도지연이 많았으며, 복잡한 자의적 운동과 선택적 운동은 실패율이 높은 것으로 나타났다.[133]

장기간의 수면부족 현상에 대한 베이커의 연구에서는 현훈, 불안정성, 지남력 장애, 피해 의식, 주의력 장애, 감각 장애, 일시적 수전증 등의 현상이 나타났다. 그리고 장기 수면박탈 후에는 인지기능 저하는 물론, 심하면 자아 붕괴, 환각, 망상 등이 나타날 수 있으며,

렘수면을 선택적으로 박탈하였을 때도 전체 수면박탈과 비슷하게 과민함, 인지기능 저하, 무력감, 체온 상승, 렘수면의 반동이 나타난다고 하였다.[134]

　이규일은 수면박탈 양이 증가할수록 주관적으로 느끼는 주간 졸음과 피로감의 정도가 심하다고 하였으며, 특히 2시간 동안 수면을 취한 박탈 2일째와 완전수면 박탈 3일째에는 모든 시간대에서 주관적인 주간 졸음과 피로감이 두드러지게 증가하였다. 또한, 수면박탈이 주간 졸음을 유발하고 피로감을 일으키는 정도는 수면박탈 양이 많을수록 시간이 갈수록 심한 것으로 나타났다.[135] 한편, 만성적인 경미한 수면박탈에 대한 장기적인 생리적 영향에 대해서는 연구된 바가 없지만 졸음의 증가로 인하여 많은 부작용들이 나타난다는 사실은 분명하다. 이는 작업장 및 고속도로에서의 사고, 작업능률의 저하 그리고 개인, 사회, 가족 기능장애 등을 통하여 알 수 있다. 최근 양창국의 연구는 수면박탈이 인지 및 운동기능에 매우 심각한 장애를 주고 있음을 보여주었다.[136] 또한, 김완중은 수면박탈의 회복과 관련하여 수면 박탈 다음날에는 피로감, 불쾌감, 졸림을 매우 심하게 느끼게 되고, 제 1~2 회복일에는 약간 느꼈으나 유의한 수준은 아니었으며, 제 3회복일에는 정상수준으로 회복되었다고 보고하였다.[137]

　2) 교대근무자의 수면장애
　수면장애는 교대근무자들이 가장 많이 호소하는 것 중에 하나이다. 충분히 잠을 못자거나 잠이 너무 많은 것, 잠들기 어렵거나 혹은 잠을 쉽게 들지만 계속해서 잘 수 없는 것, 낮 동안에 편안한 느낌이 들지 않는 것 또는 잠자는 동안에 별나거나 귀찮은 일들이 발생하는 것은 거의 모든 사람들에게 평생 동안에 한 번 이상 발생한다.[138] 미국 정신의학회가 발행한 정신장애 진담 및 통계편람 제4판(DSM-Ⅳ)에 의하면, 수면장애는 불면증, 과수면증, 기면증, 호흡관련 수면장애, 일교차성 수면장애 등의 원발성 수면장애, 사건수면과 정신장애와 연관된 수면장애, 신체질환 및 약물중독 등과 연관된 장애 등으로 나누고 있다. 그리고 수면무호흡증은 분류상 호흡관련 수면장애에 속하며, 이것은 수면 중 호흡 중단이 반복적으로 일어나는 경우를 의미한다. 포면에 따르면, 수면은 인간생활의 1/3을 차지하고 있는데, 자연 발생적 현상으로 신체회복과 항상성(homeostasis) 유지에 중요하며 정상적인 에너지 보존에 필수적인 요소라고 하였다.[139] 그리고 클라크 등에 의하면, 수면 중에는 호르몬이 분비되는 낮 동안의 활동을 위한 생화학적인 변화와 세포조직의 영양이 공급되고, 스트레스, 불안, 긴장이 조정되며, 매일의 활동에 있어서 집중, 회상, 그리고 흥미를 위한 에너지의 재충전이 이루어진다고 하였다.[140]

황승식, 홍승범, 황예원 등은 교대군 간호사와 비교대군 약사를 대상으로 수면장애에 대한 연구를 분석한 결과에서, 자리에 누워 40분 이상 걸린다고 호소한 비율, 잠자는 동안 2회 이상 잠에서 깬다고 호소한 비율, 잠을 깨었을 때 다시 잠들기가 힘들다고 호소한 비율, 일주일에 2일 이상 작업 중 피곤하거나 졸린다고 호소한 비율 등에서 모두 교대근무자가 통상근무자에 비해 유의하게 높은 것으로 나타났다.[141] 이것은 이중정·정종학의 자동차공장 교대작업 근로자들을 대상으로 한 연구결과와, 식품제조공정의 근로자 1,000명을 대상으로 한 스미스Smith와 콜리건Colligan의 연구결과와도 일치한다. 이러한 교대근무군의 수면장애 현상은 일주기 리듬들의 조절장애에 의한 것으로 사료된다. 즉, 8시간 교대근무는 여러 일주기 생체리듬들과 함께 수면-각성 일정이 갑자기 동시성을 상실하게 하며, 일주기 생리가 동시성을 잃게 되면 잠들기 어렵게 되고, 잠을 자도 잔 것 같지 않고, 자주 깨고, 수면시간도 짧아지는 증상과 관련이 있다. 생체리듬과 동시성을 유지하지 않는 상태로 활동하게 되면 일주기 생체리듬들의 진폭이 낮아지게 되고, 체온도 하루 중 변동이 적어진다. 이러한 현상들은 만성적으로 정상적인 수면을 지속할 수 없게 한다.[142] 또한 이영희 등은 수면이 방해를 받으면 인체의 항상성에 영향을 주어 여러 가지 신체적, 정신적 변화가 올 수 있고, 통증에 대한 민감성 증가, 신체의 방어능력 저하, 카테콜라빈 분비 증가, 이혼율과 사망률 증가, 피곤, 신경질, 무감동, 혼돈, 집중장애, 불안정서, 감각장애 등을 초래하게 된다고 하였다.[143] 나아가 김신미는 수면장애는 흔히 불면증의 호소와 낮 시간의 피로를 초래함으로써 삶의 질을 저하시키고, 총 침상시간을 증가시킴으로써 낮의 활동위축은 물론 낮에 졸음을 쏟아지게 한다고 하였다.[144]

박영남의 경우 간호사 345명을 대상으로 교대형태별로 수면장애요인들과 피로자각증상과의 관련성 연구를 수행하였는데, 주관적인 수면의 질은 주간근무자는 좋다는 비중이 높은 반면, 교대근무자는 나쁘다는 비율이 유의하게 높은 것으로 나타났다(p=0.000). 입면장애(p=0.000)와 중도각성에서는 주간근무자는 없거나 주간 1회 미만의 비율이 높은 반면, 교대근무자는 주 1~2회와 주 3회 이상의 비율이 유의하게 높은 것으로 나타났으며(p=0.016), 조기각성에서 주간근무자는 주 1회 미만의 비율이 높은 반면, 교대근무자는 주 1~2회의 비율이 유의하게 높은 것으로 나타났다(p=0.014).145

따라서 교대근무자는 통상근무자에 비해 수면장애의 정도 및 세부요인에서 수면의 장애가 더 큰 것으로 나타났다. 결과적으로 불규칙한 교대근무로 인해 수면의 교란현상이 반복적이며 지속적으로 미치기 때문에 장애요인을 최소화할 수 있도록 가정과 사업장에서는 교대근무자들의 수면환경을 개선하는데 앞장서서 보다 숙면을 취할 수 있는 분위기 조성이 무엇보다 중요하다.

근무형태별 장애요소의 분포: N(%)

요　　인		주간 근로자	교대 근로자	합계	p-value
양질의 수면	매우 좋음	47(30.5)	19(9.9)	66(19.1)	0.000
	30분 이내에 잠들지 못함	64(41.6)	69(36.1)	133(38.6)	
	심야 중간에 깨어 남	40(26.0)	79(41.4)	119(34.5)	
	아침 일찍 깨어남	3(1.9)	24(12.6)	27(7.8)	
30분 이내에 잠들지 못함	지난달에 거의 없음	44(28.6)	35(18.3)	79(22.9)	0.000
	일주일에 가끔	68(44.2)	41(21.5)	109(31.6)	
	일주일에 한두 번 정도	30(19.5)	71(37.2)	101(29.3)	
	일주일에 세 번 이상	12(7.8)	44(23.0)	56(16.2)	
심야 중간에 깨어남	지난달에 거의 없음	32(20.8)	28(14.7)	60(17.4)	0.016
	일주일에 가끔	60(39.0)	53(27.7)	113(32.8)	
	일주일에 한두 번 정도	35(22.7)	65(34.0)	100(29.0)	
	일주일에 세 번 이상	27(17.5)	45(23.6)	72(20.9)	

요　인		주간 근로자	교대 근로자	합계	p- value
아침 일찍 깨어남	지난달에 거의 없음	43(27.9)	56(29.3)	99(28.7)	0.014
	일주일에 가끔	64(41.6)	56(29.3)	120(34.8)	
	일주일에 한두 번 정도	24(15.6)	55(28.8)	79(22.9)	
	일주일에 세 번 이상	23(14.9)	24912.6)	47(13.6)	
합　계		154(100)	191(100)	345(100)	-

출처: 박영남(2006), "일부 종합병원 간호사들의 교대근무와 수면문제 및 피로자각증상과의 관련성", 충남대학교, 석사학위논문. 재구성.

3) 교대근무자의 수면무호흡증

수면무호흡증(Sleep related breathing disorder)은 수면호흡장애의 한 증세이다. 노환중은 수면호흡장애(Sleep Disordered Breathing)를 잠을 자는 동안 일어나는 호흡의 이상증세라고 말하고, 이를 상기도 저항 증후군, 폐쇄성 수면 무호흡, 중추성 무호흡, 저호흡 증상 등으로 분류하였다.[146] 수면호흡장애의 진단은 야간수면다원검사로 확진하게 되는데, 일반적으로 구강 혹은 비강호흡(airflow) 산소포화도 등을 측정하며,[147] 그 결과는 수면 시간 중의 코골이 시간비율(snoring rate), 수면 무호흡(sleep apnea), 저호흡(hypopnea) 그리고 수면 중의 각성으로 인한 수면 분절 등으로 나타나고 있다. 무호흡은 수면시간 중 10초 이상 호흡이 없는 경우를 말하고, 저호흡(hypopnea)은 공기 흐름이 10~50% 감소된 경우를 말한다. 수면 무호흡증은 환자 스스로 호소하여 나타나는 경우도 있지만, 보통 주위의 사람들에 의해 큰 소리의 코골이와 호흡의 멈춤 상태를 보고 진단하여 나타나거나 수면다원화(PSG)검사로 진단할 수 있다. 수면무호흡 증상 중 19%정도가 타인의 목격으로 인지된다고 보고되었다.[148] 병원의 임상에서는 주로 수면 중 시간당 무호흡과 저호흡 횟수를 합하는 방식의 AHI(Apnea-Hypopnea Index)진단을 주로 사용하는데, 김석주는 그 진단기준을 AHI가 5-15 범위는 경증, AHI가 15-30 범위이면 중증, AHI가 30 이상이면 중증이라고 제시하였다. 그 결과 무호흡-저호흡지수가 5 이상이면 수면 무호흡증이 있는 것으로 진단하고 있다.[149] 황은희가 성인을 대상으로 한 연구에 의하면, AHI가 5 이상을 기준으로 우리나라의 경우 남성의 27%, 여성의 16%가 수면호흡장애가 있는 것으로 나타났다.[150]

조할에 의하면, 수면무호흡 증후군 대상자들에게서 상기도가 좁아진 것이 관찰되며 혀의 크기, 연구개의 길이와 두께, 설골의 위치 등의 해부학적 구조 이상이 위협요소라고 지적하였다.[151] 즉, 코와 구개 및 인후 등의 변성 등으로 인한 상기도 협착 등의 개방성에 문제로 인해 수면 중 호흡이 제대로 이루어지지 않아서 생기는 잦은 각성 및 미세각성의 유발 때문이다. 이와 같은 수면 무호흡증은 매일 밤 계속되면서 몇 십 년 동안 지속되는 경우가 많아서 대부분 만성적인 질환이나 합병증을 유발한다. 따라서 민성길은 무호흡증으로 인하여 정신적인 면에서는 기억력 및 집중력 감퇴, 우울증, 자기도 모르는 행동 등이 나타나며, 신체적으로는 주로 심혈관계에 심각한 영향을 미쳐 고혈압, 부정맥 등이 나타나는데 특히, 수면 중에 심해진다고 하였다. 또한, 코골이와 수면 무호흡증은 매우 밀접한 관계가 있다고 하였다. 코를 골다가 잠시 숨을 멈추었다 몰아쉬는 경우가 많기 때문에 결국 호흡이 원활하지 않다는 뜻으로 해석된다. 그리고 코를 고는 자체는 어떤 질환은 아니지만 코를 골 때 호흡저하증이나 그 후 무호흡증이 계속될 가능성이 높다고 하였다.[152] 그리고 강지호 등은 수면호흡장애 대상자가 수면 중 무호흡 또는 저호흡으로 공기흐름과 산소포화도를 반복적으로 감소시키고 또한 수면으로부터의 각성을 유발시킴으로써 교감 신경계 반응과 카테콜라민 상승을 자극한다는 것을 밝혀내었다.[153]

수면무호흡증은 주로 남성에서 많은 것으로 알려진 가운데 교대근 무자들에 대한 수면호흡장애와 관련된 연구는 거의 이루어지지 않았다. 수면 중 호흡으로 인한 수면장애 중에서 가장 흔하게 나타나는 증세로는 주간의 과다한 졸음증과 피로감, 수면 중 코골이, 무호흡 등이 관찰된다. 깁손에 의하면, 주간의 과다한 졸음증은 일상생활 수행과 업무 수행에 심각한 영향을 주는 원인으로 작용하여 업무실적 저하와 운전 중 사고 등의 위험이 높아질 때 부가적인 비용손실을 가중시킨다는 것이다.[154]

또한, 김 등은 코골이는 말초의 화학 수용체를 자극하여 교감신경계의 활성과 혈관수축을 증가시키는 것으로 알려진 가운데 교감신경계의 항진이나 카테콜라민의 상승이 지속될 경우 고혈압과 심혈관 질환, 뇌졸중, 돌연사 그리고 당뇨병이 발생한다는 연구결과를 보고하였다.[155] 허니 등은 수면 중 코골이에 대한 연구에서 주 4일 이상의 습관성 코골이가 남성 21.9%, 여성 12.5%로 나타났으며,[156] 교대근 무자인 버스 운전기사를 대상으로 한 연구에서 주 3일 이상 코골이라고 자가 보고한 대상자가 37%라는 것이다.[157]

정종현 등은 수면호흡장애를 치료하기 위한 중재 방안으로 행동치료를 비롯하여 약물, 기계적 및 수술 치료법, 체위요법 등을 제시하였다. 우선적으로 체중감량, 술과 진정수면제 사용의 제한, 옆으로 누워 잠자기, 규칙적으로 운동하기 등의 행동치료 방안을 제시하였다.[158] 그러나 이러한 행동치료 방법은 증상이 경미한 대상자에게만 적용할 수 있다는 제한점이 있다.

수면호흡장애의 유형 중에서 폐쇄성 수면 무호흡은 체위성 수면무호흡과 비체위성 수면무호흡으로 구분할 수 있다. 체위성 수면무호흡은 체위에 의해 증상이 호전되는데, 수면 중에 앙와위에서 측위로 체위를 변경하는 경우 AHI가 50% 이상 감소되어서 경증과 중증도의 수면무호흡을 가지는 체위요법에 적합하다. 이러한 체위요법은 코골이와 수면무호흡증의 치료 혹은 보조 요법으로 대상자가 앙와위로 자는 것을 방지하는 방법이다.[159] 디욘작 등의 연구에 의하면, 수면무호흡 대상자의 55.7%가 체위성 수면무호흡 대상자이며, 수면 중 비정상적인 호흡의 빈도와 중증도에 대한 치료적 효과가 입증되었다.[160] 한편, 현재 대부분의 성인에게 수면무호흡증에 대한 일차적인 치료법으로 지속적 양압법(nCPAP; nasal continuous positive pressure)이 있다.[161] 이 치료법은 95%의 환자에서 성공적인 치료를 보였다는 보고가 있으며, 삶의 질과 주간 졸음증을 향상시키는 것으로 입증되었다. 그리고 경미하거나 증상이 없는 경우에는 자는 자세를 바꿔 옆으로 누워서 자거나 체중감량이 도움이 되기도 한다. 상기도 구조의 심각한 문제가 있는 경우에는 수술이나 구강 내 장치를 하는 경우도 있다.

4) 교대근무자의 주간수면 과다증

주간 수면과다증은 가벼운 졸음에서, 잠깐 잠이 드는 삽화나 조절 불능의 수면 발작까지 넓은 범위의 증상이 보인다. 학교나 일터에서 의 수면 과다증의 발현은 가벼운 장애에서부터 비극적인 산업재해나 교통사고까지 그 양상은 매우 다양하다. 또한 양창국에 의하면, 순 수한 주간 수면과다증의 증상들도 꽤 흔히 나타나고 있으며, 우울증 과 여러 불면증의 흔한 원인으로 수면 무호흡증 및 기타 수면 관련 호흡장애에 의한 수면과다증, 기민병, 야간 저산소혈증, 기관지 경 련, 특발성 중추신경계 수면과다증, 정신질환들, 주기성 사지운동장 애, 약물 및 알콜 관련 수면과다증, 기타 신체질환들, 클레인-레빈 증후군), 월경관련 수면과다, 불충분한 수면과 관련된 졸음, 수면- 각성 주기 장애, 잠이 많은 사람 등이 있다는 것이다.[162]

5) 교대근무자의 주간 졸음증

교대근무자는 불규칙한 리듬으로 인한 수면의 부족과 여건상 수면 의 불안전한 환경 등으로 충분한 수면을 취하지 못하여 피로감을 느 끼게 되고, 수면부족이 누적되면 낮에도 심하게 졸리게 되는 과도한 주간졸음증을 경험하게 된다. 실제로 사사키 마츠오는 과도한 주간 졸음증으로 나타나는 사례로 "충분한 수면을 취하지 못하거나 수면 의 질이 떨어진다, 졸음운전을 한다, TV를 보거나 독서를 할 때 저 절로 잠이 쏟아져 눈이 뜨고 있는 것이 괴롭다, 일이나 공부에 집중 하는 것에 어려움을 느끼거나 효율성에 문제가 있다, 기억력이 저 하된다, 반응이 둔해진다, 감정조절이 잘 안 된다, 거의 매일 낮잠을 잔다, 가끔 남들에게 졸린 것 같다는 애기를 듣곤 한다."등의 현상이 나타난다고 하였다.[163] 한편, 노태정의 연구에서 주 수면기 이외의 낮잠 자는 횟수는 저녁근무에서 가장 많았고, 다음으로 아침근무, 야간근무 순으로 나타났다. 그리고 취침시간이 길어지는 근무는 저녁근무, 아침근무, 야간근무 순으로 나타났다. 액티그래프에서 판정한 수면효율은 야간근무의 경우에 가장 높게 나타났다. 근무 중의 졸음시간은 아침근무와 저녁근무에 비해 야간근무 시 길어지는 특징이 나타났다. 이러한 경우는 야간근무 기간의 주 수면시간은 짧았고, 취침시간이 맞지 않아서 잠이 부족해지고, 서카디언 리듬의 기능저하로 인하여 야간근무 때 졸음시간이 많아지는 것으로 추측된다. 또한 연령이 높은 경우 야간근무 때 주 수면기의 수면시간이 크게 길어졌다고 보고되었다.[164] 그리고 박성철은 소화불량증 환자에게서 수면장애의 유병률이 높은 것은 정상적인 요인보다는 위장관 증상이 연관되었을 가능성이 높은 것으로 보았다. 또한 주관적인 수면에 대한 만족도와 주간수면과다와는 서로 연관성은 없었으나, 주간수면과다를 호소한 군에서 수면시간이 짧거나 코골이가 있는 경우가 많았다. 따라서 소화불량증 환자에서 대조군에 비해 주간수면과다를 호소하는 경우가 많았으나, 수면 무호흡 등 소화불량증 이외의 질병으로 인해서 나타나는 가능성이 높다고 보고하였다.[165]

주간 졸음증은 야간 수면의 완전, 부분적 박탈에 의해 증가한다.[166] 그리고 로에루스Roehrs 등에 따르면 정상인에서 수면시간을 증가시켰을 때 주간 졸음증은 감소한다고 하였다.[167] 스위스 국민 668명을 대상으로 한 주간 졸음증 유병률은 13%로 보고되었으며,[168] 일본의 비교대근로자 4,722명을 대상으로 한 주간 졸음증 유병률은 여자가 13.3%, 남자가 7.2%로 보고되었고, 솔다토스Soldatos 등이 10개국을 대상으로 한 조사에 따르면 주간 졸음증 유병률을 11.6%로 보고되었다.[169] 그리고 손경현은 엡워스Epworth 졸음증 척도를 이용한 측정 점수가 10점 이상일 경우를 주간 졸음증 증상자로 정의할 때, 비교대군의 주간 졸음증 유병률은 10.6%였고, 교대군은 19.7%로 교대군이 유의하게 더 높은 유병율을 보였다. 이것은 8시간 교대근무가 일주기 생체리듬은 물론 수면-각성 일정이 갑자기 동시성을 상실하게 되는 등 일주기 생리가 동시성을 잃게 되어 교대군에서 가장 흔하게 호소하는 잠들기가 어렵다, 잠이 들어도 자주 깬다, 숙면을 취할 수가 없다는 것이 비교대군에 비해 취침시간이 길어도 주간 졸음증의 유병률이 높게 나타난 이유로 생각된다.[170]

6) 교대근무자의 낮은 수면의 질

수면의 질이 좋다는 것은 수면을 잘 취하는 것으로 쉽게 잠들고, 수면 도중에 깨는 횟수가 거의 없으며, 소음 등 주변 환경에 대한 내성이 크고, 적절한 수면시간을 유지한다는 것을 의미한다. 모간 등에 따르면, 수면의 질은 전적으로 개인의 주관적인 경험으로 측정되며,[171] 바이서 등은 수면의 질을 구성하는 요소와 상대적인 중요성은 사람마다 다르다고 하였다.[172] 따라서 교대근무는 필수적으로 야간근무를 포함하고 있기 때문에 생체리듬이 외부 환경과 균형을 이루지 못해 신체적·정신적, 그리고 사회적인 어려움이 따른다. 포시는 특히, 한 근무형태에서 다른 근무형태로 주기적으로 변화를 반복하게 되는 교대근무는 일주기 리듬의 교란 가능성은 점점 커지고 적응의 어려움이 더욱 가중된다고 하였다.[173]

노브즈 등의 연구에 따르면, 건강한 노인그룹에서 주관적으로 보고된 수면의 질이 낮을수록 주의전환능력, 작업 기억이 더 저하되는 양상을 나타냈다.[174] 또한, 림 등은 건강한 성인에게 부분적으로 수면 부족이 발생하면 주의력, 조심성, 업무 기억력 등의 저하가 나타나는 것을 확인하였다.[175] 김신미 등은 낮은 수면의 질과 양에 영향을 주는 요인은 신체적, 정신적, 환경적 요인으로 보고있는데, 신체적 요인으로는 호흡기 질환, 심혈관계 질환, 위장관계 질환 통증 등으로, 정신적 요인으로는 불안, 우울, 스트레스 등으로, 환경적 요인으로는 소음, 조명 등으로 구분하였다.[176]

2004년 한국노동안전보건연구소의 도시철도 노동자들의 노동조건과 건강실태 및 작업환경평가 조사보고서에 나타난 교대근무유형별 평균 수면양상에 따르면, 도시철도 근로자들은 자신들이 필요하다고 생각되는 하루의 수면시간을 7.4시간으로 보았으며, 이는 교대형태에 따라 큰 차이는 없었다. 교대근무자들이 주간근무를 하는 경우에는 약 6.7~6.8시간의 수면을 취하고 있는 것으로 나타났으며, 이는 통상근무자들의 평균 수면시간인 6.6시간과 거의 비슷한 수준이었다. 그러나 교대근무자들이 야간근무를 들어가는 경우에는 하루 수면시간이 평균 4.9시간으로 수면의 양이 대폭 감소하는 것으로 나타나 야간근무일의 수면시간 부족이 심각한 것으로 나타났다. 특히, 8조 5교대(승무)의 4.7시간과 6일주기 3조 2교대(기술, 차량)의 4.8시간에서 이러한 부족현상이 두드러졌다.[177]

교대근무유형별 평균 수면양상

항목	21주기 3조2교대	6일주기 3조2교대	8조5교대	통상근무	전체
필요 수면시간	7.5	7.4	7.4	7.3	7.4
통상/주간 근무할 때	6.8	6.7	6.7	6.6	6.7
야간 근무할 때	5.8	4.8	4.7	–	4.9

출처: 한국노동안전보건연구소(2004), 재구성 ※ 평균값(단위: 시간)

김은주가 한 사업장의 교대근무자와 비교대근무(이하 '통상근무'라 한다)의 수면의 질을 비교한 결과에 따르면,[178] 대상자의 수면의 질이 나쁨은 교대근무그룹이 63.9%, 통상근 무그룹이 50.6%로서 교대근무군의 수면의 질이 더 나쁜 것으로 나타났다(p=.033). 대상자의 주관적 수면의 질을 비교한 결과에서 상당히 좋음이 교대근무그룹은 40.0%, 통상근무 그룹은 54.5%, 상당히 나쁨은 교대근무그룹이 37.8%, 통상근무그룹이 20.1%로 나타나 통상근무그룹의 수면의 질이 교대근무그룹 보다 훨씬 좋은 것으로 나타나고, 교대근무그룹의 수면의 질은 통상근무그룹 보다 더 나쁜 것으로 나타나 유의한 차이를 보였다(p=.009). 그러나 교대근무그룹과 통상근무그룹간의 세부적인 수면의 질에 대한 비교에서는 수면잠복기(p=.097), 수면시간(p=.114), 수면효율(p=.074), 수면방해(p= .372), 수면제복용(p=.279), 주간기능장애(p=.465) 등에서는 모두 유의한 차이가 없는 것으로 나타나서 양 그룹 간의 세부적인 항목별 수면의 질은 차이가 없어서 교대근무자들의 주관적인 수면의 질의 저하에 영향을 미치는 요인을 개선할 필요성이 대두되었다.

교대근무 방향이 수면양상에 미치는 영향

민순은 교대근무 방향이 서카디언 리듬에 미치는 영향에 관한 연구에서 수면양상을 비교하였다. 그는 연구에서 수면 잠복기는 잠들기까지 걸리는 시간을 말하고, 주 수면시간은 일상생활에 취하는 가장긴 잠시간을 말한다. 그리고 주 수면 동안 깨는 횟수는 야간의 수면을 취하는 동안 깨어나는 횟수를 의미하며, 야간근무자는 야간근무후 아침이나 주간에 자는 가장 긴 잠시간을 말한다. 또한, 선잠시간은 주요수면 외에 짧게 자는 모든 잠시간을 의미하며, 총 수면시간은주 수면시간과 선잠시간을 더한 시간을 의미하는 등 5개 항목을 대상으로 조사하였다.[179] 따라서 교대근무 방향이 교대근무자의 수면양상에 미치는 영향을 파악한 연구결과는 학술적 자료로 중요한 의미를 지니고 있어서, 이에 민순의 연구결과를 중심으로 수면잠복기,수면동안 깨는 횟수, 수면시간, 선잠시간, 총 수면시간 등 수면양상의 차이를 살펴보기로 한다.

먼저, 교대근무를 하는 동안 교대근무 방향에 따른 수면잠복기에대한 분석에서, 교대근무가 시계방향인 경우에 오전근무가 14분으로오후근무의 10분 및 야간근무의 13분 보다 통계적으로 유의한 차이를 나타냈으며($p < 0.05$), 교대근무방향이 반시계방향의 경우에는 오전근무의 66분과 오후근무의 66분이 야간근무의 17분 보다 통계적으로 유의한 차이를 나타났다($p < 0.05$). 또한, 교대근무 방향이 시계방향인 근무형태와 반시계방향의 경우의 수면 잠복기의 차이를 분석한결과 오후근무에서 반시계방향이 66분으로 시계방향의 10분 보다 소모시간이 훨씬 많아 통계적으로 유의한 차이를 나타냈고($P < 0.05$), 오

전근무와 야간근무에서는 통계적으로 유의한 차이를 나타내지 않았다. 따라서 시계방향의 오전근무가 오후근무, 야간근무 보다 수면잠복기가 높은 이유는 새벽에 일어나야 하는 부담이 수면에 드는 스트레스 요인으로 작용한다고 볼 수 있다. 그리고 교대근무 방향에 따른 분석에서 오전근무와 오후근무의 반시계방향이 시계방향보다 시간을 더 많이 보내는 것은 반시계방향이 수면에 들어가기가 용이하지 않은 것으로 풀이할 수 있다.

둘째, 교대근무를 하는 동안 교대근무 방향에 따른 주 수면시간 동안 깨는 횟수의 차이를 분석한 결과 교대근무 방향의 차이에서는 시계방향과 반시계방향 모두에서 통계적으로 더 유의한 차이를 나타냈다($p < 0.05$). 또한 오전근무와 오후근무 그리고 야간근무를 하는 경우에 시계방향과 반시계방향간의 주 수면시간 동안 깨는 횟수의 차이를 분석한 결과 모든 근무형태에서 통계적으로 유의한 차이를 나타내지 않았다. 수면의 질적 평가라고 할 수 있는 주 수면동안 깨는 횟수는 시계방향과 반시계방향 모두 유의한 차이가 없는 것은 칼린크 WKhaleque의 연구에서 교대근무 중 수면의 양과 질이 야간근무가 가장 나쁜 것으로 나타난 결과와는 상반되는 결과를 나타냈다.

셋째, 교대근무 방향에 따른 주 수면시간(분)의 차이를 분석한 결과 교대근무 방향의 차이에서는 시계방향에서 오전근무가 446분으로 오후근무의 445분과 야간근무의 343분 보다 통계적으로 유의한 차이를 나타냈고($P < 0.05$), 반시계방향에서는 야간근무가 358분으로 오후근무의 353분과 오전근무의 314분 보다 통계적으로 더 유의한 차이를 나타냈다($P < 0.05$). 또한, 오전근무, 오후근무, 야간근무의 경우

시계방향과 반 시계방향간의 주 수면시간(분)의 차이를 분석한 결과 오전근무와 오후근무에서 시계방향(449분, 446분)이 반시계방향(314분, 353분) 보다 통계적으로 유의한 차이를 나타냈으며, 야간근무에서는 통계적으로 유의한 차이를 나타내지 않았다. 따라서 이와 같은 근무 형태별에서는 주 수면시간은 시계방향이 오전근무가 오후근무와 야간근무 보다 높았고, 반시계방향에서는 오후근무가 오전근무와 야간근무 보다 높았다. 또한 교대근무 방향 간에 오전근무와 오후근무에서 시계방향이 반시계방향 보다 충분한 수면을 취하는 것으로 나타난 결과는 건강에 끼치는 영향을 최소화하기 위한 시간생물적 관점에서 연구한 윌킨슨Wilkinson 등의 연구결과와 일치한다.

넷째, 교대근무 방향에 따른 선잠시간의 차이를 분석한 결과 교대근무 방향의 선잠시간의 차이에서는 반시계방향에서만 오후근무가 89분으로 오전근무의 42분과 야간근무의 62분 보다 통계적으로 유의한 차이를 나타내고 있다($P < 0.05$). 또한 오전근무, 오후근무, 야간근무의 경우 시계방향과 반시계방향간의 선잠시간(분)의 차이를 분석한 결과 오전근무, 오후근무, 야간근무 모두에서 통계적으로 유의한 차이를 나타내지 않았다.

다섯째, 교대근무 방향에 따른 총 수면시간(분)의 차이를 분석한 결과 시계방향과 반시계방향 간의 교대근무 방향의 차이에서는 시계방향에서 오후근무에서 523분으로 나타나 오전근무의 451분과 야간근무의 404분 보다 통계적으로 유의한 차이를 나타냈고, 반시계방향에서는 오후근무가 441분으로 나타나 오전근무의 356분과 야간근무의 420분 보다 통계적으로 더 유의한 차이를 나타냈다. 또한 오전근무,

오후근무, 야간근무의 경우 모두 통계적으로 유의한 차이를 나타내지 않았다.

수면장애의 극복방법

엔도 다쿠로는 현대인들은 두 개의 리듬시계의 지배를 받으며 생활하고 있다고 하였다. 하나는 자연의 섭리에 의한 생체시계이며, 다른 하나는 개인의 생활과 밀접한 생활시계이다. 생체시계의 리듬은 25시간으로 생활시계의 24시간에 맞춰 조정하는데 생체시계의 리듬이 1시간 긴 것을 조절하는 메커니즘은 아침햇빛이다. 아침햇빛을 받는 순간에 인간의 생체리듬은 25시간에서 24시간으로 수정된다.[180] 이것을 우리는 동조인자라 한다. 그러나 생체시계는 외부의 햇빛이나 교대근무로 인한 야간근무, 장거리 해외여행에서 오는 시차증후군 등에 의해 두 개의 시계 사이에 커다란 어긋남(격차)이 발생하게 된다. 이러한 경우 어긋남이 회복되는 시간적 여유가 없는 교대근무자들은 수면의 타이밍을 잃고 사회적으로 적절한 시간대에 잠을 이루지 못하거나 또는 일어나지 못하는 장애가 발생한다. 이와 같이 일상생활과 교대근무자의 생체리듬이 맞지 않는 상태를 '일주기 리듬 수면장애'라고 한다.

1) 일주기 리듬의 활용

현대사회의 변화를 반영하듯 일주기 리듬 수면장애가 급증하고 있으며 누구에게나 일어날 수 있다. 일주기 리듬 수면장애는 크게 다섯 가지 패턴으로 나눌 수 있다. 첫째는 외부시간과 생체시계가 급격하게 어긋나 있는 경우이고 둘째는 어긋나 있는 폭은 적어도 장기간 지속될 때이다. 셋째는 교대근무나 시차증후군에 의한 수면장애이며 넷째는 불규칙한 수면습관에 의하여 유발되는 수면위상 지연증후군이고 끝으로, 24시간 수면각성증후군이다.[181] 이러한 수면장애 중에서 가장 전형적이고 장기적인 근무패턴에 의해 영향을 받는 일주기 리듬 수면장애의 원인은 교대근무라고 할 수 있다. 교대근무처럼 생체리듬의 시간과 생활시간이 크게 어긋나 있는 것과 같은 가장 현실적이고 실증적으로 체험할 수 있는 경험으로 장거리 여행에서 오는 시차증후군이 있다. 시차증후군은 일회성이며 단기적이어서 며칠 이내에 수면장애의 해소가 가능하다. 이와 같은 시차증후군과는 다르게 교대근무는 장기적이고 반복적이어서 피로의 누적에 따라서 다양한 수면장애 증상이 누진적으로 발생된다.

사사키 마츠오는 5시간 이상 시차로 인한 시차증후군의 증상으로 현지에서의 야간의 불면, 주간의 졸음, 정신적인 작업능력 저하, 신체적인 피로감, 식욕저하, 멍한 상태, 머리가 무거움, 위장장애, 눈의 피로 등을 들었다. 그리고 항공승무원을 대상으로 시차증상을 조사한 결과 수면장애와 주간 졸음 등의 수면각성장애가 84%로 나타나 높은 비율을 차지하는 것으로 드러났다.

에도 다쿠로는 교대근무자가 야간근무로 발생하는 장시간의 수면 시차에서 오는 수면장애를 해소하는 두 가지 방법을 제시하였다.[182] 먼저, 햇볕을 유용하게 이용하는 것이다. 교대근무자가 야간근무를 마친 뒤 오전에 수면을 취하고 정오에 일어나 오후에는 밖에 나가 태양의 빛을 충분히 쬐어주는 것이다. 예를 들어, 밤새 지치고 나른한

몸으로 아침 9시에 퇴근하면 오전 중에 가급적 외부활동은 자제하고 빛을 차단한 채 3시간 정도 숙면을 취한다. 이와 같은 오전 중의 숙면으로도 기본적으로 그 전날 부족했던 잠을 3시간 숙면으로 끝내기에 충분하다는 것이다. 또한, 사사키 마츠오도 오후에는 무리해서라도 반드시 밖으로 나가 산책, 쇼핑, 스포츠(도보, 수영, 테니스, 골프 등)를 즐기면서 자연광인 햇빛을 충분히 쬐어주라고 한다. 그렇게 하면 하루의 생체리듬이 전진하게 되어 이후의 적응이 수월해진다는 것이다. 그리고 연속해서 당일 야간근무에 임하는 경우라면 당일 오후 6시부터 8시까지 2시간 정도 잠을 자두어 미리 야간근무에 대비하는 것이 좋다고 하였다.[183] 즉, 오후에 자는 잠은 곧 그날 야간에 자야 할 잠을 앞당겨 잔 것이기 때문이다.

다음은 야간근무 주기가 끝나고 주간근무 주기가 시작되면 휴무 및 휴가 등의 여유로운 시간과 평상시에도 늦잠을 자지 말고 가급적 자연적인 하루의 일주기와 부합되는 생체리듬에 맞춰 일주기 리듬을 극복하는 것이다.

2) 인위적인 양방과 한방 처방

교대근무자의 수면장애를 극복하는 인위적인 방법으로는 수면유도제, 멜라토닌의 이용과 한방처방 등이 있다. 먼저, 수면유도제는 의사의 처방이 필요하여 한 번에 한 달분까지만 처방할 수 있다. 이상적인 수면유도제는 약물 복용 후 15~20분 이내에 흡수되어 수면 유도가 신속하게 발생되어야하고, 5~7시간 정도의 효력을 유지시킬 수 있는 반감기가 있어야 한다. 또한, 활성 대사물이 없어 잔여 효과가 없어야 하고, 선택적 수용체와 결합하여 서파수면과 렘수면의 감소를 유발하지 않는 생리학적 수면구조를 유지하거나 회복시켜야 한다. 그리고 내성, 의존성 및 반동성 불면증의 유발과 기억력 감소를 유발시키지 않아야 하고, 호흡 억제 부작용과 에탄올과 상호작용이 없어야 한다.184

둘째, 한방에서의 수면 기전은 몸의 근육과 피부를 보호하는 양기陽氣인 위기衛氣와 혈맥 속에서 온 몸을 영양하고 오장육부로 들어가는 음기陰氣인 영기營氣에 대한 개념에서 시작된다. 위기의 순환은 낮에는 양분인 수족삼양경手足三陽經을 위주로 운행되며, 밤이 되면 족소음신경足少陰腎經으로 들어가 오장으로 들어가고 오행의 상극순인 신腎→심心→폐肺→간肝→비脾→신으로 반복 순환한다. 이러한 위기의 내외 출입이 자유로워야 양질의 수면을 취할 수 있다는 것이다. 즉, 수면은 음양의 개념에서 음에 속하며, 신체가 정상적인 상태에서는 활동 상태인 양이 강할수록 음의 수면이 많거나 깊어져 자연스럽게 음양의 균형을 통해 건강을 유지할 수 있다는 것이다. 따라서 불면에 대한 치료는 부족한 기는 보하고, 남는 기는 사하여 허실을 조절하여 기를 잘 통하게 하는 것이다.

한방에서 대표적인 치료방법에는 약물과 침구치료가 있다. 약물에 의한 불면 치료에는 비위, 심, 간을 귀경으로 하는 약물이 사용되는데, 비위는 수면의 주축이 되는 위기의 생성과 관련이 있고, 심간은 마음의 안정을 찾고 혈血을 저장함으로써 수면과 관련이 깊다. 다음은 침구에 의한 치료로 불면치료에 사용된 혈은 총 99개 경락 중에서, 위기를 조절하기 위해 가장 양적인 족태양방광경과 위기를 만들어 내는 비위를 조절하는 혈들이 많이 이용되고 있다.

한편, 동의보감에는 감정을 조절하고 정신을 안정시키는 여러 사례들이 나와 있다. 활인심에는 '잠을 잘 때에는 반드시 옆으로 누워서 무릎을 구부리는 것이 좋다.'라고 하였으며, '잠을 잘 때는 등불을 켜 놓으면 정신이 불안해진다.'라고 하였다. 득효방에서는 이러한 자세와 함께 '저녁에 잠을 잘 때는 늘 입을 다물고 자야 한다. 입을 벌리고 자면 기운이 빠지고, 사기가 입으로 들어가서 발병 한다.'라고 언급했다. 동원십서에는 '밤에 잘 때 편안치 않은 것은 이불이 두터워서 열이 몰렸기 때문이므로 이때는 빨리 이불을 걷고 땀을 닦은 다음 얇은 것을 덮어야 한다. 추울 때는 더 덮어야 편안하게 잠들 수 있으며, 배가 고파서 잠이 오지 않으면 조금 더 먹고, 배가 불러서 잠이 오지 않을 때는 반드시 차를 마시거나 조금 돌아다니거나 앉았다가 눕는 것이 좋다.'라고 되어 있다.[185]

셋째, 사사키 마츠오에 의하면, 멜라토닌은 최면작용과 신체리듬의 조정 작용을 하고 있어 빛의 작용과는 반대로 복용하는 타이밍에 따라 생체시계를 앞당기거나 늦추는 작용을 한다. 그러나 무엇보다 중요한 것은 수면제나 멜라토닌 등의 인위적인 약제에 의존하기 보다는 자신이 근무하는 교대근무 유형에 자신의 생체리듬을 잘 맞추어 가능한 자연적으로 생체리듬을 극복하는 내성을 키우는 것이 매우 중요하다고 하였다. 그는 또한, 멜라토닌의 경우 자신에게 맞는 최소량을 복용하여야 하고 절대 아침에는 복용하지 않도록 주의해야 한다고 했다.[186] 이것은 사람에 따라서는 주간졸음으로 이어지는 경우도 있고, 야간에 복용하였을 경우에는 다음날 운전에 충분한 주의를 기울여야 하기 때문이다. 따라서 멜라토닌 제제를 함부로 먹으면 이른 시각부터 잠이 쏟아지게 하는 부작용으로 오히려 수면장애를 악화시킬 수 있는 것이다. 멜라토닌 제제는 잠드는 시각을 늦추게 하는 치료약이 아니라 먹으면 잠이 오도록 돕는데 그에 따른 부작용 등에 대한 안정성이 확립돼 있지 않으므로 장기간 임의로 복용하는 것은 삼가는 것이 좋다.

3) 숙면 환경의 조성

교대근무자는 근무시간이 불규칙하여 일주기 리듬과 자신의 생활리듬을 일치시키는 것이 매우 힘들다. 특히, 야간에 근무해야 하는 관계로 교대근무자의 생활리듬은 더욱 심하게 교란이 발생되어 혼란스러워진다. 일주기 리듬은 고정불변인데 생활리듬이 불규칙하여 자신의 교대근무 주기에 부합하는 생활리듬을 형성하여 그들만의 맞춤형 생활양식으로 교정하는 것이 무엇보다 필요하다. 교대근무자는 남들이 출근할 때 퇴근하고, 남들이 놀 때 일하고, 남들이 자야할 시간에 밤샘근무를 하는 등 일상생활과 확연하게 다른 독특한 생활패턴에 의한 생활이기 때문이다. 그래서 가정과 직장 및 사회는 그들만의 생활패턴인 교대주기와 일치하는 숙면환경이 조성되도록 도와주어야 한다. 따라서 교대근무자의 가정의 침실환경 과 운동 및 식사 등에 대하여 살펴보기로 한다.

교대근무자는 야간근무를 마친 뒤 보통 아침 7시에서 9시 사이에 퇴근하게 된다. 이 시간은 밤샘으로 인해 피로가 누적되고 공복감이 겹치는 매우 힘든 시간이다. 이때 교대근무자는 올바른 습관을 갖도록 세심한 노력이 필요하다. 퇴근할 때 직장의 후생관(식당)에서 아침식사를 가볍게 하고 퇴근한다. 왜냐하면 아침식사 시간을 가급적 맞추려는 의미도 있지만, 퇴근 후에는 아침 겸 점심시간이 되고, 식후의 고단함과 노곤함으로 바로 눕게 되어 역류성 식도염을 유발시키거나 악화시키기 때문이다.[187] 또한 무기력은 교대근무자들에게 여러 가지 질환에 노출되기 쉽다. 귀가 후 아침식사를 하는 경우에는 평상시보다 70~80% 정도로 가볍게 하면 위장의 부담을 덜어 주게 되어 위장질환의 유발도 줄일 수 있다.

직장에서 퇴근할 때 1시간 정도는 가급적 걷는 습관을 갖도록 한다. 그러면 식사 후의 후유증 즉, 소화기 계통의 위장장애와 비만, 심혈관계 질환 등을 예방할 수 있고, 체력을 튼튼하게 단련할 수 있으며, 퇴근 후에는 가벼운 샤워와 함께 곧장 숙면을 취할 수 있는 여유가 생기기 때문이다. 그리고 대중교통을 이용하는 경우라면 힘들더라도 좌석에 앉지 말고 서서 가도록 한다. 이는 좌석에 앉았다가 졸면 목적지를 벗어나는 경우를 예방하고, 되돌아오는 번거로움과 시간 낭비를 막을 수 있기 때문이다. 그리고 오후에는 반드시 햇볕을 쬐고 자신의 체력에 맞는 걷기, 수영, 산책, 요가 등을 선택하여 지속적으로 실시하는 건강한 습관을 갖도록 한다.

미국의 산업안전보건연구소(NIOSH)에서 교대근무자들에 대한 환경을 다양한 측면에서 제시한 있다. 교대근무자의 침실은 밤낮을 가리지 말고 외부의 햇빛을 완전하게 차단하는 차광遮光 조치를 취한다. 희미한 빛도 시신경을 자극해 수면호르몬인 멜라토닌 분비를 저해하므로 완전하게 햇빛이나 불빛을 차단하여 쉽게 잠들 수 있도록 실내 분위기를 어둡게 꾸민다. 그리고 오전에 취하는 짧은 수면일지라도 오전 12시 이전에는 반드시 일어나는 습관을 갖도록 한다. 이때 빛이 차단되어 잠에서 깨어나기 어렵기 때문에 가족 등의 도움을 받거나 시계 알람을 이용하도록 한다. 침상은 침대든 온돌이든 본인의 취향에 맞는 것이 좋으며, 침실은 가급적 본인이 선호하여 숙면을 취할 수 있는 색상으로 포근한 분위기이면 최상이다. 그리고 침실의 소음은 수면을 방해하기 쉬우므로 특히, 도로변의 자동차소음과 가정에서의 TV나 아이들 그리고 큰 목소리로 떠드는 소리 등에 조심하여 조용한 환경이 조성되어야 한다. 또한, 침실의 온도는 당일의 몸의 컨디션에 따라 조절이 가능하여 24~26℃ 정도가 적당하다.[188]

교대근무자는 수면시간이 늘 부족하고 피로가 누적되어 있어서, 수면을 취하더라도 짧고 깊은 숙면을 취해야 피로가 풀리기 때문에 음식이나 음료수를 들 때도 주로 수면에 도움이 되는 것을 선택한다. 즉, 카페인 등 수면에 방해가 되는 물질이 많은 음식을 먹었을 때에는 의도한대로 원하는 수면을 충분히 취할 수 없게 된다. 카페인의 경우는 그 영향이 8~14시간 동안 장시간 지속된다. 따라서 수면에 도움이 되는 트립토판이라는 물질이 함유된 두부, 계란, 우유, 바나나 등을 먹는 게 좋고, 커피, 콜라, 초콜릿, 홍차, 녹차 등 카페인이 많은 음식과 음료 등은 잠자리를 준비하기 이전부터 들지 않는 것이 좋다. 또한, 잠을 자기 위해서는 몸이 최대한 이완되어야 하는데, 속이 비면 위장이 긴장상태가 되므로 배고픈 상태에서 잠을 자는 것은 오히려 수면에 방해가 되므로 따뜻한 우유 한 잔과 같은 가벼운 군것질은 도움을 줄 수 있다.

3

피로가 누적되는
교대근무

　글래너에 의하면, 교대근무에서 교대주기의 변화는 교대근무자의 서카디언 리듬의 교란으로 생리적 적응의 어려움을 가져온다.[189] 생체리듬과 동시성을 유지하지 않는 상태로 활동하게 되면 일주기 생체리듬들의 진폭이 낮아지게 되고, 체온도 하루 중 변동이 적어진다. 양창국은 이러한 현상들에 대해 만성적으로 정상적인 수면을 지속할 수 없게 되어, 이런 사람들은 수면장애와 관련해서 만성적인 피로감을 호소하고, 나른해 하고 일터에서 졸게 된다고 하였다. 그래서 이들은 잦은 사고와 집중과 관련된 실수를 많이 경험하게 된다는 것이다.[190] 또한, 보쉬 등이 교대근무를 시행하는 보건전문직을 대상으로 주관적인 건강과 사회적 안녕에 미치는 영향을 조사한 결과에서 가장 흔하게 언급된 호소가 피로인 것으로 나타났다.[191] 그리고 아케스테드는 교대근무가 내적 리듬의 불일치로 인해 신체적 · 정신적 문제인 피로, 수면장애, 식용부진, 우울증 등을 야기한다고 하였다.[192] 따라서 이 단원에서는 피로에 대한 정의와 발생기제 및 결정 요인과 단계별 증상을 알아보고, 피로에 대한 조사 및 누적된 피로에 대한 교대근무자와 일반근무자의 비교를 살펴보기로 한다.

교대근무자의 피로

1) 피로의 정의

피로의 어원은 라틴어의 파티가레(Fatigare: to waste away)에서 유래된 것으로 정신이나 육체의 지나친 활동으로 지친 상태를 말한다. 그리고 피로는 누구에게나 존재하고 또한, 주관적이며 비 특이적 특성을 지니고 있어 한마디로 정의하기가 쉽지 않다. 일반적으로 피로의 정의를 피로의 원인(예, 근육기능 장애)에 초점을 두어 정의하기도 하지만, 캐들러 등은 행동적 관점 즉, 수행 능력의 저하에 초점을 두어 정의하기도 하였다.[193]

국어대사전에 의하면,[194] 피로는 정신이나 몸의 지나친 활동으로 지침, 모든 일에 능률의 감퇴를 가져오는 것이라고 정의하고 있다. 그리고 피로는 힘든 일을 하여 업무수행능력이 떨어진 상태라고 말할 수 있다. 이에 대해 김중임은 과다한 활동으로 인하여 자극에 반응하는 힘과 능력이 상실된 것, 신체 및 정신적 힘의 발휘로 인해 지친상태, 스트레스 특히 지속적인 스트레스에 대한 대응 기제의 약화 상태 등 다양한 정의로 인해 명료하게 한 마디로 정의하기가 힘들다고 강조하였다.[195]

일상생활에서 피로는 흔히 경험하는 형상이며, 자주 호소하는 증상으로 개인의 독특한 상황에 의해 지각되는 정도도 역시 다양하다. 대부분의 근무자들의 경우에 피로는 일시적인 것이어서 적절한 휴식을 취하면 호전되거나 회복된다. 그렇지만, 교대근무자의 피로는 정도가 심하거나 만성으로 누적되어 휴식을 통해서 호전시킬 수 없으며, 일상생활에 장애를 초래하게 되거나 만성 피로증후군으로 진행되는 경우가 대부분이다. 따라서 교대근무자의 피로는 개인의 건강증진 및 관리에서 매우 중요하게 다루어야 할 문제이며 삶의 질에 직결되는 문제인 것이다.

2) 피로의 발생 매커니즘
과학적으로 피로의 발생 메커니즘은 아직까지 명확하게 규명되지는 않았지만 오늘날 학문적으로 밝혀지고 있는 피로발생의 메커니즘은 다음과 같이 논의되고 있다.

◇ 물질신진대사에 의한 노폐물인 피로물질의 축적이다.
◇ 산소와 영양소 등 에너지원의 소모이다.
◇ 체내의 물리화학적 변화이다.
◇ 여러 가지 신체조절 기능의 저하이다.

먼저, 피로발생에 대한 물질대사 산물의 축적설은 피로물질이라고 알려져 있는 케토톡신Ketotoxin, 하이포톡신Hypotoxin, 유산 등이 체내에 축적되어 피로가 발생한다는 학설이다. 이러한 육체적인 피로에 대한 학설은 그 누구도 부정하지 않는 정설로 인식하고 있다.

둘째, 영양소의 소모설은 작업 진행에 따라 글리코겐이 체내에서 소모되어 그 저장물이 고갈 상태에 이르게 될 때 피로해지기 시작한다는 학설이다. 이 같은 소모현상은 생활 활동의 전반적인 범위를 규정하는 것이므로 피로 발생의 메커니즘이 너무 광범위하다.[196] 따라서 인간의 활동으로 인해 영양소가 분해되면, 에너지원을 원활하게 공급받는 동안은 이러한 생리적인 피로현상이 발생할 수 있으나, 분해과정이 지나치면 피로 현상은 병적인 과로 상태에 빠지게 되는 것이다.

셋째, 체내의 물리화학적인 변화를 객관적으로 평가하기 위해 근육생리학에서는 근육과 신경의 협조 약화, 체내의 물리화학적 변화, 그리고 이로 인한 작업능력 저하 현상 등으로 피로현상을 설명하고 있다.

넷째, 피로는 신경계의 평형실조로서, 신경 또는 호르몬 조절작용이 평형을 잃게 되면 항상성을 유지하던 기관에 장애가 일어나게 된다.[197] 따라서 피로의 개념은 생물학적 관점에서의 생체의 방어기제, 생체기능의 감소, 신경호르몬 조절에 의한 평형실조라고 할 수 있다.

한편, 한금선은 산업피로에 대해 과로하거나 지속적인 산업 활동 결과, 작업능률이 저하되고 불쾌감이 증가하는 상태라고 하였다. 산업피로는 일시적인 휴식과 수면으로는 회복되지 않고, 작업을 계속하게 되면 정신기능 및 작업수행 능력저하를 가져온다는 것이다.[198]

3) 교대근무자 피로의 결정요인

교대근무자의 피로에 양향을 미치는 결정요인으로는 작업요인과 신체요인 및 심리요인 등으로 나누고 있다. 먼저, 작업관련 요인으로는 근로시간 및 작업시간의 연장, 휴식시간과 휴일의 부족, 주야 근무의 연속이나 수일간 계속, 작업강도의 과대 및 근무시간 중의 에너지 대사율의 과대, 작업조건(자세, 속도, 운반방법 등)의 불량, 작업환경(저 조도, 강한 소음, 환기 불량, 지나친 고온 및 저온)등의 요인이 있다. 다음으로 신체적 요인으로는 약한 체력(약년 자와 고령자), 체력저하(수면 부족, 과음, 문란한 생활, 생리현상, 임신), 신체적 결함(시력, 청력, 신체결함), 불 건강(고혈압, 심장병, 결핵, 설사, 장염) 등의 요인이 있다. 끝으로 심리적 요인으로는 작업의욕 저하, 흥미 상실, 고용 불안, 구속감, 인간관계의 마찰, 신체에 대한 불안, 위화감, 과중한 책임감, 각종 불만(임금, 대우, 승진, 사회, 정치), 피로의 계속, 가정불화, 걱정, 불건전한 이성 관계, 성격 부적응 등의 요인이 있다.[199]

4) 피로의 단계와 증상

피로의 단계를 백과사전연구회에서는 1기에서 4기로 나누고 단계가 높아질수록 심해진다고 기술하였다. 제1기에는 작업능력의 저하 등의 경향이 나타나기 시작한다. 이때 일시적이지만 거꾸로 작업능력을 향상시키는 사례도 있다. 이것을 피로 노력이라고 하며 무의식적인 경우도 있다. 제 2기에서는 작업 능력의 저하가 분명해지고 자신의 의지로는 막을 수 없는 피로감이 몰려온다. 이때까지는 아직 단기간의 휴식으로 회복 가능하다. 한 단계 더 높은 제 3기가 되면 회

교대근무

복에 며칠에서 몇 주일 동안의 휴식 및 휴양이 필요하게 된다. 충분한 휴식과 휴양을 취하지 않고 교대근무자들이 계속 작업을 속행한 경우에 나타날 수 있고, 작업능력이 현저하게 떨어진다. 작업능률이 현저히 낮은 가운데 작업을 계속하여 제 4기에 들어서면 심신 기능의 변조를 볼 수 있으며, 분명히 건강을 해치고 피로도가 만성화되면서 회복이 힘들어진다.

피로의 증상을 단계적으로 살펴보면, 제 1기에는 피로감, 권태감, 무력감, 소모감 등의 주관적 증세가 나타나고 얼굴빛, 자세, 태도 등에도 변화가 일어나서 집단적으로는 술렁거림이 눈에 띄는 등 객관적인 증세도 볼 수 있다. 신체적으로는 감각, 반사, 자율신경 장기 등의 기능의 변조가 일어난다. 제 2기는 구토, 현기증, 두통 외에 혈압의 변동이나 요량의 감소 등을 볼 수 있다. 제 3기까지 진행하면 정신적 피로감으로 변하여 강한 탄력감, 기면, 불면에 빠진다. 심장 박동도 흐트러지고 식용부진, 오한발열, 위장장애, 불안 등이 야기된다. 제 4기에는 이들 증세가 각각 고정화되어 질병으로 발전하게 된다.[200]

5) 피로의 조사방법

일반적으로 피로의 조사 목적은 노동능력의 유효한 이용, 건강한 노동생활의 확보, 안전 확보, 노동생활 전체의 질 향상 등을 들 수 있다. 피로조사에는 간단한 관찰과 면접으로 필요한 대책을 세우는 것에서부터 증상 경과를 추구하여 조사하는 방법에 이르기까지 목적과 생활에 따라 다양한 방법이 이용된다. 실질적으로 유용한 피로조사법으로는 작업 실태 관찰과 휴양 생황조건 조사, 그리고 자각피로 조사 및 기능검사, 통계자료분석 등이 있다.

피로를 측정하는 다양한 방법 중에서 현재까지 많이 사용하는 방법은 자각적인 피로조사 방법이다. 이 방법은 피로를 측정하는데 있어서 교대근무자의 생체의 제 기능의 변화, 체내물질 대사변화, 주관적 피로호소와 작업능률 및 태도 등을 종합평가하는 것이 보다 타당성이 있지만 주관적인 자각적 증상 조사만으로도 의의가 있다

피로조사 방법의 종류

분류	조사 내용
작업실태관찰	작업곡선, 작업시간 조사
휴양생활조건	수면시간 조사, 생활시간 구조조사, 영양조사, 운동생활조사, 설문조사
자각피로조사	피로호소 설문조사, 시점별 자각피로조사, 면접, 피로부위조사 등
기능검사	생리기능연속관찰, 지각동작검사, 작업행위검사, 자율기능검사 등
통계자료분석	작업량, 불량품 통계, 문진결과, 결근, 질병통계, 재해통계 등

출처: 설미화(2007), "교대 근무간호사의 피로도, 수면양상, 수면장애, 수면박탈증상에 관한 연구", 경상대학교, 석사학위논문. 재구성

이에 김신정과 성명숙에 의하면, 피로는 개인이 체험하는 주관적이고 복합적인 요인이 관련되어 나타나는 현상이므로 자기-보고 법에 의한 측정에 의존할 수밖에 없는 것이다. 피로의 지표로써 심신의 여러 가지 기능의 변화가 조사되어지고 있지만 이것들의 타당성을 검증할 때 판정기준으로 사용되는 것은 작업량과 피로의 자각증상이라는 것이다. 작업량은 작업내용이 다른 경우와 비교하기 곤란하므

로 피로에 대한 개인의 주관적 경험을 가지고 피로상태를 평가하는 자각증상이 피로의 판정지표로 타당하다는 것이다.[201] 이러한 자각 증상에 대한 측정방법은 주로 일본 산업위생학회 산업치료연구회의 '피로자각증상항목'에 대한 응답률을 분석하여 판단한다. 자각증상의 판단기준은 신체적 증상은 1군, 정신적 증상은 2군, 신경 감각적 증상은 3군으로 정하고 호소율의 순서가 1〉3〉2군인 경우는 일반형 피로, 1〉2〉3군인 경우는 정신적 작업형 피로 또는 야근형 피로, 3〉1〉2 군인 경우는 육체적 작업형 피로로 구분하고 있다.[202]

교대근무자의 피로누적

일반적인 수면의 부족은 당일로 끝나는 것이 아니라 휴식을 취하여도 그 여파가 2~3일 계속되는 것이 보통이다. 하지만 일정기간동안 계속해서 야간작업을 해야 하는 야간근무자에게는 피로가 계속적으로 누적되게 된다.[203] 간호사들은 야간에 피로가 가중될수록 수면의 욕구가 강해진다고 하였다. 또한, 근무시간에 바쁘게 움직여야하는 병동의 일정과 예측불허의 상황에 대한 긴장감은 늘 마음을 압박한다는 것이다. 야간근무가 끝나갈 때쯤이면 이러한 긴장이 풀리면서 피로를 느끼게 되고 눕거나 자고 싶은 욕구를 강하게 경험한다는 것이다. 따라서 피로를 어떻게 다루어야 하는 가는 매우 중요한 과제이며, 생산성의 저하와 재해는 물론 각종 질병의 요인이 된다는 것이다.[204]

모리슨이 일반인을 대상으로 한 미국 콜로라주의 한 연구에 의하면, 7,600명의 지역주민 중 약 3%인 220명이 기질적 이상과는 무관한 피로로 치료를 받았으며,[205] 쉐퍼Shefer 등이 1997년에 미국 2개 주 3,300명의 직장인을 대상으로 한 연구에 의하면, 약 18.7%가 최소한 한 달 이상의 지속적인 피로를 호소하였고, 6개월 이상 지속된 경우는 11.5%였으며, 만성 피로증후군에 상응하는 증상을 호소한 사람은 약 2.3%였다.[206]

이은옥 · 한영자 · 최명애 등이 간호사를 대상으로 한 연구에 따르면, 밤 근무자가 가장 피로도가 높게 나온 것으로 보고되었으며,[207] 손경현의 경우도 피로도 측정도구인 MFS점수(평균±표준편차)는 비교대군이 62.7±1.7점, 교대군은 70.5±2.4점으로 교대군이 높게 조사되었는데, 이것은 교대군의 일주기 생체리듬과 수면-각성 일정이 동시성 파괴로 피로도가 쌓이는 것으로 사료된다.[208]

보쉬Bosch와 랭게Lange에 의하면 교대근무를 시행하는 보건전문직을 대상으로 주관적인 건강과 사회적 안녕에 미치는 영향을 조사한 결과 가장 흔하게 언급된 호소가 피로였으며, 밤근무 후의 피곤보다는 낮 근무후의 피로가 적다고 하였다.[209] 김중임의 경우도 야간근무시 가장 많이 호소한 피로증상은 신체적 증상이 많았다고 보고하였고, 근무후가 근무전보다 호소율이 높은 것으로 나타났고, 저녁형의 피로도가 아침형의 피로도에 비해 더 낮은 경향을 보여 서카디언 리듬이 피로도에 영향을 줄 수 있음을 시사하였다.[210] 양지선에 의하면 밤번근무를 하는 중환자실 간호사들은 밤번 근무 시작일로부터 점차 피로가 축적되는 것을 알 수 있었다.[211] 따라서 밤번근무로 인한 피로의 원인은 서카디언 리듬 유형보다 밤번근무 환경이나 조건이라는 점이 제시되었다. 또한, 이성자는 밤번고정근무간호사와 3교대근무간호사의 신체적 증상에 의한 피로도가 3교대 근무군이 유의하게 높았고, 피로의 자각증상은 신체적인 증상으로부터 시작되는 경향이 있으므로 3교대근무군보다 신체적 피로도가 오히려 낮으며, 직무만족과 업무수행 수준이 큰 차이를 보이지 않으므로 밤번고정근무자의 근무의욕을 높이는 여건을 조성하여 밤번고정근무를 지속적으로 유지, 활성화시키는 노력이 필요하다고 하였다.[212] 김신정과 성명숙에 의하면, 간호사의 피로정도는 연령, 결혼상태, 자녀유무, 임상경력, 현재직위, 근무부서, 근무시간, 월 급여액, 보수나 대우에서의 만족, 의사와의 대인관계 등에 따라 유의한 차이가 있어 피로감은 일과를 수행하는데 큰 영향을 미칠 뿐 아니라 동작, 판단, 대인관계 및 사회생활에 불안정을 초래한다는 것이다.[213]

피로양상의 비교

우리나라의 경우 교대근무자의 피로도와 관련한 연구는 초기단계에 있다. 그나마 연구결과는 병원에서 교대근무에 종사하는 간호사를 대상으로 한 연구가 대부분을 차지하고 있다. 따라서 교대근무자의 피로양상에 대한 비교를 3교대근무 간호사와 2교대근무 간호사의 피로도 비교, 교대근무 간호사와 비교대근무 간호사의 피로 비교분석, 수술실 간호사의 직무수행과 피로에 관한 연구, 교대근무간호사의 피로경험에 대한 연구를 중심으로 검토해 보기로 한다.

1) 교대근무 간호사의 피로도 비교

변영순은 국내 최초로 한 종합병원의 신생아 중환자실에서 근무하는 2교대와 3교대 간호사들을 대상으로 2교대와 3교대근무 간호사 간의 피로도를 비교 분석하였다.[214] 두 집단 간의 피로도는 통계적으로 유의하지 않았다. 그러나 비교분석 결과에서는 두 집단 모두 신체적 피로도가 정신적 피로도와 감각신경 피로도에 비해 가장 높게 나타났는데, 이는 동일한 도구를 사용하여 3교대근무 간호사를 대상으로 조사한 Lee와 Kim과 Sung의 연구에서의 결과와 일치되는 부분이다. 따라서 교대근무 형태에 의한 피로도의 차이는 없지만 고정근무 간호사들에 비하여 교대근무를 할 경우 신체적인 피로도를 가장 많이 느끼는 것으로 나타나서 교대근무를 하는 간호사들에 대해서는 신체적 피로도를 감소시킬 수 있는 간호중재의 필요성을 제기한 것이다.

한편, 설미화는 한 대학병원에 근무하는 간호사를 대상으로 교대근무 간호사와 정상근무 간호사의 피로도를 비교분석하였다.[215] 교대근무 간호사와 비교대근무 간호사의 전체적인 피로도의 비교에서 교대근무간호사(M=3.54)가 비교대근무 간호사(M=3.26)보다 피로도 점수가 높은 것으로 나타났다(t=4.467, p<.01). 따라서 교대근무 간호사는 비교대근무 간호사에 비해서 피로도 수준이 더 높게 나타났다. 그리고 피로도의 하위항목인 일반적 피로도와 상황적 피로도 모두에서 교대근무 간호사가 비교대근무 간호사에 비하여 피로도 점수가 더 높게 나타난 결과는 무엇보다 교대근무자에 대한 피로도 해소의 절대적 필요성이 강조되고 있는 것이다.

이에 대해 박정숙은 간호사의 노동과 피로는 불가분의 관계에 있고, 현대 산업사회에서 노동자의 피로 문제가 심각하게 대두됨에 따라서 예방의학적 측면에서도 중요하다고 보았다. 현대산업사회에서 전문직의 모든 분야에 걸쳐 노동 강도가 높아짐에 따라서 누적되는 피로는 개인의 건강에만 한정되는 것이 아니라 노동의 생산성 측면에서도 커다란 사회문제가 되고 있다. 의료전문직인 간호사의 업무에서도 이러한 현상은 예외가 아니다. 이른바 봉사기능을 지닌 간호업무는 병원구조가 지닌 비생산성과 사회의 요청으로 말미암아 다른 전문직에 비해 업무량이 많이 증가하고 있어 사회의 봉사의 직이라는 위안만으로는 근본적인 문제를 해결할 수 없는 심각성을 가지고 있다.[216] 또한, 야간근무를 포함한 3교대 근무환경으로 인해서 간호사는 피로로 인한 신체적 및 정신적 탈진상태에 빠지게 된다.[217] 그 결과로 능숙하고 숙달된 간호사의 이직을 초래하여 병원운영의 측면에서도 크나큰 손실을 가져오게 된다.

따라서 스트레스가 지속되면 피로가 유발되고, 피로감은 개인의 작업동작이나 판단력을 무디게 하고, 대인관계에서 적극성을 떨어뜨려 인계인수 등 협동을 요하는 작업의 능률을 저하시킨다. 피로로 인해 근로의욕이 저하되면 가정은 물론 직장과 사회에도 부정적인 영향을 미치게 되므로 개인적 차원에서가 아니라 조직의 간호행정 차원에서 간호사의 피로문제는 해결돼야 할 과제이다.[218]

2) 교대근무자 피로회복 방법의 비교

설미화는 교대근무자의 피로회복 방법에 대해 교대근무 간호사와 비교대근무 간호사의 비교를 카이제곱(X^2)으로 검증하였다.[219] 교대근무 간호사와 비교대근무 간호사 간에 피로회복의 비교에서 가장 많이 선호한 충분한 수면은 두 집단 간에 차이가 없는 것으로 나타났다($X^2=.073$, $P=.788$). 하지만 두 집단 간에 차이가 나는 하위 항목으로 목욕, 가벼운 체조, 맛있는 음식, 쇼핑 등이 있다. 이를 좀 더 자세하게 살펴보면, 목욕은 비교대(67.0%)가 교대(51.7%) 보다 많고, 가벼운 체조에서도 비교대(25.3%)가 교대(7.5%)보다 많았다. 그러나 맛있는 음식섭취는 교대(21.3%)가 비교대(5.5%)보다 높으며, 쇼핑도 교대(4.9%)가 비교대(0.0 %)보다 높았다. 외식이나 쇼핑 등 교대근무 간호사가 선호하는 피로회복방법은 피로를 회복하거나 극복해 보겠다는 의지보다는 교대근무에 대한 보상심리라고 생각된다. 이러한 결과에서 피로회복 방법으로 가장 많이 응답한 충분한 수면은 교대근무 간호사와 비교대근무 간호사 간에 차이가 거의 없는 것으로 나타났으나, 피로회복 방법인 신체적 휴식, 목욕, 가벼운 체조, 차와 음악, 극장, 맛있는 음식 섭취, 쇼핑에서는 두 집단 간의 차이가 있었다. 신체적 휴식, 목욕, 가벼운 체조, 차와 음악 등 비교적 짧은 시간을 활용할 수 있는 휴식방법은 교대근무 간호사에 비해 비교대근무 간호사가 응답비율이 높았으며, 극장, 맛있는 음식 섭취, 쇼핑 등 시간적 여유를 요하는 휴식방법은 교대근무 간호사가 비교대근무 간호사에 비해 선호도가 더 높은 것으로 나타났다.

3) 교대근무자 피로 자각증상 비교

교대근무는 피로가 지속적으로 누적되어 교대근무자는 휴식을 취하더라도 정상적인 상태로 회복되는 느낌 보다는 언제나 피곤한 느낌을 갖게 하는 특징이 있다. 따라서 이들의 피로에 대한 자각증상을 살펴보는 것은 매우 중요한 의미를 지니고 있어 설미화 등의 연구를 중심으로 살펴보기로 한다. 그는 교대근무 간호사의 교대 근무형태에 따른 피로자각 증상을 반복측정분산분석을 실시하고 신체적 증상과 정신적 증상, 그리고 신경감각적 증상을 낮 근무, 저녁근무, 밤근무 등 근무형태별로 비교하였다.[220] 이를 보다 세부적으로 살펴보면, 교대근무 간호사의 근무형태에 따른 피로자각 증상을 검정한 신체적 증상에 대한 비교 결과(M)에서는 밤 근무, 낮 근무, 저녁근무 순으로 높게 나타났으며, 정신적 증상에 대한 비교 결과(M)에서는 밤근무, 낮 근무, 저녁근무 순으로 높게 나타났다.

교대근무형태에 따른 피로자각 증상의 비교

구분 결과	낮 근무		저녁 근무		밤 근무		F	P
	빈도	비율	빈도	비율	빈도	비율		
신체적 증상	2.82	2.87	.73	1.37	4.79	3.56	142.164	.000
정신적 증상	1.76	2.61	.59	1.49	3.22	3.37	75.955	.000
신경 감각적 증상	2.43	2.54	.68	1.49	2.35	2.93	49.725	.000

출처: 설미화(2007), "교대 근무간호사의 피로도, 수면양상, 수면장애, 수면박탈증상에 관한 연구", 경상대학교 대학원, 석사학위논문.
※ 평균: M, 표준편차: SD

　다음은 신경 감각적 증상에 대한 비교 결과(M)에서는 낮 근무, 밤근무, 저녁근무 순으로 높게 나타났다. 이러한 현상은 밤 근무시 신체적, 정신적 피로자각 증상이 가장 많이 일어나며, 다음은 낮 근무시와 밤 근무 시 순으로 나타남을 알 수 있다. 반면에 신경 감각적 피로자각 증상은 낮 근무 시 가장 많이 일어나며 밤 근무와 저녁 근무 순으로 나타났다. 따라서 교대근무 간호사의 근무형태에 따른 신체적, 정신적, 그리고 신경감각적 피로자각 증상은 저녁 근무 시 가장 적게 일어나 이를 교대근무 패턴에 적절히 활용할 가치가 있다.

한편, 리우Liu는 일본산업위생협회 산하의 산업피로연구회가 낮 근무와 저녁근무 그리고 야간근무를 할 때 나타나는 증상을 분류한 결과를 제시하였다.[221] 즉, 낮 근무의 경우에 신체적 증상(M=2.82, SD=2.87) 〉 신경 감각적 증상(M=2.43, SD=2.43) 〉 정신적 증상(M=1.76, SD=2.61) 순으로 증상이 나타난 것은 일반적인 작업환경에서 흔히 볼 수 있는 일반형에 해당되며, 저녁근무의 경우도 신체적 증상(M=3.73, SD=1.37) 〉 신경 감각적 증상(M=.68, SD=1.49) 〉 정신적 증상(M=.59, SD=1.49)의 순으로 나타나 낮 근무와 동일한 일반형에 해당된다. 그러나 야간근무 시에는 신체적 증상(M= 4.79, SD=3.56) 〉 정신적 증상(M=3.22, SD=3.22) 〉 신경 감각적 증상(M= 2.35, SD =2.35) 순으로 나타났는데, 이는 정신작업형, 야간근무형 피로에 해당되는 유형이다. 즉, 교대근무자는 낮 근무와 저녁근무를 하는 경우에 나타나는 피로의 자각증상이 신체적으로 신경 감각적으로 그리고 정신적으로 통상 근무자와 동일한 증상이 일어나는 일반형에 해당하지만, 야간작업의 경우에는 피로자각 증상이 신체적 증상과 정신적인 증상 그리고 신경 감각적 증상의 순으로 나타나 일반형과는 다른 정신작업형 즉, 야간근무형의 피로가 나타난다는 것이다. 따라서 교대근무자는 야간근무의 경우에 신체적인 피로뿐만 아니라 정신적인 피로가 동반하여 누적되는 증상을 보여주는 것이라 할 수 있다.

교대근무

피로의 예방과 회복방법

교대근무자가 피로를 예방하는 방법으로는 평상시의 충분한 휴식과 수면 등의 정적인 방법이 있고, 높은 탄수화물 중심의 식이요법이나, 근육 긴장과 완화를 위한 마사지나 사우나 및 목욕, 스트레칭, 그리고 운동 등의 동적인 방법이 있다. 그리고 정적인 방법과 동적인 방법을 적절히 혼합한 복합적인 방법 등이 있다.

1) 피로의 예방대책

교대근무자가 휴식을 취하는 방법에는 정적인 휴식방법과 동적인 휴식방법이 있다. 정적인 휴식 방법은 피로로부터 생리적인 회복과 심리적 안정감을 동시에 도모하는 방법이고, 동적으로 휴식을 취하는 방법은 직접적인 피로를 해소하는 기능을 가지고 있지는 않지만 간접적으로 순환을 촉진시켜 정맥환류를 돕는 것으로 피로물질을 체외로 배출시키고 산소, 영양물질을 조직 속으로 옮겨가게 하는 작용을 취하는 방법이다. 따라서 작업현장에서 과도한 피로를 최소화시키거나 야간근무나 연장근무에 잘 적응하기 위한 예방대책으로 다음과 같은 사항들이 고려되어야 한다.222

먼저, 교대근무자에게 적당한 양의 업무가 주어져야 한다. 규칙적인 일반근무자에 비해 불규칙한 생활에서 오는 생체리듬의 교란으로 근무자는 쉽게 피로감을 느끼기 때문에 작업량, 속도, 시간, 능력 등의 상호관련성을 고려하여 적재적소에 배치하는 것이 더 필요하다.

둘째, 적당한 휴식시간을 갖는다. 교대근무자들이 작업하는 동안 중간에 적당한 휴식은 생산량을 증가시킨다. 휴식은 짧게 자주 갖는 것이 바람직하다. 작업시간 후에도 가능한 생체리듬의 회복을 위해 적절한 휴식시간을 확보하여 휴식을 취하는 것이 자신의 정신적, 육체적인 컨디션을 적절하게 유지할 수 있어서 자신의 건강을 돌보고 생산량의 증가를 가져오기 때문에 적당한 휴식시간은 매우 바람직하다.

셋째, 교대근무자에게 적당한 수면시간을 갖는다. 평상시에 생체리듬에 의한 충분한 수면을 취할 수 없는 교대근무자는 시간적으로 여유가 있는 비번과 휴일에 충분한 휴식을 취하는 것이 바람직하다. 그리고 야간조업시간에도 2시간 정도 수면시간을 갖는 것이 산업재해예방과 생산량의 증가에도 매우 긍정적인 영향을 미친다. 평상시 평균수면이 부족하면 피로가 쉽게 회복되지 않고 건강악화, 신경쇠약, 집중력저하, 흥분성 발작증세 증가, 기억력 및 작업의 정확도가 떨어지기 쉽다.

넷째, 작업을 수행할 때에는 합리적인 자세로 편안하게 일에 임한다. 가급적 작업하는 주변은 편안하고 쾌적한 환경으로 조성하고, 작업에 사용되는 기계와 공구, 그리고 작업 자세를 인간공학적으로 활동한다. 작업환경이 불안하고, 작업자의 자세가 엉거주춤한 불안전한 자세는 정신적, 육체적 피로를 가중시킬 뿐이다.

다섯째, 정신적인 피로요소의 제거는 인간관계의 개선, 정신건강관리, 주거 안정, 체력의 충실 위한 관리 등에 바람직하다.

2) 교대근무 사업장의 피로예방 환경조성

교대근무자는 근대화 산업의 역군으로서 우리나라의 경제성장의 주도적 역할을 담당하였다. 오늘날에도 제반 산업의 현장의 역군으로서 열악한 교대근무 환경에 노출되어 있는 것이 사실이다. 이러한 교대근무자에게는 산업피로를 예방하는 방법이 무엇보다 중요하다. 따라서 작업장 내에 작업환경관리, 작업관리 그리고 건강관리 등의 관리균형이 유지될 수 있는 환경이 조성되어야 한다.

먼저, 쾌적한 직장분위기의 조성이다. 과로로 인한 근로자의 건강장해를 예방하기 위하여 가장 중요한 일은 비교적 기운이 넘치는 오전 중에 마치는 게 좋다. 작업환경의 조성은 적정한 근로시간의 준수와 적당한 휴식시간의 준수로부터 시작된다. 또한, 정신적 스트레스를 완화하기 위해서는 쾌적한 직장분위기의 조성이 필요하고, 평소에 긍정적인 스트레스 대처 방법을 배워둔다.

둘째, 작업장의 유해하고 위험한 환경을 개선한다. 이를 위해서 사업장의 유해위험작업의 근로시간은 제한하고, 작업시간 중 적정한 휴식시간을 부여한다. 생체리듬의 교란이 최소화되고 좀 더 빨리 생체적 리듬을 적용시키거나 회복기간을 단축시키는 스케줄을 고안한다.

셋째, 식사는 각성상태를 강화시키거나 이완을 돕는 식단을 개발한다. 그리고 규칙적인 식사시간에 영양학적으로 균형이 잡힌 식사가 되도록 노력하여야 한다. 요즘 웰빙 또는 건강식이 넘쳐나고 있는데 무엇보다 중요한 것은 단백질과 탄수화물 및 무기물, 비타민 등 영양분을 골고루 흡수할 수 있도록 다양한 과채류와 육류를 섭취하도록 한다.

넷째, 금연과 금주 및 습관성 약물의 복용을 금한다. 교대근무자의 불규칙한 생활리듬으로 인한 생체주기의 교란은 과도한 스트레스 요인으로 작용한다. 따라서 졸음 등의 생리적 작용을 이겨내기 위해 흡연량의 증가를 가져오고, 스트레스의 해소 수단으로 과음에 손쉽게 빠져들고, 피로회복제 등 습관성 약물을 쉽게 접하게 된다. 일부 피로회복제는 카페인 성분이 주성분이어서 일시적인 각성효과는 있을지 몰라도 근본적인 대책은 아니다. 오히려 장기간의 카페인 사용이 습관성을 유발할 수 있고 이로 인한 부작용과 역반응 등을 유발할 수 있다. 때문에 교대근무자의 건강에 장기적으로 미치는 영향을 고려하여 금연과 금주, 그리고 습관성 약물복용을 금지해야 한다.

다섯째, 교대근무자는 충분한 수면시간을 확보한다. 조명 등과 같은 외부의 자극을 조절하는 등 장기적으로 피로의 누적을 대비하여 평소 6~8시간의 수면을 충분히 확보하는 습관을 갖는다. 과도한 업무량은 조절하여 피로의 누적을 예방하거나, 피로를 이겨내기 위한 육체적 활동을 조정하고 개선하며, 효율적인 휴식시간 계획으로 충분한 휴식을 취한다. 필요한 경우 휴식 및 수면 스케줄을 조정하며, 때에 따라서는 약제를 이용하는 경우 불규칙한 시간에 수면을 유도하는 멜라토닌이나 각성상태를 강화시키는 약을 적절히 사용한다.

여섯째, 적극적인 건강관리 활동을 실천한다. 평소에 흡연과 음주를 금하고, 취미활동, 봉사활동 등의 건강한 생활습관이 무엇보다 중요하다. 자신의 체질에 적합한 유산소운동을 1주일에 3회 이상, 30분 이상씩 규칙적으로 운동을 한다. 또한, 칼슘흡수에 도움을 주는 비타민 D의 합성을 위해 평소 하루에 30분 이상씩 일광욕을 하고, 특히 교대근무자는 교대근무 후에는 목욕을 실시하여 혈액순환을 원활하게 하는 피로회복이 중요하며, 고위험근로자 즉, 혈중 콜레스테롤 수치가 높거나 평소 혈압이 높은 근로자는 정기적인 건강진단 등 철저한 건강관리에 임한다. 아래 표는 유산소운동과 무산소 운동에 따른 대상자별 결과의 변화 추세를 제시한 것이다.

유산소 운동과 무산소운동 후의 결과

분류	대상자	운동 후의 결과
유산소	고령자	최대산소섭취량의 변화: 24 → 30mg/kg/min
		근골격근의 포도당 운반체(GLUT4)증가
	당뇨병	혈장 인슐린 등의 반응이 낮아짐, 고혈당이 저하
		근육 내 포도당 이용율 증가
		체력 증진이 합병증 진전지연, 질병 유발요인 감소
	일반	골격근 증가로 혈류량 증가, 근세포에 긍정적 영향
		심폐기능의 향상, 체중 감소
무산소 운동	일반	혈당과 경구당부하검사의 수치 저하
		혈장지질 향상, 심혈관계 기능 증진
		무릎의 굴근력의 227%증가, 신근력은 107% 증가
	고령자	근력이 180% 증가, 근육의 크기는 11% 증가
		걷는 속도, 근육량, 골밀도, 근력, 평형성 증가
		typeII 섬유 증가, 기초 대사량의 15% 증가
	당뇨병	근육량의 증가로 공복혈장 인슐린농도 감소
		당화혈색소 저하, 인슐린감수성 증가, 지질대사개선
	비만	근육량 증가로 근력증강, 지방이용 증가
		내장형 복부비만의 감소
	여성	폐경기: 골다공증으로 인한 골절의 위험요소 줄임

출처: 안근희(2004), "제 2형 당뇨병 환자에 있어서 운동요법이 신체적, 체력적, 생리적 변인에 미치는 영향", 이화여자대학교, 박사학위논문.

여섯째, 근무지에서 직장체조와 스트레칭, 운동을 지속적으로 실시한다. 이러한 활동은 산업피로의 축적을 예방하는데 가장 효과가 좋은 방법이다. 때문에 스트레칭은 작업시작 전에 그리고 작업 중 휴식을 할 때, 또한 몸이 찌뿌듯하고 뻐근할 때, 작업 후 긴장 해소를 위해, 운동하기 전과 후에 할 수 있도록 작업형태에 따라 간단하고, 짧고, 효과적인 것을 선택하여 실시한다. 스트레칭은 관절의 가동범위를 확대시키고, 혈액순환을 촉진하며, 근육의 긴장을 완화하고 신체를 상쾌하게 느끼도록 컨디션을 향상시키며, 작업이나 운동실시에 따른 부상을 예방한다. 그리고 갑자기 대하는 격렬한 활동에 대처하기 쉽고, 유쾌한 기분으로의 전환과 신체의 인지도 발달효과를 가져다준다.

일곱째, 개인적으로 건전한 취미활동과 건강한 사회활동에 적극 참여한다. 자신의 적성과 능력에 따라 적합한 취미활동과 다양한 나눔의 사회봉사활동에 참여할 수 있다. 자신의 보람과 건전한 생활은 엔돌핀의 활성화를 가져다주고 지속적으로 참여할 수 있는 원동력이 되어 지속적인 참여의식을 고취시킨다.

3) 교대근무자의 피로 회복방법

교대근무자의 피로는 장기간의 불규칙한 근무와 장시간의 야간근무에 따른 수면부족 등의 일주기 교란에 의해 유발되는 부적절하게 누적된 정신적·신체적 차원의 피로이다. 해리스 등은 이러한 피로는 근육이나 혈액 내에 피로유발물질인 수소이온, 암모니아, 무기인염산 및 젖산, 그리고 중간대사물질의 과다한 축적, 글루코오스 고갈, 중추신경의 피로, 내분비계의 기능이상 등의 원인에 의해 발생된다고 하였다.[223] 변영순은 피로를 일반적으로 회복시간에 따라 급성피로와 만성피로로 나뉘는데, 교대근무자의 경우 대부분 만성적인 피로도가 높게 나타난다고 하였다.[224] 불규칙한 생체리듬에 적용되는 교대근무자들의 피로회복 방법에는 심리적인 안정과 휴식, 충분한 수면 같은 수동적이자 정적인 방법, 근육의 긴장완화를 위한 체조, 요가, 마사지, 사우나, 목욕, 걷기 운동 등 활동성의 능동적인 방법이 있다. 그리고 불규칙한 시간과 짧은 휴게시간에 쉽게 접할 수 있는 인스턴트 식품과 부족한 영양분을 보충하기 위한 높은 탄수화물 중심의 식이요법이 있다. 그리고 그린하프 등에 의하면, 교대근무자들은 부족한 수면을 충분히 취하여 정신적 피로를 해소시켜 심리적 안정을 도모하면서, 정맥혈 회귀를 촉진시켜 체내에 축적된 피로물질을 신속히 제거하는 적극적이며 효과적인 능동적인 방법을 병행하여야 한다는 것이다.[225] 따라서, 교대근무자들은 쌓인 피로를 그때그때 해소하고 회복에 필요한 단백질, 탄수화물, 지방 및 무기물, 비타민 등의 균형적인 영양공급을 위하여 영양식단과 식이용법 등이 요구된다. 여기서는 앞서의 다양한 방법 중에서 스트레칭, 마사지, 목욕과 사우나, 냉 욕법 등의 능동적인 방법을 중심으로 살펴보기로 한다.

가) 스트레칭의 방법과 효과

스트레칭은 시간과 장소에 구애받지 않으면서 고도의 신체적 조건이나 특수한 기구가 필요 없이 심신을 강제성이나 경쟁적으로 전환시키지 않고 누구나 쉽고 가볍게 접근할 수 있어서 교대근무자의 피로를 매우 유용하게 풀 수 있는 운동이다. 교대근무자들은 의 장시간 야간근로에서 오는 경직되고 빳빳하게 굳어진 근육을 갑자기 강하게 수축시키는 직무적인 작업과정에 강한 스트레스를 받게 되고, 이로 인해 그 근육자체나 힘줄에 손상 또는 이차손상을 입게 되는데, 스트레칭은 이를 효과적으로 예방하는데 매우 중요한 역할을 한다. 따라서 교대근무자들은 틈틈이 가벼운 스트레칭을 실시하여 근육의 내압을 높이고, 근육의 율동적 수축과 가벼운 압박으로 정맥 중의 혈류를 가속시켜 혈액순환을 원활하게 하여 피로물질을 제거하도록 혈액의 흐름을 좋게 할 필요가 있다.[226]

박주현에 따르면, 대표적인 스트레칭의 방법으로는 정적 스트레칭, 동적 스트레칭, 고유수용성 신경근 촉진법에 의한 (PNF)스트레칭 등이 있다.[227] 정적 스트레칭은 스트레칭을 천천히 6-60초 정도 유지하는 것이며,[228] 근육 긴장을 천천히 진행시켜 뻗침 반사를 억제하여 근육을 이완시키는 방법이다.[229] 동적 스트레칭은 근육을 늘어나게 한 자세에서 반동을 반복적으로 시행하는 것으로서 근육 긴장이 발생하기 때문에 근육이 늘어나는 범위를 축소시키는 것이며,[230] 오히려 근육 손상의 위험이 증가하므로 근육의 손상을 가져올 수 있어서 거의 시행하지 않는 다는 것이다.[231] 고유수용성(PNF) 신경근 촉진법 스트레칭은 근육에 스트레칭을 적용했을 경우 반사의 억제와 촉진을 동시에 이용하여 능동 운동과 수동 벋침 운동을 조화해서 적용하는 하는 방법을 말한다.

윤방부 등은 스트레칭의 효과로 근육의 긴장을 완화시켜주고 편안하게 만들어 주어 조정력과 신체 지각력을 발달시키고, 혈액의 순환을 촉진시켜 신체의 유연성을 증진시킨다고 하였다.[232] 또한, 정현주에 의하면, 스트레칭 중심의 유연성트레이닝은 근로자에게 신체적, 정신적 상태를 좋게 하고, 근육과 관절에 나타날 수 있는 여러 장애를 예방할 수 있다고 했다. 또한, 신체의 유연성을 증가시켜 작업 중 최상의 동작을 할 수 있는 균형감각과 협응성233 을 도와주고, 스트레스를 해소하며 긴장을 완화시키는 효과가 있다고 설명했다.234

한편, 박주현은 스트레칭을 제한할 수 있는 조직으로는 관절주머니, 근육, 인대, 힘줄, 결합조직 등이 있다고 하였다. 이러한 조직들은 각 조직들의 유연성과 스트레스의 능력에 영향을 주는 독특한 특성을 가지고 있다고 하였다.235

나) 마사지의 방법과 효과

마사지는 피부에 탄력을 주거나 근육의 피로를 풀기 위해 손만을 이용하여 신체표면 부위를 마찰, 두드리거나 주무르고, 문지르기 등 신체의 기능적 동작이다. 마사지는 그 목적에 따라 산업마사지, 스포츠마사지, 의료마사지, 미용마사지 등으로 나누고 있으며, 근본적인 기술은 모두 동일한 방법으로 스포츠분야에서 가장 활발하게 이용되고 있다. 교대근무자들의 작업능률 향상을 위한 산업마사지는 근로자의 피로회복을 주목적으로 한다.

마사지는 신체표면을 심장에서 먼 부위부터 심장 쪽으로 대상 부분이 넓음, 얕음, 굵음, 연함, 두터움 등에 따라서 가해지는 압력도, 강도, 시간 등을 잘 조화롭게 기술적으로 시술하는 행위이다. 이러한 시술의 방법으로는 경찰법, 강찰법, 유념법, 압박법, 고타법, 진동법(유동법), 신전법 등으로 구분하고, 이들 사용방법을 한 가지에 의존하지 않고 혼합하여 종합적으로 시술하고 있다.[236]

경찰법(가볍게 쓰다듬기)은 잘 발달한 피부의 얕은 층에 있는 근육의 결합적인 혈관이나 임파관의 줄기를 따라서 마사지하는 것으로서 근육의 상태를 가장 먼저 체크하면서 손끝에서부터 심장에 가까운 쪽으로 쓰다듬거나 문질러서 지방선의 기능을 개선하고, 피부의 체온을 올려주어 혈관 내 혈액이나 임파액의 순환을 촉진시킨다.[237] 따라서 피부의 혈류에 영향을 미쳐 공연전이나 운동연습 전에 흉부의 호흡운동을 원만하게 해주고, 근육의 경련이 있을 때 진정시키는 차원에서 마사지를 해준다.[238]

강찰법(강하게 문지르기)은 염좌 등의 외상으로 관절에 병적인 삼출물로 인해 관절포나 인대 등이 뻣뻣해져 있을 때, 이 근처에 정체된 이물질의 분해를 촉진시키기 위하여 모지나 중지의 끝으로 강하게 눌러 주물러 주거나 반죽하듯이 만져주는 방법이다.[239] 이 같은 강찰법은 손바닥이나 손가락 및 주먹 등으로 강하게 압박하고 문질러 근육의 회복이 빠르고 효과적이어서 회복적인 마사지로 무용수 등이 연습 중에 관절의 타박상, 염좌, 탈구 등의 부상이 있을 경우 많이 이용하는 시술이다.

유념법(주무르기)은 손을 상대방의 피부에 5kg의 힘으로 근육을 쥐듯이 잡고 또는 지복으로 잡고 압력을 윤장 또는 타원장으로 움직여 근육 중의 혈액을 짜내는 것과 같은 요령으로 주물러 주는 방법이다. 이 방법은 스포츠마사지 중에서 가장 중추적인 방법으로 손에 힘을 빼고 손목을 부드럽게 근육전체를 원형태의 큰 동작으로 집중적으로 실시하면, 근육의 가동성 증대와 단축된 근막, 건막의 신장, 혈액순환과 임파액 순환을 촉진시킨다. 이 작용은 여러 단계로 신경계에 자극적 영향을 주어 깊은 부분의 근육과 건 그리고 관절포에서 많은 원심 자극이 고유 수용기에서 발생하게 하여 근육강화는 물론 피로물질의 제거로 회복을 빠르게 해준다.[240]

압박법(내리누르기)은 엄지손가락이나 손바닥을 국소적인 부위에 수직으로 대고 압박을 가하는 방법으로 마사지의 기본적인 방법이다. 이 방법은 한 손 또는 두 손의 무지나 인지, 중지, 약지를 이용해 상·하지의 근육 등에 누르고 복부 등 바닥으로 가할 때는 천천히 일정한 압도로 힘을 가하여 누른다. 허리가 아플 때, 요추의 양옆을 압박하면 시원한 느낌을 주며 통증을 없애 준다.[241]

고타법(두드리기)은 유념법이나 압박법 등을 마친 후에 마사지할 부위를 손 등으로 리드미컬하게 두드리는 방법이다. 이러한 고타법은 근의 영향과 수용기를 통해서 중추신경계의 흥분을 높이고, 강한 충격은 국소에 반사적으로 작용하여 근육전체의 긴장과 촉진을 불러 일으켜 혈관신경과 분비신경 작용을 강화시키는데, 경타법, 강타법, 절타법 등이 있다. 강타법은 근육수축에 영향을 주는데, 적당한 강타법은 감각운동 신경계의 감응성을 강화시키고 약한 자극은 동맥의 구경을 좁게 하며, 척추의 강타법은 맥박의 완화를 가져다준다. 경타법은 혈관에 작용하는데, 약한 자극이나 약한 경타법에서는 피부 혈관이 수축하거나 혈압내부 여러 기관의 근육 조직에 반사적 영향을 받게 된다. 그리고 강한 타격에서는 혈관의 확대로 피부 온도가 국소에서 상승하여 역학적인 자극에 의해 근 수축의 항진상태가 나타난다. 절타법은 인체조직에 다양한 영향을 주는데, 가벼운 자극의 절타법은 피부의 진동을 불러일으켜 혈액순환을 촉진시키므로 연습전이나 공연 전에 실시하면 좋으며, 관절부에는 사용을 금해야 한다.242

진동법(흔들기)은 손가락이나 손바닥 등 여러 부위를 사용해서 마사지할 부위를 가볍게 누르면서 가늘고 리드미컬한 진동을 격렬하게 주는 힘든 마사지 방법이다. 이 방법은 각 신경에 비교적 큰 흥분 또는 진정작용을 가져오고, 말초의 가는 신경이나 수지나 지선 등 작은 근육의 활동을 높이는데 작용한다. 따라서 신경기능이 둔하거나 근육의 마비가 있을 경우 회복기일 때 효과적인 좋은 방법이지만, 너무 무리를 하면 신체에 피로를 증가시킨다.243

신전법(이완시키기)은 비복근 경련(쥐)이 나거나 관절이 구축(딱딱해져서 움직임이 나쁜 경우)된 경우에 근육을 잡아 늘려 근육의 긴장을 풀어 해소시키는 치료법이다.244 이 방법은 작업시작 전, 후에 실시하여 몸의 긴장상태를 어느 정도 풀었는지 체크가 가능하여 무거운 짐을 운반하는 작업자나 장시간 의자에 앉아 있는 경우에 많이 일어나는 척추나 목뼈의 자세가 바르지 못한 경우 교정 작업으로 많이 사용한다.

마사지는 교대근무자의 신경계, 근육계, 감각계, 골격계, 내장계, 순환계 등의 다양한 계통에 직접적으로 직업 활동 개시 전과 작업 활동 종료 후에 영향을 미쳐 신체의 부정적인 반응을 예방하거나 회복시켜주는 효과를 가져다준다.

먼저, 마사지는 피부나 근육의 혈액순환을 원활하게 한다. 마사지를 통하여 피부나 근육 등 인체의 각 조직의 혈액순환이 원활하게 되어 인체의 각 조직의 대사 작용과 근활동에 필요한 산소나 영양소의 공급이 잘 이루어지기 때문에 근육의 피로가 보다 빨리 회복되며,[245] 피로요소인 젖산의 운송과 신진대사가 활발해지기 때문에 위축된 근육과 과도하게 긴장되고 비대해진 근육 속에서 발생하기 쉬운 혈액 순환 감소와 빈혈성 수축을 방지하여 준다.[246]

둘째, 마사지는 신경계통의 비정상적인 신체기능을 정상화시켜준다. 마사지는 말초신경인 자각신경을 진정시키고, 운동신경과 중추 신경을 각성시킨다.[247] 또한, 작업 전에 근육의 긴장도가 불충분하여 근육감각이 둔한 신경과 근육에 흥분작용을 일으키기 때문에 신체의 비정상적인 기능을 증진시키고, 작업 중이거나 작업종료 후에 주로 많이 움직인 근육의 급성피로에 의한 경련과 통증 등 비정상적으로 높아진 신체기능을 억제하는 효과를 가져다준다.[248]

셋째, 마사지는 근육의 피로를 풀어주고 기본적인 운동능력을 회복시키고 강화시켜준다.[249] 마사지는 근육의 긴장을 완화시키고 경련을 가라앉히며 근육에 혈액과 영양을 공급해주는 부위의 발육을 호전시킨다. 또한, 근육에 쌓이는 젖산과 부산물 및 근육의 뭉침을 제거하고, 근육에 탄력성을 증가시켜 관절의 활동을 강화시킨다.[250] 한편, 근육의 피로는 휴식과 마사지를 병행하는 것이 단지 휴식만을 취할 때보다 빨리 회복시켜 주므로 이를 교대로 병행하는 것이 좋다.[251]

넷째, 마사지는 림프의 순환을 원활하게 한다. 림프는 림프관에서 생성되는데 피에 혈구를 제공하는 역할을 한다. 혈구는 혈관계를 따라 경유하면서 운동으로 생기는 근육의 화학적 불순물을 제거하는 것을 도와 근육을 깨끗하게 하여 원활히 움직이게 한다.[252] 그리고 림프의 순환은 외부 림프계통의 힘에 의존하는데 주로 동력, 수동적 운동, 마사지 등의 요소에 의해 결정되고, 휴식상태의 근육을 마사지할 때 림프액 흐름을 촉진시켜 림프의 순환이 빨라진다.[253]

다섯째, 복부마사지는 복부의 혈액순환을 촉진시키고, 장기의 기능을 조절하여 소화흡수를 촉진하고 뇨(urine)의 배설을 증가시키며, 대장의 연동운동을 활성화시켜 소화기능을 개선한다. 특히, 전신마사지는 전신의 대사 작용을 왕성하게 함으로써 소화기능을 향상시킨다.[254] 마사지는 질소, 무기인산, 염화나트륨 등의 배설비율을 증가시킨다.[255] 또한, 마사지는 혈액 중의 적혈구, 혈소판의 수치를 증가시키고, 복부마사지는 적혈구와 헤모글로빈 수치를 증가시킨다.

여섯째, 마사지는 인간의 심리적 안정감을 가져다준다. 스트레스로 인해 호흡기 순환 기능이 빨라지는 일반 적응 징후와 근육의 수축이 강해져 위험한 환경에 대처하는 생리적 변화 투쟁이 있을 때 유연한 마사지는 피부에 있는 말초 신경 말단부를 자극하여 척수를 통해서 대뇌까지 전달되어 심리적으로 편안함과 유쾌감을 자연스럽게 느끼게 한다.[256]

다) 사우나와 목욕

사우나와 목욕은 현대인들이 땀을 흘리고 스트레스나 피로를 해소하기 위해서 또는 하루의 지친 몸을 이끌고 피부의 먼지와 노폐물을 씻어내기 위해서 언제나 즐길 수 있는 일상화된 문화생활이다. 예로부터 건강을 유지·증진하고 여러 질환을 치료하는 방법으로 중요시하던 온천욕은 오늘날까지 전통적인 목욕장소로서의 상징성을 유지하고 있다. 또한, 핀란드에서 유래한 사우나는 국민들이 보건 및 건강증진과 질병예방과 치료, 스트레스 해소 등으로 널리 활용되고 있다.

사우나는 노출된 신체에 즉각적인 체온의 상승으로 빠르게 혈액순환이 증가하여 체지방 분해와 혈관확장 및 이완에 관련된 카테콜아민 등의 분비가 증가하고,[257] 운동 후 사우나 회복처리는 적극적인 발한 작용과 활발한 혈액순환으로 체내 젖산 등의 노폐물이 더 빠른 속도로 제거된다.[258]

또한, 사우나의 반응은 능동적 체온조절의 발현으로 신체적 운동의 결과와 비슷한 결과를 나타내는 것으로 심부온의 상승, 체액과 전해질의 손실과 발한, 심박수의 증가와 심박출량의 증가, 호르몬의 변화, 피부혈관의 이완을 가져온다는 것이다.[259] 나아가 사우나는 이산화탄소 생성량보다 신소섭취량을 증가시켜 호흡 교환률을 증가시킨다.[260]

또한, 목욕이나 사우나와 같은 열 스트레스는 교감신경계의 활동을 증가시켜 프로락틴, 노르에피네프린 등의 대사성 호르몬 및 성장호르몬을 증가시킨다.[261]

따라서 사우나와 목욕과 같은 온열작용으로 인한 긍정적인 자극은 피부나 근육의 혈액순환을 잘 되게 하여 근무주기의 불규칙인 교대근무와 야간근무를 통해 체내에 축적된 젖산이나 다른 피로물질이 운반·제거되어 근육의 피로나 통증이 줄어들게 되며, 정수압으로 인한 호흡근이 강화되고, 정맥혈 회귀의 촉진, 발한을 통한 자율신경의 기능복구, 혈압의 저하와 체중의 감소효과 등을 가져오게 된다.

라) 냉요법의 기법과 효과 및 부작용

냉요법은 교대근무자의 수술 전과 후의 임상적 과정에서 피부에 냉의 치료적 적용을 말한다. 냉요법은 신체로부터 열을 빼앗아 피부온도를 낮추도록 하는 과정에서 어떤 물질을 치료적으로 이용하는 것이다. 냉요법의 기법들은 얼음주머니나 냉 팩의 이용, 얼음마사지, 냉운동, 냉신전, 냉수욕, 저온수술, 복부수술이나 조직이식 수술 전 전신 저온화를 위해 얼음을 이용하여 다루는 것이 있다.[262] 즉, 냉요법은 피부의 국소적 진통효과가 있고, 신경 전도속도를 감소시키며, 대사 효소의 활성을 감소시킨다.[263]

냉요법은 크게 생리적 열역학과 신경근육 및 대사에 영향을 미친다.[264] 냉요법은 직접 기전과 간접기전을 통해 피하의 혈관수축을 유발한다. 냉에 의한 피하의 냉수용체가 활성화 되면 혈관의 내장근을 직접 자극하여 수축하게 하고, 차가워진 조직은 혈관이완 물질의 합성과 분비를 줄여 혈관이완을 막는다.[265] 따라서 냉요법은 갑작스러운 상황에서 발생되는 상황에 있어 통증과 종창을 감소시키고 상해로 인해 발생되는 저산소증에 의한 2차 상해를 감소시키는데 이용된다. 그리고 무거운 작업 시 발생되는 관절의 상해초기에 줄어든 관절의 가동범위를 늘리는데 이용된다. 또한, 과도하게 신전되어 늘어난 근육이완에서 오는 고통과 경련을 감소시킨다. 정형외과 수술의 결과로 발생하는 수술 후 고통과 염증발생을 감소시키는데 사용되며 입가의 발진을 제거하거나 발진을 감소시키는데 이용되고 있다.[266]

냉치료는 얼음, 냉습포, 등을 신체 표면에서 치료하는 것으로 대부분 전도에 의해 열에너지를 전달하는 형태인데 얼음주머니, 얼음 컵 마사지, 얼음목욕 등의 전통적인 방식과 젤 형태의 냉매, 화학 팩, 스프레이와 같이 상품화된 물품 등이 있다.[267] 이들 냉치료에 의한 효과는 크게 생리적 열역학 효과와 신경 근육계 효과, 그리고 관절과 결체조직의 효과 등으로 나타내고 있다. 즉, 한냉 치료는 급성 근골격계의 외상 시 부종과 출혈을 감소시키고 통증을 감소시킬 목적으로 사용되며, 안정, 한냉 치료, 압박, 거상은 급성 외상의 첫 치료로 적용되고 있으며, 급성 및 만성 통증의 통증 완화에 도움을 주며, 피부의 국소적 진통효과가 있고, 신경전도 속도와 대사효소의 활성을 감소시킨다.[268] 또한 냉 치료는 염증반응을 감소시키며 관절구축인 경우 조직의 팽창성을 감소시키고, 진통 효과가 우수하여 신전에 대한 환자 내성을 증진시키므로 온요법 보다 효과적이다. 냉요법은 일시적으로 근방추 활동과 근수축력을 감소시켜서 관절운동범위로 신전을 촉진시킨다는 것이다.[269]

냉 요법의 가장 심각한 부작용으로는 혈관 수축 장기화, 허혈 및 소혈관 내 혈전에 따른 조직 괴사가 있으며, 조직 손상은 조직의 온도가 15℃ 에 다다를 때 나타나지만, 동상은 피부 온도가 −4℃에서 −10℃이하로 떨어질 때까지는 발생하지 않는다. 냉요법에 의한 조직 온도의 저하는 직, 간접적으로 통증 감각을 줄여주고 피하 온도 감수체의 활성에 의해 통증의 관문 전달에 의한 통각을 빠르고 직접적으로 변형시킨다.[270] 따라서 냉요법 적용시에는 이러한 부작용을 예방하기 위해, 적용대상자와 적용부위에 따라 적절한 냉의 종류를 적절하게 선택해야 하며, 피부온도 감소에 유의하여 적절히 적용해야 한다.

교대근무자의 피로와 수면장애의 관계

인간의 수면은 인간생활에 다양한 영향을 미치고 있다는 연구가 수없이 보고되었다. 선행연구 결과 교대근무로 인한 수면부족은 피로도 인지의 한 요인으로 지적되고 있으며,[271] 교대근무가 피로도 증가와 관련이 있다고 하였다.[272] 그리고 선박 선원을 대상으로 한 피로도 조사에서도 수면의 질이 피로도와 관련이 있으며, 약사의 피로자각증상에 대한 연구에서 54.5%가 피로해소방법으로 수면을 취한다고 보고되었다.[273]

교대근무 간호사와 비교대근무 간호사의 피로와 수면장애 정도의 상관분석을 실시한 결과 전체 피로도와 수면장애 간에는 정적상관이 있는 것으로 나타났다. 즉, 전체 피로도 상관계수가 높을수록 수면장애 정도 상관계수가 높아지는 것으로 나타났다. 따라서 교대근무 간호사와 비교대근무 간호사의 피로도와 수면장애 정도 간에는 모두 정적상관이 있는 것으로 나타났다. 그러나 전체 피로도에서 교대근무 간호사보다 비교대근무 간호사가 상관관계가 더 강한 것으로 나타났다. 곽은주의 연구에서 교대근무 간호사는 잠드는데 시간이 오래 걸리거나 숙면을 취하지 못하며, 수면 후에도 피로하고 수면을 취하지 못해 일상생활이 영향을 받는 등 수면장애에 시달리는 것으로 나타났다.[274] 따라서 교대근무자의 수면장애와 피로는 정적상관관계를 보여 수면장애가 증가하면 피로는 증가하는 것으로 나타났다.

또 다른 박영남의 수면장애요인 연구에서도 교대근무 간호사가 주관적인 수면의 질이 나쁘고 입면장애, 중도각성, 조기각성을 호소하여 인구학적 측면보다 교대근무 자체가 수면의 질 및 수면장애요인에 더 심각한 영향을 주는 것으로 나타났다.[275] 그리고 곽은주에 의하면, 수면장애와 피로와의 관계는 정적 상관관계를 보여 수면장애가 증가하면 피로는 증가하는 것으로 나타났다. 따라서 교대근무자의 피로와 수면장애를 줄이기 위해서는 각계에서 피로와 수면장애를 경감시킬 수 있는 교대근무형태의 연구가 적극적으로 모색되어야 할 것이다.

❖ 미주 ❖

1 민순(1998), 『교대근무 방향이 Circadian Rhythm에 미치는 영향』, 전남대학교, 박사학위논문 참고

2 Rosenthal, N. E.(1991), "Plasma Melatonin as a measure of the human clack(Editorial)" , 『The Journal of Clinical Endocrinology & Metabolism』, 73, pp. 225-256.

3 Lewy, A. J., R. L. Sack.(1989), "The dim light melatonin onset as a maker for circadian phase position" , 『Chronobiol. Int.』, 6, pp. 93-102.

4 황애란, 정현숙, 강규숙, 고일선(1987), "인간의 circadian rhythm" , 『연세대학교 간호학 논문집』, 10, pp. 95~108 참고.

5 민순(1998), op. cit. 참고

6 Reinberg, A. P., Andlauer, J. De Prins, W. Malbecq, N. Vieuz, and P. Bourdeleau.(1983), "Desynchronization of the oral temperature circadian rhythm and intolerance to shift work" , 『Nature』, 308(15), pp. 272~274.

7 Orth, D. N., and D. P. Island.(1969), "Light synchronization of the circadian rhythm in plasma cortisol(17-OHCS) concentration in man" , 『The Journal of Clinical Endocrinology & Metabolism』, 29, pp. 479-486.

8 Minors, D. S. & J. M. Waterhouse(1981), 『Circadian rhythms and the human』, John Wright & Sons Ltd.

9 Winfree, A. T.(1982), "Circadian timing of sleepiness in man and woman" , 『Am. J. Physiol』, 243(3), pp. 193~204.

10 Nakagawa, K.(1971). "Probable sleep dependency of diurnal rhythm plasma growth hormone response to hypoglycemia. J. clin. Endocrinol. Metab. 33: 854~856.

11 Gagliardino, J. J., R. E. Hernandez, and O. R. Rebolledo.(1984), "Chronobiological aspects of blood glucose regulation: A new scope for the study of diabetes mellitus" , 『Chronobiologia』, 11, pp. 357~379.

12 양재하, 김은하, 최성훈(2010), "시상하부와 인체의 항상성 조절" , 『동서의학』 , 35(2), pp. 5-12 참고.

13 강미영(2004), "생체 항상성 유지를 위한 식생활의 역할" , 『한국생명과학회』, 제 41회 학술심포지움 및 춘계학술대회, pp. 17~18 참고

14 Akerstedt, T.(1990), "Physiological effects of shift work" , 『Scandinavian

교대근무

Journal of Environment and Health』, 16(1), pp. 67-73.

15 황애란, 정현숙, 강규숙, 고일선(1987), op. cit. 참고.

16 Fatranska, A., MGredke, M and H.(1971), "Hunman Circadian Rhythms in Coontinuous Darkness: Emtrainment by social Cues", 『Science』, Vol. 171. No.15, p. 213.

17 Thompson, C.(1984), "Circadian Rhythms and Psychiatry", 『Br. J. Psychi.』, Vol. 145, pp. 204-206.

18 Yates, F. E.(1982). "Our Dairy rounds of Activity and Temperature", 『Am. J. Physiol.』, 42.

19 Wingef, C. M., Hughes, L., LaDou. J.(1978), "Physiological effects of Rotational Work Shifting: A Review", 『J. of Occup. Met.』, Vol. 20. No.3, pp. 204-210.

20 오미정(1997), "임상간호사의 circadian type과 교대방향에 따른 밤근무시의 피로도에 관한 연구", 『기초과학연구논문집』, 7(1), pp. 307~321.

21 Mary, G. F. & Patterson, G.(1971), "Shift Rotations is Against Nqture", 『A. J. N.』, Vol.17. No.4, p. 76.

22 Bassler, S. F.(1976), "The Origins and Development of Biological Rhythm", 『The Nursing Clinics of N. A.』, 11(4), pp. 575~582.

23 Felton, G. & Patterson, M. G.(1971), "Shift rotation is against Nature", 『AIN』, 71(4), pp. 760-763.

24 Mataumoto, K, Matsui, T., Kawamori, M. and Kogi, K(1982), "Effects of Night-time Naps on Sleep Patterns of Shift-workers in Shiftwork; Its Practice and Improvement", 『J. Human Ergol.』, II(supol.), pp. 279-289.

25 Rutenfranz, J. Knauth, P. and Angersbach, D.(1981), "Shift Work Research Issues In Biological Rhythms", 『Sleep and Shift Work』, Spectrum Publications.

26 Folkard. S. & T.H. Monk(1985), 『Hours of work: Temporal factors in work scheduling』, New York: John Wiley & Sons Ltd.

27 박영만(1998), 『가령에 의한 한일 작업자의 아침-저녁형 및 수면습관』, 경남대학교 부설 공업기술연구소, 15(2-2), pp. 805~814 참고

28 Minors, D. S. & J. M. Waterhouse(1981), op. cit.

29 Turek, F. W.(1985), "Circadian neutral rhythm in mammals", 『Annual Reviews Physiology』, 47, pp. 49-64.

30 쿠피리야노비치(1998), 노윤성 옮김, 『바이오리듬: 그 원리와 응용법』, 서울: 한마음사 참고

31 정상지(2004), 『시간에 따른 생체리듬과 건강법』, 대전대학교 석사학위논문.

32 강일중(2002), 『생명과학』, 연합뉴스 참고.

33 정상지(2004), op. cit. ; BRIC 동향(2002. 12. 18.), "새로운 생체시계 단백 질, 멜라놉신", 참고.

34 말론 호아글랜드(2001), 황현숙 역, 『생명의 파노라마』, 사이언스북스 참고.

35 한겨레21 제375호(2001.9.5), "생체시계를 조절한다?" 참고.

36 엔케파린은 별 모양의 성상세포로서 두뇌세포를 말한다. 이러한 성상세포에 알 파-엔돌핀, 베타-엔돌핀, 감마-엔돌핀, 알파-엔케파 등 다수의 물질이 달라붙 으면 통증은 사라지게 된다.. 엔케파린을분비되게 하려면 박장대소를 하거나 사랑 으로 봉사를 하거나 평안한 마음을 유지할 때 면역체계의 분비를 강화시켜준다.

37 http://www.greenpio.com/(검색일: 2014.10.8).

38 IARC(2007), 『IARC Monographs on the Evaluation of Carcinogenic Risks to Humans』, VOL 98, pp. 561-764.

39 마이클 스몰렌스키, 린 램버그(2005), 김수현 역, 『마법의 생체시계』, 북뱅크.

40 IARC(2010), "Painting, firefighting, and shiftwork", 『IARC monographs on the evaluation of carcinogenic risks to humans』, Volume 98, pp. 563-766.

41 임신예(2011), "교대근무는 노동자 건강에 치명적이다", 『노동과 건강』, 계간, 가 을호, 경희대병원 산업의학과 참고.

42 Fritschia, L., Glassb, D.C., Heyworthc, J. S., Aronsond, K., Girschika, J., Boylea, T., Grundyd, A., Errene, T.C.(2011), "Hypotheses for mechanisms linking shiftwork and cancer", 『Medical Hypotheses』, Volume 77, Issue 3, pp. 430-436.

43 http://news.bbc.co.uk/2/hi/uk_news/scotland/7945145.stm

44 연합뉴스(2009. 3. 17), "잦은 야근, 유방암 발병률 높여-덴마크, 유방암 발병 여성 근로자에게 보상키로".

45 임신애(2011), "야간근로의 건강영향", 『산업안전보건연구원; 안전보건 연구 동 향』, 6(1), pp. 14~21.

46 Knutsson A, Aʹkerstedt T, Jonsson B, Orth-Gomer K.(1986), 『Increased risk of ischemic heart disease in shift workers』, Lancet, 328(8498), pp. 89-92.

47 Kawachi I, Colditz GA, Stamfer MJ, Willett WC, Manson JE, Speizer FE, Hennekens CH.(1996), "Prospective study of shift work and risk of coronary heart disease in women", 『Circulation 』, 92(11), pp. 3178-3182.

48 Bøggild H, Knutsson A(1999), "Shift work, risk factors and cardiovascular disease", 『Scand J Work Environ Health』, 25(2), pp. 85-99.

49 임신예(2011), op. cit. 참고.

50 De Bacquer D, Van Risseghem M, Clays E, Kittel F, De Backer G, Braeckman L(2009), "Rotating shift work and the metabolic syndrome: a prospective study", 『Int J Epidemiol』, 38(3), pp. 848-54.

51 Pietroiusti A, Neri A, Somma G, Coppeta L, Iavicoli I, Bergamaschi A, Magrini A(2010), "Incidence of metabolic syndrome among night-shift healthcare workers", 『Occup Environ Med』, 67(1), pp. 54-57.

52 Lowden A, Moreno C, Holmbäck U, Lennernäs M, Tucker P. (2010), "Eating and shift work-effects on habits, metabolism and performance", 『Scand J Work Environ Health』, 36(2), pp. 150-162.

53 Puttonen S, Harma M, Hublin C.(2010), "Shift work and cardiovascular disease pathways from circadian stress to morbidity", 『Scand. J. Work, Environ Health』, 36(2), pp. 96-108.

54 Pan A, Schernhammer ES, Sun Q, Hu FB.(2011), "Rotating night shift work and risk of type 2 diabetes: two prospective cohort studies in women", 『PLoS Med』, 8(12), pp. 100~141.

55 Knutsson A.(2003), "Health disorders of shift workers", 『Occup Med』, Lond., 53(3), pp. 103-108.

56 Lowden A, Moreno C, Holmbäck U, Lennernäs M, Tucker P.(2010), op. cit..

57 임신예(2011), op. cit. 참고.

58 Knutsson A, Bøggild H.(2010), "Gastrointestinal disorders among shift workers", 『Scand J Work Environ Health』, 36(2), pp. 85-95.

59 Tarquini B, Cecchettin M, Cariddi A.(1986), "Serum gastrin and pepsinogen in shift workers", 『Int Arch Occup Environ Health』, 58(2), pp. 99-103.

60 Zober A, Schilling D, Ott MG, Schauwecker P, Riemann JF, Messerer P.(1998), "Helicobacter pylori infection: prevalence and clinical relevance in a large company", 『J Occup Environ Med』, 40(7), pp. 586-594.

61 임신예(2011). op. cit. 참고.

62 Pietroiusti A, Forlini A, Magrini A, Galante A, Coppeta L, Gemma G, Romeo E, Bergamaschi A.(2006), "Shift work increases the frequency of duodenal ulcer in H pylori infected workers", 『Occup Environ Med』, 63(11), pp. 773-775.

63 Woo Jong Min, Postolache T. T.(2008), "The impact of work environment on mood disorders and suicide: Evidence and implications", 『Int. J.

Disabil. Hum. Dev.』, 7(2), pp. 185-200.

64 임신예(2011), op. cit. 참고

65 Scott AJ, Monk TH, Brink LL.(1997), "Shiftwork as a risk factor for depression: a pilot study" , 『Int J Occup Environ Health 3(Suppl 2)』, S2-9.

66 Driesen K, Jansen NW, Kant I, Mohren DC, van Amelsvoort LG. (2010), "Depressed mood in the working population: associations with work schedules and working hours" , 『Chronobiol Int.』, 27(5), pp.1062-1079.

67 Driesen K, Jansen NW, van Amelsvoort LG, Kant I.(2011), "The mutual relationship between shift work and depressive complaints - a prospective cohort study" , 『Scand J Work Environ Health』, 37(5), pp. 402-410.

68 한겨레(2011. 6. 13). "야간노동이 건강에 미치는 영향".

69 공유정옥(2004), 『교대근무제가 노동자 건강에 미치는 영향』, 한국노동안전보건 연구소 참고.

70 PEFR(Peak Expiratory Flow Rate: 최대호기유량)은 힘껏 숨을 내쉴 때 공기 를 내보내는 속도로 측정한다.

71 공유정옥(2004), op. cit. 참고.

72 공유정옥(2004), Ibid. 참고.

73 공유정옥(2004), Ibid. 참고.

74 공유정옥(2004), Ibid. 참고.

75 서울아산병원 질환백과(검색일: 2014.9.18).

76 공유정옥(2004), op. cit. 참고.

77 손미아(2011), "야간노동을 포함한 교대제가 건강에 미치는 영향-(연속기고)(3) 야간노동과 건강권" 참고 .

78 손미아(2011). Ibid. 참고.

79 Karlsson B, Alfredsson L, Knutsson A, Andersson E, Torén K.(2005), "Total mortality and cause-specific mortality of Swedish shift- and dayworkers in the pulp and paper industry in 1952- 2001" , 『Scand J Work Environ Health』, 31(1), pp. 30-35.

80 손미아(2011).op. cit. 참고.

81 교대근무 패턴은 아침 근무조(8시~16시)가 4일 근무 후 1일 휴무하고, 오후 근무조(16시~23시) 4일 근무 후 1일 휴무, 저녁 근무조(23시~익일8시) 4일 근무 후 2일 휴무의 순서로 순환 교대근무 일정이 64일 동안 4회 순환하는 근 무체제이다. 즉, 교대순환패턴은 DDDDXAAAAXNNNNXX)이다. 근무시간 은 D: Day(8시~16시), A: After(16시~23시), N: Night(23시~익일8시),

교대근무

X: Off(휴무)

82 손경현 (2006), 『교대근무 여부에 따른 성인 남자의 주간 졸림증과 피로도-4조3교대의 빠른 교대주기에서』, 서남대학교 박사학위논문.

83 정치경(1996). "노동생리학 인간공학: 산업의학 연수교육교재", 『대한산업의학회』, pp. 165-179.

84 아침 근무조(8시~16시) 2일 근무, 오후 근무조(16시~23시) 2일 근무 후 1일 휴무, 저녁 근무조(23시~익일8시) 2일 근무 후 1일 휴무, 그리고 아침 근무조(8시~16시) 2일 근무, 오후 근무조(16시~23시) 2일 근무 후 1일 휴무, 저녁 근무조(23시~익일8시) 2일 근무 후 1일 휴무의 16일주기 형태(DDAAXNNXDDAAXNNX)인 근무주기

85 교육방송(2011. 10. 5), "생체시계의 비밀(영국 BBC제작)"

86 레온 크라이츠먼(2001), 한상진 역, 『24시간 사회』, 민음사, 2001.

87 http://cafe.daum.net/cbsangdamlove(검색일: 2014.10.2)

88 The best time of day to do just about anything, http://shine.yahoo.com/ channel/health/the- best-time-of-day-to-do-just-about-anything- 270153/, 검색일: 2014.10.4)

89 Meers, A., A. Maasen, and P. Verhaegen.(1978), "Subjective health after six months and after four years of shift work", 『Ergonomics』, 219(10), pp. 857-859.

90 Foreman. M. D., Wykle. M.(1995), "Nursing standard of practice protocol: sleep disturbances in elderly patients", 『Geriartric Nurs.』, 16(5), The ICHE Faculty, pp. 238-243.

91 Rodehn, M.(1999). "The importance of sleep", 『Nursing Standard』, 13(24), pp. 44-47.

92 Foreman. M. D., Wykle. M.(1995), op. cit.

93 김대호, 이상설(2000). "교대근무자의 야간근무가 수면과 사회생활에 미치는 영향분석", 『인적자원개발연구』, 2(2), pp. 163-182.

94 설미화(2007), op. cit. 참고.

95 Foreman. M. D., Wykle. M.(1995), op. cit.

96 설미화(2007), op. cit. 참고.

97 사토 도미오(2006), 호성민 역, 『잠의 즐거움-6시간 수면에 감춰진 놀라운 힘』, 국일미디어.

98 Joan, R. W.(2004). "Gerontologic nurse practitioner care guideline: sleep management in elderly patients", 『Geriatric Nursing』, 25(5), pp. 310-312.

99 Foreman. M. D., Wykle. M.(1995), op. cit.

100 Baker, T. L.(1985), "Introduction to sleep and sleep disorders",

『Medical Clinics of North America』, 69(6), pp. 1123-1153.

101 손광국 외 5인(2009), "수면장애를 가진 소아청소년에서의 불안증, 우울증의 유병률", 『대한소아신경학회지』, 17(2), pp. 200-208.

102 신명기(1994). 『정상인에서 부분적 수면박탈이 수면구조 및 졸리움과 피로감에 미치는 영향』, 충남대학교 석사학위논문.

103 Moul, D. E., Nofzinger, E. A., Pilkonis, P. A., Houck, P. R., Miewald, J. M., & Buysse, D. J.(2002), "Symptom reports in severe chronic insomnia", 『Sleep』, 25(5), pp. 548-558.

104 민성길(2000), 『최신정신의학』, 제4개정판, 일조각.

105 OTA, office of technology assessment, US Congress.(1991), 『Biological rhythms: Implications for the Worker』, OTA-BA-463 Washington DC: US. Govermen printing office.

106 Johnson, L.C.,(1981), "On varying work/sleep schedules: Issues and perspectives as seen by a sleep researchers", Johnson L.C., Tepas D.L., Colquhoun W. P. Colligan J. J.(eds), 『The 24 hours workday: A symposium on variation in work-sleep schedules』, NIOSH, Washington D. C.

107 Khaleque, A., and A. B. Siddque.(1984), "Job satisfaction and quality of life in shift work", Attwood, D. A., McCann, C.(eds), 『Proc. Int. Cong. Occupational Ergonomics』, Toronto, Canada.

108 Glazner, L. K.(1991), "Shift work. its effect on workers", 『AAOHN Journal』, 39(9), pp. 416-421.

109 Akerstedt, T.(1990), "Physiological effects of shift work", 『Scandinavian Journal of Environment and Health』, 16(1), pp. 67-73.

110 Meers, A., A. Maasen, and P. Verhaegen.(1978). "Subjective health after six months and after four years of shift work", 『Ergonomics』, 219(10), pp. 857-859.

111 사사키 미츠오(2005), 홍승봉, 주은연 역, 『수면장애를 극복하는 법』, 물푸레.

112 Akerstedt, T., and L. Torsvall.(1978). "Experimental changes in shift schedules: their effects on well-being", 『Ergonomics』, 21, pp. 849-856.

113 설미화(2007), op. cit. 참고.

114 김신미(1997), "성인의 수면실태와 관련요인에 대한 연구", 『정신간호학회지』, 6(1), pp. 116-131 참고.

115 김신미(1997), ibid

116 김신미(1997), ibid.

교대근무

117 Shaver, J., Giblin, E. & Paulsen, V.(1991), "Sleep quality subtypes in mid-life women", 『Sleep』, 14(1), pp.18-23.
118 대한신경정신의학회(2005), 『신경정신의학』, 중앙문화사.
119 양창국(1988). 『수면장애의 진단과 치료』, 하나의학사.
120 박선환, 이우숙, 최은영(2008), "성인의 문제해결과정 측정도구 개발", 『기본간호학회지』, 15(4), pp. 548-557.
121 사사키 미츠오(2005), op. cit.
122 사사키 미츠오(2005), Ibid.
123 Foreman. M. D., Wykle. M.(1995). op. cit.
124 대한신경정신의학회(2005), op. cit.
125 대한수면연구회(2006), "수면혁명", 대교 베텔스만.
126 Glazner(1991), "Shift work. its effect on workers", 『AAOHN Journal』, 39(9), pp. 416-421.
127 Akerstedt, T.(1990), "Physiological effects of shift work", 『Scandinavian Journal of Environment and Health』, 16(1), pp. 67-73.
128 Meers, A., A. Maasen, and P. Verhaegen.(1978), "Subjective health after six months and after four years of shift work", 『Ergonomics』, 219(10), pp. 857-859.
129 Foreman. M. D., Wykle. M.(1995). op. cit.
130 Hart, R. P., Buchsbaum, D. G., Wade J. B.(1987), "Effect of sleep deprivation on the first year residents' response times, memory and mood", 『J. Med. Educ.』, 62, pp. 940-942.
131 Baker, T. L.(1985). "Introduction to sleep and sleep disorders", 『Medical Clinics of North America』, 69(6), pp. 1123-1153.
132 Friedman R. C., Bigger J. T., Kornfeld D.S.(1971), "The intern and sleep loss", 『N Engl J Med』, 285, pp. 201-203.
133 이홍표 등(1999), "전 수면박탈이 정상 성인남자의 인지기능에 미치는 효과", 『신경정신의학』, 38(2), pp. 325~332.
134 Baker, T. L.(1985). op.cit.
135 이규일(2002), 『수면박탈이 주간 졸음 및 피로감과 집중력에 미치는 영향』, 충남대학교, 석사학위논문.
136 양창국(1988). op. cit.
137 김완중(1992). 『정상 성인에서 수면박탈이 수면구조와 피로감에 미치는 영향』, 충남대학교 박사학위논문.
138 양창국(2001), 『수면장애의 진단과 치료』, 제2판, 하나의학사.
139 Foreman. M. D., Wykle. M.(1995), op. cit.

140 Clark, A. J., Flowers, J., L., & Shettar, S.(1995)."Sleep disturbance in mid life women" , 『Journal of Advanced Nursing』, 22. pp. 562-568.

141 황승식, 홍순범, 황예원, 황은주, 황재욱, 황필규, 황호영, 박진구, 주영수, 이승준, 성주현(1998), "일부 간호사들에서 교대근무가 수면에 미치는 영향", 『대한산업의학회지』, 10(1), pp. 1-8.

142 양창국(2001). op. cit..

143 이영희·김정선(1996), "일반병실 환자들의 수면박탈 요인 및 영향에 관한 연구" , 『중앙의학』, 61(2), pp. 969-979.

144 김신미(1997), op. cit.

145 박영남(2006), 『일부 종합병원 간호사들이 교대근무와 수면문제 및 피로자각 증상과의 관련성』, 충남대학교 석사학위논문.

146 노환중(2005), "수면호흡장애(총론)", 『임상이후』, 16(2), pp. 187-192.

147 이혜련(2005), 『수면의 질 측정도구 개발』, 이화여자대학교, 박사학위논문.

148 Elwood, P., Hack, M., Pickering, J., Hughes, J., & Gallacher, J.(2006), "Sleep disturbance stroke and heart disease events: evidence from the Caerhilly cohort" , 『J Epidemiol Community Health』, 60. pp. 69-73.

149 김석주(2002), 『수면다원기록법으로 확진된 폐쇄성 수면무호흡증 화잔의 임상 특성, 그리고 호흡장애지수와 수면 구조의 상관관계』, 서울대학교 ,석사학위논문.

150 황은희(2008), "수면호흡장애의 유병률 및 체위요법의 효과에 관한 연구" , 이화여자대학교, 박사학위논문.

151 Johal, A., Patel, S., & Battagel, J. M.(2007), "The relationship between craniofacial anatomy and obstructive sleep apnea: a case-controlled study" , 『J. Sleep Res』, 16, pp. 319-326.

152 민성길(1999), 『최신정신의학』, 제4개정판, 일조각.

153 강지호, 이상학, 최영미, 권순석, 김영균, 김관형, 송정섭, 박성학, 문화식 (2000), "폐쇄성 수면무호흡에서 CPAP치료가 전신성 혈압, 심조율 및 cathecholamines 농도에 미치는 영향", 『결핵 및 호흡기질환』, 49(6), pp. 715-723.

154 Gibson, G. J.(2005), "Obstructive sleep apnoea syndrome: underestimated and undertreated" , 『British Medical Bulletin』, 72, pp. 49-64.

155 황은희(2008), op. cit. ; Kim, J. K., In, K. H., Kim, J. H., You, S. H.,Kang, K. H., Shin, J. J., Lee, S. y., Lee, J. B., Lee, S. G., Park, C. & Shin, C.(2004), "Prevalence of Sleepdisordered Preathing

In Middle-aged Korean Men and Women", 『American J. of Respir and Critical care medicine』, 170, pp. 1103-1113.

156 Kim, J. K., In, K. H., Kim, J. H., You, S. H., Kang, K. H., Shin, J. J., Lee, S. y., Lee, J. B., Lee, S. G., Park, C. & Shin, C.,(2004), op. cit.

157 Hui, D. S. C., Chan, J. K. W., Ko, F. W. S., Choy, D. K. L., Li, T. S. T., Chan, A. T., Wong, K. K., & Lai, C. K. W.(2002), "Prevalence of snoring and sleep-disordered breathing in a group of commericial bus drivers in Hong Kong", 『Intern. Med. J.』, 32, pp. 149-157.

158 정종현, 홍승철, 권용실, 정대건, 한진희, 이성필(2004), "수면장애의 역할", 『수면의학』, 4. pp. 57-64.

159 Richard, W., Kox, D., Herder, C., Laman, M., Tinteren. H. & Vries, N.(2006), "The role of sleep position in obstructive sleep apnea syndrome", 『Eur Arch Otorhinolaryngol』, 263. pp. 946-950.

160 Dyonzak, J. & Cartwright, R. D.(1993), "Prevalence of positional differences in obstructive sleep apnea", 『Sleep Res.』, 22. p. 191.

161 수면무호흡증의 치료방법 중 지속적 상기도 양압술(nasal CPAP; Continuous Positive Airway Pressure)은 수면 중에 압력이 높은 공기를 코를 통하여 기도로 불어 넣어서 기도가 막히는 것을 예방하는 치료법으로 치료율이 거의 100%에 달한다. 처음에는 다소 불편한 점이 있으나 약 2주가 지나면 대개 잘 적응하는데 지속적인 체중감소의 노력과 규칙적인 운동은필수적이다 (http://blog.naver.com/c1c1b1b1/80155535319, 2014. 10. 12검색)

162 양창국(2001). op. cit.

163 사사키 미츠오(2005), op. cit.

164 노태정(2001). 『연령에 따른 교대근무자의 수면/각성 행동 경향』, 경남대학교, 석사학위논문.

165 박성철(2004). 『소화불량증 환자의 수면장애에 관한 연구』, 고려대학교, 석사학위논문.

166 Carskadon. M. A., Dement, W. C.,(1982), "Nocturnal determinants of daytime sleepiness", 『Sleep』, 5(1), pp. 73-81.

167 Roehrs, T., Shore, E., Papineau, K., Rosenthal, L., Roth, T.(1996), "A two-week sleep extension in sleepy normals", 『Sleep』, 19(7),pp. 576-582.

168 Schmitt, B. E., Gugger, M., Augustiny, K., Bassetti, C., Radanov, B. P.(2000), "Prevalence of sleep disorders in an employed swiss

population: results of a questionnaire survey" , 『Schweiz Med Wochenschr』, 130(21), pp. 772-778.

169 Soldatos, C. R., Allaert, F. A., Ohta, T., Dikeos, D. G.(2005), "How do individuals sleep around the world? Results from a single-day survey in ten countries" , 『Sleep Med.』, 6(1), pp. 5-13.

170 손경현 (2006), 『교대근무 여부에 따른 성인 남자의 주간 졸림증과 피로도-4조 3교대의 빠른 교대주기에서』, 서남대학교, 박사학위논문.

171 Morgan, K., & Closs, S. J.(1999), 『Sleep management in nursing practice: an evidenced-based guide』, Churchill Livinstone.

172 Buysse, D. J., Reynolds, C. F. Ⅲ, Monk, T. H., Berman, S. R. & Kupfer, D. J.(1989), "The Pittsburgh Sleep Quality Index: a new instrument for psychchiatric practice and research" , 『Psychiatry Research』, 28, pp. 193-213.

173 Fossey, E.(1990), "shift work can seriously damage your health" , 『Professional nurse』, 5(9), pp. 476-480.

174 Nobes, R. D., Buysse, D. J., Halligan, E. M., Houck, P. R. & Monk, T. H.(2009). "Self-Reported sleep quality predicts poor cognitive performance in healthy older adults" , 『Journal of Gerontology :psychological Science』, 64(b), pp. 180-187.

175 Lim, J., & Dinges, D. F.(2010), "A meta-analysis of the impact of short-term sleep deprivation on cognitive variables" , 『Psychological Bulletin』, 136, pp. 375-389.

176 김신미, 오진주, 송미순, 박연환(1997), "일반성인과 노인의 수면양상과 수면 방해요인의 비교연구" , 『간호학회지』, 27(4), pp. 820-830.

177 한국노동안전보건연구소(2007), 『교대제, 무한이윤을 위한 프로젝트』, 도서 출판 메이데이.

178 김은주(2007), "사업장 교대근무자와 비교대근무자의 수면문제와 건강상태 비교" , 계명대학교, 석사학위논문.

179 민순(1998), op. cit.

180 엔도 다쿠로(2011), 임정희 역, 『4시간 수면법』, 출판사 아이소.

181 사사키 미츠오(2005), op. cit.

182 엔도 다쿠로(2011), op. cit.

183 사사키 미츠오(2005), op. cit.

184 Bartholini C.(1988), "Growing Aspects of hypnotic drugs" , Sauvanet JP, Lange SZ, Morselli PL(eds), 『Imidazopyridines in Sleep Disorders』, New York, Raven Press. pp. 1-9.

185 전상희, 장정미(2009), "수면장애에 관한 동서의학적 고찰 및 국내 간호연구 분

석", 『동서간호학연구지』, 15(1), pp. 43~53.

186 사사키 미츠오(2005), op. cit.

187 역류성 식도염(reflux esophagitis)은 위의 내용물이 식도로 역류하여 식도에 행태학적 변화가 초래된 경우를 말하는데, 가슴 쓰림(heartburn)이나 역류(regurgitation)를 호소하거나 만성적인 경우 후두증상, 흉롱, 인후이물감, 연하곤란 등의 증상을 호소하는 경우가 많다(박민호, 2002). 유럽에서는 위식도역류질환의 유병률의 증가와 함께 시도선암이 7배까지 증가하고 있다(티-Serag, Sonnenberg, 1998). 교대근무자의 경우 음식물 섭취 후 바로 누우면 탄수화물의 소화와 흡수를 증가시켜 비만이 되기 쉽다. 비만은 다시 역류성 식도염을 자극하는 요인이 되는데, 대사증후군이 있는 경우 역류성 식도염이 증가했고, 역류성 식도염의 중증도가 심할수록 대사증후군의 유병율이 증가하는 것으로 나타났다. 건강보험심사평가원의 조사에 의하면, 역류성 식도염은 아침을 거르는 젊은 층과 운동을 잘 하지 않아 복부 비만이 있는 중년층에서 많이 나타나며, 국내 유병률은 11.8~17.3%로 매년 환자 수가 증가하고 있다.

188 김동규, 금종수, 김세환(2006), "여름철 수면시 온열쾌적감 평가 −제3보 :실내온도 상승에 관하여", 『설비공학논문집』, 18(7), pp. 535~540.

189 Glazner, L. K.(1991), op. cit.

190 양창국(2001). op. cit.

191 Bosch, L.H.M., De Lange, W.A.M.(1987), "Shiftwork in health care", 『Ergonomics』, 30(5), pp. 773-791.

192 Akerstedt, T.(1990). "Physiological effects of shift work", 『Scandinavian Journal of Environment and Health』, 16(1), pp. 67-73.

193 Chadler. T., Berelowitz. G., Pawlikowska. T., Watts. L., Wessely. S., Wright. D., Wallace. P.(1993), "Development of a fatigue scale", 『J. Psychosom Res.』, 37(2), pp. 147-153.

194 한국어사전편찬회(1986), 『국어대사전』.

195 김중임(1992), 『교대근무 간호사의 circadian 유형에 따른 밤근무 전후의 피로도에 관한 연구』, 서울대학교 대학원, 석사학위논문.

196 박정숙(1997), "수술실 간호사의 직무수행과 피로에 관한 연구", 경희대학교, 석사학위논문.

197 설미화(2007). op. cit.

198 한금선(2005), "만성피로환자의 스트레스 인지평가, 대처행위, 자기효능감, 사회적 지지와 피로조절행위 간의 관계", 『정신간호학회지』, 14(2), pp. 170-177.

199 박정숙(1997). op. cit.

200 백과사전부(1982), 『동아세계백과사전』, 동아출판사.

201 김신정, 성명숙(1998), "병원 근무 간호사가 자각하는 피로", 『대한간학회지』, 28(4), pp. 908-919.

202 Liu, X., Makoto Uchiyama, Keiko Kim, Masako Okawa, Kayo Shibui, Kudok Yuniko Doi, Masumi Minowa & Ryuji Ogihara(2000), "Sleep loss and day time sleepiness in the general adult population of Japan", 『Psychiatry Research』, 93(1), pp. 1-11.

203 설미화(2007), op. cit.

204 고효정, 김명애, 권영숙, 김정남, 박경민, 박정숙, 박영숙, 박청자, 신영희, 이경희, 이병숙, 이은주(2004), "교대근무간호사의 피로경험", 『한국보건간호학회지』, 18(1), pp. 103-118 참고.

205 Morrison. J.(1980), "Fatigue as a presenting complaint in family practice", 『J. Fam. Pract.』, 10, pp. 795-801.

206 Shefer. A., Dobbins. J. G., Fukuda. K., Steele. L., Koo. D., Nisenbaum. R., Rutherford. G. W.(1997), "Fatiguing illness among employees in three large state office buldings, California 1993: was there an outbreak?", 『J. Psychiat. Res.』, 3(1), pp. 31-43.

207 이은옥, 한영자, 최명애(1974), "종합병원 근무 간호사들의 피로도에 관한 조사연구", 『중앙의학』, 27(2), p. 176 참고.

208 손경현(2006). op. cit.

209 Bosch, L.H.M., De Lange, W.A.M. (1987), op. cit.

210 김중임(1992), op. cit.

211 양지선(2000), "중환자실 간호사의 Circadian 유형에 따른 밤근무 피로도 조사", 『한국산업간호학회지』. 9(2), pp. 86-93.

212 이성자(2001), "밤번고정근무 간호사와 3교대근무 간호사의 피로도, 직무만족도, 간호 수행업무 정도 비교", 연세대학교, 석사학위논문.

213 김신정·성명숙(1998), op. cit.

214 변영순(2005), "2교대와 3교대근무 간호사의 수면과 피로도", 『기초간호자연과학학회지』, 제7권 제2호, pp. 5~15.

215 설미화(2007), op. cit.

216 박정숙(1997), op. cit.

217 구미옥, 김매자(1984), "임상간호원의 업무 스트레스에 관한 분석적 연구", 『대한간호학회지』, 15(3), pp. 39-49 참고.

218 박정숙(1997), op. cit.

219 설미화(2007), op. cit.

220 설미화(2007), Ibid.

221 Liu, X., Makoto Uchiyama, Keiko Kim, Masako Okawa, Kayo Shibui, Kudok Yuniko Doi, Masumi Minowa & Ryuji Ogihara(2000), Ibid.

222 김지용(1996). "교대근무형태에 따른 안전사고에 관한 조사", 「대한산업의학지」, 8(2), pp. 330-339.

223 Harris, R. C. & Hultman, E.(1985), "Adenine nucleotide depletion in human muscle in response to intermittent stimulation in situ", 「J. Psysiol」, 365, p. 73.

224 변영순(2005).op. cit.

225 Greenhaff, P. L., Green, M., & Maughan, R. J.(1988). "The effects of glycogen loading regimen on acid-base status and blood lactate concentration before and after a fixed period of high intensity exercise in man", 「Eur. J. Appl. Physiol」, 57, pp. 254-259.

226 선우섭, 박성진(1997), 「지도자를 위한 기초지식 Fitness Q & A」, 홍경출판사 참고.

227 박주현(2013), 「에비안스-함베르크 스트레칭과 정적 스트레칭이 머리전방자세 개선에 미치는 효과」, 용인대학교, 박사학위논문 참고.

228 Peterson, L., Renstrom, P.(1986), 「Sports injuries. Their prevention and treatment」, Cape town, South Africa: Juta.

229 Anderson,B.,Burke,E.R.(1991), "Scientific medical and practical aspects of stretching", 「Clin Sports Med」, 2(1), pp. 63-86.

230 Ciullo, J. V., Zarins, B.(1983), "Biomechanics of the musculotendinous unit; relation to athletic performance and injury", 「Clin Sports Med」, 2(1), pp. 71-86.

231 Noakes, T. D.(1987), "Effect of exercise on serum enzyme activities in humans", 「Sports Med」, 4(4), pp. 45-167.

232 윤방부, 이균상, 강희철, 신경균(1999), "외래환자의 피로에 대한 분석", 「가정의학회지」, 20(8), pp. 978-990 참고.

233 협응성은 신체의 움직임을 얼마나 매끄럽고 정확하게 하는가에 대한 신체 각 분절의 조화를 말한다. 즉, 협응력은 몸 전체를 신속하고 능률적으로 조정하고 통제할 수 있는 능력을 말하는 것이다(네이버, 지식 in).

234 정현주(1999), 「무용과학」, MOMM(1).

235 박주현(2013), op. cit.

236 전병효(1997), 「마사지가 체력 향상에 미치는 영향」, 경희대학교, 석사학위논문 참고.

237 최석원(1992), "스포츠 마사지가 운동 후 회복기 미치는 영향", 국민대학교 석사

학위논문.

238 백남섭(1996), 『스포츠 마사지 처치가 회복기 심폐기능 및 혈액 변인에 미치는
　　영향』, 명지대학교, 박사학위논문.

239 전병효(1997), op. cit.

240 백남섭(1996), op. cit.

241 박정옥(2001), 『스포츠 마사지가 무용수의 피로회복과 상해예방에 미치는 영
　　향』, 경성대학교, 석사학위논문.

242 박정옥(2001), Ibid.

243 최석원(1992), op. cit.

244 백남섭(1996), op. cit.

245 오희경(1992), "운동 후 스포츠 마사지가 혈중유산농도와 심박수에 미치는 영
　　향", 한국교원대학교, 석사학위논문.

246 한성철 (1994), 『신체조성 및 운동처방』, 재동문화사.

247 김상수 (1995), 『스포츠 맛사지의 이론과 실제』, 학문사

248 김석련 (1994), 『스포츠 마사지』, 금광.

249 신춘선(1992), 『스포츠 마사지가 운동선수들의 컨디션과 피로회복에 미치는 영
　　향에 관한 연구』, 조선대학교, 석사학위논문.

250 김석련 (1994), op. cit.

251 김용호(1998), 『스포츠 맛사지가 혈중 젖산 농도변화에 미치는 영향』, 동국대학
　　교, 석사학위논문.

252 김석련 (1994), op. cit.

253 오희경(1992), op. cit.

254 이원재, 박가덕(1999), "국소맛사지 특수운동요법 및 신체교정요법이 만성요통
　　환자에게 미치는 효과", 한국운동과학회, 『운동과학』, 892, pp. 231-244 .

255 박정옥(2001), op. cit.

256 박정옥(2001), Ibid.

257 Vuori(1988), "Sauna bather' scirculation", 『Ann. Clin. Res』, 20(4),
　　pp. 249-256.

258 이상오(1985), "사우나에 따른 체중감량 및 근력 변화에 관한연구", 연세대학
　　교, 석사학위논문.

259 Leppäluoto, J.(1988), "Hunman Thermoregulation in sauna",
　　『Annals of Clinical Research』, 20, pp. 240-243.

260 Leppäluoto, J., Tuomainen, M, Vaananen A, et al.(1986),
　　"Somecardiovascular and metabolic effects of repaeted sauna
　　bath", 『Acta. Physiol. Scand.』, 128, pp. 77-81.

261 전태원, 이병근(1997), "장년층 활동성 생활자의 효율적인 피로회복 방법 연구",
　　『운동과 과학』, 제6권 제1호, pp. 73~84 참고.

　　　　　　　　　　　　　　　　　　　　　　교대근무

262 이용진(2002), "근피로 유발 후 냉요법이 혈중 암모니아, 젖산농도, 젖산탈수소 효소 및 크레아틴 키나제 변화에 미치는 영향", 세종대학교, 박사학위논문.
263 Chesterton, L. S., Foster, N. E., & Ross, L.(2002), "Skin temperature response to cryotherapy", 『Archives of Physical Medicine & Rehabilitation』, 83(4), pp. 543-549. ; Christopher, L. D., Timothy, R., Gary, R., James, K. W., & Thomas, R. P.(2004), "Shift work sleep disorder: Prevalence and consequences beyond that of symptomatic day workers", 『Sleep』, 27, pp. 1453-1462.
264 Cameron, M. H.(2003), 『Physical Agents in Rehabilitation』, 2nd ed., St. Louis: Saunders.
265 Wolf, S. L.(1971), "Contralateral upper extremity cooling from a specific cold stimulus", 『Physical Therapy』, 51, pp. 158-165.
266 이용진(2002). op. cit.
267 Rivenburgh, D. W.(1992), "Physical modalities in the treatment of tendon injuries", 『Clinics in Sports Medicine』, 11(3), pp. 645-659.
268 Chesterton, L. S., Foster, N. E. & Ross, L. (2002), op. cit.
269 심은옥(2014), "슬관절전치환술 환자의 구조화된 냉요법 적용이 통증, 염증, 관절 운동 범위 및 부종에 미치는 효과", 전남대학교, 석사학위논문.
270 Cameron, M. H.(2003), op. cit.
271 Minors D. S., Scott, A. R., Waterhouse, J. H.(1986), "Circadian arrythmia: Shift work, travel and health", 『J Soc Occup Med.』, 36, pp. 39-44.
272 Smith, L., Folkard, S., Tucker, P.(1998), "Work shift duration: a rewiew comparing eight hour and 12 hour shiht systems", 『Occup Environ Med.』, 55, pp. 217-229.
273 이혜진, 김택준, 전정일, 구정완, 정치경(1997), "약사의 피로작업증상", 『대한산업의학회지』, 9(1), pp. 26-29 참고.
274 곽은주(2009), "교대근무 병원 간호사의 수면장애와 피로, 직무만족간의 관계", 경북대학교, 석사학위논문.
275 박영남(2006), op. cit.

넷째 마당

교대근무자는
감정노동자이다

한국사회에서 감정노동에 관한 논의가 주목받기 시작한 것은 21세기 이후이다. 그 이후부터 가장 많이 부르고, 듣는 호칭이 "고객님"일 것이다. 고객으로부터 인격적으로 언어적 모욕과 폭행을 당해도 개인의 감정을 억제해 가며 고통을 억제하는 것이 감정노동자이다. 한국의 감정노동자는 공공부문과 일반기업체에서 갑과 을의 고용관계를 맺은 교대근무자들이 절대다수가 감정노동자이다. 조직에서 갑과 을은 수직적 조직의 상하관계로서 갑은 관리감독의 권한은 있되 결과에 대한 2차적인 도덕적인 책임만 따르고, 을은 개인의 감정은 있으되 표현하지 못하고 권력의 열세로 실질적인 모든 책임을 져야 한다. 을은 거의 대부분 교대근무에 종사하는 공공부문의 현장(현업) 근로자 그리고 하청 및 용역 근로자, 기업의 현장(공장)종사자 그리고 하청 및 용역업체에 종사자들이다. 우리나라에서는 현장의 근로자들에 대한 감정노동에 대한 연구가 활발하지 못한 관계로 이 장에서는 감정노동에 대한 이론적인 측면을 중심으로 전개하였다.

감정노동이란?

감정노동의 정의

감정은 사람들이 사회생활에서 경험하고 해석하며, 사고하고 표현하며, 그리고 관리하는 느낌을 의미한다.[1] 감정은 인간의 자아를 지키고,[2] 사회적 상호작용에 의해 인식되며, 사회적·문화적·상황적 환경과 대인간 조건에 의해 영향을 받으며,[3] 사회적 교환가치가 있는 자원으로 파악하였다.[4]

혹쉴드Hochschild가 '감정노동(The Managed Heart)'이라는 저서에서 감정노동이란 개념을 처음 사용한 이래 감정노동의 개념을 정련화 시키려는 노력들이 여러 연구자들에 의해 이루어져 왔다. 혹쉴드는 조직차원에서의 감정 관리를 전환이라 하고 감정 관리와 느낌 규범, 그리고 사회적 교환의 의미를 포함한다고 하였다. 즉, 감정노동은 감정관리 측면에서 개인의 통제로부터 조직차원의 통제로 전환되는 과정이며, 느낌규범으로써 자신의 판단에 의해서 통제되던 느낌에 대한 규범들이 조직의 공식적인 차원에서 규정되고 의미가 부여되는 통제과정으로 전환된다. 그리고 대인관계를 통하여 상호적으로 교환되는 감정들이 조직의 통제를 받게 됨으로써 사회적 교환관계로 전환되는 것이다. 이렇듯 감정이 사회적 교환가치가 있는 노동의 자원으로 새롭게 조명되면서 개인차원의 일상적인 생활을 영위해가는 과정에서 겪는 감정의 틀에서 벗어나 오늘날은 조직차원에서 성과창출과 교대근무 개별 노동자의 태도에 영향을 미치는 중요한 노동요소로 인식되고 있다.

또한 혹쉴드는 교대근무 항공기 승무원들이 임금을 위해 외적으로 관찰 가능한 감정을 의도적으로 표현한다는 것을 발견하고, 인간의 느낌 및 감정에 대한 관리를 정리하면서 감정노동을 노동의 유형으로 인식하였다. 이러한 인식하에 그녀는 감정노동에 대한 정의를 교대근무 구성원들이 조직의 성과를 위해 외적으로 관찰 가능한 표정이나 몸짓을 만들기 위한 느낌의 관리라고 정의하였다.

한편 혹쉴드는 사회적 상호작용과 관련된 표현적 관점에서 감정노동을 설명한 반면, 모리스Morris와 팰드망Feldman은 교대근무자들 사이에 상호관계가 작용하는 동안 조직에서 요구하는 감정표현을 위한 구성원들에게 요구되는 노력, 계획, 통제라고 정의하여 조직적 차원에서 제시된 관점을 중심으로 설명하였다.[5] 애쉬포스Ashforth와 험프리Humphrey는 감정노동에 대한 정의를 조직의 목표를 달성하기 위한 표현관리의 형태로서 구성원들이 고객에게 적절한 감정을 표현하는 행위라고 주장하였는데,[6] 이는 모리스와 펠드망의 관점과 대동소이한 것이다.

감정노동은 교대근무 직장 내에서 구성원 자신이 상호작용 과정에서의 실제적 감정표현과 조직의 감정표현 규범에 의해 통제되는 감정표현의 차이가 있음에도 불구하고, 개인이 효과적인 직무수행이나 조직적응을 위하여 개인의 경험적 감정을 조직적 표현 규범과 조율하려는 구성원의 노력을 의미한다. 이것은 요구되는 감정표현이 구성원의 내부 느낌과 일치하는지 또는 미일치 하는지에 관계없이 표현규칙의 준수가 감정노동을 구성하는 것을 의미한다. 이러한 측면에서 고객과의 장소적 또는 음성적 접점에서 서비스를 창출하는 직무특성을 지니고 있는 치안 및 공공질서 종사자(경찰관, 소방관 등), 그리고 교통 및 운송기관 종사자(철도, 지하철, 항공 및 관제, 항만과 부두컨테이너, 버스, 택시 등) 및 의료기관 종사자(병원, 의원, 조산원 등)와 각종 서비스직종 종사자(호텔, 외식산업, 콜센터, 백화점 및 대형마트, 카지노, 경비 등)를 모두 감정노동자라고 할 수 있다.[7] 훅쉴드는 감정표현의 직업을 가진 종사자들을 육체노동과 정신노동으로 구분하고 연기자인 교대근무 구성원들은 감정노동을 수행하고 있다고 주장하고, 감정노동이 큰 비중을 차지하는 44개의 직업을 규정하였다. 훅쉴드에 따르면 연기자인 종업원이 청중을 대상으로 하는 작업장은 이들 간의 상호작용이 표출되는 무대가 된다.[8] 이런 관점에서 그로브 등은 자신의 주어진 목표를 달성하기 위하여 연기자가 모든 연기력을 동원하는 것과 마찬가지로 교대근무 서비스 종사자의 내면적 인상관리는 직접적으로 조직의 성과관리와 관련되어 있다는 것이다.[9]

서비스를 제공하는 교대근무자들은 고객과 서비스를 거래하는 동안 특정 감정을 표현하거나 경험해야 한다는 역할담당에 관한 규칙을 공유하고, 이러한 감정규칙의 준수를 조직과 고객에게 동시에 요구받게 된다. 이는 일반적인 사회적 규범의 준수를 넘어서 직업규범이나 조직규범의 성격을 지니기 때문에 상대적으로 강력한 규범적 성향을 가진다. 그러한 이유는 먼저, 교대근무 구성원들이 제공하는 재화인 서비스의 특성 때문이다. 그리고 김보성은 서비스는 무형의 재화로써 고객에게 제공되기 때문에 생산과 동시에 소비되는 특징을 지니고 있기 때문이라고 했다.[10] 따라서 서비스를 제공한 후에 사후적인 관리가 실질적으로 불가능하기 때문에, 고객에게 서비스를 제공하는 순간의 감정이 고객의 서비스 품질 지각에 중요한 요소로 작용한다.

　교대근무에 종사하는 구성원들의 감정이 중요한 또 다른 이유는 그들의 업무가 대면접촉과 음성접촉을 통하여 업무를 수행하는 과정에서 고객과의 접촉에서 감정표출이 노출되면, 그 표출된 감정으로 인해 고객의 방문이나 이용하는데 구매의사결정에 많은 영향을 미치는 한편, 업무상 자체 감정규칙의 준수 여부가 관건이기 때문이다. 예를 들면, 일반인들이 일상적인 생활에서 편리하게 이용하는 지하철이나 버스, 택시에서 종사자가 긍정적인 감정을 표출하여 고객에게 긍정적인 영향을 미칠 경우, 고객은 조직 내 감정규칙의 준수를 요구하지 않게 되고 즐거운 감정을 지니게 된다. 좀 더 제한된 성격의 작업장인 레스토랑이나 백화점의 종사자가 긍정적인 감정을 표출하여 고객에게 감동적인 감정을 느낀 경우에는 재방문 의사와 구매의사결정에 많은 영향을 미치게 된다. 이러한 사례는 잡프Zapf가 언급한 교대근무 서비스의 본질적이면서도 최종적인 목표를 달성하는 것이기 때문에 교대근무 작업장에서 구성원의 감정이 중요한 요소로 주목을 받게 되는 이유이다.[11] 이러한 주장은 코르드Cordes와 도거티Dougherty, 타리스Taris, 칼리모Kalimo, 샤우펠리Schaufeli 등 여러 연구자들에 의해서 실증적으로 입증되고 있다.[12] 따라서 감정노동은 교대근무 작업장에서 감정을 창출하여 고객에게 서비스를 제공하고 있는 조직에서는 고객이 지각하는 수준으로 품질을 향상시키기 위해서 구성원들의 감정을 감정규칙이나 규범을 통하여 조직의 성과관리를 달성하는데 주목해야 할 매우 중요한 요소가 된 것이다.

감정노동의 중요성

감정은 인간의 자아(ego)를 지키고 다른 사람과의 원만한 상호작용을 유지하기 위한 필요한 요소로써 인식되어 왔다. 예전부터 감정에 관한 인식은 인간의 본능적인 측면이나 사회문화적인 구성물의 관점으로만 인식되었으며,[13] 작업장에서는 억압되어야 할 대상으로 여겨졌다.[14] 과학적 관리법은 전통적으로 종사자의 작업흐름과 분업을 강조하면서 그들의 감정은 집에 남겨두고 와야 할 불필요한 요소로 여겼으며, 조직관리 대상에서 전혀 고려되지 않는 요소로 파악하였다.[15] 그리고 고객의 접점에서 서비스를 창출하여 소비자인 고객에게 전달하는 교대근무자들의 산업현장에서도 감정을 표현한다는 것은 절대적으로 금기시하는 분위기의 연속이었으며 통제의 대상이었다.

하지만 서비스의 고도화에 따른 상품의 생산성과 품질의 영향에 교대근무자들 개인의 감정이 기업의 경쟁력과 성공을 결정하는 핵심적 요인이 되었다. 감정노동은 교대근무제에서 서비스 노동만이 가지고 있는 독특한 특성으로 서비스 노동에서는 구성원과 서비스 수용자 사이에 이루어지는 '상호작용의 질' 그 자체가 고객에게 전달되는 서비스로서 제품의 일부분을 구성하는 것이다.16 이 때문에 교대근무 서비스 노동에서는 구성원, 노동과정, 제품들이 분명하게 구분되지는 않지만,17 회사의 이미지나 대외 신뢰도를 크게 좌우하여 생산성을 물론 고객의 만족도에도 지대한 영향력을 미치고 있다. 이러한 차원에서 감정노동이라는 개념이 만들어졌으며, 특히 교대근무 서비스 부문에서 감정노동의 중요성이 크게 강조되고 있는 것이다. 따라서 오늘날의 감정노동은 교대근무 서비스 조직에서 구성원들의 직무수행에 필수적인 요소로서 개인과 조직의 성과에 직접적으로 영향을 미치고 있다.18 이와 같은 감정노동은 교대근무 서비스 조직에서 고객과의 상호작용 과정에 다양한 통제 메커니즘으로 활용되어 기업의 서비스 품질에 경쟁력을 강화하는 매우 중요한 요소로 등장하여 오늘날 치안과 소방 등 관련 공공기관에서부터 교통운송기관과 업체 및 의료기관, 그리고 호텔과 외식산업 및 콜센터, 카지노 등에 이르기까지 널리 다양한 측면에서 연구되고 있다.

2

감정노동의
구성요소

감정노동에 대한 구성요소는 직무의 특성에 따라 접근하는 요소와 감정노동의 수행전략에 의해 접근하는 요소로 대별된다. 직무의 특성에 따른 감정노동의 선행요인은 인간에게서 표현되는 감정표현에 대한 빈도와 매뉴얼화된 감정표현 규범의 주의집중도 그리고 내면의 감정표현 규범의 다양성 및 감정적 부조화로 구성되어 있다. 그리고 감정노동을 수행하는 개인적 전략차원에서의 접근요소에는 표면행위, 내면행위, 자연발생적 감정표현, 감정일탈이 있다.

감정노동 접근의 구성요소

감정노동은 조직 내에서 자신이 경험하는 실제 감정표현과 조직의 감정표현 규범에 의해 요구되어지는 감정표현에 차이가 존재할 때, 개인의 효과적인 직무수행 또는 조직 내 적응을 위하여 자신이 경험하는 감정을 조직의 표현규범에 맞게 조절하려는 개인적인 노력이다.[19] 이러한 감정노동은 사람과 관련된 업무에서 주로 발생하며, 구성원 간의 특정한 역할이 사회적으로 또는 조직에 의해 요구되는 업무에서 더욱 두드러진다. 이러한 업무는 구성원들이 느끼는 부정적 정서를 숨겨야 할 필요도 있으며, 어떤 부분은 과장해야할 필요성이 있거나, 감정을 억누르거나, 상대에게 친절하고 침착한 태도를 취할 필요성이 있기 때문에 감정노동을 수행하는 구성원들은 오랜 시간동안 지속적으로 성공적인 업무를 위해서 개인의 감정을 조절하고 관리해야 하는 일이 대단히 어려운 일이다. 따라서 구성원들은 자신들의 사회적 정체성과 조직의 표현규범을 충족하기 위하여 부단한 노력을 경주하게 된다.[20] 이때 개인의 내면감정과 조직과 고객에 의해 기대되는 감정과의 일치를 위한 전체적인 조절관리 전략의 특성에 따라 감정노동의 구성요소에 관한 연구는 다양한 측면에서 연구되었다. 모리스와 팰드망은 직무 특성 그 자체에 초점을 두었으며, 훅쉴드는 종업원의 감정노동 수행전략에 초점을 두고 연구하였다.

1) 직무특성의 초점의 접근

직무로서의 감정노동이 갖는 객관성 그 자체인 고객과의 상호작용 빈도, 지속시간 등 직무특성에 초점을 두는 접근으로서, 기본적으로 고객과의 상호작용이 갖는 특성에 초점을 두고 있다. 가령 모리스와 팰드망은 감정과 관련한 연구는 감정표현의 빈도에 의존하여 개념을 측정하고 감정의 양에만 초점을 맞추기 보다는 감정의 질적인 측면을 고려해야 한다고 강조하였다.[21] 그들은 감정노동의 성격을 고객

과의 대면이나 음성을 통하여 직무를 수행하며, 다른 사람의 감정이
나 태도, 행위에 영향력을 미치기 위해 감정을 적극적으로 표현해야
하고, 감정표현에 있어서 정해진 규칙을 준수해야 한다는 점에서 서
비스 종사자가 지각하는 감정노동의 중요성은 더욱 부각된다고 강조
하였다. 그리고 모리스와 펠드망의 연구는 다른 연구들의 이론적 토
대를 제공하고 있다는 점과 감정노동을 다차원적으로 접근함으로써
가장 많이 인용되고 있다.

    가) 감정표현의 빈도
  감정표현에서 빈도는 사건 또는 사건군이 발생하는 수로 정의된
다. 빈도의 추정이 중요한 이유는 감정노동 종사자가 서비스에 대한
사용빈도를 정확하게 보고하도록 하는 것이 감정표현의 성과를 예측
하는데 중요하기 때문이다. 감정표현의 빈도는 종업원이 고객과 얼
마나 자주 상호작용하는 정도를 나타내는 것으로서 감정노동의 가장
대표적인 요소로 다루어지고 있다. 따라서 감정표현의 빈도는 감정
노동의 다양한 차원 가운데 가장 많이 연구가 이루어지는 분야이다.
감정표현의 빈도에 대한 관심은 감정노동을 수행하는 종사자의 활동
을 통해 고객과의 신뢰와 존중 및 호의적인 태도 등의 정서적 결합
이 이루어질 경우 고객은 기업과의 관계를 지속시키고자 할 것이라
는 가정에서 출발한다.[22] 그러므로 교대업무차원에서 고객이 요구하
는 적절한 감정표현을 규정하여 이를 준수할 것을 요구할수록 기업
의 성과는 향상되므로 조직의 입장에서는 감정표현 규칙을 규정하고
따를 것을 요구하여 기제가 많이 발생할수록 규정된 감정표현의 빈

도를 높이려고 하게 된다.

감정표현의 빈도의 선행변수에는 감정표현규범의 명확성, 감시활동의 근접성, 과업의 일상성 등이 있다. 먼저, 감정표현 규범의 명확성은 직무상황 하에서 감정노동을 수행하는 종업원들이 감정을 표현하는데 관련된 학습된 감정표현규범을 말한다. 조직상황에 적절한 감정표현규범을 학습하는 가장 중요한 도구는 조직사회화이다.[23] 예를 들면, 용인 에버랜드는 신입사원들이 에버랜드를 찾는 고객들에게 긍정적이고 고객 자신의 존중감을 높여주는 감정을 표현하도록 교육시키기 위해 수업, 편람, 게시판 등을 사용한다. 감정노동을 수행하는 종업원들이 고객들과의 접촉이 많을수록, 조직이 종업원들의 감정표현을 통제할수록, 조직차원의 이익이 많다고 생각할수록, 조직은 좀 더 명확한 감정표현규범을 통하여 종업원들의 감정표현행위를 통제하려 드는 것과 같다.

감정표현의 빈도의 선행변수로서 감시활동의 근접성은 감독자에 의해 감정표현이 감시되는 정도를 말한다. 예를 들면[24] 디즈니 월드의 감독자들은 업무시간의 상당부분을 종업원들이 감정표현규범에 알맞은 감정을 표현하는지를 점검하기 위해 집중적인 관심으로 태도를 살펴본다. 어떤 무례한 종업원은 디즈니의 잠재고객들에게 좋지 않은 영향을 미칠 수 있기 때문에 감독자들의 적극적인 감시활동은 필수적이다. 종업원들의 감정표현에 대한 직접적인 감시활동과 감정노동의 성과에 대한 관계는 슈퍼마켓 종업원들에 대한 연구에서 입증되었다. 이러한 감시활동에는 종업원과 고객 간의 상호작용에 대한 직접적인 감시와 감독뿐만 아니라, 고객들이 수행하는 종업원의 감정노동의 성과에 대한 평가와 조사도 있다. 이와 비슷한 방식으로는 조직이 암행고객을 활용하여 종업원들이 바람직한 감정표현을 지속적으로 수행하는지에 대해 은밀하고 무작위적으로 감시하는 방식이 있다. 따라서 감시활동의 근접성은 바람직한 감정표현 빈도와 정(+)의 상관관계가 있음을 추론할 수 있다. 조직이 명확한 감정표현규범을 가지고 있고, 종업원들의 감정표현을 감시하는 정도는 해당직무를 수행하는데 요구되는 기술과 훈련수준에 의해 좌우된다. 많은 경우, 높은 숙련도가 요구되는 전문가들의 훈련과정은 대게 적절한 감정표현에 대한 학습이 포함되어 있다. 예를 들면, 수련의 과정의 첫 1년 동안은 환자들과 상호 작용하는 방법을 학습하는 것이 훈련과정의 중요한 부분을 차지하고 있다. 스미스 등은 이미 감정표현행동을 지배하는 감정표현규범이 내부화되어 있는 숙련된 종업원들은 조직에서 그들의 감정표현활동을 감시할 공식적인 필요가 훨씬 감소한다고 했다.[25]

감정표현 빈도의 선행변수로서 과업의 일상성을 잘 보여주는 예는 패스트푸드 식당의 판매사원과 카운터 직원은 일상적인 서비스 직무의 대표적이다. 이러한 직무에 종사하는 종업원들의 감정노동은 매우 정형화되어 있다. 따라서 고객들과의 빈번한 상호작용에서 종업원들은 이미 정형화된 감정을 표현하게 되며, 감정노동의 강도 또한 높지 않게 된다.

나) 감정표현의 주의집중도

감정표현 규범의 주의집중도는 구성원이 감정 표현을 하는 데 얼마

교대근무

나 많은 주의를 기울이고 에너지를 쏟아야 하는지를 가리키는 것으로서 감정표현의 지속성과 강도라는 두 가지 하위개념으로 구성되어 있다. 감정표현 주의집중도가 높을수록 해당 직무는 종업원들로부터 더 많은 심리적 에너지와 신체적 노력을 요구하게 된다. 여기서 지속성은 특정 고객과의 상호작용이 얼마나 오래 지속되느냐를 가리키고, 강도는 고객과 상호작용할 때 특정 감정을 얼마나 강하게 표현해야 하는지를 가리킨다. 상호작용의 지속성이 길고 강도가 강한 경우 감정표현을 하는데 상당 수준의 주의를 기울려야 하는 반면, 지속성이 짧고 강도가 약한 경우 가볍게 인사하거나 미소 짓는 등 정형화된 감정표현을 하는 것만으로도 충분하다.

서튼Sutton과 라파엘리Rafaeli는 편의점 종업원들에 대한 연구를 통해 고객들과의 짧은 시간의 상호작용은 단지 형식적인 인사나 가벼운 미소 등 이미 정형화된 상호작용만을 수반한다는 것을 밝혀냈다. 이러한 결과는 단기간 동안의 감정표현에 요구되는 노력의 정도가 아주 적음을 의미한다. 반대로, 비교적 지속적인 감정표현은 더 많은 정신적, 신체적 노력을 필요로 하게 되며, 따라서 비교적 긴 지속적 기간의 감정표현은 더 심한 감정노동을 유발하게 된다. 역할스트레스와 정신적 고갈에 대한 연구들은 이러한 주장을 지지하고 있으며, 또한 고객과의 장시간의 상호작용은 높은 수준의 정신적 고갈과 관련이 있음이 보고된 바 있다.[26]

감정표현의 지속성이 조직 내에서 요구되는 감정을 표현하는데 드는 노력에 영향을 미치는 데는 두 가지 이유가 있다.[27] 첫째는 고객에 대한 감정표현이 길면 길어질수록 감정표현은 점점 덜 정형화되어 간다는 것이다. 이것은 지속적인 감정표현에는 더 많은 주의력과 감정적 지구력이 요구된다는 것을 의미한다. 둘째는 고객에 대한 가용정보가 많으면 많을수록 고객과의 상호작용은 더 길어진다는 것이다. 이러한 고객에 대한 정보는 감정노동을 수행하는 종업원들이 자신의 실제 감정을 숨기기 더욱 어렵게 만들며 조직이나 직무상의 감정표현규범을 위반하게 만든다.

감정의 강도는 감정이 얼마나 강하게, 중요한 의미를 가지고 경험되고 표현되는지를 의미한다. 프리다Frijda, 오소리Orthory, 손넨만스 Sonnemans, 클로어Clore 등은 감정표현의 강도가 서비스 제공시에 고객들의 행동변화를 결정하는 가장 중요한 요인이라고 주장했다.[28] 왜냐하면 고객들은 서비스 제공자가 표현하는 감정의 강도에 의해 설득될 수 있기 때문이다. 감정노동이 수행되는 방법에 대한 혹쉴드의 견해는 위의 관점을 지지한다.

감정표현의 주의집중도의 선행변수에는 과업의 일상성과 역할수행 대상자의 권력 등이 있다. 먼저 과업의 일상성은 감정표현 빈도와 정(+)의 관계가 있지만, 감정표현의 주의집중도와는 부(-)의 상관관계가 있다. 왜냐하면, 대부분의 일상적인 서비스 직무에서 고객들은 제공되는 서비스의 품질을 종업원들의 감정표현의 진실성보다는 자신과 종업원의 상호작용의 속도로 평가하기 때문이다.[29] 그리고 교대근무자의 강한 감정표현은 표준적인 작업과정을 왜곡시켜 일상적인 직무의 성과를 저해하는 경향이 있다.[30]

그리고 감정표현의 주의집중도의 선행변수로서 역할수행 대상자의 권력은 비교적 지위가 높은 고객들에게 좀 더 성실하고, 긍정적인 감정을 좀 더 진실하게 표현해야 한다고 생각하고 있다는 것이다. 퀸즈의 예를 들면, 디즈니 월드의 종업원들과 항공기 승무원들은 VIP 고객들과 항공기 1등석의 탑승객들에게 실제로 그런 방식으로 자신의 직무를 수행하고 있었다.[31]

다) 감정표현의 다양성

고객과 상호작용을 하는 과정에서 상황에 적합하게 감정표현들을 바꾸어야 하는데, 감정표현의 다양성은 감정노동의 수행과정에서 얼마나 다양한 종류의 감정을 표현하느냐를 가리킨다. 감정표현의 다양성이 증가할 경우에 종사자는 감정노동을 높게 지각하게 된다. 감정노동 종사자는 감정표현 규범을 준수하기 위해서는 특정 상황에 적합한 감정을 표현하기 위한 노력을 기울이게 되는데, 이러한 특정 상황이나 규범이 많아질수록 더 많은 노력과 에너지를 필요로 하기 때문에 감정노동을 더욱 많이 느끼게 된다.

와튼과 에릭슨은 조직 내에서의 감정표현을 긍정적인 표현과 중립적인 표현 그리고 부정적인 감정표현으로 분류하고 있다.[32]

첫째, 긍정적 감정표현은 근무자들과 고객들 사이의 호감의 거리를 증가시키는데 그 목적이 있다.

둘째, 감정적 중립을 강조하는 감정표현규범은 공정한 권위나 지위를 암시하기 위해 사용된다.

셋째, 적대감이나 짜증 등을 강조하는 부정적인 감정표현규범은 고객들을 위협하거나 억누르기 위해 사용된다.

수 많은 서비스 업종의 역동적인 본질을 고려해볼 때, 같은 업종의 서비스 제공자라 해도 서로 상이한 상황 하에서는 다른 감정표현규범을 요구하게 된다. 예를 들면, 판매사원들은 손님이 붐비지 않을 때는 손님 개개인에게 관심을 집중하기를 요구받으며, 손님이 붐비는 경우에는 고객과의 상호작용의 속도를 높이기를 요구받는다.33 따라서 모리스와 펠드망은 감정표현에 수반되는 감정노동의 양은 감정표현의 다양성에 의해 유의한 영향을 받는다고 주장했다.34 시간이 지남에 따른 감정표현 변화의 다양성 또한 조직에서 요구되는 감정을 표현하는데 필요한 계획과 조정에 영향을 미친다. 서튼이 든 사례를 보면, 만약 연체금 수금 담당직원이 30일정도 지불기한을 넘긴 청구서는 수요일에 처리한다면, 각 요일마다 꽤 다른 감정표현을 보이게 된다는 것이다.35 더구나 위에서 제시된 3가지 유형의 채무자들을 단 하루에 처리하는 직원은 더 높은 수준의 감정적 조정 작업이 요구되면서 감정노동의 강도는 더욱 커지게 되는 것이다.

감정표현의 다양성의 선행변수에는 역할수행 대상자의 권력과 과업다양성 등이 있다. 먼저, 서비스 제공자들의 감정표현행동에 대한 연구들은 감정표현의 정도는 역할수행 대상자의 권력과 지위에 의존함을 지적하고 있다. 좀 더 권력이나 지위가 높은 고객들을 다루는 서비스 제공자들은 자신의 감정표현의 범위를 제한한다. 따라서 부하에게 노여움을 표현하는 경우가 상사에게 노여움을 표현하는 경우보다 훨씬 더 일반적이다. 같은 맥락에서, 인상관리 분야에 종사하는 사람들은 자신의 부정적인 감정을 가끔, 약하게, 단기간동안 표현한다는 것이 입증되었다.36 또한 직무의 다양성은 여러 원천에서 유래될 수 있다고 지적한 바와 같이 직무다양성의 원천에는 다양한 고객유형, 다양한 직무상황, 직무수행에 요구되는 다양한 기술 등이 있다. 종업원이 수행해야 하는 직무의 다양성이 증가할수록 표현해야 할 감정의 다양성 또한 증가한다.[37] 특히, 서비스 수행시 고객의 유형이 다양할수록, 수행되는 서비스 직무가 다양할수록 감정노동을 수행하는 종업원들이 표현해야 할 감정은 다양해질 것이다. 예를 들면, 대도시 대중교통 운수분야의 도시철도 종사자들은 복잡하고 고도화된 고객의 유형 즉, 남녀노소 그리고 교육 수준의 정도, 직종과 직업, 교통수단별 서비스의 수준, 이용시간, 승차거리, 혼잡도, 다양한 변화 요인에 의한 자극적인 감정, 수많은 고객을 대응하면서, 택시기사 보다는 더 복잡한 상황과 유형에 따라 매우 다양하고 넓은 범위의 감정을 표현해야 할 것이다.

라) 감정적 부조화

감정부조화란 조직에서 요구하는 감정과 종업원이 실제로 느끼는 감정이 서로 상충되는 갈등을 말한다. 조직에서 개인의 감정표현은 경험 감정, 외적인 감정규칙, 내적인 감정규칙간의 조화에 의해 결정되는데, 경험 감정이란 자신이 실제로 경험하여 느끼는 감정을 의미하고, 외적인 감정규칙은 자신의 직장에서 조직이 요구하는 감정을 말하며, 내적인 감정규칙이란 자신의 감정이 옳다고 생각하는 그런 감정을 말한다. 이러한 감정규칙들 간의 조화가 깨어져 버리게 되면 감정적 부조화를 경험하게 된다.[38] 개인의 감정이 표현규칙과 느낌이 일치하지 않을 때 보다 많은 감정노동이 요구된다. 모리스와 펠드망은 감정노동의 네 가지 차원으로 감정표현의 빈도, 감정표현의 다양성, 표현규범에 요구되는 정도, 감정적 부조화를 제시하였다.[39] 한편 모리스와 팰드망의 연구는 다음의 이유로 여러 연구자들로부터 비판을 받아 왔다. 예를 들면, 모리스와 팰드망의 연구에서 감정 표현의 빈도, 주의 정도, 다양성과 감정부조화는, 작업장에서의 종업원 감정에 대한 직무요구와 관련된 정보는 제공해 주지만 감정노동이 무엇인가를 정의하지 못했다는 것이다.[40] 또 감정부조화는 표현요구와 느낌 간의 긴장상태를 말하는 것이지 감정관리 과정을 나타내는 것은 아니다. 즉 감정부조화는 조직에서 요구하는 감정과 종업원이 실제로 느끼는 감정이 서로 상충되는 것을 말할 뿐, 그 상황에 반응하려고 시도하는 과정은 아니다. 이러한 내용은 감정노동의 정의에 부합되지 않을뿐더러 앞의 연구자들의 연구와 비교해볼 때도 모순적인 면이 매우 많다. 또한, Kim은 모리스와 팰드망이 주장한 감정표현의 빈도, 주의 정도, 다양성과 감정부조화는 직무특성의 측면에서 감정노동의 선행요인으로 작용한다고 간주하는 게 더 타당하다고 주장하였다.[41]

잡프는 감정적 부조화가 조직에서 요구하는 감정과 종업원이 실제로 느끼는 감정이 서로 상충되는 것을 말하는 것으로써 감정표현의 빈도, 지속성과 강도, 다양성, 그리고 감정 부조화 정도가 높은 감정노동을 수행하는 구성원일수록 더 많은 감정소진 및 직무 불만족을 발생시킬 수 있다고 말했다.[42] 이와 같은 감정노동의 차원과 관련한 모리스와 팰드망의 연구 이후에도 퍼글레시Pugliesi는 감정노동이 자기초점차원과 타인초점차원으로 구성되었다고 주장하였고, 쿠위멜Kruml과 게디스Geddes는 감정노동이 감정적 노력과 감정부조화의 2개

차원으로 구성되었다고 주장하였다. 또한 세프린Seffrin은 표현감정의 다양성, 감정표현의 지속성, 감정표현의 강도와 빈도를 감정노동의 차원으로 제시하였다.[43]

2) 개인 수행전략의 접근

구성원의 감정을 노동의 차원에서 최초로 연구한 혹쉴드는 감정노동을 수행하는 방법에 따라 표면행위와 내면행위로 구분하였다. 그리고 라페엘와 서튼 외 여러 학자들은 조직구성원들의 감정노동 수행을 자연발생적 감정표현 및 감정일탈의 형태로도 나타내고 있으며, 자발적 연기전략은 에쉬포스와 험프리에 의해 처음으로 제기되었다. 내면행위나 표면행위는 무엇보다 개인적인 노력이 필요하다. 많은 요구와 높은 수준의 감정노동은 결국 감정조절이라는 정신적 요구 때문에 스트레스의 원인이 되며, 직무수행에 따른 개인의 정체성과 자아감에 영향을 주어 결과적으로 고객과의 상호작용으로 인한 직무의 즐거움에도 영향을 끼치게 된다.[44] 따라서 감정노동의 수행전략은 구성원과 조직의 목표, 그리고 고객들과의 상호작용 과정에서 원활하게 수행될 수 있는 전략을 수립하는 것이 무엇보다 중요한 일이다.

가) 표면행위

감정은 주관적 느낌과 생리적 반응 패턴, 얼굴표현, 목소리, 동작과 같은 표현적 행동들로 구성된다. 이훈구는 감정노동의 표면행위는 이러한 가시적 정서를 표현하는 것을 뜻한다고 하였다.[45] 표면행위는 구성원의 내적인 감정은 그대로 둔 채, 겉으로 표출되는 가시적인 감정측면만을 조직의 감정표현 규칙에 일치시키는 것을 말한다. 즉, 얼굴표정, 몸짓, 말씨 등을 감정표현 규칙에 맞게 꾸며내는 것으로서 실제로는 느끼지 않는 감정을 겉으로 가장하여 표출하는 것이다.[46] 예를 들면, 지하철 이용고객의 무례한 요구에 화가 났음에도 불구하고 자신의 부정적 감정을 숨기고 여전히 미소를 머금으며 공손한 말씨로 친절하게 고객을 응대하는 것을 들 수 있다. 이러한 경우 지하철 직원들이 실제로 경험하는 감정과 겉으로 표출하는 감정 사이에는 불일치가 발생하게 되는데, 이로 인한 감정부조화가 유발된 것이다. 표면행위전략에서 구성원은 내적 감정을 변화시키려는 노력 없이, 외적 표현만을 규범적 감정에 일치시키려고 시도한다. 즉, 속마음은 그대로 둔 채 겉으로만 가장하여 조직이 요구하는 감정을 고객에게 표현하고 있는 것이다. 이때 구성원들은 규범적 감정과 내적 느낌 간의 충돌로 인해 감정적 부조화를 체험할 수 있다.[47] 표면행위는 높은 수준으로 업무가 표준화 되어 있는 상황에서 더욱 발생하기 쉽다. 만약 표준화 되어 있지 않은 상황에서 표면행위를 실행한다면 조작된 진심은 고객에게 금방 드러날 수밖에 없기 때문이다. 긍정적인 표현을 하기 위해 미소로 감추었다하더라도 사람의 표현방법은 눈빛이나 근육 움직임 등으로 시간이 지남에 따라 드러날 수밖에 없다. 따라서 표면행위는 서비스를 제공하는 구성원에게 많은 부분 문제 있는 전략이 될 수밖에 없다고 잽프는 주장하였다.[48]

표면행위전략의 예로써 종종 언론에 보도된 사례에서 보듯 백화점의 한 판매사원이 무례한 고객에게 화가 났으면서도 끝까지 직업적

의식으로 공손하게 대하는 경우가 있다. 이 판매사원은 표현규칙에 절대적으로 순응하고 있지만, 개인의 감정적 마음으로 고객과의 상호작용을 하고 있는 것은 아니다. 즉, 직업적 내면의식과 개인적 내면의식은 언제나 상존한다는 것이다. 이런 점에서 표면행위전략은 내면행위전략과는 반대로 '나쁜 신념으로 속이기'라고 명명할 수 있다. 연구자들의 이러한 구분은 감정노동과 결과변수간의 서로 다른 영향관계를 설명하는데 도움을 주고 있다.

그랜디는 이러한 표면행위를 믿을 수 없음, 낮은 수준의 정서적 교감, 탈 인격화, 정서적 소진, 불만족, 직무소진과 같은 부정적 결과 등과 관련되어 있다고 주장하였다.[49]

나) 내면행위

내면행위는 겉으로 표출되는 감정을 단순히 꾸며내는 것이 아니라 내적인 감정까지도 감정표현 규칙에 일치되는 방향으로 변화시키고자 노력하는 것을 말한다. 장재규에 의하면, 내면행위는 조직에서 요구하는 감정을 진심으로 느끼고자 노력하는 것으로서 이를 위해 감정이입 또는 특정 감정을 유발하는 생각, 이미지, 기억 등으로부터 표현해야 하는 감정을 적극적으로 이끌어 내려는 것이라고 말했다.[50] 예를 들면, 간호사가 환자나 환자 가족의 아픔을 공감하고 진심으로 연민을 표하기 위해 자신이 그러한 상황에 처해 있는 것으로 상상하여 몰입하는 것을 들 수 있다. 그리고 애쉬포스와 험프리는 이러한 역할 내면화에 대해 감정노동을 더욱 효과적으로 전달하는 효력을 나타나게 한다고 말했다.[51]

내면행위전략을 구사하는 경우에 구성원은 규범적 감정과 일치하는 방향으로 자신의 내적 감정까지도 변화시키려고 시도한다. 호텔 종업원이 비 때문에 구두에 흙을 잔뜩 묻힌 손님에게 연민을 표현하기 위해 자신이 비에 흠뻑 젖은 모습을 상상하는 경우에 이것은 내면행위의 한 예라고 볼 수 있다. 종업원은 자신의 감정표현이 고객에게 진실한 모습으로 비춰지도록 만들기 위해 내면행위전략을 구사하는 것인데, 이러한 것을 서튼과 라페엘은 내면행위전략을 '좋은 신념으로 속이기'로 명명한 바 있다. 표면행위에서와 마찬가지로 연구자들의 이러한 구분은 감정노동과 결과변수간의 서로 다른 영향관계를 설명하는데 도움을 줄 수 있다. 따라서 내면행위는 진정성, 성취감, 부정적 감정의 낮은 노출 경향 등과 같은 긍정적 결과와 관련되어 있음을 보여주었다.[52] 그리고 토터델Totterdell과 홀만Holman은 내면행위를 내면의 진정성을 표현하려 노력하는 행위라고 하였으며, 구성원들의 진정성은 서비스 접점에서의 고객들에게 더 많은 공감을 주게 되는데 진심이 담긴 미소가 고객들의 반응을 강화시켜 주는 것이다.[53] 그러나 구성원들의 진정성을 표현해야만 하는 내면행위는 조직에 의해 통제되어지는 측면이 있을 수 있다. 그리고 감정노동이 금전적 거래가 성립되는 상황이라면 내면행위는 더욱 중요해질 수 있다.[54] 이것은 구성원들의 행위가 곧 금전적 이익과 직결되기 때문이며, 조직은 더욱 많은 통제 수단을 강구할 것이다. 혹쉴드는 스스로 자율적인 측면을 벗어난 조직의 통제는 심각한 감정노동의 부작용 즉, 알코올 남용, 가정불화, 약물남용, 심혈관 질환 등을 야기할 수도 있다고 주장하였다.[55]

다) 자연발생적 감정표현

자연발생적 감정표현은 구성원들이 조직에서 요구하는 감정을 의식적인 노력 없이 자연스럽게 느끼고 이를 표출하는 것을 말한다. 즉, 조직에서 요구하는 감정과 외부에 표출하는 감정 사이에서 구성원이 실제로 느끼는 감정이 자연스럽게 일치하는 경우이다. 그런데 이를 감정노동 수행전략의 일환으로 보아야 한다는 주장들이 등장하고 있다.

최근 들어 자발적 연기전략은 애쉬포스와 험프리에 의해 처음으로 제기되었다. 자발적 연기전략은 규범적 감정과 내적 감정의 일치를 경험하면서 감정노동을 수행하는 방식을 의미하기 때문에, 내면행위나 표면행위 방식보다는 더 적은 노력을 필요로 하겠지만, 의식적인 노력이 전혀 없는 상태에서 이루어질 수는 없다.[56] 예를 들면, 고객접점에서 고객에게 좋은 감정을 느낀 백화점 종업원이라 할지라도 접객서비스를 수행하는 경우에 백화점의 감정표현 규칙에서 제시한 구체적인 방식(인사말, 시선교환, 미소 등)에 따라 감정표현이 이루어져야 한다.

디에펜도르프Diefendorff, 크로일Croyle, 고서랜드Gosserand에 따르면, 감정표현 규칙에 따라 표정이나 몸짓 혹은 말씨를 연출해야 하기에, 자발적 연기전략을 구사하는 구성원에게도 감정을 조절하기 위한 최소한의 의식적인 노력이 필요하다. 이들은 또한 자발적 연기전략이 내면행위나 표면행위와는 다른 차원의 감정노동 대처전략임을 경험적으로 입증해 보인바 있다.[57]

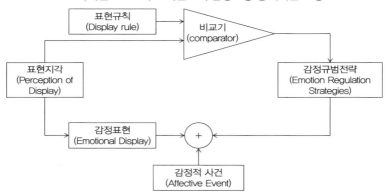

디에펜도르프와 고서랜드의 감정노동 통제이론 모형

출처: Diefendorff J. M., & Gosserand R. H.(2003), "Understanding the Emotion Labor Process: A Control Theory Perspective". 『Journal of Organizational Behavior』, 24(8): 945-959, pp.948.

　조직구성원들의 감정노동 수행전략은 표면행위와 내면행위의 형태로만 나타나는 것이 아니라 경우에 따라서는 자연적 감정표현 형태로도 나타날 수 있다.[58] 자연적 감정표현은 종업원들이 조직에서 요구하는 감정을 의식적인 노력 없이 자연스럽게 느끼고 이를 표출하는 것을 말하지만, 이것 또한 의식적인 노력이 전혀 없는 상태에서는 이루어질 수 없다. 애쉬포스와 험프리는 혹쉴드가 제시한 표면행위와 내면행위 외에 실제 감정표현 즉 진실행위를 추가함으로써 연구를 한 단계 발전시켰다. 그들은 감정노동을 표면행위와 내면행위만으로 설명하는 것은 종업원이 실제로 적절한 감정을 표현하고 경험할 수 있는 가능성을 보지 않은 것이라고 지적하였다. 그들은 진실행위를 진정성을 포함하는 마음의 표현으로 정의하면서, 종업원이 실제로 느끼고 표현하는 감정이 조직이 요구하는 감정과 동일한 것이라고 지적하였다.[59] 예를 들면 대학교수의 경우, 교수 자신이 학생을 진심으로 대하고 또한 그러한 감정을 자연스레 지니고 있다면 그들은 자신의 진정한 느낌을 감추고 학생들에게 '좋은 스승良師'인 척하는 직업적인 감정을 표현할 필요가 없다. 애쉬포스와 험프리는 이러한 실제 감정표현도 감정노동으로 간주한다고 주장하였는데, 이런 경우에도 개인은 여전히 조직적으로 바람직한 적절한 감정을 표현하고 있기 때문이다.

잡프는 진실행위라는 감정노동전략을 일종의 내면화된 전략이라고 주장하였다. 즉 종업원이 감정노동을 수행하는 목적을 조직과 매우 동일시하여 내면화된 감정규범을 자기의 성취목표로 함으로써, 감정노동을 수행하는 동안 자발적으로 진정하게 조직이 요구하는 감정을 표현하여 많은 자아성취감을 얻는다. 또한, 디에펜도르프 등은 앞의 그림에서 제시되고 있는 통제이론을 감정노동에 도입하여 자연적 감정표현 감정노동 수행과정에서 표면행위와 내면행위 외에 또 다른 하나의 유의한 수행전략임을 입증하였다.[60]

라) 감정일탈

감정이탈은 구성원이 감정표현 규칙에서 요구하는 감정을 표출하지 않고, 이에 위배되는 감정을 표출하는 것을 말한다. 즉, 구성원이 감정표현 규칙에서 요구하는 것에 따르지 않고, 이와는 다른 감정을 고객에게 표현하는 것을 감정이탈이라고 한다. 감정이탈은 서튼과 라페엘에 의해 처음으로 감정노동 대처전략에 포함되었다. 이것 또한 내면행위나 표면행위와 마찬가지로 규범적 감정과 내적 느낌이 일치하지 않는 상황에서 종업원이 감정노동 요구 상황에 대처하기 위해 사용한다는 점에서 보완적인 감정노동전략들 중의 하나라고 볼 수 있다. 이러한 전략임에도 불구하고 감정일탈만의 독특한 특성이 있다. 즉, 인위적인 규범적 감정과 일치하는 감정을 표현하려고 시도하지 않고 자신의 감정을 일정 부분 누수 시키는 형태로 감정노동을 수행한다는 점이다. 하지만 대부분의 연구자들은 감정일탈을 감정노동의 범주에 포함시키기 보다는 단지 잔여범주로만 취급해 왔다.[61]

　그런데 잡프와 찬 로찬Tschan Rochan은 감정일탈을 감정노동수행전략의 일종으로 보아야 한다고 피력하였다. 왜냐하면 구성원이 감정적 거래 과정에서 규칙적 감정과는 다른 감정을 고객에게 표현한다 할지라도 종업원이 의식적인 노력을 기울이지 않는 경우는 거의 발생하기 힘들다는 것이다. 예를 들어, 도시철도 구성원이 고객에게서 '똑바로 일하라'는 핀잔의 말을 듣고서 '어떤 상황에서도 고객에게 친절하고 상냥한 미소를 지어야 한다'는 조직의 감정표현 규칙을 위반하고, 냉소적인 표정이나 빈정거리는 투덜댐을 표출하는 경우가 감정일탈의 단적인 예에 해당된다. 이러한 경우 감정일탈은 자아 통제력의 부족 때문에 발생하는 것이다. 그런데, 이러한 상황을 보다 적극적으로 해석하여, 우호적인 감정표현으로는 감정적 거래과정을 진행하기 힘든 상황에서, 종업원이 자아의 상처를 최소화하기 위해 대처기제의 일환으로 감정을 범하는 것으로 해석할 수도 있다.[62] 또한, 자아 통제력의 부족 때문에 감정이탈이 발생한다 할지라도 자신의 내적느낌을 전적으로 혹은 극단적으로 누출시키는 경우는 거의 발생하기 힘들다. 이 예에서 보듯이 구성원이 직장을 떠날 마음을 먹기 않는 한, 무의식적인 노력을 통해 내적 느낌을 순환적 방식(예: 짧은 시간의 냉소적 혹은 무관심한 표정 짓기)으로 드러내야 한다. 한편, 감정 표현 규칙을 수용하지 않은 구성원이 개인적으로 선호하는 감정표현 방식으로 고객을 응대하는 경우에도 감정일탈이 발생할 수 있다. 이 때도 고객의 특정한 심리상태를 충족시키기 위해 구성원이 의식적인 노력을 하지 않을 수 없다. 따라서 사실상 극단적인 상황을 제외한다 면 구성원이 감정이탈을 구사할 때도, 자신의 감정을 조절하기 위해 의식적인 노력을 하고 있다는 점을 간과해서는 안 된다.[63]

감정노동의 선행요인

혹쉴드는 개인이 조직에서 감정노동을 수행하는 방법은 다양한 직 무특성과 개인특성, 그리고 고객과의 상호작용에 의해 영향을 받는다 고 주장하였다. 감정노동에 대한 직무특성으로는 조직에서 개인에게 요구하는 감정요구와 직무자율성, 감정표현 규칙, 시간압력, 직무에 대한 책임감과 감정노동에 대한 개념, 개인이 고객과의 접촉빈도와 지속시간, 감정표현의 다양성 등의 요인이 있다. 그리고 개인적 특성 으로는 정서성과 자아성찰능력, 성격의 5요인, 그리고 감정 감화와 정서적 배려 및 직무감정이 있다. 여기서 고객과의 상호작용은 고객 과 얼마나 자주, 다양하게, 오랫동안 상호작용하는가를 의미한다.

1) 감정노동에 대한 직무특성

가) 감정요구
감정요구는 교대근무 조직이 구성원의 감정을 조직적으로 바람직한 방향으로 표현할 것을 강조해 나가는 과정에 구성원이 어떻게 느끼는지를 나타내는 것이다. 교대근무 조직은 구성원이 고객에게 표현하기를 원하는 감정을 담은 감정규칙을 만들고, 이를 유지하기 위해 교육과 훈련 그리고 선발도구 및 사회화 기제, 보상체계와 감시 등 다양한 관리기제들을 활용한다. 이에 대한 라파엘리와 서튼식 표현의 감정적 요구는 감정의 정확한 표현과 관련된 요구이며, 사회화 과정을 통해 습득하고 보상과 처벌을 통해 유지하는 조직적 또는 전문적인 규범이다.[64] 이와 같은 감정요구는 교대업무수행을 위해 요구되는 적절한 감정을 표현하는 기준이 된다. 교대조직에서 구성원에게 감정요구를 유도하는 것은 구성원과 고객과의 상호과정에서 그들의 역할에 따라 조직의 경쟁력인 이윤창출의 제고, 재구매 의도, 신규고객의 유인 등의 결정요인에 중요한 역할로 이어지기 때문이다. 이러한 감정요구는 감정의 표출[65] 과 감정표현의 빈도와 강도[66] 로 구성되어 있다.

쇼브뢱Schaubroeck과 존스Jones는 감정표출과 관련하여 조직에서 요구하는 감정요구를 긍정적인 감정표현과 부정적인 감정표현 억제의 수준으로 구분하였다. 긍정적인 감정표현은 쾌활함, 친함과 같은 감정을 고객에게 보이는 것을 의미하며, 부정적인 감정표현 억제란 슬픔, 근심, 동료와의 다툼에서 오는 불쾌감과 같은 감정을 고객에게 보이지 않는 것을 의미한다. 이러한 감정요구는 구성원들의 감정노동 경험에 긍정적인 영향을 미치는 것으로 나타났다.[67] 모리스와 펠드망의 주장에 의하면 감정요구가 커질수록 서비스 종사자들은 조직에서 기대하는 감정표현을 하기가 더욱 어려워지며, 그 결과 구성원이 느끼는 감정과 표현하려는 감정 사이에 차이가 발생한다. 그리고 그랜디Grandey의 연구에 따르면 감정표현 규칙은 구성원의 내면화 행동에 긍정적인 영향을 미치는 것으로 밝혀졌으며, 잡프 등의의 연구에서는 조직의 감정표현 요구가 감정노동에 긍정적인 영향을 미치는 것으로 나타났다.[68] 쇼브뢰과 존스, 쟈르디니Giardini에 의하면 조직에서의 감정요구는 구성원의 감정노동 지각에 긍정적인 영향을 준다.[69]

나) 감정표현 규칙

교대근무조직은 자신의 목적을 달성하기 위하여 구성원의 감정을 조직적으로 바람직한 방향으로 통제하려고 한다. 이런 감정을 통제하기 위해서 구성원으로부터 감정적 자율성을 제거하는 규범인 감정표현 규칙을 제시하고 있다. 따라서 감정표현 규칙은 구성원이 고객과 상호작용하는 직무에서의 자신의 감정을 적절하게 표현하는 것에 대한 조직적인 기대로 정의되고, 그 기준점을 제시하기 위함이다. 감정표현은 초기에는 서비스를 제공하는 교대근무조직의 일부 기업에서 요구되는 준칙으로 인식되었으나 대민서비스 수준이 기업의 마케팅에 작용하는 중요한 요소로 인식되어 최근에는 일반기업은 물론 공공부문으로까지 확산되어 보편적으로 감정표현 규칙을 적용하고 있다. 즉, 감정표현 규칙은 직무에서 구성원이 표현해야 할 감정표현을 조직에서 설정한 기준이다.[70]

표현규칙에 대한 지식은 사회적, 직업적 및 조직적 규범으로부터 개발될 수 있다.[71] 사회적 규범은 서비스 접점의 상황에서 어떤 감정을 어떻게 표현해야 하는지를 제시하고,[72] 직업적 및 조직적 규범은 특정산업과 조직 및 직무에 따라 달라지며, 서비스 이행과 고객의 배경 및 니즈에 따라 기업이 추구하는 감정표현 규칙은 달라진다. 가장 바람직한 규칙 또는 기준은 종업원들에게 전달되고 감독자에 의해 강요된다.[73] 이에 대해 고객들은 응답, 예의, 믿음, 접근성, 소통, 고객에 대한 이해 등의 10가지 기준에 의해 서비스를 평가한다.[74]

교대근무 조직의 구성원들은 감정표현 규칙을 올바른 준수를 위해 직무를 관리하는 조직에서 제시하는 감정표현 규칙을 수행하려고 노력한다. 따라서 구성원들은 본인들이 인식한 감정표현 규칙에 부합하기 위해 본인들이 실제로 표현하는 감정과 감정표현 규칙을 끊임없이 피드백 한다.[75] 한편, 교대근무 조직은 고객서비스 직무에서의 표현규칙이 대개 구성원들로 하여금 긍정적 감정을 표현하도록 기대한다. 그러한 기대 즉, 감정표현 규칙에 대한 구성원들의 인식은 그들의 행위를 예측하는데 중요한 역할을 한다.

다) 시간압력

감정노동자는 고객과의 상호작용에서 상대방이 의도하는 합의에 빨리 도달하고자하는 의지나 욕망으로 시간적인 여유가 극히 제한적이다. 따라서 감정노동에서 시간압력이란 불충분한 시간동안 업무를 처리할 것을 요구받는 것을 의미한다.[76] 시간압력은 조직적 측면에서는 구성원에게 제시한 감정표현 규칙을 그들이 신속하게 대응할 것을 요구하는 것이고, 고객의 측면에서는 본인이 의도한 욕구충족을 상대방이 얼마나 신속, 정확하게 만족시켜 주는가에 좌우된다.

일반적으로 신속한 업무처리에 대한 시간은 서비스 업종에서 매우 중요한 쟁점이지만 기존의 연구에서 시간압력과 감정노동 간의 관계를 분석한 연구는 매우 드물다.[77] 그래서 몇몇 선행연구의 결과에 따르면, 시간압력은 구성원의 긍정적인 태도 및 행동에 부정적인 영향을 미치는 것으로 나타났다.

   라) 직무자율성

   교대근무조직의 직무자율성은 자신의 수행범위 안에서 업무의 일관성을 가지고 자유재량으로 의무적인 결정을 하고 그 결정에 따라 행동의 자유를 갖는 것이며,[78] 자신을 통제하는 정도인 것이다.[79] 즉, 직무자율성은 직무를 수행하기 위해서 업무 스케줄, 계획, 의사결정, 방법론 선택 등에 있어서 자유와 독립 및 결정권을 갖는 정도를 의미한다.[80] 이는 직무에 대한 자율성이 주어질 경우에는 자신의 감정을 직무 수행하는 과정에 표현할 수 있는 능력에 여유가 더 생긴다는 것을 의미한다. 직무자율성의 영향은 다양한 기술을 요구하는 직무에서 그리고 피드백이 더욱 자주 일어나는 직무에서 더욱 효과적이다.[81] 따라서 교대근무조직의 구성원들에게 직무자율성을 부여하면 감정노동자들의 태도와 행위에도 긍정적인 영향을 미치게 되므로 자신의 능력과 지식을 활용하는 감정서비스의 품질을 증대시켜 효용의 극대화를 가져다 줄 것이다.[82]

   직무자율성은 구조적 자율성과 태도적 자율성으로 분류하는데, 구조적 자율성은 감정노동자들이 직무상황에서 고객에 대한 규정 내에서 자신의 의사결정을 활용하는 과정에 나타나는 것이며, 태도적 자율성은 의사결정 상황에서 판단해야할 자율이 자신에게 있다고 믿는 경우에 나타나는 것이다. 이에 대해 모리스와 펠드망은 직무자율성이 주어질 경우 자신의 감정과 조직이 요구하는 감정표현규범 간의 격차를 의미하는 감정적 부조화를 감소시키는 역할을 한다고 보았다. 그리고 와튼Wharton과 에릭슨Erickson의 연구에서도 직무자율성이 종사자의 감정노동을 감소시키는 것으로 나타났다.[84] 결과적으로 교대근무조직의 감정노동자들은 무형의 서비스를 제공하는 그들의 태도와 행동이 서비스 품질 및 기업의 성과에 직접적으로 영향을 미치게 되므로 자신의 직무만족과 고객만족도 제고를 위해서 어느 때보다 직무자율성이 보장되어야 한다.

마) 직무책임감

조직에서 교대근무자의 책임감은 교대근무상황에 대한 자신 스스로의 믿음과 그에 따른 반응을 말한다. 교대근무자의 책임이 공식적인 역할과 일치하지 않는 경우에도 개인은 도덕적, 심리적인 책임감을 느낄 수 있다. 즉, 교대근무자의 책임감은 조직의 공식적인 책임에 대해 인지적으로 또는 감정적으로 수용하는 것을 의미한다. 따라서 교대근무자의 직무책임감은 직무를 수행하는 과정과 결과에 대한 책임을 자신의 통제로 두는 정도를 의미하며, 직무에 대한 책임감을 높게 인식할수록 결과에 대한 책임으로 인하여 조직이 요구하는 감정표현규범을 따를 가능성이 더욱 높아질 것이다.[85] 직무에 대한 책임감이 높은 교대근무자의 경우에는 자신의 감정을 표출함으로써 조직이 요구하는 감정표현을 억제하기 보다는 자신의 감정을 자제하고 조직의 감정표현 규범을 지키려는 기제가 발생할 수 있다. 이로 인한 교대근무 스트레스 또한 자신의 직무를 수행하는 과정에서 발생하는 것을 감내할 수 있는 것이기 때문에 직무책임감은 감정노동과 부의 상관관계가 있을 수 있다.

교대근무자들의 업무수행에서 재량권이 개인의 책임감 형성에 직접적인 영향을 미치고,[86] 교대근무의 상호의존성이 높을수록 개인이 인지하는 책임감은 더 높아진다.[87] 따라서 교대근무자의 교대업무책임감은 구성원의 태도와 행동에 영향을 미칠 것이다. 이것은 자신의 책임감이 성공적인 교대근무수행의 동기부여요인이 될 수 있다는 것을 의미한다. 따라서 교대근무조직에서 팀원의 직무와 역할이 매우 다양하고, 업무성과와 역할은 교대근무자의 책임감에 의해 직접적인 영향을 받기 때문이다. 그리고 교대근무의 업무특성은 업무의 객관적 특성에 초점을 맞추고 있는 것으로서 교대근무자의 심리, 태도와 행위에 영향을 미치므로 교대근무특성 수준을 향상시키면 교대근무자의 내재적 직업동기와 조직몰입 및 전반적인 직무만족은 물론 직무성과 등이 향상될 수 있다.

바) 감정노동의 개념

감정노동의 개념은 고객에게 서비스를 제공하는 종업원에 의해 수행되는 직무의 성질을 나타내는 개념이다. 그러기 때문에 종업원과 고객 간의 상호작용을 전제하고 있다. 제프는 상호작용 동안 종업원의 감정표현은 보통 상호작용 대상자의 감정에 의존한다고 했으며,[88] 이는 상호작용의 성질이 상호작용 당사자의 상대에 대한 태도 또는 반응에 따라 달라질 수 있다는 것을 의미한다. 이러한 상호작용에서 한 당사자인 종업원은 회사와 고객 간 경계의 연결자로서 고객만족을 충족시켜야 하는 높은 기대를 받고 있기 때문에 고객과 같은 동등한 힘을 가질 수 없는 것이다.

특히, 불특정 다수인 시민들의 교통편의를 제공하기 위하여 도시교통 운송서비스 업종에 종사하는 종사자들이 매일 빈번하게 접촉하는 고객들 중에서는 호의적이거나 적어도 무례하지 않은 고객들이 있는 반면에 마약이나 취객, 정신이상자, 스트레스과잉자 등 비호의적이고 공격적인 고객들도 존재하기 때문에 종사자는 고객이 어떠한 태도를 보이느냐에 관계없이 모든 고객들에게 친절한 서비스를 제공하도록 요구받음으로써 다양한 고객에 대한 감정을 어떻게 규제하는 가는 감정노동을 이해하는데 매우 중요한 요인이 될 수 있다. 물론, 종사자가 화를 내거나 불쾌한 고객을 다루는 방법을 훈련을 받을 지라도 예측하기 힘든 고객들을 대상으로 내부적 감정을 다루는 방법에 대해서는 불확실성이 있을 수 있다.[89] 이러한 점을 감안한다면, 고객과의 상호작용에서 고객이 서비스 제공자에게 어떤 반응 또는 태도를 보이느냐는 종사자의 감정표현 방식에 많은 영향을 미치게 된다.[90]

그랜디와 혹쉴드에 의하면 표면행위는 고객과의 상호작용을 할 때 부정적 감정을 감추는 것과 관련되어 있기 때문에 공격적인 고객과의 상호작용 동안 종업원에 의해 빈번하게 사용된다. 또한, 그랜디, 탐Tam 그리고 브라우버거Brauburger는 서비스 종업원이 표면행위로 매우 부정적인 사건들에 대응하는 것을 발견하였다. 반면, 내면행위는 공격적이거나 무례한 고객과 부정적으로 관련되어 있다. 종업원은 고객의 공격성이나 무례함으로 인해 직무에서 요구하는 바람직한 감정을 자연스럽게 느끼기가 힘들 것이고 의식적으로 좋은 감정을 느끼는 데도 한계가 따르는 것이다.

사) 고객접촉빈도

일반적으로 빈도라 함은 사건 또는 사건 군이 발생하는 수라고 정의된다.[91] 따라서 고객접촉빈도는 교대근무자가 현장의 서비스접점에서 얼마나 자주 고객과 상호작용하는가를 말하는 개념이다. 그리고 접촉빈도 추정이 중요한 이유는 감정노동 종사자가 서비스에 대한 사용빈도를 정확하게 보고하도록 하는 것이 감정표현의 성과를 예측하는데 중요하기 때문이다. 상이한 직무역할들은 고객과 상호작용할 때 교대근무자에게 상이한 기대를 하게 되고, 교대근무자가 고객과 상호작용할 것으로 기대되는 빈도에서도 차이를 보이게 된다. 모리스와 팰드망에 의하면, 교대업무가 다른 사람들과 빈번한 접촉을 요구할 때 교대근무자는 자신의 감정표현을 규제할 필요성을 더욱 많이 가지게 된다. 하지만 고객접촉빈도와 감정노동간 관계는 선행연구들에서 혼재된 결과를 보이고 있다. 모리스와 팰드망은 빈도가 가식행위의 대용물로 간주될 수 있는 감정부조화와 어떤 상관관계도 없다는 것을 발견하였다. 이와 같이 비록 선행연구들이 다소 혼재된 결과들을 보이고 있지만, 빈번한 상호작용을 고려할 때 교대근무자는 바람직한 감정을 실제 느끼고 표현하기 보다는 자신이 느낀 감정을 변화시키거나 긍정적 감정을 가장하기가 쉬울 것이다. 고객접점에서 응대해야 하는 고객수가 많아짐에 따라 감정표현의 빈도가 많아지고 또한, 고객에 대한 몰입과 이해를 더욱 많이 요구하게 될 것이기 때문에 교대근무자는 과중한 부담으로 인해 실제 요구되는 감정을 느끼고 표현하기보다는 오히려 긍정적 감정을 가장하거나 상황에 따라 자신이 느낀 감정을 변화시켜 교대근무조직에서 요구하는 바람직한 감정을 표현하려고 할 것이다. 그러므로 교대업무차원에서 고객이 요구하는 적절한 감정표현을 규정하여 이를 준수할 것을 요구할수록 기업의 성과는 향상되므로 조직의 입장에서는 감정표현 규칙을 규정하고 따를 것을 요구하려는 메커니즘이 발생하고, 규정된 감정표현의 빈도를 높이려 들 것이다.

아) 지속시간

혹쉴드에 의하면, 감정표현의 지속시간은 일반적으로 고객과의 상호작용이 얼마나 오랫동안 지속되는가를 의미하는 개념이다. 감정표현의 지속시간이 교대근무조직 내에서 요구되는 감정을 표현하는데 드는 노력에 영향을 미치는 이유는 고객에 대한 감정표현이 길면 길어질수록 감정표현은 점점 덜 정형화되어 더 많은 주의력과 감성적 지구력이 요구된다.[92] 그리고 모리스와 펠드망은 교대근무자의 감정표현 상호작용의 지속시간이 길어질수록 보다 많은 감정노동이 요구된다고 하였다.[93] 따라서 고객접촉이 짧은 감정표현은 보다 더 정형화되기 쉽고 감정의 강도가 거의 요구되지 않는 반면에, 고객접촉이 지속적인 감정표현은 비정형화되기 쉽고, 더 강한 감정표현이 요구된다.[94] 예를 들어, 병원을 이용하는 환자들은 간호사들과의 짧고 정형화된 상호작용에서는 강한 감정표현을 기대하지 않는다. 그러나 고객들은 간호사들과의 지속적이고 비정형적인 상담관계에서는 의사소통이 좀 더 원활하게 교환되기를 기대하게 된다. 이와 같이 간호사는 만족한 충성된 고객을 만들어내며, 간호사의 행동은 강하게 고객의 서비스 품질의 지각에 영향을 미치게 된다.[95]

또한, 여러 연구들은 지속시간이 내면행위 및 표면행위와 상이하게 관련되어 있을 수 있다고 지적하고 있는데, 짧은 상호작용 동안 종업원이 가시적으로 행동하는 것이 보다 편할 수 있는 반면, 자신의 감정을 규제하는데 보다 많은 노력이 필요한 긴 상호작용에서는 내면행위가 우선 선택될 수 있다. 브라더릿지Brotheridge, 그랜디, 리Lee는 지속시간이 내면행위와 정적으로 관련되어 있지만 표면행위와는 관련되어 있지 않다는 것을 발견하였다. 이들에 따르면 내면행위는 보다 많은 노력이 감정을 규제하는데 필요하고 특정 행위를 유지하는 것이 보다 어려울 때 긴 상호작용 동안에 선택할 수 있는 전략으로 활용될 수 있다. 그리고 디펜드로프 등은 지속시간이 긴 상호작용은 그 상호작용이 보다 사적이게 되고 자연스럽게 느낀 감정을 표현하게 될 가능성이 높아지게 된다고 하였다.[96]

자) 감정표현의 다양성

감정표현의 다양성은 서비스 생산자들의 작업역할에서 요구되는 감정표현이 얼마나 다양한가를 말하는 것이다. 모리스와 펠드망에 따르면 감정의 다양성이 크면 클수록 종업원의 감정노동은 더욱 커진다. 시간의 흐름에 따른 다양한 감정표현의 변화는 조직적으로 바람직한 감정을 표현하는데 필요한 노력들이 수반된다. 따라서 제한된 시간에 걸쳐 다양한 감정의 빈번한 변화는 보다 많은 감정노동을 수반하게 된다. 다양성에 대한 실증연구가 매우 제한적이지만 브라더릿지와 리에 의하면, 감정표현의 다양성이 표면행위 및 내면행위와 정적으로 깊이 관련되어 있다.

2) 감정노동에 대한 개인특성

인간사회에서 사람마다 다양한 고유의 특성을 지니고 있다. 그리하여 푸그는 작업장에서 개인의 감정표현은 그 개인의 성격특성에 의해 많은 영향을 받는다고 하였다.[97] 이러한 개인차이 변수들 중 여러 연구자들에 의해 다루어져 온 변수로는 정서성,[98] 자아성찰능력과 감정 감화, 정서적 배려, 직무감정 등이 있다.

가) 정서성

정서는 개인의 감정에 따라 각각 다른 기질을 나타낸다. 라자루스는 정서성은 일시적인 기분을 경험하거나 특정 방식 또는 감정으로 사람, 직무 등과 같은 대상에 반응하는 경향이라고 정의하였다.[99] 정서성은 경우에 따라 긍정적 정서성과 부정적 정서성으로 분류하는데, 이러한 정서성은 각각 긍정적 또는 부정적 감정 상태를 경험하는 경향을 반영한 개인의 안정적이고 기질적인 특성으로 정의된다.[100] 정서성에 대한 다소의 논쟁이 있음에도 불구하고 대부분의 연구자들은 긍정적 및 부정적 정서성이 동일선상의 상반되는 개념이 아니라 독립적인 개별적 개념의 네 가지 차원으로 나타내고 있다.[101] 이에 따라 높은 수준의 긍정적 정서성을 가진 개인은 낙관적이고 열성적인 반면, 긍정적 정서성이 낮은 개인은 필연적으로 부정적인 것이 아니고 열의가 없고 관심이 없다는 것이다. 이와 반대로 높은 수준의 부정적 정서성을 가진 개인은 비판적이거나 불안해하기 쉬운 반 면, 낮은 부정적 정서성을 가진 개인은 보다 침착하고 쉽게 만족해하는 경향을 지니고 있다.[102]

정서성에 관한 연구에서 바이스Weiss와 크로판자노Cropanzano는 개인의 정서적 성향이 작업관련 사건들에 대한 감정적 반응의 강도에 영향을 미친다고 주장하였다. 이들의 주장에 의하면, 부정적 정서성이 높은 종업원은 부정적 정서성이 낮은 사람들보다 작업에서 일어나는 부정적인 정서성 사건에 보다 부정적으로 반응한다. 정재규는 이러한 논리를 바탕으로 긍정적 감정표현을 요구하는 고객서비스 직무에서 부정적 정서성이 높은 종업원은 부정적인 정서적 사건이 일어날 때 적절한 감정을 표현하기 위하여 보다 많은 노력을 기울여야 할뿐만 아니라, 느낀 부정적 감정을 일시적으로 억제한 체 가식적으로 긍정적인 감정을 표현할 가능성이 높아진다고 하였다. 또한 긍정적 정서성이 높은 개인은 부정적인 정서적 사건들이 일어나는 상황을 포함한 모든 상황에 보다 긍정적으로 반응할 것이고, 이러한 개인들은 조직적으로 바람직한 감정을 자연스럽게 표현할 수 있을 것이라고 주장했다.[103]

최근 브라더릿지와 그랜디의 정서성과 표면행위 및 내면행위 간의 관계를 실증적으로 연구한 사례를 중심으로 살펴보면, 부정적 정서성은 표면행위와는 정적인 상관관계를 보였지만, 내면행위와는 어

떤 유의한 관계도 보이지 않았다. 또한 브라더릿지와 리의 연구에서
도 긍정적 및 부정적 정서성과 표면행위 간에는 정적인 상관관계를
보였지만 내면행위와는 어떤 유의한 관계도 보이지 않았다. 그로스
에 의하면, 이러한 현상은 특정 자극 또는 사건에 상대적으로 부정적
으로 반응하는 경향을 가진 부정적 정서성이 높은 개인은 긍정적으
로 사고하거나 인지적으로 그 상황을 보다 감정으로 재평가함으로써
자신의 느낌을 수정하려고 하기보다는 긍정적 감정으로 가장함으로
써 자신의 표현을 쉽게 수정하려 들 것이다.[104] 긍정적 정서성이 높
은 개인들은 긍정적 감정을 보다 많이 경험하기 때문에 긍정적 정서
성이 낮은 개인보다 가식적으로 행동할 필요성이 적을 것이고 느낀
감정을 자연스럽게 표현할 가능성은 높을 것이다. 이에 비해, 부정
적 정서성이 높은 개인들은 낮은 개인들보다 부정적 감정을 보다 많
이 경험하는 경향이 높기 때문에 가식적으로 행동할 가능성이 보다
높고, 느낀 감정을 자연스럽게 표현할 가능성은 그 만큼 낮을 것이
다.[105]

나) 자아성찰능력

자아성찰이란 자기의 고유한 성격특성을 이해함으로써, 자신의 내
면을 지속적으로 관찰하는 과정과 결과를 통해서 자신의 삶에서 일
어나는 모든 신체적·정서적·행동적 변화라고 할 수 있다.[106] 따라
서 킬더픈은 자아성찰능력이 낮은 사람들은 역할 기대와 상관없이
그들이 느끼는 대로 행동하지만 자아성찰 능력이 높은 사람들은 역
할 기대에 맞춰 자신이 행동을 조절한다고 했다.[107] 이에 장재규는

자아성찰 능력이 높은 사람은 조직에서 요구하는 규범적 감정을 쉽게 수용하고 내면화함으로써 감정노동 요구상황에서 자발적 연기나 내면해위전략을 구사할 가능성이 높아진다. 또한 고객이나 조직이 요구하는 역할 기대에 자신을 동조화시킴으로써 역할갈등이나 스트레스를 피하려고 하므로, 표면행위나 감정일탈을 범하는 정도가 낮아진다고 하였다.[108]

다) 감정 감화

감정 감화는 전달자의 감정을 개인에게 좋은 영향을 주어 생각이나 행동이 바람직하게 변하도록 하는 것이다. 이러한 감정 감화는 타인과 공유하는 과정에서 인지적 해석과정이 개입되지 않는 감정 전이를 의미한다.[109] 밀러 등에 의하면, 인지적 과정을 거치지 않았다는 것은 타인이 표출하는 감정에 대하여 자연적으로 동화하는 건전한 민감성을 의미하며, 이러한 성향을 지닌 사람은 더욱 쉽게 흥분하는 경향이 있다.[110] 따라서 감정 감화 성향을 지닌 사람들은 자신의 감정을 쉽게 표출하기 때문에 타인과 감정적인 교감이 용이한 반면에, 자신의 감정을 억제할 경우에는 스트레스를 쉽게 지각하게 된다.[111] 그리고 크롬은 종업원의 감정 감화는 자신의 감정을 숨기고 조직의 규범상에 정해진 감정을 표현해야 함을 의미하는 감정노동의 정의에 영향을 미친다고 했다.[112]

감정 감화에 대한 버베크Verbeke의 연구에 의하면, 감정 감화 정도가 높은 사람들의 경우 영업직에 적합한 사람들이라는 것이 밝혀졌다. 그러나 감정 감화는 양날을 가진 칼과 같다고 할 수 있어, 서비스 제공자에 대한 신뢰성을 나타내지만, 이러한 성격은 높은 감정소진을 일으키는 것으로 나타났다.[113] 감정 감화와 감정노동과의 관계에 관한 쿠위멜과 게디스의 보건 분야 종사자들을 대상으로 실시한 실증연구에 의하면 감정적 감화는 감정노동에 유의적인 영향을 미치는 것으로 나타났다. 또한 추Chu의 연구에서는 감정 감화가 종업원들의 감정노동의 차원 중 내면화 행위에 유의적인 영향을 미치는 것으로 나타났다.

감정이입과 관련된 두 번째 변수로는 공감적 배려가 있다. 공감적 배려는 감정적 감화와는 달리 타인의 감정에 대해 자기중심적으로 정서적 반응을 보이는 것이다.[114] 즉, 타인의 안녕이나 행복에 대한 배려를 하기는 하지만 타인의 감정을 함께 공유하는 것은 아니다. 크롬에 의하면, 공감적 배려가 높은 종업원은 그들의 느낌이나 감정이 다른 고객들에 의해 흥분하지 않으며, 그들은 고객에 대해 느낌을 가질 뿐 고객과 같은 감정을 느끼지는 않는다.[115]

라) 정서적 배려

배려란 어떤 대상과 자신이 관계를 맺고 있다는 것을 인지하고 그 관계성에 대한 책임과 애착을 가지면서 그에 대한 관심을 표현하는 것이다.[116] 이에 정서적 배려는 타인의 감정을 자신의 감정처럼 이해하고 받아들이는 감정 감화와는 달리 타인의 감정에 대하여 자기중심적으로 받아들이고 반응하는 것을 의미한다.[117] 이는 타인의 감정에 대하여 자신의 인지적 해석과정을 거치는 것으로, 타인의 감정을 자신만의 감정 스타일로 이해하고 표현한다. 비록 타인의 감정이 자신의 감정과 동일하지는 않지만 타인의 감정에 대한 나름대로의 방식으로 감정적 표현을 나타내는 것으로, 자신의 감정을 표현하려는 메커니즘이 존재한다. 따라서 정서적 배려 또한 자신의 감정보다는 조직규범상의 감정을 표현해야 하는 감정노동의 정의에 영향을 미칠 것으로 볼 수 있다. 정서적 배려와 감정노동과의 관계와 관련하여 애쉬포스와 험프리는 감정노동은 서비스 제공자가 고객의 안녕과 행복을 얼마나 깊게 배려를 하는가와 밀접한 관련이 있다고 주장하였다. 따라서 서비스 제공자들이 고객에게 서비스를 제공할 때 고객에 대한 배려가 있는 경우 서비스에 적합한 감정을 생성하고 진심어린 서비스를 제공하기 위해 내면화 행위를 더욱 더 할 것이라는 것이다. 이와 반대로 서비스 제공자가 고객에 대한 각별한 배려가 없는 경우에는 가식행위를 통해 기계적으로 고객을 대한다는 것이다.

마) 직무감정

프리다는 감정에 대해 비교적 짧은 시간 동안 감정적 경험이 전개되는 것이라고 말했다. 또한, 그는 개인마다 비교적 안정적인 감정경험 기질이 존재하지만, 조직에서의 감정경험과 행동의 결과는 개인과 조직이 영향을 주고받는 사회적인 상호작용이라고 했다.[118] 장재규는 직무감정에 대해 직무를 수행함에 있어서 자신의 감정을 표현하는 정도라고 정의하고, 직무수행 과정에서 자신의 감정이입이 이루어진다고 하였다. 즉, 직무를 수행하는 과정에서 자기 자신에 대한 감정이입은 구성원이 직무를 수행할 때 자신의 감정을 표출할 가능성이 증가하게 된다는 것이다. 따라서 구성원의 직무감정은 자

신의 감정과 조직이 요구하는 감정 간의 의미 있는 차이를 감정노동의 정의에 영향을 주게 된다.[119]

감정노동의 결과요인

감정노동이 구성원 또는 조직에 미치는 영향에 대한 평가는 부정적인 견해와 긍정적인 견해로 나누어진다. 혹쉴드는 감정노동의 수행은 자아에 대하여 부정적 영향을 미쳐 자기 소외를 야기한다는 소외가설을 주장하였다. 그리고 감정노동의 결과는 표현되는 감정이 긍정적인가 부적인가에 따라 상이하게 나타난다는 안면환류가설이 제기되었다. 이 가설은 특정 감정표현을 위한 안면표정이라는 생리적 기제를 통해 표현된 감정과 유사한 감정을 유발함과 동시에 표현된 감정과 불일치하는 감정을 약화시킨다는 견해를 제시하였다. 따라서 감정노동의 결과요인으로 감정소진, 이직의도, 진정성, 조직시민행동 등에 대하여 살펴보기로 한다.

1) 감정소진

감정소진은 직무소진의 핵심적인 요소이다. 골드와 로쓰는 직무소진은 교대근무자의 성공적인 직무 수행에 필요한 교대조직의 내외적인 압력의 증가와 자신의 능력 이상의 많은 요구가 자신에게 주어짐을 인식함으로써 나타나게 되는 신체적, 정서적 고갈이라고 묘사하였다.[120]

고르킨은 이러한 직무소진은 과도한 직무요구로 인해 장기간의 스트레스, 정신적, 감정적 긴장, 좌절감, 고립감 등에 의해 점진적으로 진행된다고 하였으며, 그 결과로 낮은 생산성, 냉소주의, 고갈되는 느낌, 아무것도 할 수 없는 느낌 등을 초래하여 구성원들이 겪게 되는 부정적인 심리적 증후를 지칭하는 개념이라고 하였다. 이에 대해 라이언은 업무의 특성상 다양한 계층의 수많은 욕구를 가진 사람들과 지속적이고 강도 높은 대인 접촉을 해야 하는 서비스분야의 감정노동 구성원들에게 그 어떤 직업인보다 소진 현상에 쉽게 노출되어 있기 때문에, 반복적인 소진 경험으로 마침내는 이직까지 초래되는 결과를 낳는다는 것이다.[121]

감정소진은 직무소진의 핵심적인 요소로서 인적서비스인 교대근무 직종에서 감정노동 구성원들이 대인접촉 업무를 수행하는데 지나치게 많은 감정적 자원을 소모함으로써 심리적으로 피폐해진 상태를 말한다. 현장의 접점에서 인적서비스를 제공하는 교대근무자들은 항상 고객의 다양한 요구사항 및 감정 상태에 민감하게 응대해야 하며, 그리고 고객의 감정 상태를 고려하여 적절한 감정을 표현해야 하기 때문에 상당한 수준의 감정적 몰입을 필요로 한다. 따라서 감정소진은 감정적 몰입이 요구되는 대인접촉 업무를 지속적으로 수행하는 과정에서 비현실적인 과도한 직무요구로 인해 감정적 자원의 고갈과 감정적 피로를 함께 느끼는 것을 말한다. 이러한 감정소진은 과업에 대한 완전한 일탈의 상태에서 본인의 감정이 무디어지고, 본인도 모르는 감정적 피해증상이 나타나며 또한 사기저하가 나타나며, 무기력감이나 희망의 상실감으로 탈인격화와 편협성 및 격리감 등의 현상이 나타나 교대업무추진에 막대한 영향을 미치게 된다.

탈인격화는 고객에 대한 격리되고 냉소적인 반응을 통해 자신과 고객 및 동료, 그리고 업무와 조직사이에 부정적이고 무감각한 관계로 이어져 업무로부터 심리적으로 이탈되어 그들에 대해 냉소적이고, 형식적이며, 기계적인 태도를 보이는 것을 말한다. 따라서 탈인격화는 고객들을 하나의 인격체가 아니라 사물이나 실험대상으로 인식하고 자신의 대민업무를 목적이 아니라 수단으로 생각하는 등 다른 고객이나 대민업무에 대해 냉소적인 반응 등으로 그들과의 상호작용을 비인격적으로 받아들이는 것을 말한다. 즉, 그들은 탈인격화로 본인들의 에너지의 고갈을 막으려고 시도하지만, 업무에 만족감을 느끼지 못하고 싫증이 나게 되며, 궁극적으로 개인적인 성과하락은 물론 조직의 생산성 저하를 초래시키게 된다.

감정노동에서 자아성취감은 본인의 능력이나 재능을 이용하여 본인의 감정을 최대한으로 나타내려는 만족도를 의미한다. 이러한 자아성취감은 본인의 심리적 차원에서의 자아실현의 경향이라고 할 수 있다. 즉, 모든 유기체는 자기 자신을 보전하고 실현시키며 고양시키려는 하나의 기본적인 경향과 노력을 지니고 있으며 유기체는 유전에 의해 규정된 방향을 따라 스스로 실현하며 그러한 경향은 장기간에 걸쳐서 더 성숙하고 확장되며 자율성이 강화된다.[122]

이와는 달리 자아성취감 저하는 본인의 능력감과 성공적인 성취감의 감소로 자기 자신을 부정적으로 평가하는 경향을 경험하게 되는 것을 말한다. 이것은 업무를 효과적으로 수행할 수 있다는 자신감이 떨어지고, 업무수행에 있어서 성취감이나 발전가능성을 절망적으로 느끼는 현상을 일컫는다.

2) 이직의도

감정노동에서 이직은 자신의 감정을 수행하는 과정에서 표출된 감정으로의 이입으로 장소적, 업무적 범위를 벗어나는 것을 의미한다. 곧 이직은 직장, 직업을 옮기는 '이직移職'과 직장과 직업을 그만두는 '이직離職'이 있다. '이직離職'의 개념은 광의적으로 사회 구성원이 경계를 넘나드는 이동경로이며,[123] 협의적으로는 조직의 구성원이 조직의 외부로 이동하여 조직구성원의 신분에서 벗어나는 것이다.[124] 모블리Mobley는 조직으로부터 금전적 보상을 받는 개인이 조직의 구성원으로서 자격의 이탈로 종결짓는 행위를 이직이라고 정의하였다. 또한, 직무만족과 이직행동 사이의 일련의 심리적 의사결정 단계를 모형화한 것이다. 이런 모형에 의하면, 개인이 이직할 것인가의 여부는 현재의 직장에 대한 평가와 대안이 되는 직장에 대한 기대에 의해 결정된다.[125] 결과적으로 '이직의도'란 현 조직의 구성원이 조직 혹은 직업으로부터 이직하고자 하는 의도를 말한다. 이러한 의도는 이직을 예견하고 이해하는데 있어 매우 중요한 예측요인이 된다.[126]

3) 진정성

사전적인 의미의 진정성은 "사실에 근거한 것", "본질적으로 진실한 것", "원형성", "진품성" 등의 의미로 복제나 복사 혹은 유사성과 대응되는 의미다. 따라서 진정성이란 진실, 진짜, 진품을 포괄하는 의미를 지니고 있다.

표면행위와 내면행위는 탈인격화에 서로 다른 방향으로 진정성에 영향을 미칠 수 있다. 이에 대해 장재규는 표면행위는 고객과의 상호작용에서 감정표현을 위장하는 것이기 때문에 진실성을 결여하게 되며, 이는 자신의 진정한 감정으로부터 이탈한 것일 뿐만 아니라 다른 사람들과도 격리되는 결과를 초래할 수 있다고 하였다. 즉, 장기간 동안 진정성이 결여된 감정표현이 지속되는 경우 자신의 일이나 고객과 거리감이 더욱 커지게 되고, 고객들을 하나의 대상으로 다루는 등의 탈인격화 현상을 경험할 가능성이 높아진다고 하였다.

반면에 내면행위는 조직이 요구하는 감정을 표출하기 위해 자신의 내적인 감정까지도 바꾸려는 것이기 때문에 고객과의 상호작용에서 진정성이 담긴 감정표현이 이루어지게 된다. 이 경우에는 고객으로부터 긍정적인 피드백을 받는 등 고객과 친밀한 관계가 형성됨으로써 탈인격화의 가능성이 줄어들게 된다.[127]

4) 조직시민행동

조직시민행동은 본인이 맡은 일이 아님에도 자발적으로 다른 구성원원을 도와주거나 조직의 목표를 달성할 수 있도록 도움을 주어 조직의 효과성을 증진시키는 것이다. 이에 올간Organ은 조직시민행동을 "공식적인 보상시스템에 의해 직접적으로 혹은 명백하게 인정되지는 않지만 전체적으로는 조직의 기능을 효과적으로 촉진시키는 자유재량적인 개인적인 행동"이라고 정의하였다.[128] 따라서 조직시민행동은 조직의 의도적인 노력 없이도 구성원들의 자발적인 헌신을 유발시키며 조직의 유효성을 증대시킬 수 있는 요인으로 인식되어 많은 연구에서 각광을 받게 되었다.

일반적으로 조직시민행동은 이타주의와 일반적 순응으로 구분되고 있다.[129] 올간은 이러한 조직시민행동의 구성요소를 보다 세부적으로 구분하여 이타주의와 양심행동, 그리고 호의적 행동과 스포츠맨십 및 참여적 행동 등 다섯 가지 차원으로 분류하였다.[130]

그는 이타주의 행동으로서의 이타주의를 상사나 동료 및 고객을 돕는 행동으로 제시하였으며, 이는 특정 타인의 조직 내 관련업무나 문제를 돕는 자발적인 조직행동을 의미한다고 하였다. 이러한 이타주의 행동은 조직을 유지하는데 필요한 자원을 줄이고, 조직의 자원유입 능력을 증가시키는 구성원의 행동을 말한다. 예를 들면, 조직외부인에 대한 친절, 회사에 대한 호의적인 감정 등이 이에 해당된다.

양심적 행동은 조직의 구성원이 자신의 역할행동을 최소한으로 요구되는 수준이상으로 수행하는 행동을 의미한다. 이러한 양심행동은 조직의 구성원들이 쉽게 접근하게 되는 갈등의 상황에서 발생하는데 예를 들면, 혹독한 날씨와 질병, 혹은 집안문제 등으로 출근이 곤란한 경우에 출근을 들 수 있다.

스포츠맨십은 정당한 행동으로서, 조직 내에서 발생하는 사소한 문제나 고충을 인내하는 행동을 의미한다. 조직구성원은 조직생활 중에 뜻하지 않게 수많은 고충을 겪게 된다. 이때 정당한 행동을 하는 구성원은 이러한 고충을 받아들임으로써 조직상황을 긍정적으로 보고 조직을 위해 보다 건설적인 노력을 기울이는 행동을 하게 된다. 예를 들면, 어떤 회사에 새로운 생상공정의 도입으로 인편의 재배치가 이루어져 기존의 친근한 동료들과 근무할 수 없게 되는 경우, 상사에게 불평하기 보다는 새로운 동료와의 관계를 형성해 나가는 이에 해당하는 정당한 행동이다.

호의적 행동은 예의바른 행동으로서, 어떤 결정이나 행동에 영향을 받는 구성원들 간에 정보 등을 공유하는 행동을 말하는 것으로서, 문제가 발생하기 이전에 예방한다는 점에서 이타주의와 구별되며, 정보유출 등 다른 구성원에게 영향을 미칠 수 있는 일에 대한 사전언급 등의 행위를 가리킨다.

참여적 행동은 구성원의 시민의식으로서, 이는 조직 내 활동에 책임의식을 갖고 참여하는 것을 의미한다. 예를 들면, 조직의 발전에 뒤처지지 않기 위해서 스스로 노력한다든지, 조직 내에서 전달되는 사항이나 문서를 숙지하는 행위를 말한다. 또한, 요구되지 않았더라도 조직의 이미지를 제고하는 활동에 참여하는 행동도 이 범주에 포함된다.[131] 그레이엄Graham은 시민의식에 대한 예로써, 회의 참여, 사보 읽기, 개인시간에 이슈토론 등을 언급하였다.[132]

조직시민 행동은 자신의 업무에 대한 만족이 조직에 대한 만족으로 이어져 조직에 대해 헌신하게 된다는 논리에서 출발하기 때문에, 표면행위는 조직시민행동에 부정적 영향을 미칠 수 있다.[133] 하지만 자신의 감정을 변화시키려는 적극적인 노력을 포함한 내면행위의 경우에는 감정적 부조화 정도는 낮을 수 있다. 내면행위는 조직의 요구를 보다 적극적으로 받아들여 자신의 감정을 변화시키려는 노력을 기울이고, 이러한 노력은 조직에 대한 헌신으로 이해할 수 있다.

감정노동의 유형

감정표현 규칙은 조직의 구성원들이 조직으로부터 기대되는 감정을, 고객에게 일관되게 외적으로 표현해야 하는 감정을 개인의 행위로 표출하도록 하게하는 규칙을 지칭한다. 에크만Ekman은 사람들이 사회적 상황에서 문화적 표현규칙에 따라 자신의 감정을 최소화하거나, 과장하거나, 숨기는 등 다양한 방법으로 감정을 조절한다고 주장하였다.134 일반적으로 서비스업에 종사하는 종사자들은 밝고 명랑한 감정을 표현해야 하는데 적절한 감정을 표현하지 못하게 되면, 사회적 상호작용에 좋지 않은 결과를 가져 올 수 있다. 사회적 상황에서 감정표현을 잘 하는 사람은 잘 하지 못하는 사람보다 더 좋은 평가를 받으며,135 더 주목 받고 있다.136 조직이 감정표현 규칙을 만들어 구성원들의 감정노동을 통제하려는 것은 구성원에 의해 표출된 감정이 고객의 선택 행위에 영향을 미치는 제어기제로서 작용할 수 있다고 보기 때문이다.137

감정노동은 감정표현 규칙에 따라 크게 세 가지로 분류되고 있다.138

첫째, 긍정적 감정노동으로 대도시 도시교통 종사자, 항공사 객실승무원, 백화점 점원, 레스토랑 웨이트리스, 놀이동산 직원, 여행사 등의 직업이 이에 해당한다. 긍정적 감정표현규칙을 행하는 이 직업들은 인내심, 섬세함, 상냥함, 친절함, 기쁨, 즐거움, 공손함, 열광적, 활동적, 신속하게 타인의 감정을 느낌 등 보살핌과 배려의 긍정적 정서성을 나타낸다. 하지만 긍정적 감정노동 직업에 종사하는 자가 항상 활동적이고 즐거움을 보이지만은 않는다. 예를 들면, 항공사 객실승무원의 경우 기내 난동이나 화장실내 흡연과 같은 비행안전을 저해하거나, 대도시 대중교통인 지하철에 휴대금지품인 폭발물이나 석유류 등을 휴대하는 경우 대형 사상사고의 유발 및 다른 승객에게 심각한 손상을 끼칠 우려가 있는 행동에 대해서는 긍정적 감정으로 처벌될 수 있다.

둘째, 중립적 감정노동으로 의사나 판사, 심판 등의 직업이 이에 해당한다. 이들은 무엇보다 객관적이고 공정한 정보를 전달해야 하는 역할을 수행하기 위해 정서적 중립성을 유지해야 한다. 그러나 언제나 객관적이고 중립적인 태도를 보이지만은 않는다. 예를 들면, 의사들은 업무를 효과적으로 하기 위해 보호자에게 동정심과 애도를 표현하면서 그들이 사랑하는 환자의 죽음을 암시하는 방식을 개발하게 된다.[139]

셋째, 부정적 감정노동으로 경멸, 혐오, 공포, 위협, 분노, 흥분, 공격성 등의 부정적 정서성을 최대한 표출해야만 하는 감정노동으로서, 연체금 수금회사의 직원, 형사, 취조원, 검사, 장의사 등과 같은 종류의 직업이 대표적이다. 부정적 감정노동의 경우, 카드연체대금 수금원은 기본적으로 연체자와 의사소통을 할 때 기본적으로 긴급함을 표현해야할 것을 지시받지만, 연체자가 나타내는 감정태도에 따라 어떤 감정을 표현할 것인가를 정하는 상황 대응적 표현규칙도 지니고 있다. 즉, 연체자가 친절하거나 부드럽게 나오면 약간 화를 내거나 중립적 반응을 보이고, 연체자가 화를 낼 경우에는 침착한 태도로 중립적 반응을 보일 것, 그리고 연체자가 불안감을 나타낼 때에는 약간 화를 내거나 중립적으로 반응할 것 등의 자체적인 감정표현규칙을 적용토록 하고 있다.[140]

교대근무

3

감정노동의
제 이론

형성론적 이론

1) 감정관리

관리란 사전적 의미로 '어떤 일을 맡아 관할 처리'하거나 '시설이나 물건의 보존 · 개량 따위의 일을 맡아 하는 것'과 '사람을 지휘 감독하는 것' 등 다양한 의미를 지니고 있다. 여기서 감정 관리는 사람의 감정을 관리하는 것으로 곧 사람을 지휘 감독하는 것을 뜻한다. 감정관리는 타인을 이해하려는 노력 즉, 타인의 상황이나 감정에 자신의 감정을 이입하려는 노력이다. 혹쉴드는 감정 관리를 감정의 변화에 가하는 모든 행위라고 칭하고, 단순한 감정통제나 감정억압과 달리 분위기 상황에 맞게 감정을 불러일으키는 것과 분위기의 상황에 맞게 감정을 억누르는 것 모두를 포함한다고 하였다. 혹쉴드는 감정관리라는 용어를 제안하면서 emotion work와 emotion management를 동의어로 사용하였다.

감정노동의 감정관리 방법은 크게 세 가지로 분류된다. 첫째, 인지적인 감정 관리로서 감정을 변화시키기 위해 이미지, 사상, 사고를 변화시키려는 노력을 말한다. 둘째, 육체적인 감정 관리로서 숨을 천천히 쉰다든지, 몸을 움직이지 않고 가만히 있는 것처럼 육체적인 변화를 줌으로써 감정을 조절하려는 노력을 말한다. 마지막으로 표현적인 감정 관리로서 웃으려고 노력하거나 울려고 시도하는 등의 내적 감정의 변화를 유발시키는 것을 말한다. 그러나 이러한 감정의 변화를 조절하는 방법들은 이론적으로는 구분이 가능하지만, 실제적으로는 일시적인 현상으로 이루어지는 특성을 지닌 것이라고 말할 수 있다.

개인적으로 느끼는 감정이 그 상황에 부적합할 때 감정 관리는 인식의 대상이 된다. 예를 들면, 장례식장의 상황은 그것에 대한 적절한 정의(장례식)를 지니고 있으며, 관례적인 틀은 이에 따른 적절한 느낌을 규정(슬픔)한다. 여기서 상황과 관례적인 틀 및 느낌 등 세 가지가 모두 조화롭게 유지되기 위한 규범과 그에 따른 관리와 조절이 있게 되고, 결국은 이들 간의 보다 정상적인 조화가 이루어지게 되는 것이다. 또 다른 예로써, 상냥하고 친절한 백화점 종업원과 항공사 객실승무원, 학생을 동등하게 대하려는 선생님, 무전유죄無錢有罪의 풍토가 조성되지 않도록 공정하게 판결을 내리려고 노력하는 판사 등은 내적 행위에 참여하는 것으로 볼 수 있다. 이러한 사례는 상황, 관례적인 틀, 느낌을 일치하게 하려는 관리들에게서 보여진다.[141] 박홍주는 감정 관리를 가족, 학교, 또래 집단, 회사, 특정 사회의 문화 등을 통하여 사회적 성숙과정에서 습득되는 것으로서 심리학적 차원에서의 인격유지를 위한 최소한의 심리적 적응과 조절과정이라고 하였다.[142]

2) 느낌규칙

규칙(rules)에 대한 사전적 의미는 '여러 사람이 다 같이 지키기로 작정한 법칙'이라고 하였다. 그리하여 느낌에도 규칙이 있다. 감정에는 크기와 방향과 사회관습을 반영하는 권리와 의무가 있다. 예를 들어, 우리는 미미한 사안에 대하여 너무 크게 화를 냈다든지, 기쁜 장소에서 너무 기쁜 나머지 슬퍼한 경우, 사랑으로 감싸 준 스승에게는 더욱 은혜로움을 느껴야 하고, 절친한 친구의 죽음에 대해서는 가슴이 미어지도록 안타까워해야 하는 것 등이 해당된다. 때로는 사람들은 느낌규칙과 감정관리 간의 불일치를 느끼고, 그 불일치의 간극을 좁히려는 시도와 노력을 아끼지 않는다. 이러한 시도와 노력은 사람들에게 느낌규칙이 있다는 것을 보여준다. 이와 같이 느낌규칙은 직접적인 행동차원이 아닌 행동의 전이 단계에서 이루어지는데, 이러한 현상은 일반적인 사회적 상호작용의 다른 규칙들과 확연히 다른 점임을 알 수 있다.[143]

3) 사회적 교환

사회적 교환은 경제적 교환에서처럼 공헌에 대해 기대할 수 있지만, 보상의 시기나 내용이 명시되지 않은 관계로 장기적 관점에서 상대방이 보상을 해 줄 것이라는 신뢰에 바탕을 두고 있다. 즉 사회적 교환에서는 교환대상의 특성과 가치 그리고 교환 시기 등이 정확히 정의되기 어렵다. 예를 들어, 자신에게 주어진 과업을 늦게까지 일하면서 정해진 날짜보다 훨씬 앞당겨 일을 끝냈다면 그 조직구성원은 당장의 보상이 아닌 먼 미래의 보상을 기대했을 것이며, 금전적 보상보다는 조직의 인정을 기대했을 수 있다. 이처럼 사회적 교환에서는 그 해석에 주관적인 요소가 개입될 수 있는 것이다. 사회적 교환이론의 기본전제는 비용보다 이익을 더 많이 제공하는 상호간의 관계가 상호신뢰와 더불어 상호간의 매력을 지속적으로 유발한다는 것이다.[144] 더욱이 이러한 사회적 거래는 물질적인 이익뿐만 아니라 지위, 충성심, 인정 등을 포함하는 심리적 보상도 포괄하고 있다.

서비스업 종사자는 조직으로부터 고객을 대할 때 적절하게 감정적 대응을 할 것을 요구받는다. 이는 거기에 상응한 보상을 받기 때문에 감정은 충분한 사회적 교환가치가 있다. 따라서 혹쉴드는 감정표현관리가 육체적 노동과는 다른 서비스업에서 요구되는 노동의 한 형태로 구체화될 수 있다고 지적하였다. 사회적 교환에는 사람들 간의 상품과 서비스 교환이고, 다른 하나는 이득과 손실을 고려하지 않고 행해지는 제스처의 교환이다. 이러한 제스처 교환에는 두 가지가 있는데, 하나는 외부표현행동교환이고 다른 하나는 감정관리 교환이다. 이러한 제스처 교환은 혹쉴드의 연구에 의해 표면행위와 내면행위로 명명되고 있다. 이 두 행위는 모두 실제 사회적 교환에서 사용되는데, 어떠한 제스처가 이루어져야 하는가는 내부적인 규칙이 있다. 여기서 감정 관리를 포함한 제스처의 범위를 제공하는 것이 느낌

규칙이다. 감정관리는 사회교환에 있어서의 제스처라 할 수 있다.[145]

4) 감정의 상품화

혹쉴드는 근로자들이 자신의 현재 감정 상태와 다른 조건에서 노동을 함으로써 자신의 감정을 통제하고 관리하는 것을 감정노동이라고 부른다. 감정노동에서 자신의 감정을 스스로 통제하는 작업은 비가시적으로 일어난다. 즉, 외부적으로 드러나는 표정과 몸짓을 표현하기 위한 자신의 감정조절을 관리하는 것은 개인의 내면으로부터 일어나는 단순한 감정변화가 아니라 그것은 노동이다. 감정노동은 상황적이고 비가시적인 노동과정 안에서 회사의 조직규범과 직무 규칙에 의해 학습되고 훈련되어 "상품화"되며, 소비자들은 근로자의 감정노동에 대한 대가로 값을 지불한다.[146]

감정은 인간사회에서 상품의 속성을 갖는다. 내적 제스처의 교환은 시장경제 속에서 노동력과 같이 사고 팔리는 상품이다. 예컨대, 일에 대한 의욕을 상실한 매니저가 의기소침한 자신의 모습을 위장하기 위하여 실제로 느끼는 감성과는 다르게 회사에 열정을 표시하는 경우나, 항공사 객실승무원이 불만에 가득차서 흥분해 있는 승객을 대할 때에도 친절하고 침착하게 보이려고 노력하는 것 등은 직무를 잘 수행하기 위해 자신의 감정을 파는 것이나 다름없는 것이다. 이러한 감정을 혹쉴드는 감정의 상품화라고 하였다. 개인의 감정관리 활동이 사적 영역을 벗어나 공적 영역에서 임금을 받고 팔리게 되어 사용가치로서 뿐만 아니라 교환가치의 성격을 동시에 지니게 되는 경우에 감정관리 활동은 상품화된 노동력의 일부분이 된다.[147] 근로자의 잘 통제된 감정은 시장경제 속에서 노동력과 함께 사고 팔리는 상품과 같이 다루어진다. 이러한 감정관리 행위는 점차 자신의 내적 변화의 일부이기 보다는 작업상의 일부로 간주되기 때문에 상품화된다고 볼 수 있는 것이다. 또 다른 한편으로 혹쉴드는 감정노동에 있어 성의 차이가 확실히 존재하는 것으로도 보았다. 감정의 규칙은 각 사회의 맥락에 따라 다르지만, 성별에 따라 다른 것만은 어느 사회에서나 공통적으로 나타나고 있다는 것이다. 여성들의 감정의 규칙은 돌봄의 전문가로서, 여성의 본질적인 것으로서의 미소, 편안함, 따뜻함, 친절함을 유지해야 한다고 말하고 있다.

결과론적 이론

감정노동의 유형에 따른 결과에 대해서는 조직구성원 입장에서 직무관련 태도 혹은 행동에 긍정적인 작용을 미칠 수 있다는 견해와 부정적 영향을 미칠 수도 있다는 의견이 있다.[148] 에쉬포스와 햄프리는 감정노동의 결과는 이루어지는 상황에 따라 순기능과 역기능의 양면을 보일 수 있다고 했다.[149] 순기능은 주로 조직적 차원에서 얻을 수 있다. 조직구성원이 조직의 표현규칙을 잘 따름으로써 과제수행을 성공적으로 이루어 내고 조직목표를 용이하게 달성할 수 있다.[150] 또한 조직구성원이 자신의 표현력 증진을 통해서 과제수행을 효과적으로 이루어 낼 수도 있다.[151] 반면, 역기능은 조직구성원의 입장에서 주로 나타난다. 긍정적 감정의 표현은 긍정적 결과를 나타내며, 부정적 감정의 표현은 부정적 결과를 초래하게 되는 것이다.[152] 따라서 감정노동은 구성원의 심리적 영향과의 관계에서 긍정적인 정의 관계와 부정적인 부의 관계로 나눌 수 있다.

1) 소외가설

소외가설은 감정노동자의 심리적 자기소외에 초점을 맞추어 '감정노동의 부정적 결과' 또는 '부정적 접근'이라는 논리로 구성원 개인의 부조화와 관련한 접근방법이다. 소외가설에 따르면 감정노동이 수반하는 감정부조화가 만성적일 경우 장기적으로 개인에게 긴장과 같은 부정적인 영향을 주게 된다.[153] 혹쉴드는 감정노동의 수행은 진정한 자아로부터 자신이 분리되어 있다는 감정노동자의 심리에서 자기소외를 야기한다고 보았는데, 이것을 소외가설이라고 하였다. 즉, 직무의 한 부분으로서 감정노동을 수행한다는 것은 그것이 긍정적 감정이든 부정적 감정이든 개인의 태도에 부정적으로 작용한다.[154]

멈바이Mumby와 퍼트넘Putnam은 육체노동자의 노동소외에 비견하여 감정노동자의 삶이 후기 산업사회에서 나타나는 새로운 형태의 노동소외라고 주장하였다.[155] 특히 교대근무 직종의 감정노동 분야에 종사하는 종사자들은 심리적 스트레스뿐만 아니라 육체적인 어려움에도 시달리게 된다. 감정노동자들은 여러 계층의 사람들과 대화를 즐길 수 있는 활달함이 요구되고 항상적인 접객서비스를 위한 인내심도 가져야 한다. 대부분의 감정노동자는 장시간 동안 같은 일을 반복하고 정해진 공간, 고정된 위치에서 근무하거나 대기하고 있어야 하는 경우가 많다. 이러한 육체적 피로는 다시 불쾌감, 짜증, 분노 등의 감정적 반응을 일으키게 된다.[156] 혹쉴드는 연구에서 구성원들이 감정노동을 수행함으로써 감정적 부조화에 따른 자기 소외와 여러 가지 심리적 안정면에서 좋지 않은 결과를 가져오기 때문에 감정노동은 약물남용, 알코올 중독, 결근 등과 같은 부정적 행동으로 연결될 수 있음을 밝혔다. 이와 같이 감정노동에서 야기되는 감정적 부조화는 결핍된 자기 존중감, 우울, 냉소, 노동소외 등의 개인적이고 과업 관계적 부적응을 야기할 수 있다.[157] 그리고 직무 때문에 겪어야 하는 억제요소의 크기는 직무스트레스와 긍정적인 관계가 있고, 직무만족과는 부정적인 관계가 있다.[158]

또한 혹쉴드는 항공 승무원을 대상으로 인터뷰와 관찰을 통해 감정노동이 부정적인 심리결과가 야기되고 있음을 밝혔다. 그녀는 감정노동의 지속적인 수행은 스스로를 위선적이라고 자책하게 만들고, 직무를 떠나 자신의 일상생활로 돌아왔음에도 불구하고 자신의 실제 감정을 표현하는데 어려움을 지각하는 경우가 많다고 지적하였다.[159] 이주일은 간호사, 일반 서비스 조직 구성원, 학생을 대상으로 한 연구에서 연구대상자들이 행복감, 동정심, 자긍심을 표현하는 감정노동을 할 때에는 안면환류가설의 주장대로 해당 감정을 더 체험하게 되고 더 표현하려고 노력하는 모습이지만, 이런 감정노동은 개인의 감정적 탈진감을 키우고 주관적 안녕감이나 주위로부터의 감정적 지지를 떨어뜨린다는 것을 밝혀내었다.[160] 또한 아델만Adelmann은 감정노동자 집단과 비감정노동자 집단에 대한 비교연구를 통해 감정노동자 집단의 직업만족도와 자존감이 낮고, 건강상태가 좋지 않았으며, 우울증을 지각하는 사람들이 더 많았다는 것을 파악하였다. 모리스와 펠드망은 감정노동의 하위 요인인 감정적 부조화로 감정적 고갈을 경험하게 되고 신체적 및 정신적 문제를 야기하여 종사자

의 직무만족과 조직몰입에 부정적 영향을 미친다고 주장하였다. 김
수연, 장세진, 김형렬, 노재훈은 서울의 백화점, 호텔, 외식업체 등
에서 대면접객 서비스를 수행하는 판매직 사원, 음식 서비스나 안내
를 담당하는 호텔리어 등을 대상으로 감정노동과 우울 수준에 대해
서 연구를 수행했는데, 감정노동의 정도는 근무경력, 직무요구도,
우울 수준과는 정(+)적인 상관관계를 가지고 있었으며, 직무자율성
과 직무만족도와는 부(−)적인 상관관계를 밝혀냈다.[161] 나태균, 박인
수, 전경철은 서울시내의 패밀리 레스토랑 종업원을 대상으로 감정
노동이 감정소진에 정적인 영향을 미친다는 실증연구 결과를 제시하
였다.[162]

2) 안면환류가설

조직구성원은 감정부조화로 인해서 심리적 긴장을 경험하고 조직
목표달성에 일조하는 데 어려움을 느끼거나 자신의 표현력에 부진
함을 느낄 때 효과적이지 못하다는 비판을 받는 경우 심리적 불안감
과 소외감을 느낄 것이다. 이렇게 외적으로 표현하는 감정의 유형에
따라 감정노동 결과가 다르게 나타나는 가설을 안면환류가설이라 한
다.[163] 안면환류가설은 얼굴 및 근육의 변화가 정서의 체험에 주는
영향에 관한 제임스의 주장에 근거를 두고 있다. 그는 신체적 변화는
흥분을 일으킨 사실에 대한 지각에 의해 직접적으로 영향을 받게 되
며, 신체적 변화와 똑같이 감정의 변화로 일어나는데 이것을 감정이
라고 보았다.[164] 예를 들어, 기쁜 감정을 표현하게 되면 표현된 감정
이 감정체험에 영향을 주게 되어 필연적으로 기쁜 감정을 느끼게 되

고, 결과적으로 심리적 안녕감을 증진시켜 준다. 또한 예로 우울할 때 밝은 감정을 표현하면 기분 전환이 되는 경우도 있고, 지나치게 기분이 들떠 있을 때 일부러 침착한 행동을 함으로써 자신의 기분을 조절할 수도 있다.[165] 이러한 특정한 감정표현을 위한 안면표정은 생리적 기제를 통하여 표현된 감정과 유사한 감정을 유발함은 물론 표현된 감정과 불일치하는 감정을 약화시킨다.[166] 즉, 긍정적 감정의 표현은 긍정적 결과를 나타내며 부정적 감정의 표현은 부정적 결과를 초래하게 된다.[167]

감정노동의 긍정적 결과를 보여주는 연구들을 살펴보면, 서튼과 라페엘은 감정노동이 감정적 부조화를 유발하여 종업원의 복지에 부정적인 영향을 미친다는 혹쉴드의 주장을 반대하면서, 감정적 부조화에 의한 스트레스는 노동자가 조직의 감정표현규범을 내면화하지 못한 결과라고 주장하였다. 그리고 서튼에 의하면, 감정노동이 개인의 심리적 안녕과 자기효능감에 긍정적인 영향을 미친다는 것이 확인되었다. 또한 장의사와 같은 부정적(-)인 감정을 표현하도록 요구되는 직무를 수행하게 되면 부정적(-)인 감정이 생기는 것으로 나타났다.[168] 또한 서튼과 라페엘은 조직이 구성원의 감정표현을 관리하는 것이 그들의 감정과 직무에 대한 태도를 긍정적으로 만들고 고객과의 감정적 충돌을 피함으로써, 구성원들의 긍정적인 감정을 강화하는 역할을 한다고 주장하였다. 나아가 감정표현의 규칙에 따라 능숙하게 감정을 연기하는 종업원일수록 감정적 부조화가 생겨나는 상황을 쉽게 극복할 수 있다고 가정하였다. 결국 그들은 구성원의 감정표현에 대한 조직의 관리가 구성원의 복지를 향상시킨다는 입장이어서 감정노동의 필요성을 주장한다.169 애쉬포스와 험프리도 감정노동을 지각하는 종사자들 간에는 상호관계를 더욱 돈독하게 해주는 역할을 하기 때문에 감정노동을 긍정적으로 보았다. 즉, 그들은 감정노동이 익숙해지면 종사자들이 스스로 불쾌한 상황에서 심리적인 거리를 두기 때문에 스트레스를 감소시켜주고 만족감을 증가시킨다고 하였다.170

3) 가산적합 가설

이주일과 김명언은 소외가설과 안면피드백 가설의 문제점을 보완할 목적으로 가산적합 가설은 제시되었다고 주장하였다.171 먼저, 소외가설은 체험정서와 표현정서의 부적 · 정적 특성 및 강도를 고려하지 못하고 있다고 평가했다. 즉 대부분의 소외가설을 지지하는 연구들은 감정의 변화 폭에만 관심을 기울여 왔다. 하지만, 그들은 동일한 감정의 이동 폭이라도 영향력의 크기는 다를 수 있다고 주장하였다. 즉, 강한(높은) 부정적(-) 감정을 체험한 사람이 약한(낮은) 긍정적(+) 감정을 표현한 경우는, 약한(낮은) 부정적(-) 감정을 체험한 사람이 강한(높은) 긍정적(+) 감정을 표현할 경우의 경우 감정의 변화의 폭은 동일하더라도 개인에게 미치는 영향이 다를 수도 있다는 것이다. 이러한 이유로 소외가설은 감정변화의 출발점과 종착점이 어디 있느냐에 대한 내용적 고려의 중요성을 언급하였다.172

이와는 달리 안면피드백 가설은 '체험감정'이 개인에게 미치는 잠재적 영향력을 간과하는 문제점을 내포하고 있다는 것이다. 그리고 클리는 감정표현은 자신을 나타내는 하나의 신호이기에 자신이 가지고 있는 순수한 감정의 상태라고 하였고,[173] 이주일과 김명언은 체험감정의 영향이 고려되어야 한다고 하였다.[174] 왜냐하면 어느 개인의 체험적 감정은 순수한 감정이자 정체성을 표상하는 것이기 때문에 표현된 감정이 개인의 심리적 안정감 전체를 지배한다는 주장을 지나칠 수 있기 때문이다.[175]

이주일과 김명언은 다음과 같은 두 가지 가정을 바탕으로 가산적합 가설이 성립한다고 하였다.[176]

먼저, 체험감정과 표현감정의 효과를 동등한 것으로 가정한다. 그래서 강한 부정적(−) 감정을 체험한 사람이 강한 긍정적(+) 감정을 표현했을 때와 약한 부정적(−) 감정을 체험한 사람이 약한 긍정적(+) 감정을 표현한 경우는 그 효과 면에서 유사한 것으로 간주하였다. 그렇지만 약한 부정적(−) 감정을 체험한 사람이 강한 긍정적(+) 감정을 표현한 경우에 비해 강한 부정적(−) 감정을 체험한 사람이 약한 긍정적(+) 감정을 표현한 경우가 더 부정적인 효과를 가져 올 것으로 간주하였다.

둘째, 체험감정과 표현감정 각각의 감정적 특성이 갖는 효과를 고려한다. 왜냐하면, 이전의 안면피드백 가설이 표현감정에 치우쳤다면, 가산적합 가설은 표현감정과 더불어 체험감정에 대한 존재를 인정하고 이들의 영향력에 대해 고려하기 시작하였기 때문이다.

교대근무

4

감정노동의
결과분석

와튼과 에릭슨에 의하면, 감정노동 결과에 대한 연구들은 감정노동의 개념이 등장하면서부터 다양한 연구가 이루어졌다.[177] 초창기에는 감정노동과 신체적 건강과의 관계에 관한 연구가 대세를 이루고 있었지만,[178] 그 이후로는 감정노동과 직무만족, 스트레스의 관계에 관한 연구[179]와 직무소진 등 감정노동의 결과변수의 관계를 분석한 연구가 주를 이루었다. 다음에서 감정노동의 실증적인 연구들의 내용을 고찰하고 분석한 결과들을 살펴보기로 한다.

직무만족과의 관계분석

박동수 등은 감정노동과 직무만족간의 관계는 연구자들마다 연구결과가 다르게 나타나고 있는 관계로 아직 불확실한 상태라고 하였다.[180] 풀리에시Pugliesi는 감정노동과 직무만족도가 서로 부적 관계로 나타난다고 한 반면에, 웡Wong과 로우Law의 연구에서는 오히려 정적관계를 가지고 있는 것으로 나타났다. 또한 그랜디 등의 연구에서는 감정노동과 직무만족도 간에 서로 유의한 관계가 없는 것으로 나타났다. 와튼은 병원종사자를 대상으로 감정노동과 직무만족간의 긍정적 관계를 확인하였으며, 슈무트Shmutte는 은행의 종사자를 대상으로 한 감정노동과 직무만족간의 관계에서 정의 관계가 있는 것으로 나타났다. 이러한 관계는 감정노동이 비용만 발생시키는 것이 아니라 혜택도 존재한다는 바우터스Wouters의 주장을 실증적으로 지지하고 있다. 애쉬포스와 험프리는 감정노동을 지각하는 종사자들 간에는 상호작용 관계를 더욱 돈독하게 해주는 역할을 하기 때문에 스트레스를 감소시켜주고 만족감을 증가시킨다고 하였다. 서튼과 라파엘리는 연구에서 미소를 띤 얼굴 표정을 해야만 하는 종사자들은 일반적으로 스트레스의 정도는 낮고, 직무만족은 높게 나타나는 것으로 파악하였다. 모리스와 펠드망의 연구에서도 감정노동의 하위요인인 감정표현의 빈도는 직무만족에 영향을 미치는 것으로 나타났다.

존슨Johnson과 스펙터Spector의 연구에서는 성별과 직무자율성이 감정노동과 직무만족도와의 관계에 대해 조절효과를 나타내고 있는데, 연구결과 여성의 경우 표면행위와 직무만족도의 부적 관계가 더 강하게 나타나고, 직무자율성이 낮은 경우에는 내면행위와 직무만족도와의 부적 관계가 더 강하게 확인되고 있다.[181]

정면숙과 김광점의 연구에서는 감정노동의 수준이 높을수록 직무만족과 조직몰입이 낮은 것으로 나타났다.[182] 따라서 감정노동과 직무만족간의 관계에 대한 명확한 분석을 위해서는 지금보다 다양한

교대근무

조절변수를 적용한 연구가 시행되어야 두 변인간의 관계에 대한 결과에 의견의 일치가 어느 정도 좁혀질 것이다.

직무소진과의 관계분석

감정노동의 두 하위척도인 표면행위와 내면행위, 그리고 직무소진의 하위척도인 감정고갈, 탈 인격화, 개인적 성취감 간의 관계에 대한 연구는 집중적으로 이루어져 왔다.[183] 브라더릿지, 그랜디, 리는 대부분의 연구에서 표면행위는 감정고갈의 정적인 관계를 가지는 결과를 도출하고 있다.[184] 이 연구에서 브라더릿지와 그랜디는 진실성이 표면행위와 감정고갈 간의 관계를 매개하는 것으로 나타났다고 밝혔다. 표면행위를 통해 감정노동을 행하면 가식적인 감정표현을 행하기 때문에 진실성과 자신의 정체성에 혼돈을 느끼게 되고, 이로 인해 감정적인 소모를 경험하게 된다는 것을 알 수 있다.[185] 브라더릿지, 리, 그랜디는 이와는 대조적으로 내면행위는 감정고갈과 유의미한 관계가 없는 것으로 설명하였다. 그들의 연구에 따라, 내면행위는 표면행위와 다르게 자신의 감정을 조절하여 내면의 감정을 타인에게 표현하는 것이기 때문에 감정적 소모가 적다는 것이 입증되었다.[186]

감감정노동의 탈인격화는 상관관계를 가지는 것으로 나타났다. 탈인격화란 고객에 대한 격리되고 냉소적인 반응을 통해 자신과 고객, 동료, 업무, 조직사이에 부정적이고 무감각해져 과업으로부터 심리적으로 이탈되어 이들에 대해 냉소적, 형식적, 기계적인 태도를 보이는 것을 말한다. 표면행위의 행위 자체가 다른 사람과의 긍정적인 상호작용에 초점을 맞추는 것이 아니기 때문에 탈인격화와 관련이 있다는 것은 충분히 이해할 만하다.[187] 브라더릿지, 리, 그랜디의 연구에서 내면행위는 탈인격화와 관련이 없는 것으로 나타났다고 입증하고 있다.[188] 내면행위를 수행하기 위해서는 먼저 타인을 사물이 아닌 인간으로 존중하는 것이 우선시되어야 하기 때문에 탈인격화와 유의미한 관계가 없다는 사실은 당연한 것이다. 몇몇의 연구에서는 감정노동과 개인적 성취감의 관계를 살펴보았는데, 대체로 표면행위는 개인적 성취감과 부적 관계를 가지는 반면, 내면행위는 정적인 관계를 가지는 것으로 나타났다.[189] 따라서 표면행위는 일종의 가식행위이기 때문에 타인과의 상호적용과정을 통해 자아성취감이 감소되는 결과를 나타내고, 내면행위는 자신의 감정을 효율적으로 조절하여 타인과의 상호작용을 긍정적인 결과로 이끌어냈을 경우 성취감을 이끌어내는 것을 확인할 수 있다.[190] 감정노동의 수행방식과 직무소진의 정도가 직업군들 간에 유의적인 차이를 보였고, 표면행위의 감정노동 수행은 직무소진의 증가를 가져오는 반면, 내면행위의 감정노동 수행은 직무소진의 감소를 가져오는 것으로 나타남으로써 감정노동의 수행방식에 따라서 직무소진에 미치는 효과가 서로 다르다는 것을 보여주었다.[191]

그랜디, 와튼 등의 연구에서는 감정노동과 직무소진 간의 관계를 조절하는 변인을 파악하여 분석한 결과 직무자율성이 낮을수록 감정노동과 직무소진 간의 관계가 더욱 강화된다는 결과를 제시하였다.[192] 따라서 직무자율성이 낮은 경우에는 내면행위보다 표면행위에 의존해 감정노동을 수행하게 될 가능성이 높아 감정노동을 수행

교대근무

하는 조직구성원의 감정고갈을 감소시키기 위해서는 자율적인 직무 수행을 유도해 나가야 한다는 것이 결론이다.[193]

직무수행능력과의 관계분석

감정노동과 직무수행능력과의 관계에 대한 분석을 연구한 사례는 그리 많지 않고 각기 상이한 결과를 발표하였다. 토터델과 홀맨의 연구에서 내면행위는 수행능력과 정적 관계를 나타내고, 표면행위는 유의한 관계가 없는 것으로 나타났으며, 골드버그Goldberg와 그랜디의 연구에서는 내면행위와 표면행위 모두에서 수행능력과 유의미한 관계가 없는 것으로 나타났다.[194] 혹쉴드는 항공 승무원을 대상으로 인터뷰와 관찰을 통해 감정노동이 부정적인 심리적 결과를 야기한다고 밝히고, 감정노동의 지속적인 수행은 스스로 위선적이라고 자책이 들게 만들고, 직무를 떠나 자신의 일상생활로 돌아왔는데도 불구하고 자신의 실제 감정을 표현하는데 어려움을 지각하는 경우가 많다고 주장하였다.[195] 결론적으로 감정노동과 직무수행능력과의 관계를 보다 확실하게 파악하기 위해서는 지금보다 활발한 연구들이 요구되고 있다.

정신적·신체적 영향과의 관계분석

존슨, 스펙터, 쇼브뢱, 존스, 풀리에시 등은 감정노동이 정신적·신체적 건강에 영향을 미치고 있다고 주장했다. 이러한 선행연구들을 종합적으로 분석해보면, 감정노동은 전반적인 스트레스와 직무 스트레스 그리고 직장에서의 긴장과 압박감 및 정서적 안정, 신체징

후 등과 유의미한 관계가 있는 것으로 나타났다.[196] 아델만은 감정노동자 집단과 비감정노동자 집단에 대한 비교연구를 통해 감정노동자 집단의 직업만족도, 자존감이 낮고, 건강상태가 좋지 않았으며, 우울증을 지각하는 사람이 더 많은 것으로 파악하였다. 모리스와 팰드망의 연구에서는 감정노동의 하위요인인 감정적 부조화로 인해 감정적 고갈을 경험하게 되고 신체적 및 정신적 문제를 야기하여 종사자의 직무만족과 조직몰입에 부정적인 영향을 미치는 것으로 나타났다.

그리고 쇼브룍과 존스는 서비스를 제공하는 과정에서 긍정적이거나 부정적인 감정을 감추기 위하여 많은 노력과 에너지를 소모함으로써 정서적인 피로와 육체적인 증상을 야기할 수 있음을 제시하였고, 풀리에시, 슉Shook, 브라더릿지, 그랜디의 연구에서도 감정노동이 직무만족을 감소시키고 직무스트레스 수준을 높이는 것으로 나타났다. 따라서 이와 같은 결과는 경영자들이 감정노동자들을 관리하는데 있어 세심한 주의와 관찰이 필요하다는 것을 의미한다.[197]

교대근무

5

감정노동의
측정

감정노동에 대한 연구동향을 시대와 연구 단계별로 살펴보면, 감정노동의 개념정립 등 초창기의 연구 구성들이 질적인 연구 중심이었다면, 최근의 연구흐름은 한 단계 도약하여 감정노동에 대한 조작적 정의와 이를 측정하기 위한 측정 도구의 개발과 함께 다른 변수들과의 관계를 규명하기 위한 양적인 연구중심으로 다양한 연구 성과를 가져왔다. 이에 따라 감정노동의 측정 단계에 대한 척도인 개별 감정노동 척도(DEELS; Discrete Emotions Emotional Labor Scale)와 환대감정노동척도(HELS: Hospitality Emotional Labor Scale), 감정노동척도(ELS: Emotional Labor Scale) 등을 중심으로 살펴보기로 한다.

개별 감정노동의 척도

글롬Glomb과 튜스Tews는 감정노동의 개념화와 조작화에 부합되는 감정노동척도 개발의 필요성에 따라 DEELS(Discrete Emotions Emotional Labor Scale)를 개발하였다. 그들은 감정느낌의 유무와 감정 표현의 유무에 주목하고, 느껴진 감정의 표현 방식에 따라 4가지 집단(느낌무·표현무, 느낌무·표현유, 느낌유·표현무, 느낌유·표현유)으로 구분한 후, 느낌이 없고 표현이 없는 집단을 제외한 나머지 3집단의 감정 및 표현을 위한 척도를 개발 하고 이를 '느낌은 없으나 표현이 강함', '느낌은 있으나 표현 억제', '느낌도 있고 진심을 표현함'로 명명하였다. 그리고 감정의 방향(긍정, 부정)에 따라 이들 3집단을 다시 6집단으로 하는 하위척도를 개발하였다.[198] 즉, 순수 긍정표현, 순수 부정표현, 가장(허위) 긍정표현, 가장 부정표현, 긍정적 감정억제, 부정적 감정억제 등이다. 이 척도가 갖는 가장 큰 특징은 그간에 정서노동에서 개념적으로 주장해 오던 감정부조화를 척도에 포함시키려 했다는 점이다. 이전의 EL척도나 ELS 척도가 행위의 느낌과 표현의 구분이 없었다고 본다면, 이들 척도의 구분을 통해 조작화 과정을 보다 세밀화 시키는 발전을 가져온 것이다. 또한, 그들은 연구에서 DEELS의 하위척도 중에 가장된 감정표현 및 감정억제는 감정부조화와 표면행위, 그리고 감정소진과 유의미한 정(+)의 관계가 있는 결과를 도출하였다.[199]

그랜디는 감정노동의 하위요인을 표면행위와 내면행위로 구분하고, 감정노동의 표면행위와 내면행위, 그리고 지각된 표현규칙을 측정하기 위한 측정척도를 개발하였다.[200] 김영조와 한주희는 그가 개발한 척도문항을 제시하였다. 즉, 표면행위의 문항은 "나는 직무수행을 위해 표현해야하는 감정을 가지고 있는 것처럼 가장하여 표현한다.",를, 내면행위는 "나는 내가 표현해야만 하는 감정을 실제로 느끼고 경험하기 위해 노력한다."를 측정문항으로 제시하여 감정노동의 표면행위와 내면행위를 측정하였다. 표현규칙을 측정하는 문항으로는 "고객을 기분 좋게 만드는 일도 나의 업무의 일부이다." 로 구성원의 역할이 긍정적 감정표현을 어느 정도 요구하고 있는지를 측정하였다.201 그랜디는 자신의 이러한 측정척도를 이용하여 감정의 표현규칙과 내면행위가 밀접한 연관관계가 있음을 발표하였다. 그는 표면행위와 내면행위 모두 종사자들의 직무만족도와는 부(-)의 관계가 있고, 감정전달과 표면행위는 부(-)의 영향관계로, 내면행위와는 유의한 정(+)의 관계가 있음을 입증하였다.202

한편, 모리스와 팰드망은 감정노동의 변화와 지속성, 감정부조화를 측정하기 위해 9개의 문항을 개발하였다.203 그들은 감정노동의 빈도를 측정하기 위한 문항의 예로 "나는 업무시간을 대부분 고객과 상호작용을 하며 보낸다.", 감정노동의 지속성을 측정하기 위한 항목으로는 "나는 내가 접촉해야 하는 고객 각각과 오랜 시간을 사용한다.", 감정의 부조화를 측정하기 위한 문항으로는 "내가 고객에게 말하고 행동하는 것은 대부분 내가 실제로 느끼는 것과 일치한다."들을 사용하여 감정노동의 빈도와 지속성, 감정부조화를 측정하였다.204 이와 같이 그들은 자신들이 개발한 척도들을 사용하여 과제의 반복성이 감정노동의 지속성과는 부(-)의 관계가 있고, 감정노동의 빈도 및 감정부조화와는 정(+)의 관계가 있다는 것을 발견했다. 또한 직업의 자율성은 감정부조화와 부(-)의 관계로, 감정노동 대상자의 영향력은 감정노동의 빈도와 정(+)의 관계로 관련되어 있다는 것을 밝혀냈다.[205] 따라서 그들은 감정노동의 지속성은 역할 내면화와 연관관계가 있지만 감정부조화와는 감정적 소진 및 직업 만족도와 밀접한 관계를 가지는 결과를 밝혀냈다.[206]

환대 감정노동의 척도(H.E.L.S)

추Chu와 멀먼Murrmann은 데벨리스Devellis, 힌킨Hinkin, 트라케이Tracay, 엔츠Enz 등이 제시한 척도개발 가이드라인을 따라 종사원들의 감정노동 표현을 환대산업에 적용하여 측정하기 위한 HELS를 개발하였다. 구체적으로 추와 멀먼은 31개 항목의 문헌고찰 및 포커스 그룹 인터뷰를 통하여 최초 82개의 설문항목을 도출한 후, 관광관련 학생을 대상으로 한 1차 정제, 사우스웨스턴의 버지니아에 있는 3개 호텔 종업원을 대상으로 한 2차 정제, 마지막으로 확인 요인분석을 통한 모형의 비교 등 세 번의 정제과정을 거쳐 감정부조화와 감정노력 2개의 요인으로 구분되는 15개의 항목을 개발하였다. 이들 연구는 표면행동과 내면행동을 구분하는 최초의 모델이라 할 수 있는 쿠위멜과 게디스의 연구와도 일치되는 것이다. 즉, 쿠위멜과 게디스는 감정노동을 감정부조화와 감정적 노력의 두 가지의 요소로 구분하고 7개의 감정노동 선행요인인 고객의 정서, 감정표현의 자유, 감정표현 훈련, 감정적 애착, 서비스 질 지향, 고객에 대한 공감, 고객감정의 전이를 측정했다. 그리고 이들은 능동적인 내면행위와 수동적인 표면행위를 구분하여, 능동적인 내면행위를 감정의 노력으로, 수동적 표면행위를 감정부조화로 연결시켰다.[207] 추와 멀먼의 HELS는 서비스 기업에서 종업원들의 감정노동의 수준을 평가할 때, 고객들이 인지하고 기대하는 감정적 노력을 평가할 때, 감정노동을 긍정적으로 수행할 기질적 특성을 가진 종사원을 선발할 때 도움을 줄 것이며 특히, 서비스 조직에서 구성원의 감정노동과 고객만족과의 관계를 증명하기 위한 척도로 활용하는데 적합한 것으로 평가된다.[208]

감정노동의 척도

브라더릿지와 리는 모리스와 팰드망의 연구에서 제시한 감정노동의 개념을 근거로 하여 감정노동측정도구(ELS:Emotional Labor Scale)를 개발하였다.[209] 이 감정노동측정도구는 15개의 문항과 하위척도로서 감정표현의 빈도, 강도, 다양성, 상호작용의 지속성, 표면행위, 내면행위 등 6개 문항으로 구성된 감정노동의 측정도구이다. 그들이 개발한 측정도구의 문항에 대해 김준환이 제시한 내용을 살펴보면, 감정노동의 지속성을 측정하기 위해서 "내가 고객과 유지하는 전형적인 상호작용은 대략 ( )분이 소요된다.", 감정노동의 빈도를 측정하기 위해서는 "당신은 보통 얼마나 자주 업무수행 중 요구되어지는 특정한 감정을 표현하고 있습니까?", 감정노동의 강도를 측정하기 위해서는 "당신은 얼마나 자주 감정을 강하게 표현하고 있습니까?", 감정노동의 다양성을 측정하기 위한 척도로는 "당신은 얼마나 자주 다른 종류의 감정을 표현합니까?", 감정노동의 표면행위를 측정하기 위한 척도의 문항으로는 "당신은 실제로 느끼는 감정을 표현하지 않으려고 얼마나 자주 시도합니까?", 감정노동의 내면행위를 측정하기 위한 척도를 살펴보면 "타인들에게 표현해야 할 감정을 실제로 느끼기 위해 얼마나 자주 노력합니까?"등의 문항으로 구성되어 있다.[210]

그들은 자신들이 개발한 ELS를 사용하여 측정한 결과 표면행위는 역할 동일시와 부(-)적인 관계로, 비인격화와 감정소진과는 정(+)적인 관계로 연관되어있음을 밝혀냈다. 반면에 내면행위의 측정결과는 역할 동일시와 유의미한 정(+)적인 관계로 연관되어 있음이 입증되었다.[211]

6

감정노동에 대한
선행연구

감정노동은 미국 버클리 대학의 혹쉴드가 발표한 연구에서 '감정'도 사회적인 강제로 표현된 사회적 가치로 인정받고, 재화로 거래되면서 육체노동, 정신노동과 함께 노동의 한 요소로 탄생하게 되었다. 그 이후 감정노동에 대한 선행연구는 주로 혹쉴드, 애쉬포스와 험프리, 모리스와 팰드망, 그랜디, 디에펜도르프와 고서랜드 등의 연구가 대표적으로 손꼽히고 있다. 따라서 이들에 의한 감정노동에 대한 선행연구를 김영진이 제시한 내용을 중심으로 살펴보기로 한다.

혹쉴드의 연구

사회학자인 혹쉴드는 감정노동에 관한 세미나 북(The Managd Heart ; The Commercialization of Feeling)에서 감정노동을 외부적으로 관찰이 가능한 표정과 몸짓을 표현하기 위해 감정을 관리하는 것이라고 정의하면서 조직 내의 감정에 관한 현대적 효시가 되었다. 혹쉴드는 표현규칙이나 조직의 기대 때문에 감정을 관리하게 되면, 이것은 개인내부에서 일어나는 단순한 감정의 변화가 아닌 노동으로 보았다. 노동으로서의 감정은 상품의 속성을 지니게 되는데,[212] 그는 이것을 감정의 상품화라고 하였다.[213] 교대근무를 도입한 직종은 공적이든 사적이든 모든 직종을 망라하여 국민의 기초적인 생활과 연관성이 매우 밀접하다. 이에 교대근무자는 국민이 보다 편리한 생활을 영위할 수 있도록 제반 서비스를 제공하여 국민의 복리증진에 이바지하는 서비스 업종으로서, 서비스를 제공할 때 조직은 고객에게 감정표현에 대한 감정을 관리한다.

조직의 구성원들은 조직이 기대하는 적절한 감정을 표현하고 그에 대한 임금을 받기 때문에 감정은 충분한 교환가치가 있다. 따라서 감정표현을 관리하는 감정노동은 육체적 노동과 달리 서비스 경제화 산업에서 요구되는 노동의 한 형태로서 구체화 및 고도화 될 수 있는 가치를 지니고 있다.[214]

그녀는 감정노동의 구성원은 배우이자 연기자며, 서비스를 제공받는 고객은 청중이고, 감정을 표현하는 작업장은 감정노동자의 상호작용이 일어나는 무대로 보았다. 이에 에크먼은 서비스 작업장에서의 구성원들은 무대에서 연기자들이 정해진 극본에 따라 연기하듯 조직에서 정하는 각본을 표현해야 하는 감정의 종류, 시기, 방법을 지정하는 표현규칙에 따라 각기 업무상황에 맞는 바람직한 감정을 표현해야 한다는 것이다.[215] 그녀는 이러한 감정을 표현하는 과정에 규칙이 존재한다고 보고, 이를 표현규칙이라는 용어로 사용하기 시작하였다. 이 표현규칙에는 특정한 감정의 지속기간과 강도, 감정의 범위와 대상 등이 구체화 되어 있다는 것이다.

혹쉴드는 감정노동이라는 새로운 이론을 정립하고, 감정노동은 표면행위와 내면행위로 구분하고, 이것이 감정노동 개념의 핵심적 구성요소라고 주장하였다.[216] 혜븐과 베커에 의하면, 표면행위는 부정적인 감정임에도 불구하고 조직이 요구하는 감정을 느끼도록 미소를 짓는 것과 같이 개인의 본질적인 표현을 수정하는 과정으로써 표현규칙을 따른다. 그리고 표면행위는 불확실성과 관계가 있고, 자신의 진실한 감정과 조직에서 요구하는 감정표현과의 불일치를 초래하기 때문에 직무로 인한 스트레스나 소외, 감정부조화와 같은 부정적인 결과를 가져온다. 또한 이런 불일치는 결과적으로 자기 소외를 경험하게 되고 자기효능감과 직무만족의 저하, 그리고 소진, 우울, 냉소 등 심리에 부정적 영향을 초래할 수 있다.[217] 이와는 달리, 샤우브로에크와 존즈는 표면행위라고 하더라도 긍정적인 감정의 표현은 구성원의 심리적 복지와 건강에 긍정적(+)인 영향을 미친다고 보았다.[218]

한편, 내면행위가 긍정적 감정의 표현으로 성공적으로 수행될 때 종사자들은 거짓 감정이나 자기소외를 피할 수 있다. 이러한 내면행위의 개념을 이용하여 여러 학자들은 직무수행 능력과 감정표현에 대한 조직의 기대 충족에 의해 나타나는 만족감은 낮은 부조화를 나타내며 표면행위와는 달리 반대의 결과를 나타낸다.[219] 또한, 내면행위는 개인적 성취감을 긍정적(+)인 예측이 가능하게 해주며, 잠재적 방어효과의 개념에 기여한다는 결과를 밝히고, 구성원의 복지에도 긍정적인 영향을 미치는 것으로 검증되었다.[220] 그리고 혹쉴드가 구성원의 복지에 부정적인 영향을 미친다는 주장에 대해서도 반대로, 구성원의 감정표현에 대한 조직의 관리가 구성원의 긍정적 감정을 강화하여 구성원의 복지를 향상시킨다고 주장하면서 감정노동의 필요성을 역설하기도 하였다.[221]

애쉬포스와 험프리의 연구

애쉬포스와 험프리는 구성원이 서비스를 수행하는 과정에서 표면적으로 관찰할 수 있는 행동자체에 초점을 두었는데, 이것은 혹쉴드가 감정의 표현에 초점을 둔 감정노동의 개념과는 방향을 달리하는 것이다. 즉, 감정노동은 감정이 아니라 행위가 감정노동의 핵심구성요소로서 표현규칙에 맞추어 적절한 감정을 행위로 표현하는 것이라고 주장하였다. 이를 김영진이 제시한 내용을 중심으로 살펴보기로 한다.[222]

애쉬포스와 험프리는 구성원들이 조직이나 고객으로부터 기대되는 감정을 표현하기 위한 표면행위나 내면행위를 나타내고 있다는 점에서는 동의하고 있으나 실제적인 감정의 표현 즉, 진실한 행위를 포함하여 연구의 발전에 한 단계 향상을 가져왔다. 그들은 감정노동을 표면행위와 내면행위만으로 표현하는 것은 구성원이 실질적으로 감정을 경험하고 표현하는 가능성을 파악하지 않은 것이라고 지적하고 진실한 행동은 진정성을 포함하는 마음의 표현이라고 정의하였다. 이러한 실질적인 표현은 구성원이 실제로 느끼고 표현하는 감정이 조직이 요구하는 바람직한 감정과 일치하고 있다고 말하는 것이다.

더 나아가 애쉬포스와 험프리는 서비스의 상호작용은 반복되고 습관적인 경향이 있기 때문에 표면행위와 내면행위는 습관적 정기성을 나타낼 수밖에 없다는 것이다. 이러한 습관적 정기성은 상대적인 노력도를 가볍게 하고 어떠한 경우에는 실제로 경험하는 감정과 표현하려는 감정이 일치하여 노력을 하지 않아도 되는 경우가 있다. 이러한 습관성은 감정노동이 직무스트레스를 가져온다고 보고 있는 혹쉴드의 견해와 다르게 보는 견해로서 감정노동의 부정적인 효과는 적을 것이라고 보았다. 여기서 그들은 혹쉴드의 표면행위와 내면행위 자체의 실제적 과정 보다는 행위 과정의 결과에 초점을 두고 있다는 점이 다른 것이다.

또한, 그들은 혹쉴드가 사용한 느낌규칙과는 다른 외적 표면행위에 중점을 두어온 에크만의 표현규칙을 강조하고 있다. 나아가 애쉬포스와 험프리는 감정노동자인 구성원과 조직과 고객들이 바라는 감정표현에는 감정불일치가 발생할 수 있지만 과업효과성과 관찰 가능한 감정표현의 긍정적인 효과를 더 강조하고, 이와 함께 눈에 보이는 표현들이 효과적인 것이 되기 위해서는 타인에 의해서 보다 진실된 것으로 지각되어야 한다고 주장하였다. 이러한 주장은 혹쉴드의 구성원의 건강과 직무스트레스에 감정노동의 부정적인 효과에 초점을 두었던 점과 비교하면 더 낙관적인 관점에서 바라본 것이라고 할 수 있다.

이러한 애쉬포스와 험프리의 관점은 사회정체성 이론에 의해 뒷받침 되고 있다. 사회적 정체성이론은 한 그룹에 속하고 있다는 인식에 기초한 개인의 사회적 동일시 과정을 말한다. 이러한 원칙 하에서 애쉬포스와 험프리는 감정노동의 효과는 서비스 역할이나 직업에 대한 구성원의 동일시에 의해 조절된다고 주장하였다. 즉, 동일시가 클수록 확실한 자기표현의 증진, 정체성 강화, 표현규칙을 포용하려는 의지가 강화되고 동일시가 약할수록 감정부조화 및 자기소외는 강화된다고 본 것이다. 따라서 감정노동이 종업원들의 상호관계를 예측 가능하게 하며, 대인관계의 문제 발생을 회피하도록 도와줄 수 있다고 보았다. 또 감정노동이 익숙해지면 종업원들이 자발적으로 불쾌한 상황에서 심리적으로 거리를 둔다고 주장하였다. 이러한 이점을 통하여 직무 스트레스를 감소시키고 만족감을 증가시킨다고 했다. 이러한 감정 관리의 순기능을 요약하면, 효과적인 감정관리 능력의 함양은 원만한 대인관계를 형성시키고 직무를 효과적으로 수행할 수 있다는 것이다.

모리스와 팰드망의 연구

모리스와 팰드망은 감정노동이란 개념을 대인간 상호작용이 이루어지는 동안 조직적으로 요구되는 적절한 감정을 표현하기 위해 필요한 노력, 계획, 통제로 정의하고 있다. 그들은 직무로서의 감정노동이 갖는 객관성 그 자체인 고객과의 상호작용 빈도, 지속시간 등 직무특성에 초점을 두는 접근이론으로서, 기본적으로 고객과의 상호작용이 갖는 특성에 초점을 두고 있는 것이다. 즉, 김영진에 의하면, 그들은 직무특성으로서의 접근 요소인 감정표현의 빈도, 감정표현의 다양성, 감정표현의 주의집중도, 감정적 부조화 등 네 가지 차원간의 관계로 구성되었다는 것이다.[223] 이 내용을 중심으로 살펴보기로 한다.

먼저, 감정표현의 빈도는 구성원과 고객 간의 상호작용이 얼마나 자주 일어나고 있는지에 초점을 맞춘 것으로 타인과 빈번한 상호작용이 높은 감정노동의 요구를 가져오는 조직의 표현규칙에 더 순응해야 한다는 것이다.

둘째, 감정표현의 다양성은 감정노동의 표현에는 긍정적인 감정표현이 있는 반면에 연체금 수금업자와 같은 부정적인 감정표현이 있고, 나아가 의사 등 중립적인 감정을 표현해야하는 경우 등으로 나뉘고 있다. 이러한 감정표현은 표현되어야 하는 감정이 많을수록 감정노동에는 더 많은 노력이 필요하다.

셋째, 감정표현의 주의집중도는 직무과정에서 요구되는 감정표현의 지속성과 강도로 구성되어 있는데, 감정이 더 오래 표현되어야 하고, 표현되어야 하는 감정이 더 강할수록 심리적 에너지와 육체적 에너지가 구성원들에게 더 요구되는 것이다.

넷째, 감정적 부조화는 조직에서 요구하여 구성원이 표현하여야 할 감정과 고객과의 사이에서 실질적으로 느끼는 감정 사이에서 자신이 표현하려는 감정과의 갈등을 말하고,224 표현규칙과 감정이 조화를 이루지 못할 때에는 감정노동이 더 요구된다는 것이다. 이러한 감정부조화는 이전의 학자들과는 다른 연구로서, 감정부조화가 감정노동의 결과이거나 감정노동에 영향을 미치는 선행요인이 아닌 개념으로 보았다는 점이다.

모리스와 팰드망은 지속적인 직무 스트레스 요인인 감정부조화는 감정적 고갈을 초래한다고 주장하였다. 이러한 감정적 고갈은 종업원의 직무만족과 조직몰입 수준에 부(-)의 영향을 미치고, 육체적 ·

신체적 문제를 일으킴으로서 결과적으로는 조직유효성에 부(-)의 영향을 미친다고 주장하였다.

모리스와 팰드망의 감정노동의 구성요소

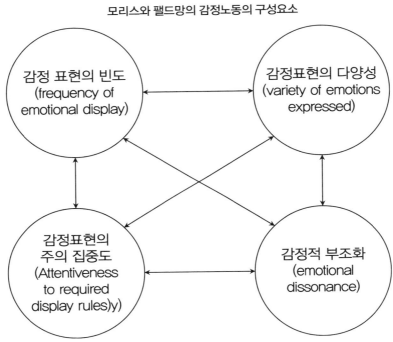

출처: Morris & Feldman(1996). The dimensions, antecedents, and consequences of emotional labor, Journal of Managerial Issues, 21(4), p. 993.

그러나 모리스와 팰드망은 다음 표와 같이 1997년에 감정노동을 연구하면서, 자신들이 1996년에 연구한 감정노동의 구성요소를 4개에서 3개로 수정하였다. 즉, 감정노동의 구성요소는 상호작용의 빈도, 상호작용의 기간, 감정부조화 등 3개의 개념으로 구성한 것이다. 또한, 모리스와 팰드망은 감정노동의 선행요인으로 조직특성과 직무특성요인 두 가지 측면을 제안하였다. 조직특성요인으로는 표현규칙의 명확성, 감시의 근접성, 역할 수행 대상자의 권력 등의 요인을 말하고, 개인특성요인으로는 성별, 긍정적 정서, 부정적 정서 등의 요인을, 그리고 직무특성요인으로는 대면 접촉, 직무일상성, 직무다양성, 직무자율성 등을 제안하였다.

모리스와 팰드망의 감정노동 연구모형

선행변수 (Antecedents)	감정노동 (emotional Labor)	결과변수 (Consequences)
− 감정표현 규칙의 명확성 (Explicitness Display Rules) − 직무일상성 (Routineness of Task) − 직무자율성 (Job Autonomy) − 직무수행대상자의 권력 (Power of Role Receiver)	− 상호작용의 빈도 (Frequence of Interaction) − 상호작용의 기간 (Duration of Interaction) − 감정부조화 (Emotional Dissonance)	− 감정적 고갈 (Emotional Exhaustion) − 직무만족 (Job Satisfaction) − 역할몰입 (Role Internalization)

출처: Morris & Feldman(1996), "Managing emotions in the workplace", 『Journal of Managerial Issues』, 9(3). p.260.

그랜디의 연구

그랜디는 감정노동을 특정 짓는 것으로 감정조절이론을 사용하여 개념적 모델을 제시하였다. 이 감정조절이론은 그로스Gross가 제시한 것인데, '개인들이 어떠한 감정을 가지고, 그 감정을 언제 느끼며, 어떻게 감정을 경험하고, 어떻게 표현하는가에 영향을 미치는 과정'이라고 말한 것이다.

그랜디는 감정노동 수정과정에서 표면행위와 내면행위의 중요성을 강조하였다. 그는 감정노동을 표면행위와 내면행위로 정의하면 3가지의 장점을 다음과 같이 제시하였다.

첫째, 표면행위와 내면행위는 감정노동 시 긍정적 결과와 부정적 결과를 모두 가져올 수 있다고 주장하였다. 예를 들면, 표면행위는 개인이 경험하는 불일치 때문에 직무만족에 부정적 영향을 미칠 수 있는 반면, 내면행위는 개인이 적절한 감정을 효과적으로 표현하면 개인적 성취감을 가질 수 있게 하기 때문에 직무만족에 긍정적인 영향을 미친다는 것이다. 이러한 개념화는 감정노동이 주로 부정적인 결과를 가져온다는 이전 생각(예, 원래 부정적인 결과를 가져오는 감정적 불일치로서의 감정노동)과는 반대되는 논리이다.[225]

둘째, 감정노동의 감정적 조절로서의 개념화는 감정노동이 학습될 수 있는 스킬을 포함하고 있다는 것이다. 그래서 개인은 특정한 환경에서 적절한 감정을 표현하고 자신의 감정을 조절하는 전략이 교육될 수 있다. 예를 들면, 조직이 내면행위가 표면행위보다 좋은 고객 서비스를 제공하는데 더 효과적이라고 믿는다면 구성원들로 하여금 어떻게 내면행위를 할 수 있는지를 교육시키고자 할 것이다. 그리고 구성원들은 상황적인 요구에 따라서 표면행위와 내면행위에 개입하도록 교육될 수 있다. 즉, 상황적 특성이 어떤 감정조절 기술을 요구할 수 있다. 예를 들면, 내과의사는 때때로 환자와 지나치게 감정적으로 개입되는 것을 주의 받을 수 있다. 직무소진을 피하기 위해서 거리를 두고 표면행위를 하도록 훈련을 받는 것은 이익이 될 수 있다.[226]

끝으로, 그랜디는 감정노동을 감정조절이론을 사용한 개념적 모델을 제시하였다. 감정조절이론은 어느 한 개인이 어떠한 감정을 가지고, 그 감정을 언제 느끼며, 어떻게 감정을 경험하고, 어떻게 표현하는가에 영향을 미치는 과정을 말한다.[227] 그랜디는 표면행위와 내면행위는 각각 다른 스타일을 가지고 감정노동에 영향을 미치는 것으로 보았다. 그는 감정노동에 영향을 미치는 선행요인으로 상황 요인을 고려하였다. 그랜디는 감정노동의 상황적 선행요인으로 상호작용에 대한 기대와 감정적 사건을 감정노동에 영향을 미치는 중요한 두 범주로 설정하였다. 여기서 상호작용에 대한 기대의 요소로는 빈도, 기간, 다양성, 표현규칙이 있고, 감정적 사건의 요소에는 긍정적 사건과 부정적 사건이 있다. 이러한 범주 내에서 상황에 대한 감정규제를 통하여 감정노동이 매개변수 또는 조절변수로 작용하여 조직적으로는 고객확보나 유지와 같은 서비스 성과는 결근, 이직 의도와 같은 철수행동으로 나타나고, 개인적으로는 소진이나 직무만족과 같은 결과로 나타날 수 있다는 것이다.

그랜디는 감정노동의 모델에서 해로운 결과를 초래할 수 있는 개인적 특성과 조직적 특성을 위험요인으로 설정하였다. 이러한 그의 감정노동 모델은 감정노동의 장기적인 결과뿐만 아니라 감정노동의 영향을 미치는 상황적, 개인적, 조직적 요인들을 포함하고 있다. 이러한 모델의 선행요인에는 전술한 상황적 요인과 개인적 특성, 그리고 조직적 특성 등이 있다. 개인적 특성에는 성별, 감정 표현력, 감성지능, 정서, 그리고 조직적 특성에는 직무자율성, 상사의 지지, 동료의 지지 등이 있다.

또한, 결과요인에는 직무만족, 소진, 이직의도, 결근율, 서비스성과 등이 있다. 여기서 그는 결과변수와의 관계에서 감정노동은 매개 또는 조절요인으로서의 개념적 통합모델을 제시하였다. 그랜디의 연구에서는 감정노동의 결과변수뿐만 아니라 감정노동에 영향을 미치는 상황적, 개인적, 조직적 요인들도 포함되고 있다. 그러면서 그랜디는 감정노동에 대한 개념적 통합모델을 그림과 같이 제시하였다.

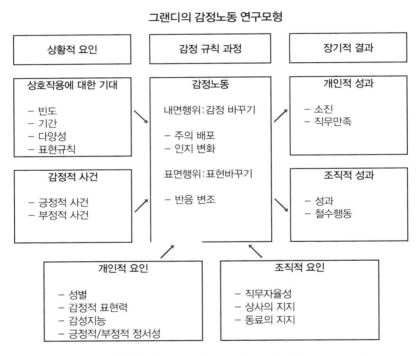

그랜디의 감정노동 연구모형

자료: Grandey, A.(2000), "Emotional Regulation in the Workplace: A New Way to Conceptualize Emotional Labor", 『Journal of Occupational Health Psychology』, 60(1): 95-110, pp. 101.

한편, 디에펜도르프와 고서랜드는 감정노동의 인과관계를 행위조절의 통제이론을 통하여 설명할 수 있다고 주장하였다. 감정노동은 주로 종업원이 감정표현을 조절함으로써 표현규칙에 일치하게 하는 것이다. 통제이론에서 자아감정표현의 인식과 표현규칙을 비교하여 양자가 불일치할 경우 개인은 감정조절전략의 선택을 이용하여 양자가 일치되게 한다. 그러므로 통제이론을 통해서 감정노동은 동태적 과정이라고 인식하게 된다. 그 후 디에펜도르프 등은 새로운 척도를 개발하여 감정노동 수행전략의 두 가지 선행요인에 대하여 연구하였다. 그 결과 자연적 감정표현은 감정노동 수행과정에서 또 다른 하나의 유의한 수행전략이라는 것이 확인된 것이다.

지금까지 앞에서 서술한 연구들은 감정노동에 대한 핵심연구라고 할 수 있다. 이를 요약하면 아래와 같다.

감정노동의 선행연구의 요약

연구자(연도)	감정노동 차원	선행변수	결과변수
혹쉴드 (1979, 1983)	– 표면행위 – 내면행위	– 느낌규칙	– 감정부조화 – 소진 – 직무스트레스
애쉬포스 & 험프리 (1993)	– 표면행위 – 내면행위 – 진실행위	– 표현규칙 – 역할 – 시간	– 업무성과 – 개인심리적 만족 – 소진 – 규범 – 역할 정체성 – 감정부조화
모리스 & 팰드망 (1996)	– 감정표현의 빈도 – 감정표현의 주의 정도 – 감정표현의 다양성 – 감정부조화	– 감정표현규칙의 명확성 – 감시의 근접 – 성별 – 직무일상성 – 직무다양성 – 직무자율성 – 긍정적 정서 – 부정적 정서	– 감정적 고갈(+) –직무만족 (–)

연구자(연도)	감정노동 차원	선행변수	결과변수
모리스 & 팰드망 (1997)	– 상호작용의 빈도 – 상호작용의 기간 – 감정부조화	– 감정표현규칙의 명확성 – 직무 일상성 – 직무 자율성 – 역할수행대상자의 권력	– 감정적 고갈 (+) – 직무만족(−) – 역할몰입
그랜디	– 표면행위(SA) – 내면행위(DA)	상호작용 특성 – 빈도 – 기간 – 다양성 – 표현규칙 = 감정적 사건 = 긍정적 사건 = 부정적 사건 개인적 특성 – 성별 – 감정적 표현력 – 감성지능 – 정서성(NA/PA) 조직적 특성 – 직무자율성 – 상사의 지원 – 동료의 지원	– 소진 – 직무만족 – 성과 – 철수행동
디에펜도르프 외 (2005)	– 표면행위(SA) – 내면행위(DA) – 자연적 감정표현	전 업무에 보급 – 성격 – 감정적 표현력 – 자기감시 전 기업에 보급 – 감정의 표현규범 – 상호작용 특성 · 빈도 · 일상성 · 지속기간	

자료: 강훤(2012), 『대학교수의 심리적 계약과 조직시민행동의 관계에서 감정노동전략의 매개효과』, 박사학위논문, 영남대학교 대학원

교대근무

국내의 연구동향

　교대근무자의 감정노동은 교대근무자의 자아를 가지고 고객과의 원만한 상호작용을 유지하기 위한 필요한 요소로 인식되어 왔다.[228] 교대근무제를 채택하고 있는 대부분의 공공기관이나 병원, 기업에 근무하는 근로자는 서비스를 제공하는 감정근로자로서, 일상생활 속에서 다양한 고객들과 생활하면서 다양한 경험을 하고 있다. 이러한 상황에서 본인의 감정을 조절해야 하는 경우가 상당한 비중을 차지하고 있으며, 대부분의 조직에서도 상사와 부하, 동료와 고객과의 상호작용을 통해 효과적인 관계를 유지하기 위하여 자신의 감정을 조절하며 생활하고 있다.[229] 이렇듯 감정노동은 우리의 일상생활과 사회 각 분야에 걸쳐 밀접한 관계를 맺고 있어 이에 대한 최근의 연구경향을 다양하게 살펴보기로 한다.

　전미옥은 조직문화가 감정노동에 미치는 영향을 분석한 결과, 조직구성원간의 신뢰, 팀워크 등을 강조하며 인간관계에 많은 관심을 기울이는 집단적 문화가 가장 많은 감정노동을 유발하는 것으로 나타났다. 다음은 위계적 문화, 발전적 조직문화 순으로 감정노동을 유발하는 것으로 나타난 반면, 합리적인 문화에서는 감정노동이 유발되지 않는 것으로 나타났다. 그리고 조직 내 커뮤니케이션 분위기가 감정노동에 미치는 영향에서는 상사 및 동료에 대한 신뢰 및 정보공유가 유의미한 결과를 나타낸 반면, 정보의 개방성, 사사의 지시, 의사결정 참여 등은 감정노동이 유발되지 않는 것으로 나타났다. 따라서 조직문화와 커뮤니케이션이 감정노동을 유발하기 위해서는 구성원간의 신뢰가 가장 중요한 것으로 나타났다.

최현묵은 여행사 직원의 감정노동이 판매행동에 미치는 영향요인을 분석한 결과, 조직 및 직무특성의 감정표현규칙, 상호작용, 직무자율성, 피드백은 여행사 직원의 감정노동의 표현행동과 내면행동에 영향을 미치는 것으로 나타난 반면, 직무일상성은 여행사 직원의 감정노동에 아무런 영향을 미치지 않는 것으로 나타났다.

　이를 세부적인 요인별로 살펴보면, 여행사 직원이 감정표현규칙을 높게 인식하고 내재화하여 그 규범에 적용하고 순응하도록 동기유발이 되면 가능한 한 조직에서 요구하는 감정을 자연스럽게 느끼고 그 감정을 표현하려고 노력하기 때문에 감정노동의 강도가 높은 것으로 나타났다. 또한 여행사 직원이 인식하고 있는 상호작용 요인이 높게 인식되면 될수록 직원의 감정노동 중 표현행동의 강도가 높게 나타나는 것을 알 수 있다. 그러나 고객과의 상호작용에 관한 요인은 감정노동의 표면행동 및 내면행동에 정(+)의 영향관계를 나타내어 고객과의 올바른 상호작용이 매우 중요하다는 것을 의미한다. 여행사 직원의 직무에 대한 자율성은 표면행동을 줄이고 내면행동을 강화하여 직무의 자율성이 높을수록 감정노동 수행과정에서 자신의 진실된 자아를 더 많이 개입시킴으로써 감정부조화가 발생할 여지를 줄이거나, 혹은 상대와 자신의 성격이나 스타일에 따라 적절한 감정적 대응과 조장을 함으로써 감정부조화의 심각성을 완화시켜 받아들일 가능성이 크다고 볼 수 있다.[230] 또한 피드백은 개인이 수행한 직무의 성과가 어느 정도 효과가 있었는지에 관하여 명확한 정보를 구성원에게 제공하는 정도를 의미한다. 따라서 피드백은 직무수행과정에서 자신의 직무에 대해 상사, 동료, 부하 등으로부터 정보를 얻는다면 자신의 업무에 대한 몰입도를 높여 감정노동의 강도를 높이는 것으로 볼 수 있는 것이다. 반면에 여행사 직원의 직무일상성이 감정노동에 아무런 영향을 미치지 않은 것은 대부분 일상화된 서비스 직무에서 상대적으로 감정노동이 약하다는 결과와 일상화된 직무에서는 정형화된 감정을 표현하기에 감정노동이 높지 않다는 결과231와 맥락을 같이하고 있다.

류숙진은 패스트푸드점, 보험사, 은행 콜센터 등의 서비스직종에서 근무하는 근로자들을 대상으로 감정관리와 노동자의 반응에 관한 연구에서 감정노동에 대한 개념을 개인적·집단적 수준으로 구분하여 분석하였고, 감정표현규칙은 감정규칙과 표현규칙으로 분류하여 접근 또는 통합적으로 접근하여 분석하였다. 그리고 고용 및 직무특성을 구성하는 젠더구성, 고용형태, 상호작용유형, 고객의 특성 등의 요인들이 어떻게 조직의 감정규범이나 감정표현규칙으로 구성되고 관리통제 되는지를 분석하였다. 생산조직에서의 관리통제전략으로 근로과정에 제시되는 근로자에 대한 교육 및 훈련, 근로과정에 대한 감독과 감시, 노동과정과 작업결과에 대한 평가, 상벌기제를 분석하였다. 노동자 반응의 분석범주는 순응과 저항으로 구분하고, 반응수준을 개인적·집단적 수준으로 구성하였으며, 그리고 세부적인 반응의 유형을 분석하기 위하여 반응의 정도를 소극적·적극적 수준으로 구분하여 분석한 결과, 세 조직 모두 노동자들의 감정을 통제하는 기제들을 발전시켜 갔지만, 노동자들의 감정적 긴장과 탈진을 해소할 수 있는 제도적 장치들은 갖추지 않았다. 그렇기에 노동자들의 저항은 개인적이고 소극적인 저항행위에 머물러 있다고 했다. 그리고 자신의 문제를 조직적으로 해결해보려는 의지를 응집시키지 못한 것은 결과적으로 실제 고객이나 관리자들과의 관계 속에서는 조직의 지배적인 가치에 순응적인 태도를 강화시켜가는 측면만 드러내게 되었다는 것이다. 그것은 서비스 노동자들이 최소한의 자기 정체성이라도 지키고자 타협해 왔더라도 타협점은 점차 노동자들이 더 많은 자아를 내어주는 것들로 귀결되어 왔다는 것을 의미한다는 것이다. 서비스 노동자들이 수행하는 직무가 점차 표준화되고 관행화되면서 조직의 통제권이 강화된다는 점, 감정노동의 측면에서도 고용주들은 노동자들의 정체성과 동기, 사고방식까지도 표준화하고자 시도하였고, 그것이 일정 부분성과를 이루었기 때문에 고용주들은 점차 노동자들의 대인관계 기술에 대한 의존성이 줄었다는 것이다. 그만큼 노동자들은 대체 가능성이 높아지고 취약한 상태에 놓였다는 것이다.

　김영진은 항공사직원의 감정노동과 고객지향성의 관계에서 소진의 역할에 대한 실증분석에서, 감정노동의 하위차원 중 내면행동은 고객지향성을 높이는 것으로 나타난 반면, 소진의 하위차원 중 비인격화와 자아성취감 저하를 낮추는 것으로 나타났으며, 고객지향성에 부정적 영향을 주는 것으로 나타났다. 감정노동의 하위차원 중 내면행동이 고객지향성에 미치는 영향은 소진의 하위차원인 감정적 고갈, 비인격화, 자아성취감 저하에 의해 매개되었다. 그리고 감정노동의 하위차원 중 표면행동은 소진의 하위차원인 감정적 고갈, 비인격화, 자아성취감 저하를 증가시키는 것으로 나타났는데, 표면행동이 고객지향성에 미치는 영향은 소진의 하위차원 중 감정적 고갈과 비인격화에 의해 매개되었다.

박미영은 외식업체에 종사하는 종사원을 대상으로 감정노동에 따른 소진현상의 파악과 종사원들의 감정노동 차원요인으로 강인성과 상황의 급박성, 조직의 관리기제 요인을 사용하여 감정노동 수행전략에 미치는 영향을 분석한 결과, 종사원들의 감정노동에 따른 스트레스 해소방안의 필요성을 파악한 결과 90% 이상이 해소방안의 필요성을 높게 인식하고 있는 것으로 나타났으며, 종사원들이 스트레스를 받는 주요 대상은 60%이상이 직장상사와 고객에 의해 스트레스를 받고 있는 것으로 나타났다. 또한 외식업체 종사원의 강인성 정도와 소진의 정도는 낮은 것으로 분석되었으며, 감정노도에 따른 소진의 정도는 높은 것으로 나타났다. 그리고 강인성은 종사원들의 서비스 태도에 영향을 미치는 것으로 나타났다.

분석결과에 대한 종합적인 대처방안으로는 여가활용을 위한 다양한 복지서비스의 제공이 필수적이며, 소진현상을 관리하기 위해서는 체계적인 다양한 관리시스템의 도입과 전문가에 의한 상담프로그램과 체크리스트에 의한 관리의 도입 등이 요구되고 있다. 또한 강인성을 강화하며 소진을 최소화할 수 있는 방안 즉, 웃음치료, 리더십 교육, 마인드 컨트롤 교육, 이미지 관리 교육 등의 지원이 있어야 할 것이다. 그밖에 공감대 형성과 공유제도 및 고충처리, 맨토Mentor제도의 도입 등도 고려대상이다.

1 Mill, T., & Kleinman, S.(1988), "Emotions, reflectivity, and action: An interactionist analysis" , 「Social Forces」, 66, pp. 1009-1027.

2 Goffman, E. O.(1969), 「The Presentation of Self in Everyday Life」, Harmonds worth : Penguin.

3 Martin, S. E.(1999), "Police force or police service?: Gender and emotional labor" , The Annals of the American Academy of Political and Social Science, 「Emotional Labor in service economy」, 56(1), pp. 111-126.

4 Hochschild, A. R.(1979), "Emotion work, feeling rules, and social structure" , 「American Journal of Sociology」, Vol. 85. pp. 551-575.

5 Morris, J. A., & Feldman, D. C.(1996). "The impact of emotional dissonance on psychological well-being: The importance of role importance of role internalisation as a mediating variable" , 「Management Research News」, 19(8), pp. 19-28.

6 Ashforth, B. E. & Humphney, R. H.(1993), "Emotional Labour in service roles: The influence of identity" , 「The Academy of Management Review」, 18, pp. 88-115.

7 김민주(1998), "호텔종상원의 감정노동이 직무관련태도에 미치는 영향", 「관광학 연구」, 21(2), pp. 129-141.

8 Hochschild, A. R.(1983), 「The Managed Heart」, Berkeley, University of California Press.

9 Grove, S. J., Fisk, R. P.(1989), "Impression management in service Marketin: A dramaturgical perspective" , R. A. Giacalone & P. Rosenfeld (ED.), 「Impression management in the organization」, Hillsdale, NJ: Erlbaum , pp. 427-438.

10 김보성(2008), 「감정노동이 종사자의 서비스 제공 수준과 기업성과에 미치는 영 향」, 경기대학교 대학원, 박사학위논문.

11 Zapf, D.(2002), "Emotion work and psychological well-being: A review of the literature and some conceptual considerations" , 「Human resource Management Review」, 12(2), pp. 237-268.

12 Taris, T. W., Kalimo, R., & Schaufeli, W. B.(2002), "Inequity at work: its measurement and association with worker health" , 「Work and Stress」, Vol.16, No. 4, pp. 287-301.

13 조희정(2011), 「병원종사자의 감정노동이 직무태도에 미치는 영향과 주요 조절변 수의 효과」, 인제대학교 대학원, 박사학위논문.

교대근무

14 Ashforth, B. E. & Humphney, R. H.(1993), op. cit.

15 김보성(2008), op. cit.

16 김상표(2000), "감정노동: 통제수단, 종업원의 심리적 반응, 그리고 방법론적 문제", 「한국산업경제학회」, 13(44), pp. 195-214.

17 Leidner, R.(1999), "Emotional labour in service work", 「Annals of the American Academy of Political and Social Service」, 56(1), pp. 81-95.

18 김상표(2000), op. cit.

19 최항석, 임효창, 정무관(2008). "Call center 종사자의 감정노동의 선행요인에 관한 연구", 「기업경영연구」, 15(2), pp. 53-68.

20 조희정(2011), op. cit.

21 Morris, J. A. & Feldman, D. C.(1996), op. cit.

22 Warton, A., and Erickson, R.(1993), "Managing emotionson thejob and at home: Understaning the consequences of multiple emotionalroles", 「Academy of Management Review」, 18(3), pp. 457-486

23 Rafaeli, A.(1989), "When clerks meet customers: A test of variables related to emotional expression on the job", 「Journal of Applied Psychology」, 74, pp. 385-393.

24 Vanmaanen, J., & Kunda, G.(1989), 「Real feelings: Emotional expression and organizational culture」, L. L., Cummings and Barry M. Staw. (eds.), 「research in Organizational Behavior」, Greenwich, CT: JAI Press, pp. 43-104.

25 Smith, A. C. & S. Kleinman(1989), "Managing emotions in medical school: Students' contacts with the living and the dead", 「Social Psychology Quarterly」, Vol.52, pp .56-69.

26 Sutton, R. I. & A. Rafaeli(1988), "Untangling the relationship between displayed emotions and organizational sales: The Case of Convenience Store", 「Academy of Management Review」, Vol.31, pp. 461-487.

27 Hochschild, A. R.(1983), op. cit.

28 Frijda, N. H., A. Orthony, J. Sonnemans & G. L. Clore(1992), "The complexity of intensity: Issues concerning the structure of emotional intensity", 「Review of Personality and social Psychology」, Vol.13, Newbury Park, CA: Sage, pp. 60-89.

29 Schneider, B. & Bowen, D. E.(1995), 「Winning the Service Game」, Boston, MA: Harvard Business School Press.

30 Ashforth, B., & Humphrey, R. (1995). "Emotion in the Workplace: A Reappraisal", 「Human Relations」, 48(2), pp. 97-125.

31 Kuenz, J.(1995), "Working at the rat" , S. Fish & F. Jamerson(Eds.), 『Inside the mouse: Work and play at Disney World』, Durham, NC: Duke University Press, pp. 110-162.

32 Wharton, A. and Erickson, R.(1993), "Managing emotionson thejob and at home: Understaning the consequences of multiple emotionalroles" , 『Academy of Management Review』,18(3), pp. 457-486.

33 Leidner, R.(1999), "Emotional labour in service work" , 『Annals of the American Academy of Political and Social Service』, 56(1), pp. 81-95.

34 Morris. J. A. & Feldman, D. C.(1996), "The dimensions antecedents and consequences of emotional labour" , 『Academy of Management Review』, 21, pp. 986-1010.

35 Sutton, R. I.(1991), "Maintaining Norms about expressed emotions: The case of bill collectors" , 『Administrative Science Quarterly』, 36, pp. 245-268.

36 Flett, G. L., K. R. Blankstein, P. Pliner & C. Bator(1988), "Impression management and self-deception components of appraised emotional experience" , 『British Journal of Social Psychology』, Vol.27, pp.67-77.

37 김우진(1999). 『감정적 부조화가 직무만족과 정신적 고갈에 미치는 영향』, 서강대학교, 석사학위논문.

38 Rafaeli, A. & Sutton, R. I.(1987), "The expression of emotion as part of the work role" , 『Academy of management Review』, 12, pp. 23-37.

39 Morris. J. A. & Feldman, D. C.(1996), op. cit.

40 Zapf, D.(2002), op. cit.

41 Kim, H. J.(2007). "Hotel service provider's emotional labor: The antecedent and effect on burnout" , 『International Journal of Hospitality Management』, 9.

42 Zapf, D. (2002), op. cit.

43 김운화(2012), 『사회복지시설 종사자의 감정표현요구가 이직의도에 미치는 영향에 관한 연구』, 한영신학대학교, 박사학위논문.

44 조희정(2011), op. cit.

45 이훈구(2003), 『정서심리학』, 법문사

46 장재규(2010), 『감정노동(emotional labor)의 역동성에 관한 연구』, 고려대학교, 박사학위논문.

47 Rafaeli, A. & Sutton, R. I.(1987), op. cit.

48 Zapf, D.(2002), op. cit.

49 Grandey, A. A., Fisk, G. M.,& Steiner, D. D.(2005), "Must Service

with a smile Be Stressful? The moderating role of personal control foramerican and french employees", 『Journal of Applied Psychology』, 90(5) pp. 893-904.

50 장재규(2010), op. cit.

51 Ashforth, B. E. & Humphney, R. H.(1993), op. cit..

52 Grandey, A. A., Fisk, G. M.,& Steiner, D. D.(2005), op. cit.

53 조희정(2011), op. cit.

54 장재규(2010), op. cit.

55 조희정(2011), op. cit.

56 Ashforth, B. E. & Humphney, R. H.(1993), op. cit.

57 장재규(2010), op. cit.

58 박동수, 전명구, 정성한(2005), "감정노동의 개념화와 선행요인", 『조직과 인사 관리연구』. 29(4), pp. 133-167.

59 장재규(2010), op. cit.

60 장재규(2010), Ibid.

61 장재규(2010), Ibid.

62 장재규(2010), Ibid.

63 장재규(2010), Ibid.

64 Rafaeli, A. & Sutton, R. I.(1987), op. cit.

65 Brotheridge, C. M. & Lee, R. T.(2003), "Development and validation of an emotional labor scale", 『Journal of Occupational and Organizational Psychology』, 76, pp. 365-379.

66 Morris. J. A. & Feldman, D. C.(1996), "The dimensions antecedents and consequences of emotional labour", 『Academy of Management Review』, 21, pp. 986-1010.; Zapf, D., Vogt, C., Seifert, C., Mertini, H., & Isic, A.(1999), "Emotion work as a source of stress: The concept and development of an instrument", 『European Journal of work and Organizational Psychology』, 8, pp. 371-400.

67 김보성(2008), op. cit.

68 최현묵(2011), 『여행사 직원의 감정노동과 고객지향적 판매행동의 관계 연구』, 경 기대학교, 박사학위논문.

69 장재규(2010), op. cit..

70 Ekman, P.(1973), 『Cross-cultural studies of facial expression. Darwin and Facial Expression: A Century of Research in Review』, New York: Academic Pres.

71 Grandey, A. A. (2000), "Emotional Regulation in the Workplace: A New Way to Conceptualize Emotional Labor", 『Journal of Occupational

and Health Psychology』, 5(1), pp. 95-110.; Rafaeli, A., & R. I. Sutton.(1989), "The expression of emotionin organizational life", L. L. Cummings & B. M. Staw, Greenwich, CT: JAI Press, 『Research in Organizational Behavior』, 11, pp. 1-42.

72 Ashforth, B. E. & Humphrey, R. H. (1993). "Emotional labor in service roles: The influence of identity", 『Academy of Management Review』 18 (1), pp. 88-115.

73 Rafaeli, A. & Sutton, R. I.(1987), op. cit.

74 Zeithaml, V. A., Parasuraman, A., & Berry, L. L.(1990), 『Delivering quality service: Balancing customer perceptions and expectations』, New York : Free Press.

75 탁인철(2012), 『감정표현규칙 인식, 감정규율전략, 직무만족 및 직무불안 사이 관계에 대한 연구: 감정노동 과정 모델에서 고객서비스에 대한 몰입의 조절효과를 중심으로』, 경희대학교, 석사학위논문.

76 Kinicki, A. J. & Vecchio, R. P.(1994), "Influences on the quality of supervisor-subordinate relations: The role of time-pressure organizational commitment, and locus of control", 『Journal of Organizational Behavior』, 15, pp. 75-82.

77 장재규(2011), op. cit.

78 Batey, M. V. & Lewis, F. M.(1982), "Clarifying Autonomy and Accountability in Nursing Service: Part1", 『Journal of Nursing Administration』, 9, pp. 13-18.

79 Edwards, D.(1988), "Increasing Staff Nurse Autonomy: A Keyto Nurse Rentention", 『Journal of Pediatric Nursing』, 3(4), pp. 265-268.

80 Wall, T. D., Jackson, P. R., & Mullarkey, S.(1995), "Futher evidence on some new measure of job control, cognitive demand and production responsibility", 『Journal of Organizational Behavior』, 16, pp. 431-455.

81 Dodd, N. G. & Ganster, D. C.(1996), "The interactive effects of variety, autonomy, and feedback on attitudes and performance", 『Journal of Organizational Behavior』, 17, pp. 329-347.

82 권미경(2013), 『항공사 종사원의 코칭리더십, 서비스 태도와 혁신행동에 관한 연구: 개인성격유형과 직무자율성의 조절적 효과를 중심으로』, 경기대학교, 박사학위논문.

83 권미경(2013), Ibid. 참고.

84 장재규(2011), op. cit.

85 장재규(2011), op. cit.

86 Hackman J. R., Oldman G. R.(1975), "Development of the Job Diagnostic Survey", 『Journal of Applied Psychology』, 60(2), pp. 250-279.

87 Pearce, J. J. and H. B. Gregersen.(1991), "Task interdependence and extra role behavior: A test of the mediating effects of felt responsibility.", 『Journal of Applied Psychology』, 76(6), pp. 838-844.

88 Zapf, D.(2002), op. cit.

89 Grandy, A. A., Dicker, D. N., & Sin, H.(2004), "The customer is not always right: Customer aggression and emotion regulation of service employee", 『Journal of Organizational Behavior』, 25, pp. 397-418.

90 장재규(2011), op. cit.

91 장재규(2011), Ibid.

92 Hochschild, A. R.(1983), op. cit.

93 Morris, J. A., & Feldman, D. C.(1996), op. cit..

94 김주연(2013), "국외여행인솔자의 감정노동이 감정부조화와 소진에 미치는 영향-직무중심 감정노동과 종업원중심 감정노동의 비교", 계명대학교, 박사학위 논문.

95 Chen, L. H. & Lin, S. P.(2009), "Reducing service agents' emotional laborby emotion-focused human resource management practices", 『Social Behavior and Personality』, 37(3), pp. 335-342.

96 Diefendorff, J. M., Croyle, M. H. & Gosserand, R. H.(2005), "The dimensionality and antecedents of emotional labor strategies", 『Journal of Vocational Behavior』, 66, pp. 339-357.

97 Pugh, S. D.(2001), "Service with a smile: Emotional contagion in the service encounter", 『Acsdemy of Management Journal』, 44(5), pp. 1018-1027.

98 Grandey, A. A. (2000), op. cit.; Morris, J. A., & Feldman, D. C. (1996), op. cit.; Schaubroeck, J. and J. R. Jones.(2000), "Antecedents of work place emotional labor dimensions and moderators of their effects on physical symptoms", 『Journal of Organizational Behavior』, Vol. 21(2), pp. 163-183.

99 Lazarus, R. S.(1993), "From psychological stress to the emotions: A history of changing outlooks", 『Annual Review of Psychology』, 44,

pp. 1-22.

100 Watson, D. & Clark, L. A.(1984), "Negative affectivity: The disposition to experience aversive emotional states", 『Psychological Bulletin』, 96(3), pp. 465-490.

101 Cropanzano, R., Jame, K. & Konovsky, M. A.(1993), "Dispositional affectivity as a predictor of work attitudes and job performance", 『Journal of Organizational Behavior』, 14(6): pp. 595-606. ; Watson, D. & Clark, L. A.(1984), "Negative affectivity: The disposition to experience aversive emotional states", 『Psychological Bulletin』, 96(3), pp. 465-490.

102 Cropanzano, R., Jame, K., & Konovsky, M. A. (1993), Ibid.

103 장재규(2010), op.cit.

104 Gross, J. J.(1998a), "Antecedent-and response-focused emotion regulation: Divergent consequences for experience, expression, and physiology", 『Journal of Personality and Social Psychology』, 74, pp. 224-237.

105 Diefendorff, J. M., Croyle, M. H., & Gosserand, R. H.(2005). "The dimensionality and antecedents of emotional labor strategies", 『Journal of Vocational Behavior』, 66, pp. 339-357.

106 조윤주(2008), "중년 여교사의 에니어그램을 통한 자아성찰 경험에 관한 사례 연구", 대구교육대학교, 석사학위논문.

107 Kilduff, M. & Day, D.(1994), "Do chameleons get ahead?: The effects of self-monitoring on managerial careers", 『The Academy of Management Journal』, 37(4), pp. 1047-1060.

108 장재규(2010), op.cit.

109 Hess, U., Philippot, P. & Blairy, S.(1998), "Facial reactions to emotional facial expressions: Affect or cognition?", 『Cognition & Emotion』, 12(4), pp. 509-531.

110 Miller, K. I., Still, J. B., & Ellis, B. H.(1988), "Communication and empathy as precursors to burnout among human service workers", 『Communication Monographs』, 55, pp. 250-265.

111 Verbeke, W.(1997), "Individual differences in emotional contagion of salespersons: Its effect on performance and burnout", 『Psychology & Marketing』, 14, pp. 617-636.

112 Kruml, S. M. & Geddes, D.(2000a), "Exploring the dimensions of emotional labor: The heart of Hochschild's work", 『Mansgement Communication Quarterly』, 14(1), pp. 8-49.

113 Omdahl, B. L., & O'donnell, C.(1999), "Emotional contagion, empathic concern and communicative responsiveness as variables affecting nurses stress and occupational commitment" , 「Journal of Advanced Nursing」, 29, pp. 1351-1359.; Verbeke, W.(1997), "Individual differences in emotional contagion of salespersons: Its effect on performance and burnout" , 「Psychology & Marketing」, 14, pp. 617-636.

114 Davis, M. H.(1994), 「Empathy: A social psychological approach Madison」, WI: Brown & Benchmark Publishers.

115 Kruml, S. M. & Geddes, D.(2000a), op.cit.

116 이수연(2001), 「배려 윤리의 도덕교육론」, 연세대학교, 석사학위논문.

117 Davis, M. H. (1994), op.cit.

118 Frijda, N. H.(1986), 「The emotions」, Cambridge: Cambridge University Press.

119 장재규(2010), op.cit.

120 Gold, Y. & Roth, R. A.(1993), 「Teachers Managing Stress and Preventing Burnout: The Professional Health Solution」, The Falmer Press.

121 박은경(2011), 「간호사의 소진에 대한 자기효능감과 리더십의 조절효과와 간호 업무 수행성과에 대한 소진의 매개 효과」", 인제대학교, 박사학위논문.

122 조은영(2011), 「조리미각교육의 학습요인과 자아성취감에 관한 연구」 , 경기대 학교, 석사학위논문.

123 Price, J. L.(1977), 「The study of turnover. Ames」, IA: Iowa State University Press.

124 이혜미(2014), 「호텔종상원의 표현요구가 감정노동과 부조화, 직무소진 및 이직 의도에 미치는 영향 연구」, 경희대학교, 석사학위논문.

125 이환정(2014), 「사회복지시설 종사자의 감정노동이 이직의도에 미치는 영향 연 구- 직무소진의 매개효과를 중심으로」, 한성대학교, 박사학위논문.

126 Price, J. L. & Mueller, C. W.(1981), "A causal Model of Turnover for Nurses" , 「The Academy of Management journal」, 24(3), pp. 543-565.

127 장재규(2010), op.cit.

128 Organ, D. W.(1988), 「Organizational Citizenship Behavior: The good soldier syndrome」, Lexington, MA: Lexington Books.

129 Smith, C. A., Organ, D. W., & Near, J. P.(1983), "Organizational citizenship behaviour: Its nature and antecedents" , 「Journal of Applied Psychology」, 68, pp. 653-663

130 Organ, D. W.(1988), op.cit.

131 조병하, 양해술(2008), "조직시민행동의 리더십 영향에 대한 신뢰의 매개효과", 『한국콘텐츠학회지』, 8(9), pp. 204-217.

132 Graham, J. W.(1986), "Organizational Citizen Informed by Political Theory", 『Paper presented at the Annual Meeting of the Academy of Management』. Chicago, IL.

133 Organ, D. W., & Ryan, K. (1999), op.cit.

134 이화석(2013), 『항공운송산업의 감정표현규칙, 감정노동 및 직무만족의 관계에 관한 실증연구』, 한국항공대학교, 석사학위논문.

135 De Paulo, B. M.(1992), "Nonverbal behavior and self-presentation", 『Psychological Bulletin』, Vol. 111, pp. 203-243.

136 Sullins, E. S.(1989), "Perceptual salience as a function of nonverbal expressiveness", 『Personality and Social Psychology Bulletin』, 15, pp. 584-595.

137 Rafaeli, A.(1989), op.cit.

138 김영진(2010), 『감정노동과 고객지향성의 관계에서 소진의 역할-항공사 직원을 중심으로』, 경원대학교 대학원, 박사학위논문.

139 Clark, R. E. & LaBeff, E. E.(1982), "Death telling: Managing the delivery of bad news", 『Journal of Health and Social Behavior』, 23(4), pp. 366-380.

140 Sutton, R. I.(1991), op.cit.

141 Hochschild, A. R.(1979), op.cit.

142 박홍주(2006), "감정노동, 여성의 눈으로 다시 보기", 『인물과 사상』, 11월, pp. 84-96.

143 Hochschild, A. R.(1979), op.cit.

144 Blau, P. M.(1964), 『Exchange and power in social life』, New York: Wiley.

145 Hochschild, A. R.(1979), op.cit.

146 김경희(2006), "대인서비스노동의 특징에 관한 연구-감정노동과 서비스노동의 물질성(Materiality)을 중심으로", 『경제와 사회』, 72,pp. 206-229.

147 김상표(2000), op.cit.

148 이동명, 김강식, 김수련(2007), "정서노동과 소진의 관계에서 정서부조화의 매개 효과", 『조직과 인사관리 연구』, 31(3), pp. 133-155.

149 Ashforth, B. E. & Humphrey, R. H.(1993), op.cit.

150 Rafaeli, A., & R. I. Sutton. (1989), op.cit.

151 이주일, 김명언(1999), "조직 생활에서 체험된 정서와 표현된 정서 간 불일치의 효과: 경쟁가설의 검증", 『한국심리학회지: 산업 및 조직』, 12(2), pp. 171-

교대근무

193.

152 장재규(2010), op.cit.

153 김원형(2001). 조직에서의 정서노동.『사회과학논문집』, 20(1), 163 –176.

154 장재규(2010), op.cit.

155 김영진(2010), op.cit.

156 박홍주(2006), op.cit.

157 Ashforth, B. E. & Humphrey, R. H. (1993), op.cit.

158 김민주(1998), op.cit.

159 김보성(2008), op.cit.

160 이주일(2008). "행복, 동정심 및 자긍심에 대한 정서노동 유발상황과 정적 정서 노동의 심리적 효과"『한국심리학회지: 산업 및 조직』, 21(4): 769-798.

161 김수연, 장세진, 김형렬, 노재훈(2002), "서비스직 근로자의 감정 노동과 우울 수준", 『대한산업 학회지』, 14(3), pp. 227-235. 참고.

162 나태균, 박인수, 전경철(2005), "외식산업에서 감정노동이 감정적 고갈에 미치는 영향–서울 시내 패밀리 레스토랑 종사자를 대상으로", 『한국조리학회지』, 11(3), pp. 89-102.

163 강문실, 송병식(2008), "정서노동자의 직무스트레스 결정요인, 결과요인 그리고 조절요인에 관한 연구", 『한국경영학회』, 통합학술대회, pp. 1-28.

164 김보성(2008), op.cit.

165 김영진(2010), op.cit..

166 Adelman, P. K. & Zajonc, R. B.(1995), "Facial effence and the experience of emotion", 『Annual Review of Psychlogy』, 40, pp. 249-280.

167 장재규(2010), op.cit.

168 Rafaeli, A., & R. I. Sutton.(1989), op.cit.

169 장재규(2010), op.cit..

170 김보성(2008), op.cit.

171 이주일, 김명언(1999), op.cit.

172 이주일, 김명언(1999), Ibid.

173 Cooley, C. H.(1922), 『Human Nature and the Social Order』, rev. ed., New York: Scribner.

174 이주일,김명언(1999), op.cit.

175 King, L. A. & Emmons, R. A.(1990), "Conflict over emotional expression: Psychological and physical correlates", 『Journal of Personality and Social Psychology』, 58, pp. 864-877.; Ashforth, B. E. & Humphrey, R. H. (1993), op.cit.

176 이주일, 김명언(1999), op.cit.

177 Wharton, A. S. & Erickson, R. J.(1993), op.cit.

178 Brotheridge, C. M. & Grandey, A. A.(2002), "Emotional labor and burnout: Comparing two perapectives of people work", 『Journal of Vocational Behavior』, 60, pp. 17-39.

179 Abraham, R.(1999), "Negative affectivity: Moderator or confoundin emotional dissonance-outcome relationships?", 『The Journal of Psychology』, 133(1), pp. 61-72.

180 박동수, 전명구, 정성한(2005), op.cit.

181 서덕혜(2011), 『항공사 승무원의 개인성향과 직무특성이 직무만족과 이직의도에 미치는 영향: 감정노동과 소진의 매개효과를 중심으로』, 연세대학교, 석사학위논문.

182 정명숙, 김광점(2006), "감정노동과 상사의 감성지능이 간호사의 직무만족과 조직몰입에 미치는 영향", 『병원경영학회지』, 11(4), pp. 1-18.

183 김민주(2006), "감정노동의 결과에 대한 한국과 미국의 비교연구: 호텔종업원의 감정노동과 직무스트레스와의 관계를 중심으로", 『호텔경영학연구』, 15(1), pp. 35-67.

184 최항석, 임효창, 정무관(2008), op.cit.

185 김준환(2010). 『감정처리 프로세스와 적응적 판매가 관계의 질 및 재구매 의도에 미치는 영향』, 서울시립대학교, 박사학위논문.

186 김상표(2007), "개인특성, 고객과의 상호작용 특성 그리고 관리기제가 감정노동 수행전략에 미치는 효과", 『경영학연구』, 36(2), pp. 355-384.

187 김영진(2010), op.cit.

188 김영조, 한주희(2008), "서비스 직원의 감정노동 수행과 직무소진의 관계에 관한 연구", 『조직과 인사관리연구』, 32(3), pp. 95-128.

189 김준환(2010). ibid.

190 서덕혜(2011), op.cit.

191 김영조, 한주희(2008), op.cit.

192 김상표(2007), op.cit.

193 김영진(2010), op.cit.

194 장재규(2010), op.cit.

195 Jones, T. W.(1997), "Maintaining social security", 『Benefit Quarterly』, 13(3), pp. 19-24.

196 김민주(2006), op.cit.

197 이복임, 정혜선, 김순례, 이경용(2004), "서비스직 근로자의 우울에 영향을 미치는 요인- 감정노동조사자의 직무스트레스를 중심으로", 『지역사회간호학회지』, 15(4), pp. 566-576.

198 Glomb, T. M. & Tows, M. J.(2004). "Emotional labor: A

교대근무

Conceptualization and Scale Development", 『Journal of Vocational Behavior』, 64, pp. 1-23.

199 최은애(2010), 『카지노 딜러가 인식하는 감정노동이 리더의 감성지능의 수준에 따라 고객지향성에 미치는 영향』, 경기대학교, 석사학위논문.

200 김상표(2007), op.cit.

201 김영조, 한주희(2008), op.cit.

202 최항석, 임효창, 정무관(2008), op.cit.

203 김상희(2006), "판매원의 인지적, 정서적 공감이 감정부조화와 친소비자 행동에 미치는 영향", 『마케팅연구』, 21(2), pp. 115-147.

204 김상희, 서문식(2005), "서비스접점에서 서비스제공자의 감정부조화 발생요인 및 조절요인에 관한 연구", 『마케팅연구』, 21(1), pp. 111-145.

205 김민수, 강원경(2006), "감정노동 프로세스에서 감정부조화의 역할에 대한 재고찰", 『경영논총』, 24(1), pp. 1-17.

206 김민주(2006), op.cit.

207 채수경(2009). "외식기업 종사원의 사회적 지원과 자아존중이 서비스 제공수준에 미치는 영향-감정노동과 소진현상을 변수로"경기대학교 박사학위논문.

208 손해경(2007). 관광서비스기업의 종사원의 정서노동에 관한 연구: 호텔 면세점의 정서 표현규범을 중심으로.『관광연구논총』, 19(1): 15-40.

209 서덕혜(2011), op.cit.

210 김준환(2010), op.cit.

211 박동수, 전명구, 정성한(2005), op.cit.

212 Hochschild, A. R. (1979), op.cit.

213 Hochschild, A. R.(1983), op.cit.

214 Hochschild, A. R. (1983). ibid.

215 Ekman, P. (1973). Cross-cultural studies of facial expression. Darwin and Facial Expression: A Century of Research in Review. New York: Academic Pres.

216 Hochschild, A. R. (1979), op.cit.

217 Heuven, E., & Bakker, A. B.(2003), "Emotional dissonance and burnout among cabin attendants", 『European Journal of Work and Organizational Psychology』, 129(1), pp. 81-100.

218 김영진(2010), op.cit.

219 Kruml, S. M. & Geddes, D.(2000a), op.cit.

220 Brotheridge, C. M. & Grandey, A. A. (2002), op.cit.

221 김영진(2010), op.cit.

222 김영진(2010), Ibid.

223 김영진(2010), Ibid.

224 Middleton, D. R.(1989), "Emotional style: The cultural ordering of emotions", 『Ethos』, 17(2), pp. 187-201.
225 Hochschild, A. R. (1983), op.cit.; Morris. J. A. & Feldman, D. C. (1996), op.cit.; Abraham, R. (1998), op.cit.
226 노혜미(2005), 『정서노동 장면에서 정서상태, 정서지능이 정서노동 전략과 직무관련 태도에 미치는 영향』, 광운대학교 석사학위논문.
227 Gross, J. J. (1998a), op.cit.
228 Goffman, E. O.(1959), "The Presentation of Self in Everyday Life", 김병서역(1987), 『자아표현과 인상관리: 연극적 사회분석론』, 경문사.
229 박동수, 전명구, 정성한(2005), op.cit.
230 박상언(2009), "감정부조화의 영향과 그 조절요인에 관한 실증연구: 직무자율성과 사회적 지원의 조절효과를 중심으로", 『경영학연구』, 38(2), pp. 379-405.
231 Morris. J. A. & Feldman, D. C.(1996), op.cit.

다섯째
마당

교대근무제는
미래지향적이다

    교대근무는 근로자에게 비정형적인 근무제도이다. 그리고 야간근무를 필수적으로 수반하고, 인간의 생체리듬을 교란시킨다. 또한, 교대근무에 종사하는 근로자는 거의 대부분이 감정노동자들이다. 오늘날 교대근무자들은 오랜 경험과 정보화시대의 글로벌화를 토대로 그들에게 당면한 과제에 대하여 조직적으로 교대근무제 개선에 대한 필요성을 촉구하고 나섰다. 또한, 국제기구가 장기간의 교대근무로 인한 야간근무는 그 자체가 발암성물질임을 밝혀 세계적으로 빅 이슈가 되었다. 나아가, 인간의 존엄성에 대한 평등의식이 점차 증대되는 가운데, 교대근무자들의 행복추구권과 인간다운 삶에 대한 각종 제도가 매우 미흡함을 인식하기에 이르렀고 이를 개선하려는 분위기가 급속도록 팽배해지고 있는 추세에 있다. 따라서 본 장에서는 교대근무제는 국민들에게 미래지향적인 삶의 질을 지속적으로 향상시키는 역할을 하고, 그들 자신들에게는 하나의 주춧돌부터 차근차근 쌓아나가는 미래지향적인 접근이 되어야 한다는 당위성을 역설하고 있다. 결론적으로 교대근무제의 개선점은 지금부터 미래지향적으로 시작이라는 방향성을 제시하는 하나의 작은 소망이 전국으로 확산되어 결실을 맺는 계기가 되기를 기대해 본다.

1

변화하는 교대근무제
패러다임

　기업은 생산설비를 설치하고 근로자를 고용하여 단위시간당 최대의 이윤을 창출하기 위해 끊임없이 가동시간을 늘리려는 속성이 있다. OECD의 발표에 의하면, 우리나라 근로자의 평균 근로시간은 2013년 기준으로 2,163시간이다. 이는 OECD회원국의 평균 근로시간인 1,770시간 보다 훨씬 더 긴 근로시간이고, OECD 34개국 전체 회원국 중 두 번째로 긴 국가이다. 네덜란드 평균 근로시간인 1,380시간에 비하면, 1.6배 긴 시간이다.

　우리나라는 다른 OECD 회원국과의 근로시간 격차를 줄이기 위해 지난 2004년부터 1,000명 이상의 근로자를 둔 사업장을 시작으로 주 40시간 근무제가 도입되었다. 그리고 2011년 7월 1일 부터는 5인 이상 20인 미만의 사업장까지 30여만 개 대상 사업장과 200여만 명의 근로자를 대상으로 시행되었다. 그러나 기업의 입장에서는 주 5일,

주 40시간 근무체제의 도입에 따른 경제적 부담을 느끼고 현행의 교대근무제 유지를 고수하고 있는 실정이다.

이러한 상황에서 지난 1997년 말 우리나라는 IMF 금융위기로 경제적 난국에 빠졌다. 이를 타개하기 위해 어떤 기업은 교대제 근로자를 대상으로 한 인력구조 조정을 통해 경제적 위기를 극복하려 하였고, 어떤 기업은 경제가 어려울수록 교대근무제를 과감히 개선하여 근로시간을 대폭 줄이고, 일자리를 창출하는 등 고용과 생상성의 증대효과를 혁신적으로 이끌어낸 기업도 있었다.[1] 전자의 근무형태를 고집하려는 기업의 행태를 고전적 패러다임이라 하고, 후자의 경우와 같이 혁신적으로 새로운 방향을 모색하는 기업의 행태를 뉴 패러다임이라고 한다.

고전적 패러다임의 한계

기업의 입장에서 교대근무제를 통해 근로자의 노동시간을 최대한 늘려 공장의 조업시간을 길게 하려는 것이 자본의 숙명적 속성이라고 한다면, 근로자에게 있어 교대근무제는 불규칙한 근로시간과 수면시간으로 인해 발생하는 질병을 일으키기 때문에 근로자들은 보다 건강하고 인간다운 삶을 보장받을 수 있는 권리를 주장한다. 이러한 면에서 기업주와 근로자는 상반된 입장을 나타낸다.

한 노동계 연구소는 이러한 한국기업의 근로 현장은 절대적인 고전적 패러다임이 지배하는 환경이라고 지적하고 있다. 따라서 이러한 기업의 한계를 고전적 패러다임의 위기로 느끼고 있기 때문에 새로운 대안이 필요하다는 입장을 펴고 있다.[2] 따라서 그들이 주장하는 교대근무에 따른 경쟁력 등 제반 한계에 대하여 논의하기로 한다.

먼저, 장시간 초과근무는 근로자가 건강한 노동력을 재생산하는데 한계가 있다. 기업은 근로자들이 장시간 근로가 많을수록 기업의 이윤이 높아진다는 현실에서 벗어나지 못하고 어떠한 방법으로든 근로시간을 늘리려고 한다. 하지만 근로시간이 늘어날수록 노동자의 건강수준은 반비례하여 낮아지게 된다. 이러한 건강한 노동력 저하는 산업재해로 이어져 그로 인한 손실은 기업의 이윤을 크게 떨어뜨리는 결과를 초래한다. 고용노동부에 따르면, 우리나라의 2013년도에 산업재해로 인한 직·간접적 경제적 손실액은 19조원에 달한다. 이것은 직접손실액인 3조 8천억 원이 포함된 금액으로 해마다 계속 증가하는 추세에 있다. 2008년의 산업재해의 직접 손실액이 3조 원, 2009년에는 3조 4천8백억 원, 2010년에는 3조 5천억 원, 2011년에는 3조 6천억 원, 2012년에는 3조 8천억 원이 넘는다. 이러한 산업재해손실비용과 노사분규발생 손실비용을 비교하면, 2003년의 경우 산업재해손실액이 발생한 비용은 12조 4091억 원이었으며, 노사분규로 인한 손실액은 2조 5000억 원으로 나타났는데 이에 대비하면 거의 5배에 해당되는 손실금액이다.

둘째, 기업이 국내에서 인건비로 인한 경쟁에 한계가 있다. 지금까지 한국기업은 저임금 근로와 장시간의 노동시장을 기반으로 한 국내의 생산으로 세계시장과 가격으로 경쟁력을 유지해 왔다. 그러나 아시아의 주변 국가들이 과거의 우리와 같이 보다 싼 임금으로 보다 오랜 근로시간의 노동력을 보유하게 되어 한국의 기업은 다량생산의 한계로 위기감을 압박당하고 있다. 자동차 산업의 경우, 한국의 시간당 자동차부품 생산 인건비(11.20달러)는 중국(1.30달러)에 비해 8.6배 높으며, 멕시코(3.20달러)에 비해 3.5배, 대만(5.90달러)에 비해 1.9배 높아서 경쟁력을 강화할 수 있는 대책이 절대적으로 필요하다. 조선 산업의 경우, 1990년대 말부터 생산량, 수주량, 수주잔량 등에서 부동의 1위로 세계시장을 압도할 수 있었던 것은 낮은 인건비를 실행할 수 있는 한국으로 이동해 왔기 때문이었는데, 2012년에는 중국에게 그 자리를 추월당하고 말았다.[3] 이러한 국내외 환경에 한계를 느끼고 있는 기업들은 다양한 대응전략으로 맞서고 있다. 보다 저렴한 임금으로 다른 국가와의 경쟁에서 선점하고 있는 중국과의 경쟁력을 핑계로 노동시간 단축과 임금인상, 노동조건의 개선을 주장하는 근로자들을 종전의 고전적 패러다임으로의 회귀를 강압하기도 하고, 아예 투자설비를 중국 및 동남아 등 저임금 시장으로 자리를 옮겨가는 해외파도 있고, 종전의 생산패턴인 고전적 패러다임을 개혁하여 더 효율적인 고부가가치로 경쟁력을 갖추어 가려는 혁신적인 기업도 있다.

셋째, 근로자의 삶과 권리에 대응하는 수준에 한계가 있다. 노동계의 운동방향이나 성장은 근로자의 삶과 권리를 기반으로 하고 있기 때문에 국민의 소득이나 생활수준이 높아지는 눈높이에 비례하여 노동자의 욕구를 충족시키려 하고 있다. 이러한 노동계의 임금과 근로시간, 근로조건에 대한 법적규제나 국제적 이슈화의 정도가 강화되고 있어 종전의 고전적 패러다임에 의한 정책이나 국민적 설득력은 그 입지가 점점 좁혀지고 있다. 특히, 2014년도 OECD의 통계자료에 의하면, 산업재해 사망률이 회원국 중 1위로서 2위 그룹인 멕시코나 터키보다 2배 정도 더 높은 편이다. 그리고 사회복지의 지출비용이 꼴찌 수준으로서 노인 빈곤율은 45.6%로 회원국 중에서 가장 높은 수준이며, 아동의 삶의 만족도 또한 60.3점으로 최하위인 것으로 나타났다. 그리고 근로자의 1년 뒤 정규직 전환율도 11%로 최하위인 것으로 나타났다.

이렇듯 우리나라의 경제지표가 매우 열악하여 모든 면에서 경쟁력을 상승시키기에는 여력이 대단히 부족하다고 할 수 있다. 지금부터라도 기업들은 과거의 환상에서 벗어나 노사가 상생하는 분위기를 선도하면서 보다 현명한 대응력과 새로운 패러다임으로의 전환이 절실하게 모색되어야 할 시기이다.

교대근무제의 뉴 패러다임

뉴 패러다임은 2003년 근로기준법 개정으로 2004년부터는 공공부문과 1,000인 이상 사업장부터 실시한 주 5일 근무제 도입으로 한층 더 촉진되는 계기를 마련하였다. 그러나 법정 근로시간을 주 40시간으로 단축하였지만, 당시 근로기준법 개정안에는 월차 휴가 폐지, 생리휴가 무급화, 탄력적 근로시간 확대 등으로 인하여 실질적으로 근로시간을 늘렸고, 근로시간 유연화 장치들이 함께 포함되어 있어서 근로자와 기업은 초기단계부터 힘겨루기로 시작되었다. 이에 따라 새로운 교대근무제 도입에 따른 변화의 양상부터 틈새가 벌어지게 되었다. 특히, 20세기 말의 외한위기와 신자유주의의 거센 물결속에서 기업들은 구조조정으로 위기를 벗어나려는 시도와 함께 노동조건은 약화일로의 퇴조현상으로 후퇴한 반면에, 근로자들은 현행

교대근무제의 근로시간 단축과 임금수준의 인상으로 투쟁의 양상을 보이고 있었다.

노사 간의 가장 큰 쟁점은 임금문제인데, 경영자측은 근로시간이 단축되는 교대근무제로 변경할 경우에 단축되는 근로시간에 대해서는 무노동 무임금의 원칙을 적용하여 임금을 보전할 수 없다는 입장이다.[4] 그러나 근로자 측은 근로기준법 시행지침에 의거하여 기존의 임금수준과 시간당 통상임금의 저하는 없어야 한다는 입장이다. 그리고 시행지침에서 기존의 임금수준이 저하되지 않도록 보전되는 범위로 정한 기본급, 각종 수당, 상여금 등을 포함한 종전의 임금총액 수준과 동일하게 유지되어야 한다고 주장한다. 따라서 노사가 서로 상반된 논리로 평행선을 달리는 우리나라와는 다르게 유럽은 교대근무제 개편을 어떻게 슬기롭게 대처하였는지를 살펴보고, 한국의 뉴 패러다임의 환경에 대하여 논의해 볼 필요성이 있다.

먼저, 유럽에서는 고전적 패러다임의 노동력 재생산 위기와 경쟁력 그리고 근로자들의 욕구에 대응의 한계를 신자유주의 근로 유연화에서 새로운 근무형태를 도입하였다. 1970~80년대부터 나타나기 시작한 새로운 유럽식 근무형태는 압축 주 근무제도이다. 압축 주 근무란 하루의 근로시간은 늘리고, 교대근무 주기 내의 근무일 사이의 휴식시간을 줄여서 압축적으로 근무하는 형태를 말한다. 즉 몰아서 일하고 몰아서 쉬는 형태이다. 다시 말해서 주당 근로시간은 40시간을 넘기지 않되, 하루의 근로시간 8시간씩 5일 일하고 2일 간 휴식하던 주기에서 하루의 근로시간을 10시간씩 4일 일하고 3일 간 휴식을 취하는 것으로 미국 산업안전보건연구원의 보고서에 나타난 초과근무를 동반하지 않는 연장된 근무제를 의미한다. 이와 같은 압축 주 근무제를 도입한 배경에는 근로시간을 단축하려는 근로자의 필요에 맞서 가동시간을 늘리려는 자본의 필요를 관철시키기 위한 의도가 내재돼 있다. 특히 업무의 성격상 24시간 가동이 불가피한 병원, 소방, 경찰, 전화, 통신 등 공공부문이 아니라 제조업에서 압축 주 근무를 도입한 경우에는 공장의 가동 시간 연장이 수반되어 왔다는 점에서 이를 확인할 수 있다. 또한 교대제 수가 줄어들어 업무교대를 위한 소요시간과 설비재가동에 따른 워밍업 시간의 손실을 줄여주기도 했다. 더군다나 기업이 적기 생산방식을 도입하여 재고를 최소화하고 주문에 맞추어 생산량을 그때그때 조정할 수 있도록 생산과정 전반을 유연하게 맞추는 데에 아주 유용한 수단이기도 하다.

다음으로, 우리나라의 뉴 패러다임 전략은 노무현 정부의 적극적인 지지와 지원 속에 추진되었다. 2004년 3월 3일에 '뉴 패러다임 센터'가 한국노동연구원 부설 정부기관으로 설립되었고, 교대제 개편과 평생학습시스템 구축에 대한 연구와 상담, 시범사업, 대국민 홍보 등이 추진되었다. 또한 대통령 자문기구로 '사람입국 신경쟁력 특별위원회'를 설치하여 뉴 패러다임 확산을 위한 정책을 개발하고 제도를 개선하는 업무를 담당하였다. 그리고 '뉴 패러다임 포럼'에서는 뉴 패러다임에 대한 사회적 합의를 도출하도록 시민운동을 함께 추진해 나갔다. 이러한 인력 및 조직의 지원뿐만 아니라 뉴 패러다임을 도입하는 기업에 대한 각종 제도적 혜택도 마련되었다. 고용보험법에서 정한 고용안정화 사업을 통해 중소기업 근로시간 단축 지원금, 교대제 전환 지원금, 고용유지를 위한 교대제 전환 지원금을 지원하고, 직업능력 개발 사업을 통해 교대제로의 전환하는 기업의 교육훈련비를 지원하였다. 또한 2004년 10월에는 조세특례 제한법이 공포되어 고용창출형 창업기업 세액감면제도, 고용증대 특별세액 공제제도, 교대근무제 등 고용유지에 따른 세금 감면제도 등이 시행되었다. 그러나 이러한 뉴 패러다임에 대한 정책도 정권교체로 지속성이 유지되지 못하였다.

2

교대제 개선의
국제적 권고내용

　교대근무자를 위한 좋은 교대제란 없다. 교대제에서는 아무리 근로시간을 줄인다고 해도 야간에 근로를 하면서 건강을 해치지 않을 방법은 없다. 그만큼 혁신적인 제도를 마련하는 것 자체가 현실적으로 상당한 어려움이 따른다는 얘기다. 오늘날 학자들과 국제노동기구 및 몇몇 국가에서 제시된 교대제 개선 권고안은 기본적으로 교대제의 도입 불가피성을 전제로 하였기에 교대근무의 부정적인 요소를 최소화하는 방안을 제시하는데 중점을 두어 왔다. 따라서 근본적인 교대근무제의 문제를 해결하려는 방법이 최선의 방법이지만, 우선 학문적 교대근무 개선권고안, 국제노동기구의 야간 근로문제 보완방법, 캐나다 산업안전보건센터의 교대제 설계 방법, 미국 산업안전보건연구소의 조직적 관점에서의 교대근무 개선방안과 및 개인적 차원의 부정적인 영향요소에 대한 대처방안에 대하여 살펴보기로 한다.

학문적 권고 사항

학자들은 다양한 차원에서 교대근무제 개선에 따른 권고내용을 제시하였다. 먼저, 차이슬러Czeisler 등은 7일 주기의 역逆 교대근무에서 21일 주기의 정正교대로 바꾼 후 건강지표의 증가와 이직률이 현저히 감소된 연구결과를 토대로 교대근무 방식에 대한 세 가지 전략을 제시하였다.[5] 하나는 근로자들이 교대하지 않고 근무시간대를 고정하는 근무, 둘째는 2-3일의 보다 빠른 주기의 교대근무제의 도입, 셋째는 교대제에 대한 개인의 감수성을 아침형과 저녁형으로 분류하여 교대근무에 종사하도록 하는 것이다.

다음으로, 크나우트Knauth 등은 교대형태와 건강에 대한 영향을 미치는 기존 연구결과를 정리하여 다음의 일곱 가지 방법을 제시하였다.[6] 먼저, 야간근무를 길어야 이틀을 하는 방법은 인체의 생물학적 리듬을 크게 방해하지 않고 근로자들이 적응하는데 큰 노력이 필요하지 않으므로 빠른 주기로 순환하는 것이 좋다. 둘째, 낮 근무의 개시시간은 오전 6시에 가깝게 설정하는 것이 좋다. 셋째, 역 교대보다는 정 교대가 좋다. 넷째, 교대시간을 근로자 개인사정에 따라서 어느 정도 유동적으로 하는 것이 좋다. 다섯째, 야간근무 시간은 오전이나 오후 근무시간보다 짧은 것이 좋다. 여섯째, 근무시간대가 바뀔 때에는 휴식기간이 너무 짧은 것을 피해야 한다. 일곱째, 교대근무 주기는 일정한 것이 좋다.

로사Rosa와 콜리건Colligan은 교대근무제의 문제점에 대하여 위와 같은 학자들의 지적을 인정하고 어떻게 조직에서 효과적인 교대근무제를 성공시킬 것인가에 대하여 다섯 가지 방안을 제안하였다.[7]

먼저, 영구적인 야간근무 팀에 대한 대안을 마련하라는 것이다. 대부분의 근로자들은 야간근무를 하는데 있어서 거부반응을 일으킨다. 왜냐하면 그들은 다른 사람이 퇴근할 무렵에 출근을 하고 다른 근로자들이 출근할 시점에 퇴근하기 때문이다. 따라서 대부분의 조직에서 관리자들은 야간근무 팀과 접촉할 시간적 여유가 희박해진다. 이에 따라 야간근무 팀의 근무자들은 자신들이 조직에서 분리되어 있다는 감정을 가지기 쉬우며, 조직의 정보를 전달받기도 힘들다. 따라서 근무 팀을 순환시켜 야간 근무 팀과 주간근무 팀을 주기적으로 변경하는 것이 필요하다.

둘째, 연속적인 야간근무 팀 평성은 최소화하라는 것이다. 교대제를 도입하거나 개편하고자 할 경우에는 야간에 조업을 하는 패턴을 길게 하는 것이 좋다. 야간근무 패턴이 짧으면 짧을수록 근로자의 피로가 누적되어 생산성에 큰 영향을 미치고 있기 때문이다. 야간근무가 끝나고 최소한 24시간이 지나야 생리적 안정감을 되찾을 수 있다.

셋째, 잦은 교대근무는 피하라는 것이다. 근무교대를 잦게(짧은 시간의 근무주기)하면 할수록 통상적으로 사람들은 충분한 휴식을 취하기 어렵기 때문에 근무에 복귀하더라도 매우 피곤하고 잠이 온다. 연구자들은 야간근무가 끝나고 최소한 24시간은 쉬고 다음 근무에 투입하는 것이 바람직하다고 제안했다.

넷째, 주말에 대한 계획을 세우라는 것이다. 1주일에 7일을 근무해야 하더라도, 한 달에 1번 또는 2번 정도 주말을 쉬게 하도록 해야 한다. 이는 가족, 친구, 친지 등과 끊어졌던 접촉을 다시 잇게 하여주고 교대근무자가 정상적인 사회생활을 할 수 있게 도와준다.

다섯째, 근무 편성표는 정규적이고 예상이 가능하게 작성하여야 한다는 것이다. 교대 근무자는 자신이 언제 근무에 투입되는지, 언제 자신이 휴무인지를 정확하게 파악할 수 있어야 한다. 이러한 경영진의 노력을 통해서 근무자는 자신이 가정생활, 사회생활에 충실히 할 수 있는 계획을 세우게 되고 또한 휴식부족으로 인한 안전사고를 미연에 방지할 수 있다.

국제노동기구의 야간근무에 대한 권고사항

국제노동기구에서 제시한 야간근로의 문제를 줄이기 위해서 취할 수 있는 것은 두 가지 방안이 있다.[8] 하나는 야간근무(작업)에 투입하는 작업자의 수를 줄여서 야간근로로 인한 피해자를 최소화하는 것이다. 그리고 다른 하나는 야간근로자들의 근무환경을 개선하여 야간근로 중에 느끼는 불편함이나 건강상의 유해한 요인들을 줄여나가는 것이다. 여기서 제시하는 방안은 야간근로 문제의 근본적인 해결책이 아닌 보완적 측면에 염두를 둔 것이다. 좋은 사례로 1970년대 프랑스 노동조합이 주당 근로시간과 야간 근로시간을 줄이는 방법으로 주당 근로시간을 40시간으로 낮추고 5교대제를 도입할 것을 요구한 것이 있다. 프랑스는 이러한 근로시간을 도입한 이후 점차 주당 근로시간을 33시간까지 줄이고, 야간근로 수행시간에 비례하여 은퇴연령을 낮추면서 연금은 동일한 수준으로 지급하며, 근무체계에 탄력성을 높이고, 더 많은 주말과 휴식을 취할 수 있도록 교대근무 인원을 늘려나갈 것을 요구하기도 하였다. 또한, 교대근무와 정규적인 통상근무를 병행하여 장기간 교대근무로 인한 피해를 줄이는 방법은 근로자가 일정기간 교대근무를 하다가 정기적인 통상근무 체제로 변경하는 것이다. 이러한 경우 정기적인 통상업무에 익숙하지 않기 때문에 통상근무를 할 때 시설의 유지 및 안전 분야의 업무에 배치하는 등 교대근무 때와는 다른 업무를 수행시킬 수도 있다. 이런 체제를 유지하기 위해서는 다양한 훈련이 필수적이며, 이를 통해 특정한 연령대 이후에 이직 또는 업무 전환을 할 수 있는 기회를 확대시켜 준다는 측면에서 장점을 지니고 있다. 반면에 정신적으로나 신체적으로 교대근무와 통상근무 사이에서 적응해야 한다는 점에서는 단점이라고 할 수 있다.

교대근무 편성에[9] 탄력성을 도입하는 방법으로는 주어진 시간이 아니라 본인의 의사에 따라 탄력적으로 근로시간을 결정하는 것이다. 단, 이러한 방법으로 근로자의 가족/사회생활을 향상시키고, 가족들이 모이게 하기 위해서는 작업장 근무 시간만이 아니라 학교수업 시간도 탄력성이 도입되어야 한다. 또한 출퇴근 조건이나 작업장 내의 생활환경 및 식사를 개선하기 위해서는 더 빠르고 편리하게 출퇴근을 보조하거나 작업장 내에 방음 및 쾌적한 실내 환경을 조성하고 영양공급을 위한 시설을 갖추어야 한다.

교대근무 편성표를 작성할 때 부정적인 영향을 최대한 줄이기 위해 다음과 같은 원칙들을 강조하고 있다.

첫째, 규칙적인 순환근무제에 짧은 주기를 유지한다. 예로 아침→저녁→밤→휴가→아침→저녁→밤→휴가 순으로 한다.

둘째, 연속적인 야간근무를 최대한 줄인다.

셋째, 주말에는 쉴 수 있어야 하고, 안 되는 경우에 일주일에 적어

교대근무

도 이틀의 전일휴가가 주어져야 한다.

넷째, 근무 사이에 충분한 휴식이 보장되어야 한다.

다섯째, 근로자가 원할 때 근무시간을 변경하거나 주기를 변경할 수 있는 유연성이 보장되어야 한다.

캐나다 산업안전보건센터의 제시안

다음의 내용은 캐나다 국립 산업안전보건 센터에서 제시한 방안으로 근로자에게 바람직한 것이 아니라 그들이 견딜만한 교대근무제를 설계하는 데 필요한 몇 가지 선결조건과 선행 행동들을 나열한 것이다.[10]

첫째, 야간 근무를 최대한 줄여야 한다. 연속 야간근무일 수가 늘어날수록 더 많은 휴일이 필요하다.

둘째, 순환식 교대를 해야 한다면, 2-3일마다 교대할 수 있도록 하라. 교대주기가 짧을수록 신체적 호르몬 교란이 적고, 만성적인 피로를 예방할 수 있다.

셋째, 교대근무 순서를 아침근무 → 오후근무 → 야간근무의 순서 즉, 시계방향으로 순환하고, 시계 역방향으로는 교대순서를 선정하지 마라.

넷째, 교대근무자는 일상생활에서 늘 일정하게 휴식과 활동을 배치하라. 근무 중에 정신이 명료할 수 있도록 수면은 근무 직전에 충분히 취해야 한다.

다섯째, 아침 6시 이전에 교대하지 않도록 하라. 육체적 컨디션은 일출직전이 최저상태가 된다. 너무 일찍 교대하면 사고와 실수율이 높아지고, 피로나 수면부족이 심해진다.

여섯째, 근무 중에 피로를 회복할 수 있는 충분한 휴식을 가져라. 근무시간 중 10~15분씩의 휴식시간이 있어야 한다. 일하다가도 아무 때나 자세를 바꾸거나, 기지개를 켜거나, 눈을 잠시 감거나, 다른 곳을 바라보아야 한다.

일곱째, 교대일정은 최대한 간단하고 예측할 수 있도록 하라. 일정이 변경되는 경우에는 사전에 교대근무자들에게 충분히 숙지할 수 있도록 알려서 근무시스템을 예측할 수 있도록 해야 한다.

여덟째, 가능하면 탄력적으로 하라. 각 개인의 필요나 선호도에 따라 탄력적으로 일할 수 있어야 한다. 가령 40세 이상의 근로자는 야간 근무에 적응하기 힘들 수 있다.

아홉째, 업무에 따라 교대형태를 맞추어라. 고도의 정신집중을 해야 하는 경우와 신체적으로 과도한 힘이 필요한 경우 그리고 유해물질에 노출되어야 하는 경우에 근무시간은 짧아야 하고 휴식시간은 길게 잡아야 한다.

열째, 근로자의 안전과 편의를 최대한도로 제공할 수 있는 시설을 제공하라. 근로자의 작업환경에서 밝은 조명과 원활한 환기시설 및 근로자 고립의 최소화, 적절한 구급시설 등 최소한의 요건을 구비하여야 한다.

미국 산업안전보건연구소의 개선방안

다음은 미국의 산업안전보건연구소(NIOSH)에서 교대근무가 불가피한 근로자들에게 조직적 관점에서 교대근무를 개선할 수 있는 방

교대근무

안과 개인적 차원에서 부정적 영향에 대처할 수 있는 방안들을 제시한 것이다.[11] 이를 분류하여 살펴보기로 한다.

1) 조직적 관점에서의 개선 내용

먼저, 계속되는(고정되거나 순환되는) 야간 교대는 피한다. 이것은 근무가 없는 날 퇴근하기 때문에 작업자가 싫어한다.

둘째, 지속적인 야간 근무는 최소화해야 한다. 2회~4회의 야간근무 전에는 2일의 비번이 있어야 한다고 연구자들은 제안하고 있다.

셋째, 빠른 교대변화는 피하라. 주중 같은 날 아침근무에서 야간근무로 넘어가는 것처럼 겨우 7~10시간 정도의 휴식 뒤에 다른 교대주기로 전환되는 것은 피해야 한다. 그리고 야간근무 이후에는 다음의 순환 교대근무 전에 최소한 24시간의 휴식이 권고되어야 한다. 심지어 어떤 연구자들은 교대사이에 최소한 48시간은 쉬어야 한다고 제안하고 있는 실정이다.

넷째, 자유로운 주말을 계획하라. 아무리 일주일(7일)의 근무를 해야 하는 상황에서라도 가족관계와 친구관계는 중요한 문제이기 때문에 한 달에 두 번은 주말에 제대로 쉬어야 한다.

다섯째, 4일~7일가량의 "짧은 휴가"가 필요하게 되는 장기간의 노동은 피해라. 어떤 경우 10~14일간의 노동을 해야 한다면 5일~7일간의 휴식이 있어야 한다. 이렇듯 "짧은 휴가"를 젊은 노동자들은 선호하지만 나이든 노동자들은 이렇게 하고 다시 업무에 복귀하는데 상당한 시간이 필요하다. 모든 계층의 건강에도 나쁘기 때문에 억제하는 방향으로 나아가야 한다.

여섯째, 긴 교대노동과 시간외 근무는 최소화 하라. 어쩔 수 없이 12시간 일을 해야 한다면 연속 2~3회를 넘어서서는 안 된다. 또한 야간 근무에서는 2회가 적당하며, 이러한 야간근무 이후에는 1~2회의 비번이 주어져야 한다.

일곱째, 교대근무 시간의 길이가 다른 여러 가지 교대근무를 고려하라. 업무량에 대한 부하에 따라 교대 길이를 조절하도록 해야 한다. 특히, 야간에는 과중한 육체노동이나 정신노동, 지루한 단순노동은 수행하기 어렵기 때문에 이런 경우 야간노동이 짧아야 한다.

여덟째, 시업과 종업시간을 충분히 검토하라. 특히 아침근무 시업 시각이 너무 일찍(5시~6시) 시작되지 않도록 각별히 고려해야 한다.

아홉째, 정기적이며 예측할 수 있는 일정을 확보하라. 즉, 주중 휴무를 사용할 때 가급적이면 일정한 주기의 휴식을 선택하여 자신만의 생체주기를 형성하는 것이 매우 중요하다. 이는 비정기적인 근무일정으로 인한 수면부족과 피로가 누적되는 것을 예방하기 위한 것이다.

열째, 충분한 휴식시간을 갖도록 검토하라. 과업 수행 중 피로를 회복하기 위해 주어지는 표준 식사시간과 휴식시간으로는 충분하지 않기 때문이다. 반면, 반복되는 육체노동을 하는 경우 근육피로를 풀 수 있을 정도의 간단한 휴식으로도 충분하다.

2) 개인적 차원에서 피해최소화의 대처 전략

다음은 개인적 관점에서 교대근무의 피해를 최소화할 수 있는 대처 전략으로서 충분한 양질의 수면에 관한 전략, 소음 줄이기, 간단한 낮잠 즐기기, 수면 전에 과식과 음식 줄이기, 효과적인 운동, 식이요법, 밝은 조명 조절, 카페인과 음주 및 기타 약물에 대한 전략들을 제시한 것이다.

첫째, 충분한 양질의 수면을 위한 전략이다. 대부분의 교대근무자들이 수면과 관련된 문제들에 대해서 가장 심각한 고민에 빠져 있거나 이에 대한 관심을 가지고 있다. 특히, 야간근무 후의 수면을 어떻게 취할 것인가에 대한 전략이 필요하다. 교대근무자들마다 조금씩 다른 전략을 세울 필요가 있다. 어떤 근로자는 야간근무 후에 평소보다 1시간 정도 더 수면을 취하는 것이 편하다고 느끼는 반면, 또 어떤 근로자는 2시간 정도 더 적게 수면을 취함으로써 야간근무에서 정상적으로 돌아와서 수면의 질을 향상시키려는 시도를 취하기도 한다.

둘째, 간단한 낮잠 자기 전략이다. 교대근무자들은 때때로 야간에 근무하는 동안 간단한 수면을 취하는 경우도 있다. 이러한 수면은 낮에 간단하게 이루어지는 경우 야간에 졸음을 줄이는 방법이 되기도 한다. 그러나 이런 간단한 수면은 규칙적인 수면을 대체하지는 못한다. 그러기 위해서는 적어도 20~30분 이상의 간단한 수면을 취해야 효과가 있다. 그보다 적은 수면은 오히려 졸음을 유발할 수 있다.

셋째, 소음을 줄이기 위한 최선의 전략이다. 교대근무자가 야간근무를 마치고 귀가하는 낮에 수면을 취해야 하는 경우, 가능한 소음을 제거할 수 있는 환경을 조정해야 한다. 따라서 주변의 이웃에게도 이 사실을 알려 최대한의 협조를 얻어내야 한다. 가능한 침실은 주택의 구조상 가장 조용한 위치에 배치하도록 해야 한다.

넷째, 수면을 취하기 전에 과식과 음주는 피하는 전략이다. 수면을 취하기 전에 기름기가 많은 음식이나 과식은 가능한 피하는 게 좋다. 가급적 소화가 잘되는 음식으로 대체하고 식후에는 간편하게 활동 후 수면에 들어가도록 한다. 음주는 졸음을 빨리 오게 할 수 있으나 너무 빠르게 잠자리에서 깨어나게 할 수 있고, 깊은 수면을 취하는데 어려움을 주기도 한다.

다섯째, 운동 전략이다. 일반적으로 운동은 정신적, 육체적으로 스트레스 해소와 질병에 대한 저항력을 길러준다. 규칙적인 운동은 너무 빨리 지치거나 피곤하게 하는 것을 예방해 준다. 교대근무자들이 언제 운동하는 것이 적당한가에 대한 논란이 있다. 너무 심한 운동은 육체적인 근로자에게는 오히려 독이 되거나 해가 될 수 있다. 근무시작 전 20~30분 정도의 유산소 운동이 가장 적절한 운동의 방식이라고 제안하고 있다. 수면하기 3시간 이내에는 가급적 운동을 파하는 게 좋다.

여섯째, 식이요법의 전략이다. 교대근무하기 전에 단백질을 섭취했을 때 그 효과에 대하여 논란이 되고 있다. 단백질이 근무 중 졸음을 더 졸리게 한다는 주장이 있는가 하면, 근무 중 피곤을 덜게 해 준다는 주장도 있다. 그러나 기름기 많은 음식이나 단 음식은 가능한 피하는 것이 위장 장애를 줄일 수 있는 방법이다. 그리고 채소 중 졸음을 많게 하는 종류는 야간업무의 사고예방을 위해 피하는 게 좋다.

일곱째, 밝은 조명은 줄이는 전략이다. 야간에 빛을 비추는 것은 인체 내에 멜라토닌의 분비를 감소시켜 암의 발생을 증가시키는 작용을 한다. 따라서 멜라토닌의 분비를 위해 야간에 너무 밝은 조명은 조절하여 낮추는 것이 좋다. 최근에 근무 중 밝은 조명이 생체리듬에 영향을 미친다는 연구결과도 있기 때문에 인위적으로 밝은 조명을 만드는 것은 최소화해야 한다.

여덟째, 카페인과 음주 및 기타 약물을 줄이는 전략이다. 커피의 경우 각성효과를 높이는 효과가 아주 뛰어나 근무가 시작되기 전이나 근무 중 앞쪽 시간에 마시는 것이 좋다. 하루에 1~3잔 정도의 적은 양은 건강에 문제가 없다. 하지만 야간근무의 끝 시간에 커피를 마시면 이후에 수면을 방해한다는 점을 간과해서는 안 된다. 하루에 마시는 커피의 양이 많을 경우 전략을 세워서 단계적으로 줄이도록 노력을 해야 한다. 음주의 경우 건강한 수면을 위한 표준음주량(2~4잔) 이상의 음주는 부정적인 영향을 줄 수 있어 삼가는 것이 좋다. 수면의 질을 높이거나 수면에 취하게 하기 위해 멜라토닌을 섭취하는 경향이 있는데, 멜라토닌의 규칙적인 복용은 아직 효능에 대한 임상적인 실험이 이루어지지 않았고, 건강에 해로운지에 대한 여부가 밝혀지지 않은 점을 고려하여 복용을 줄이는 것이 좋다.

3

한국의 교대근무
개선 노력

한국의 교대근무제 개선 시범사업

한국에서 정부[12]가 추진하고 있는 교대근무제 개선 시범사업은 기업이 교대근무제 개선을 적극적으로 실행하여 일자리(고용)를 창출하고, 기업 내 평생학습 시스템을 도입하여 기업경쟁력을 제고시키려고 하는 사업장에 대하여 컨설팅서비스 등의 제공으로 성공적인 교대근무제 개선 모델을 창출하는데 목적을 두고 있었다. 이러한 사업은 기업에 제도적, 경제적으로 지원해 주어 부담을 덜어주고, 앞서 실행한 기업들은 경쟁력 강화와 생산성 향상 그리고 근로자의 근로여건을 개선하는 등 다양한 측면에서 성공을 이끌어내기 위한 정책이다. 이에 적극적으로 동참했던 기업들에게 법률을 개정하면서까지 지원하기 위한 교대근무제 개선 도입정책으로는 변화관리 컨설팅 지원, 교대제전환 지원금, 고용유지(교대제 전환) 지원금, 교대제 전환기업의 훈련비 우대, 교대제 전환기업의 세액공제 등이 있었는데, 이에 대한 지원내용을 자세히 살펴보기로 한다.

먼저, 기업의 변화관리에 대한 컨설팅 지원제도이다. 기업이 새로운 교대제를 도입하거나 기존의 2교대를 3교대제로, 3교대제를 4교대제로 개편하기 위하여 교대근무제 개선 시범사업에 참여한 기업 및 병원 등에 대한 변화관리 컨설팅을 뉴 패러다임 센터에서 무료로 지원해 주는 제도였다.

둘째, 기업의 교대제 전환에 따른 지원금제도이다. 고용보험법 시행령(제15조의 3)에 의하여 교대제를 실시하고 있는 기업이 2~3교대제에서 3~4교대제로 교대근무 조를 늘리면서 신규인력을 추기로 고용하는 경우(고용창출 효과) 신규채용인력 1명당 월 60만원의 보조금을 1년간 지급하는 제도였다.

셋째, 고용유지(교대제 전환)를 위한 지원금제도이다. 고용보험법 시행령(제17조 내지 제17조의 3)에 의하여 교대근무제를 실시하는 기업이 잉여인력을 고용조정하지 않고 4개조 이하로 교대근무 조를 늘려 기존 근로자를 계속 고용할 때 해당 근로자 임금의 15~20%(대규모 기업 10~15%)를 1년간 지원하는 제도였다.

넷째, 교대제로 전환하는 기업의 훈련비 우대 제도이다. 기업이 사업장의 기존의 근무제도에 대하여 교대근무제로의 전환을 통해 고용창출이 이루어지는 기업에 대하여 직업능력개발 사업지원금 지급규정(제4조 제1항, 제2호)에 따른 훈련비를 10% 추가로 지원하는 제도였다.

다섯째, 교대제로 전환하는 기업에 대한 세액을 공제하는 제도이다. 2004. 1. 1.부터 2005. 12. 31까지 조세특례제한법 시행령에 의해 기업이 근로자를 전년보다 추가로 고용하는 경우 추가고용인원의 1인당 100만원을 소득세 법인세에서 세액을 공제해 주었고, 기업이 교대근무제를 통하여 고용인원을 유지하는 기업에 대하여는 고용이 유지된 인원의 1인당 50만 원을 세액 공제한 제도였다.

한국의 교대근무제 개선 모범사례

우리나라에서 최초로 뉴 패러다임을 도입하여 추진한 결과 교대근무제 개선의 모범적인 사례로 평가되고 있는 각 산업분야 별로 1개 업체를 선정하여 모두 6개의 사업체의 성공사례를 알아보도록 한다. 먼저, 정부의 교대근무 뉴 패러다임의 도입 이전부터 기업에 윤리경영을 도입하여 정부의 교대근무제 개선사업의 롤 모델이었던 위생용품 제조업체인 유한킴벌리를 선정하였으며, 한 조직에서 다양한 교대근무 시스템을 혼용하여 운영함으로써 효율적인 국민의 생명과 신체 및 재산을 보호하는 활동이 어렵다고 판단하여 비효율적인 조직의 형신과 미래지향적인 평생학습시스템의 구축으로 초과근무에 대한 형평성의 제고를 해결하고 관습적이었던 고질적인 열악한 근무환경을 개선함으로써 만성적인 피로의 누적 등을 해소하여 구성원의 불평과 불만의 해소는 물론, 국민들의 불안과 불만을 해소하여 새로운 경찰상을 정립하기 위해 우리나라 공공기관으로서는 처음으로 뉴 패러다임을 도입하여 시범적으로 운영하고 있는 경찰청을 선정하였다, 그리고 지방공기업으로서는 최초로 이원적 교대근무체제를 단일화하고, 미래창조형 평생학습체제를 구축하여 효율적인 환경시설물의 관리로 시민의 복리증진의 신기원을 이룩한 부산광역시환경시설공단을 모범사례로 선정하였으며, 우리나라 산업의 대표적인 연속공정이라는 장치산업의 특성을 지닌 철강회사에서 고열과 분진으로 인한 열악한 근로환경을 개선함으로써 근로자의 작업강도를 완화하고, 또한 효율적인 교대근무시스템을 도입한 대한제강의 성과를 모범사례로 선정하였다,

나아가 전통적인 병원의 3조 3교대제에서 여성근로자들의 임신과 육아문제를 해소하기 위하여 뉴 패러다임을 도입하여 최초로 4조 3교대제로 전환한 굿모닝병원 간호부, 일과 삶의 균형을 통해 신바람나는 초일류기업을 실현하기 위해 4조 2교대제를 도입한 의약산업계의 대웅제약 향남공장의 사례를 선정하였다. 그리고 공공부문으로서, 수도권 시민의 교통수단으로 대도시의 대중교통 문제를 해결하는데 선도적인 위치에 있으며 2014년부터 관리기관별로 시차를 두고 4조 2교대를 도입하여 시범적으로 시행하고 있는 서울지하철(1호선~8호선)을 선정하였다. 이들 기업의 도입사례를 모범사례로 살펴보도록 하자.

1) 유한킴벌리의 4조 2교대제

유한킴벌리는 정부에서 교대근무에 대한 뉴 패러다임을 시범사업으로 시행하기 이전인 1997년, 즉 외환위기와 더불어 범국가적으로 정치계, 경제계, 학계, 의료계 등 다양한 분야에서 각종 비리들로 점철되어 국민들의 공분을 일으키는 이 시기에 윤리경영을 도입하였다. 이때 유한킴벌리는 사회적인 타락 속에서도 모든 유혹의 손길 등을 극복하고 몸소 윤리경영을 실현하여 도덕적으로 깨끗한 일류기업

으로 성장하고 있었다. 이제 유한캠벌리는 윤리경영을 실행한 기업으로서 경쟁력 강화와 생산성 향상 그리고 근로자의 근로여건을 개선하는 등 다양한 측면에서 성공한 모범적인 사례들로 벤치마킹 대상이자 선망 기업으로 발돋움했다.

유한킴벌리는 IMF 외환위기 시절에 당시의 교대근무 제도를 개선하여 노동시간을 줄였고, 일자리를 창출하여 고용의 증대효과를 가져왔으며, 높은 생산성을 가져오는 방향으로 노력하여 혁신을 보여준 기업이다. 이와 같이 새로운 방향을 모색하는 뉴 패러다임을 도입하여 기업의 모범적인 행태로서 더욱 돋보이게 되었다. 유한킴벌리가 이렇게 뉴 패러다임의 기업으로서 앞장서게 된 것은 분명 새로운 형태의 근무제도인 4조 2교대를 도입한 것이 큰 밑거름이 되었다. 이러한 근무제도 개편이 고전적 패러다임의 굴레에서 과감히 탈피하는 선순환 경영으로 한 획을 그었다는 점에서 가정 모범적인 경영혁신을 앞장서서 달성하는 본보기가 되었다. 동일한 형태의 4조 2교대제를 도입하더라도 공장의 환경과 여건에 따라 차이가 있음을 다음의 표에서 확인할 수 있을 것이다.

다음의 내용은 유한킴벌리㈜의 '고능률생산조직의 도입과 성공'이라는 경영혁신사례를 2000년 12월 1일 홈페이지에 게시한 내용을 발췌하여 구성한 것이다.[13] 유한킴벌리는 근로자들에 대한 인원의 감원이 없는 상태에서 4조 2교대를 도입하여 근무 조 4개조를 편성하였다. 근무시간은 주간근무 12시간을 2개조, 야간근무 12시간을 2개조가 담당하고 2개조는 휴무 또는 교육을 실시하였다.

유한킴벌리(주)의 4조 2교대 근무편성표

= 안양 공장 =

구분	1	2	3	4	5	6	7	8	9	10	11	12	13	14	15	16
	월	화	수	목	금	토	일	월	화	수	목	금	토	일	월	화
A	주	주	주	주	휴	휴	휴	교	야	야	야	야	휴	휴	휴	휴
B	휴	휴	휴	휴	주	주	주	주	휴	휴	휴	교	야	야	야	야
C	야	야	야	야	휴	휴	휴	휴	주	주	주	주	휴	휴	휴	교
D	휴	휴	휴	교	야	야	야	야	휴	휴	휴	휴	주	주	주	주

※ 근무주기(16일 주기) 주간(4) → 휴무(3) → 교육(1) → 야간(4) → 휴무(4)

= 김천 공장 =

구분	1	2	3	4	5	6	7	8	9	10	11	12	13	14	15	16
	월	화	수	목	금	토	일	월	화	수	목	금	토	일	월	화
A	주	주	주	주	휴	휴	휴	휴	야	야	야	야	휴	휴	휴	교
B	휴	휴	휴	교	주	주	주	주	휴	휴	휴	휴	야	야	야	야
C	야	야	야	야	휴	휴	휴	교	주	주	주	주	휴	휴	휴	휴
D	휴	휴	휴	휴	야	야	야	야	휴	휴	휴	교	주	주	주	주

※ 근무주기(16일 주기) 주간(4) → 휴무(4) → 야간(4) → 휴무(3) → 교육(1)

출처: 유한킴벌리(주), '고능률생산조직의 도입과 성공', (2000. 12. 1)

교대근무주기는 16일 주기로서 주간 4일 ⇒ 휴일 3일+교육 1일 ⇒ 야간 4일 ⇒ 휴일 4일 형태로 정순환제를 도입하였다. 주당 근무시간은 교육시간을 포함하여 평균 45.5시간 이다. 이것은 종전의 3조 3교대 근무의 주당 56시간과 비교할 때 근로시간이 상당히 감소되었는데 그에 대한 효과를 4가지 차원에서 애기할 수 있다.

먼저, 투자설비의 가동률 극대화이다. 대전공장의 경우 98년 이후 동일한 생산설비를 갖춘 세계 10개국 27개 사업장 중에서 세계최저의 불량률(2000년 말 현재 1.8%)을 보였다. 안양공장의 경우, 4조 3교대 시행 전후를 비교하여 생산성이 약 13% 정도 증가하였으며, 직무교육과 충분한 휴식으로 안전사고가 크게 감소되었다.

둘째, 구성원들의 긍정적인 효과와 자율적인 근무환경이다. 정기적인 휴무일을 계획적으로 활용할 수 있어 가정생활과 사회생활에 보다 충실함으로써 삶의 질을 향상시키고 직무교육, 신기술이나 지식 습득, 교양교육을 통한 근로자들의 자질향상은 물론 지식수준의 증대에 크게 이바지하여 직원들의 자긍심을 드높이는 계기가 되었다. 나아가 직원 상호간에 신뢰하며 존중하는 문화가 밑바탕이 되어 출퇴근 시간을 철폐하고 자율적인 근무시스템과 스스로 의사결정을 할 수 있는 과감한 권한위임을 시행해서 인간존중에 의한 신뢰경영으로 높은 성과를 달성하게 되었다.

셋째, 노사 간의 신뢰구축이다. 제도를 처음 도입할 때 나타나는 단기과제를 노사가 협력하고 이해하면서 이를 잘 극복하여 고성과 교육시스템을 효율적으로 정착시킬 수 있었다. 당시 기업경영과 의사결정에 임원이나 관리자들의 의견은 물론 조합과도 동반자적인 관점에서 의견을 묻고 신뢰로서 이를 경영에 반영하였다. 따라서 노동조합에서도 사장 취임 초기에는 불신을 가졌지만 점차 신뢰가 쌓여 노사 간에 일체감이 조성되어 참여경영을 보여 주게 되었다. 한편, 근로자들은 시간외 근무가 줄어들어 과로에 시달리는 효과를 극소화하는 것과 초기의 실질임금의 저하를 가져오는 것에 대해서는 상호 신뢰 차원에서 이를 극복하였다. 또한, 회사는 늘어나는 1개조 인원에 대한 인건비와 교육훈련비 증가를 사전에 충분한 대책을 강구하였다.

넷째, 평생학습 효과이다. 연간 약 300시간씩 근로자들이 학습하도록 자기개발을 강화하였다. 대부분의 기업은 관리자 위주의 교육이 일반화 되었으나 유한킴벌리는 현장 근로자들의 직무수행 능력에 대한 경쟁력 제고를 위한 학습과 직무교육으로 개인의 역량을 강화시키고 경영참여에 의한 제안제도 등을 활성화하여 사람중심의 경영을 펼쳐 나갔다. 또한, 건전한 사회인으로서의 사회생활과 다양한 사회활동으로서 사회공헌에 접목하게 함으로서 회사에 대한 긍지를 높이고 보람을 찾는 기틀이 마련되었다. 그밖에도 환경경영과 아울러 인간존중, 고객만족, 사회공헌, 가치창조, 그리고 혁신주도를 중요시 하는 기업의 문화를 구축하였다.

2) 경찰청의 4조 2교대제 시범운영

경찰은 국민의 생명과 신체 및 재산을 보호하는 활동을 하고, 범죄의 예방과 진압 및 수사를 하고, 치안정보의 수집과 교통의 단속은 물론 112신고출동사건 등을 처리하기 위해 24시간 근무가 불가피하다. 경찰청은 교대근무제를 사행하는 대표적인 공공기관이다. 경찰청에 따르면, 2009년 기준으로 전체 경찰관의 42.7%가 교대근무를 하고 있다. 경찰의 교대근무제는 사회의 변천과정에 따라 바뀌었다. 경찰 창설초기에는 24시간 맞교대 또는 2교대제를 시행하였다. 그리고 1982년 야간통행금지가 전면 해제되면서 3조 2교대제를 도입하여 시범운영했지만 예산부족으로 중단되었다. 이후 여러 차례 몇 가지 교대제(안)을 도입하여 시범운연을 반복하다가 결국 종전의 3조 2교대제를 변형시켜 2001년 전국으로 확대되었다. 그리고 2005년 주 40시간근무제 도입되면서 2006년부터 4조 2교대제를 도입하여 1급지 경찰서부터 점진적으로 시행하였다. 그러나 2010년 현재 경찰은 다양한 근무지의 특성이 고려되어 3조 1교대, 3조 2교대, 변형된 3조 2교대, 4조 2교대제를 혼용하게 되었다.

경찰청에서 시행 중인 다양한 교대근무제(2010년 기준)

분류	근무형태	대상자	근무주기	근무시간(주)
3조 1교대	당-비-휴	치안수요가 낮은 파출소	3일 주기	56시간
3조 2교대	주-야-비	158개 파출소	3일 주기	56시간
변형된 3조 2교대	주-주-주-야-비야-비야-비	149개 지구대, 1,359개 파출소	9일 주기	56시간
4조 2교대	주-야-비-휴	274개 지구대	4일 주기	42시간

출처: 최응렬 외2 인(2010), "지역경찰의 근무체제 개선방안에 관한 연구: 치안 맞춤형 유연근무제 도입을 중심으로", 제36회 한국공안행정학회 학술대회. pp. 291∼330. 재구성.

경찰청은 2004년 12월에 범정부적 차원의 뉴-패러다임 시범사업에 능동적으로 참여하였다.[14] 경찰청의 뉴-패러다임의 사업은 다른 공기업이나 기업체의 도입방식과 다른 형태로 진행되었다. 다른 기업에서는 기본적인 모델을 선정하여 기업에 적응성을 검토하였다면, 경찰청은 새로운 제도를 토출하기 위해 1차와 2차로 단계별 시범프로젝트를 시행하였다는 점이다. 이렇게 다양한 단계로 진행된 요인은 경찰서의 위치에 따른 근무여건과 업무특성상 등으로 인해 동일한 근무제를 적용할 수 없다는 점을 착안한 것이다. 하나는 경찰서의 치안수요에 따른 요인 즉, 경찰서의 위치, 순찰지역의 크기, 범죄발생의 빈도, 과밀도의 도시, 농촌지역 등으로서 대도시형, 중소도시형, 도농복합형으로 분류되는 것이고, 다른 요인은 경찰관 업무의

교대근무

다양한 특수성에서 찾을 수 있다. 즉, 경찰행정에서 부터 순찰업무, 긴급출동업무, 장단기 수사업무, 국제공조업무, 대공공안업무 등의 요인이 복합적으로 작용하는데서 찾을 수 있다.

경찰청은 2004년 12월에 뉴 패러다임 센터와 "뉴 패러다임 시범사업"에 대한 양해각서를 체결하고, 1차 시범사업으로 중소도시형의 광명경찰서를 선정하여 시행한 후 2005년 6월에 결과보고서가 완료되었다. 그리고 2차 시범사업으로 대도시형의 서울송파경찰서, 중소도시형의 충북 충주경찰서, 도농복합형의 충남 부여경찰서를 선정하여 추진한 후 2005년 7월 25일에 결과보고가 이루어졌다.

경찰청의 뉴 패러다임 시범사업의 추진 목적은 크게 두 가지로 분류할 수 있다. 하나는 2005년 7월부터 전 공무원에게 주 40시간근무제를 시행하였다. 그러나 경찰관들은 교대근무를 하면서 발생한 초과근무시간에 대한 수당의 지급이 적용되지 않았다. 그에 따른 급여와 근무시간에 대한 형평성의 논란이 제기되어 근무시간의 조정이 불가피한 상황이었다. 다른 하나는 교대근무로 인한 야간근무는 경찰관들의 생체리듬을 교란시키는 열악한 근무환경으로 인해 수면의 부족과 만성피로가 누적되어 해를 거듭할수록 과로로 인한 순직자가 늘어나는 추세였고, 치안서비스의 질은 점점 낮아져서 국민적 불안과 불만이 점점 높아졌다. 이러한 사회적 환경은 온전히 교대근무자의 불평과 불만으로 이어지는 등 대내외적으로 악순환이 반복되었다. 따라서 경찰조직의 교대근무제에 대한 혁신적인 개혁이 주요 화두로 대두되었는데 궁극적으로는 최상의 치안서비스 환경을 조성하는데 있었다.

경찰청의 뉴 패러다임 시범 프로젝트는 뉴 패러다임 센터의 컨설팅 팀과 역할을 분담하여 추진하였다. 경찰청은 혁신기획단에 업무혁신 팀장을 단장으로 임명하고, 팀은 업무 총괄, 교대근무 개선, 교육제도 개선 등 3개 팀을 구성하고, TF팀의 시범사업추진과 기록을 주관하도록 하였다. TF팀에서는 제도의 기본 틀을 만들고, 초안을 도출하여 합동회의를 통해 논의하였다. 또한, 시범사업을 추진하기 위한 1차 대상과 2차 대상의 경찰서를 선정하였다. 한편, 뉴 패러다임 센터의 컨설팅 팀은 제도 및 체계구축에 필요한 제반 진행과정을 도왔다. 그리고 워크숍을 통해 프로젝트에 대한 팀원들의 명확한 이해와 인식, 회의기법 등을 전수하도록 지원하였다. 한편, TF팀의 활동의 회의장소로는 광명경찰서로 정하고, 전체회의는 경찰청 회의실로 하고, 정기회의는 매주 화요일에 열렸다.

경찰청의 평생학습체제 확립을 위한 중점추진 과제를 시범경찰서별로 중점 프로그램을 특성화하여 운영하였다. 즉, 광명경찰서와 송파경찰서는 지역대학과의 산학협력체계를 구축하여 실시하였고, 부여경찰서는 지역인사의 초청강의를 통해 민간인과의 학습교류체계를 구축하였고, 송파경찰서와 부여경찰서는 지역봉사활동을 통해 지역과의 교류채널을 활성화하였다. 4개의 시범경찰서는 월별 정기적인 학습시간을 12시간으로 정하여 연 2,332명과 554시간의 학습을 실시하였다. 학습방법으로는 동료강사를 활용한 직무학습이 65%, 외래강상에 의한 소양학습이 27%, 팀별 동호회 활동을 통한 자율학습이 8%의 비중을 나타내고 있었다.

경찰청에서 시행 중인 다양한 교대근무제(2010년 기준)

주관기관	연인원	추진시간	추진 프로그램
광명경찰서	883명	240시간	– 직무(134): 법 84, 무도 사격: 35, 토론 15
			– 소양(106): 외래강의 96, 영하 10
송파경찰서	763명	120시간	– 직무(78): 법 42, 무도 사격 24, 토론 12
			– 소양(42): 외래강의 22 동호회 20
충주경찰서	348명	72시간	– 직무(48): 법 33, 체포술 13, 토론 2
			– 소양(24): 외래강의 20, 동호회 4
부여경찰서	338명	122시간	– 직무(100): 법 63, 체포술 15, 토론 22
			– 소양(22): 외래강의 12. 동호회 10

출처: 엄명용(2005. 07. 25), "경찰청 뉴−패러다임 사업보고(2차)", 경찰청 혁신기획단,
(자료출처: http://blog.daum.net/greenname/265299, 검색일: 2014. 5. 8) 재구성.

　경찰청이 뉴 패러다임 프로젝트 시범사업을 실시한 참여자들을 대상으로 직원만족도를 실시한 결과, 도시유형에 따라 교대제 개선에 따른 만조도가 서로 다르게 나타났다. 즉, 치안수요가 많은 대도시형인 송파경찰서와 근무인력이 적은 도농형인 부여경찰서에서는 낮게 나타난 반면에 치안수요가 적은 중소도시형인 광명경찰서와 충주경찰서에서는 만족도가 상대적으로 높게 나타났다. 또한, 이러한 결과는 구성원의 피로감 개선에 대한 체감도가 높을수록 높게 나타났다. 즉, 시범대상 경찰서는 시범기간에 필요한 순찰인원을 증원한 비율에 따라 나타난 결과로서, 일선 경찰서의 피로감을 개선하기 위해서는 반드시 교대근무제의 개선과 더불어 인력증원이 필수적으로 병행되어야 함을 나타낸 것이다. 한편, 구성들이 평생학습의 내실화에 대해서는 필요하다는 여론이 높았다. 즉, 평생학습의 취지는 64.7%로 긍정적이었으나, 프로그램은 55.9%로 불만족이 높게 나타났다. 따라서 학습에 접근하기 용이한 프로그램의 개발과 학습의

홍미를 제고시키는 방향에서 접근하여야 함을 나타내고 있다. 구성원들이 원하는 학습으로는 실무지식이 28.9%, 외국어와 IT부문이 26.2%, 교양 20.5%의 순으로 나타났다. 교육환경에 대한 여론에서는 1일 8시간의 교육에 부담을 느끼는 것으로 나타났고(30.4%), 학습시설의 부족(26.2%), 동료강사의 직종 전문화(30.4%)로 나타나 전반적으로 지금보다 나은 교육환경의 개선의 필요성을 제기하였다.

경찰청이 1, 2차의 시범경찰서를 선장하여 추진하였던 뉴-패러다임의 프로젝트 사업에 대한 최종적인 결론으로 4조 2교대제로의 개선은 예산의 확보와 인원의 충원이 선결과제로 제기되었다. 즉, 변형된 3조 2교대제에서 4조 2교대제로의 전환은 신규고용(13,796)효과를 충족시켜야 가능하다는 결론이다. 따라서 지역경찰의 치안예방 활동을 현재의 수준으로 유지하는데 필요한 인원이 10,173명이며, 교통 및 수사부서에 3,623명이 추가로 예상된다. 예산의 추가로 소요되는 인력비와 평생학습체계의 확립에 필요한 96억 원의 예산이다. 세부적으로는 평생학습시설의 확충비가 57억 원, 외래 강사료 25억 원, 동료강사 수당 19억 원 등이 추기비용이 소요된다.

3) 부산광역시환경시설공단의 4조 2교대제

부산환경시설공단(이하 '부산환경공단')은 2000년에 환경시설물을 효율적으로 관리 운영하여 부산시민의 복리증진에 기여하기 위해 설립되었다. 해운대 사업소 등 11개 사업소에서 450여명이 부산의 환경생태도시를 건설하여 시민의 삶의 질을 향상시키기 위해 불철주야 교대근무를 실시하고 있다. 그들은 오늘도 확고한 책임과 신념을 가지고 이 순간에도 하수, 분뇨, 생활쓰레기의 소각 및 매립 등을 효율적으로 처리하기 위해 열정을 다해 노력하고 있다. 이와 같은 열정으로 부산환경공단은 2005년에 경영혁신 원년 선포식을 갖고 혁신 지향적 가치를 추구하기 시작하였다.

그러한 노력의 결과로 2006에는 '인적자원개발 우수기관'으로 인증 받았고, 2013년에는 평생학습시스템 구축, 적극적인 교육훈련체계를 가동하여 인력 전문화와 사고의 유연성과 창의적인 지식근로자를 양성한 공로로 지방공기업으로는 유일하게 '인적자원개발 우수기관'에 2006년에 이어 두 번째 선정되었다. 그리고 2014년에는 창의적 인재양성과 미래창조형 조직을 구축한 성과를 높이 평가받아 2014 '미래청조경영대상'을 수상하기도 하였다. 이와 같은 부산황경시설공단의 결실은 2004년 10월에 공공기관으로는 처음으로 뉴 패러다임 시범사업을 추진하였기에 가능했던 것이다. 따라서 부산환경공단의 뉴 패러다임의 모범적인 사례는 노동부 노동연구원 부설 뉴 패러다임센터의 홈페이지의 '공기업의 지식경영'과 부산환경공단의 홈페이지의 관련내용 등으로 재구성하였다. [15, 16]

부산환경공단은 뉴 패러다임 시범사업을 2004년 12월 22일 노동부 노동연구원 부설 뉴 패러다임센터와 컨설팅을 요청한 뒤 양해각서를 체결하고 본격적으로 추진되었다. 이 공기업은 뉴 패러다임의 핵심적 시범사업은 현재 이원적 운영체제인 교대근무제를 단일화하고 사업장 내에 평생학습체제를 구축하는 것이었다. 이후 2005년 3월 1일부터는 변경된 4조 2교대제를 전 사업장에 시범기간을 설정하여 시범적으로 운영되었고, 같은 해 4월 1일부터는 평생학습을 본격적으로 시행하였다. 부산환경공단의 4조 2교대제는 주간: 12시간, 야간: 12시간 근무하는 근무체제로 주간: 2일, 휴일: 2일, 야간: 2일, 휴일: 2일의 8일주기의 순환체제를 전 사업장에 동일한 근무체제로 일원화 하였다. 이것은 하수처리사업장에서는 4조 2교대제를, 소각처리사업장에서는 4조 2교대제와 4조 3교교대제를 병행하는 등 2원적 근무체제였던 것을 4조 2교대제로 일원화한 것이다.

뉴 패러다임 도입 전, 후 교대근무 체제 비교(재구성)

분류	뉴 패러다임 도입 전		뉴 패러다임 도입 후
사업장	하수처리사업장	소각처리사업장	전체 사업장
근무형태	4조 2교대	4조 2교대, 4조 3교대	4조 2교대
근무주기	4일 (주, 야, 비, 휴)	8일 (주2, 휴2, 야2, 휴2)	8일 (주2, 휴2, 야2, 휴2)
근무시간	주간 09:00~18:00 (9)	주간 08:00~20:00 (12)	주간 09:00~21:00 (12)
	야간 18:00~09:00 (15)	야간 20:00~08:00 (12)	야간 21:00~09:00 (12)

출처: 부산환경공단 http://www.beco.go.kr/(2015. 11. 9). 재구성.

부산환경공단은 뉴 패러다임의 역점 사업으로 사내에 평생학습체계를 구축하였다. 평생학습의 비전은 모든 구성원들이 지식기반 사회에 대처할 수 있는 능력을 함양하는 동시에 창조적인 조직 인력을 양성하고 조직원의 삶의 질을 향상함으로써, "초일류 환경전문 공기업"을 만드는 것이다. 그리고 평생학습의 구축방향을 직업교육훈련기관과 협력 · 연계하여 직업능력개발을 효과적으로 수행할 수 있도록 하고, 평생학습에 대한 동기부여를 통한 학습의욕 고취 및 구성

교대근무

원이 요구하고 필요로 하는 학습 내용을 제공하고, 사이버교육의 활성화 등을 통한 평생학습의 정보화를 추진하며, 지역대학과 연계 등 부산환경공단은 평생학습체계를 구축하기 위한 기본적인 추진계획을 제시했다. 즉, 2005년에는 학습기반을 형성하고, 2006년과 2007년에는 직장 내 평생학습을 활성화시키고, 2008년에는 평생학습이 온전하게 정착될 수 있도록 추진한다는 계획이다. 또한, 이 공기업은 부산동의대학교와 '산학협력협약 MOU'를 체결하여 평생학습의 내실운영을 도모하였다. 즉, 대학과 평생교육과정의 공동개발과 대학의 우수한 강사진 및 강의실 등의 자원을 이용하여 안정적인 학습 분위기를 조성함은 물론 전문 인력양성을 위한 위탁 교육시스템도 도입하였다.

부산환경공단의 학습일정은 매주 토요일을 "평생학습의 날"로 지정하고, 전 직원을 대상으로 월 1회씩 4시간 교육을 시행하였다. 초기의 교육의 내용은 교육에 대한 흥미를 유발하고 이해하기 쉬운 과목을 선정하여 실시하였다. 교양과목으로 변화의 시대를 살아가는 지혜와 문화유산 이해 및 일반 세무 상식 등으로 편성하였고, 직무와 관련해서는 하수관리 일반과 폐기물 개론 등의 내용을 50 : 50으로 편성하였다. 그리고 내년부터는 교육시간을 단계적으로 업그레이드하면서 교육 내용도 자신들의 직무와 관련된 내용을 점진적으로 늘려가면서 추진하였다.

부산환경공단이 뉴 패러다임을 도입함으로써 두 가지 측면에서 기대효과가 나타날 것으로 믿고 있다. 하나는 조직적 측면에서의 효과이고, 다른 하나는 조직구성원 개인적 측면에서 나타나는 효과이다.

먼저, 조직적 측면에서는 서두에서 밝힌 바와 같이 가시적인 효과가 상당하게 나타났다. 이러한 효과가 있었던 것은 능력중심의 조직문화와 자발적인 하습문화를 창출하고, 우수한 인적자원의 확보로 급변하는 사회에서의 경쟁력에 우의를 선점한 것이고, 유연하고 창의적인 사고로 업무의 효율성과 성과를 향상시키는 제안의 제출로 원가절감 등의 경영개선에 이바지한 것이다. 그리고 구성원 개인적 측면에서의 효과로는 자기 주도적 학습을 통해 자기 자신의 고용가능성 제고로 삶의 질을 향상시키고, 교육훈련 및 학습을 통한 성과를 직무를 통해 활용하게 되었고, 다양한 교육과정의 학습을 통해 사고의 유연성과 창의력 향상을 가져오게 되었다.

따라서 부산환경공단은 조직원의 능력과 삶의 질이 향상되고, 공단의 조직문화가 자발적이고 학습 중심적인 문화로 개선되었다. 그리고 이를 바탕으로 서비스를 혁신해 "시민에게 사랑받는 초일류 환경전문 공기업"으로써 시민들의 복리를 증진시키는 토대가 되었다.

4) 대한제강의 4조 2교대 근무제

대한제강은 1954년 '대한상사'라는 회사로 출발하여 지속적인 발전으로 1980년대 초에는 연간 생산능력 12만 톤 규모의 전기로 및 연속주조기를 준공하였다. 그리고 1990년에 상호를 '대한제강 주식회사'로 변경하였는데, 제강이란 고철을 녹여 다시 철강을 만드는 것을 의미한다. 2007년에는 연간 생산능력 80만 톤 규모의 녹산 제강공장을 준공하였다. 이듬해인 2008년에는 윤리경영을 선포하고, 교대근무제를 4조 2교대근무제로 전환하는 등의 노력으로 2009년 말에는 노사상생 협력의 공로를 인정받아 대통령상을 수상하였다. 2010년에는 신규가공 브랜드 'Staz'를 출시하고, 2011년에 연간 생산능력 45만 톤 규모의 평택 압연공장을 준공하는 등 국내 제강업계 16곳 중에서 3위의 생산 능력을 구축하는 등 끝없는 도전과 혁신으로 미래를 만들어가는 철강제조 회사이다. 이와 같이 대한제강이 뉴 패러다임의 도입으로 회사를 혁신적으로 개혁한 모범적인 사례는 노동부 노동연구원 부설 뉴 패러다임 센터에서 발표한 자료들을 참조하여 구성하였다.[17, 18]

대한제강이 2007년 12월에 뉴 패러다임센터에 '근무제도 혁신과 학습체계 구축' 컨설팅을 신청하게 된 주된 동기는 2007년 철근 생산 100만 톤의 연산 압연설비의 구축과 함께 녹산에 연산 70만 톤 규모의 전기로 공장을 신설하는 등 당시 철강 업게의 호조세를 이어 갔지만, 생산설비의 급속한 외형적 팽창에 따른 인적자원의 역량 부족과 체계적인 근무시스템의 미비로 인한 운영상의 어려움을 겪게 되었다. 따라서 대한제강은 외형적 급속한 성장에 따라 확대된 설비를 효율적으로 운영할 수 있는 제도적인 교대근무시스템의 개발과 신규인력에 대한 기업의 내적 역량을 강화하는 것이 무엇보다 시급하다고 판단한 것이다.

대한제강의 제조과정은 연속적 공정이라는 장치산업의 특성상 공장을 365일 24시간 가동해야하는 연속근무시스템이다. 따라서 근로자들은 교대로 철 스크랩을 가열해야하고, 고철을 녹이는 과정에서 발생되는 고열과 분진으로 인한 열악한 근로환경 속에서 이를 극복하며 작업을 감수해야 했다. 그래서 근로자의 작업 강도를 보다 완화하고, 공장의 생산력은 최대로 높일 수 있는 효율적이고 효과적인 교대근무시스템을 설계하기 위해 뉴-패러다임을 도입하기로 한 것이다. 또한, 대한제강애서 실시중인 기존의 3조 3교대제는 기본적으로 주당 56시간의 장시간 근로와 연간 313일의 과다한 근로에 시달리고 있었다. 그리고 3조 3교대제는 제도적인 법정 연장 근로시간인 16시간 마저 근무해야 했기 때문에 현장 근로자들은 피로의 누적과 각종 안전사고의 발생 등으로 이직률이 증대될 수밖에 없었다. 무엇보다 큰 문제는 업무에 대한 체계적인 교육과 훈련이 사실상 불가능했던 것이다.

당시 대한제강은 4조 2교대제로 교대근무제를 전환할 수 있는 인적자원들의 업무경력자의 구성비가 불균형 상태였던 것이다. 즉, 새로 채용한 신규자가 218명으로 기존의 경력자 202명보다 월등히 많아서, 업무노하우에 대한 경력자들의 구성비에서 중간계층의 부재로 직무 노하우의 전수와 숙련하는데 장애요인으로 작용했다. 그리고 숙련된 경력자들은 고령으로 업무에 대한 부담이 어느 때보다 가중되었다. 따라서 신규인력이 숙련되기 전에는 독자적으로 직무를 수행할 수 없다는 실행상의 문제점이 발생하였다. 따라서 신규자의 독자적인 업무수행능력이 향상될 때까지 부득불 2조 2교대 근무제를 수행해야만 했다. 즉, 4조 2교대제를 도입하려면, 당시 신평 공장의 경우에는 50%, 녹산 공장의 경우는 80%가 숙련도 면에서 절대적으로 부족현황을 나타냈다.

대한제강은 평생학습체계의 수립을 통한 기업의 내적 역량의 강화라는 프로젝트의 목적을 달성하기 위해서는 기존의 3조 2교대제에서

교대근무

1개조를 더 편성하여 4조 2근무체계로 전환하는 것이었다. 그들은 전략적으로 신입직원의 체계적인 교육 후 현장에 조기 투입하여 독립적인 직무수행능력의 향상으로 신입사원의 조기 전력화 작업에 힘을 진력하였다. 그리고 신입직원의 직무 투입으로 인해 라인 밸런싱(Line balancing)이 무너지는 것을 막기 위해 난이도와 최소 필요숙련기간이 높은 직무에는 숙련 정도가 높은 신입사원을 배치하고, 필요 인력이 없을 경우에는 경력직을 채용할 수 있게 하였다. 그래서 각 조별로 인력이 균형 있게 배치되어 조별 직무수행 능력의 차이를 최소화되게 하였다.

대한제강은 교대근무제를 도입하는 과정에서 경영진과 노조와 대립하는 양상을 보였다. 경영진은 4조 2교대제를 도입하는 것을 선호한 반면, 노조는 4조 3교대제를 더 선호하였다. 4조 2교대제는 1일 12시간씩 2개조가 근무하고, 2개조는 휴무하는 방식으로 주당 근로시간이 42시간이며, 휴무일 수는 약 182일이고 근무일수는 183일이다. 경영진은 이 휴무일을 활용하여 체계적인 학습체계를 수립하는 등의 교육 여건을 조성하는데 마련하는 유리하다고 본 것이다. 따라서 경영진은 4조 2교대제를 도입하여 인적자원의 역량을 증진시키고 차별화된 경쟁력을 창출하여 세계적인 선진 철강기업으로 발돋움할 수 있는 기반을 마련한다는 계획이었다.

반면에 4조 3교대는 1일 8시간씩 3개조가 근무하고 1개조는 휴무하는 방식이며, 주간 근로시간 또한 42시간으로 동일하지만, 휴무일 수는 약 91일이고, 근로일수는 273일이다. 이에 노조는 4조 2교대 도입의 반대 이유로 첫째, 고열과 분진 등으로 열악한 철강 산업의 근무환경에서 12시간의 장시간을 작업한다는 것은 신체적으로 무리를 줄 수 있다. 둘째, 신평공장의 경우 고령인력의 비율이 50%로 매우 높고 시설노후화로 4조 2교대를 도입은 사실상 불가능하다는 것이다. 셋째, 4조 2교대로 인하여 근로일이 줄어들 어 임금의 감소요인이 작용할 수 있다는 요인 등으로 4조 3교대 도입을 추진하였다.

노동조합과 경영진은 포스코 계열사인 삼정 P&A의 사업별로 도입한 4조 2교대와 4조 3교대를 동시에 도입해 본 결과를 벤치마킹하기로 하였다.

그 결과 4조 3교대제의 단점인 대체근무 인력의 부족으로 인한 빈번한 대체근무와 4조 2교대에 비해 연속휴일 수가 적어서 피로회복이 안 된다는 단점을 공유할 수 있었다. 반면 4조 2교대제하에서 삼정P&A 근로자들의 눈빛에서 열정과 전문가로서의 자긍심을 발견하고, 자긍심은 학습을 통한 자기계발과 직무 전문역량의 발현에서 오는 것이라는 확신을 갖게 되었다. 그래서 경영진은 대한제강의 근로자들이 반복 업무만을 수행하는 단순 노동자에서 벗어나 학습을 통해 자기계발과 자아성취를 이루는 지식 근로자로 변화하기 위해서는 일과 삶이 조화되고 충분한 휴식과 교육 기회가 제공되는 4조 2교대가 최적이라는 판단에서 근로자들을 설득하게 된 것이다. 결과적으로 노사는 오랜 줄다리기 끝에 4조 2교대제의 다양한 형태의 근무주기 중에서, 근로자의 근무부담을 줄이고 피로를 회복하는데 적절하다고 판단되는 12일 주기(주간: 3일, 휴무: 3일, 야간: 3일, 휴무: 3일)의 교대근무 시스템을 대한제강에 도입하기로 결정하였다.

대한제강의 4조 2교대 근무제

구분	1 월	2 화	3 수	4 목	5 금	6 토	7 일	8 월	9 화	10 수	11 목	12 금
A	주	주	주	휴	휴	휴	야	야	야	휴	휴	교
B	휴	휴	교	주	주	주	휴	휴	휴	야	야	야
C	야	야	야	휴	휴	교	주	주	주	휴	휴	휴
D	휴	휴	휴	야	야	야	휴	휴	교	주	주	주

* 주; 12시간(07:00~19:00), 야: 12시간(19:00~07:00), 교: 교육(8시간)

대한제강 경영진은 노조에서 4조 3교대를 요구할 때, 문제로 제기하였던 4조 2교대제의 도입에 따른 문제점과 시행할 때 발생할 수 있는 다양한 문제점에 대하여 해결방안을 마련하였다.

먼저, 하절기에 12시간 근무로 인해 발생되는 급속한 체력 저하를 방지하기 위해서 현장에 휴식공간을 마련하고, 얼음조끼와 제빙기 등의 피서용품을 제공하였다.

둘째, 12시간 근무에 따른 출퇴근의 변경으로 통근버스의 운행시간과 식당의 운영시간을 조정하였다.

셋째, 현장에 비상상황이 발생했을 때 신속하고 정확하게 대응할 수 있도록 비상상황별 대응 시나리오를 비치하였다.

넷째, 3일간의 연속휴일에서 오는 업무정보의 단절 현상을 해결하기 위해 업무인수인계 확인서를 작성하도록 하였다.

다섯째, 연속휴일을 건전한 여가활동과 자기계발을 장려하기 위하여 휴무일 활용에 적합한 프로그램을 개발하여 운영 및 지원하는 방안을 도입하였다.

여섯째, 4조 2교대를 도입하면서 노동조합과 직원들이 가장 많이 우려하였고 임금수준의 저하요인으로 작용하고 있는 25%(56시간에서 42시간으로) 줄어든 근무시간이 가장 큰 쟁점으로 대두되었음에도 불구하고 교육수당의 신설과 시급의 조정 등으로 임금의 19%의 삭감요인을 무시하고 기존의 임금 수준으로 100% 보전하기로 결정했다.

일곱째, 교육제도의 설계에 있어서도 직원들의 의견을 적극적으로 반영했다. 직원들의 강의 위주의 주입식 교육에서 탈피하여 참여 중심의 교양교육을 시행했다. 이후 교육에 흥미가 유발된 후에 점차적으로 직무 및 TPM 교육을 강화해 현장의 개선활동 중심의 학습조직으로 발전시켜 나갔다.

대한제강이 근무체계를 4조 2교대로 성공적으로 전환하고 평생학습체계를 수립할 수 있었던 것은 경영진의 의지와 지원 그리고 협력적 노사관계와 지속적인 대화노력에 있었다. 대한제강이 선진 철강업체로 한 단계 도약하기 위해서는 대한제강의 구성원인 직원의 역량에 있다는 확고한 인식과 의지가 있었기에 4조 2교대 전환에 따른 인건비를 과감하게 교육 투자비로 대체하며 지원할 수 있었다. 그리고 대한제강이 짧은 시간 안에 급속한 성장을 할 수 있었던 것은 당시의 시기적절한 설비투자와 호황이 절묘하게 맞아떨어지는 결정적 요인으로 작용함과 더불어 내부적으로 18년간 무분규를 기록한 협력적 노사관계를 유지하였기에 가능했던 결과였다. 회사는 1980년대 경영위기, 1990년대 IMF 위기 속에서도 인력을 감축하는 구조조정을 감행하지 않았고, 이에 노조는 동종업계 보다 낮은 임금과 열악한 근무환경 속에서도 강경한 투쟁노선을 통한 근로조건 등의 개선을 요구하지 않았다. 이와 같은 '신뢰와 협력'의 노사문화가 정착되어

교대근무

있었기에 대한제강은 성공적으로 4조 2교대를 도입할 수 있었다. 그리고 대한제강의 4조 2교대 설계는 경영진의 위로부터 결정된 것이 아니라 노동조합 조합원을 포함한 현장의 간부들(조장, 반장)로 구성된 디자인팀의 주축으로 추진된 것이다. 그들은 현장의 오피니언 리더 Opinion Leader로서 현장의 목소리 대변과 회의결과의 전파를 수행하면서 현장 근로자들이 자신에게 적용될 근무 제도를 직접 설계했다는 점에서 수용도를 높일 수 있었다. 물론 여러 가지 어려움을 극복하고 시행상의 발생될 수 있는 여러 가지 애로점도 미리 발견하여 해결한 것이 주효했다. 이렇게 디자인 팀이 설계한 4조 2교대근무제와 학습체계를 근로자들이 보다 쉽게 받아들일 수 있도록 모든 공장별로 그리고 교대 근무별로 공청회를 개최하였다. 더불어 신뢰할 수 있는 경영진의 의사를 반영한 동영상을 제작하여 4조 2교대제 시행의 취지를 설명하고 대한제강의 비전을 제시하였다.

따라서 대한제강은 4조 2교대제의 도입으로 평생학습체계를 성공적으로 구축함으로써 구성원들의 삶의 질을 향상시키고, 현장의 지식습득과 혁신역량을 강화 및 확보하여 최고의 경쟁력을 갖춘 철강회사로 도약하는 기틀을 완벽하게 갖춘 것이다.

5) 굿모닝병원, 병원 최초의 4조 3교대제

굿모닝병원의 경쟁력 강화를 위한 교대근무제의 개편에 대한 모범사례 내용은 주로 병원 홈페이지의 웹진인 Hi-morning 4호[19]와 7호[20] 그리고 11호[21] 및 13호[22] 등을 참조하여 구성하였다.

굿모닝병원은 경기도 평택에 있는 병상수가 367개(응급실 30개 포함)

에 이르는 중소형 종합병원이다. 역사적으로는 1981년 한일병원, 1985년 성심병원, 1994년 성심한방병원을 거쳐 2001년에 굿모닝병원으로 비약적인 발전을 거듭해왔다. 이와 함께 이 병원은 경쟁력 강화의 한 일환으로 2003년에는 '누구에게나 추천할 수 있고 찾고 싶은 병원이 되자.', 2004년에는 '성실과 행동하는 친절'을 비전으로 수립하고, 서비스실천 운동으로 '333(친절·미소·선행)운동'과 '3S(see ·stand· smile)운동' 그리고 '환자의 눈높이에 보호자의 마음으로' 등을 실시하였고, warming up time을 통해 행동예절과 고객을 대하는 태도를 배우는 서비스교육 등을 실시해 왔다. 결과적으로 굿모닝병원은 한국서비스경영진흥원으로부터 2002년에 '서비스 혁신상'을 수상하였고, 2003년에는 '서비스혁신대상'을 수상하는 등의 1차적 경영혁신을 성공적으로 추진하고 있었다.

굿모닝병원은 2004년 9월 2일에 대통령자문 사람입국 신경쟁력특별위원회 한국노동연구원 산하 뉴 패러다임센터와 양해각서를 체결하고, 사람입국 신경쟁력특별위원회는 정책적 지원을, 굿모닝병원은 학습조직으로 변화될 수 있는 정보와 지식을, 뉴패러다임센터는 평생학습체계의 제도설계 및 운용과 관련된 자문을 지원하여 추진하게 되었다. 이렇게 과감하게 추진한 경영혁신은 경영개선의 모범적인 사례로 선정되기도 하였다. 그리고 경영학의 세계적인 석학인 제프리 페퍼 교수가 직접 병원을 방문하는 등의 관심을 나타내기도 하였다. 그는 무엇보다 직원들을 비용이 아니라 자산으로 바라볼 때 생산성도 높아지고, 고객과의 관계도 개선된다는 점을 높이 평가한 것이다.[23]

교대근무

굿모닝병원은 2005년 의료계의 전통의 근무체제인 3조 3교대제를 과감히 탈피하고 뉴 패러다임의 4조 3교대제를 도입하였다. 이것은 우리나라 병원에서 최초의 사례로 꼽히는 획기적인 대 혁신이었던 것이다. 4조 3교대제의 도입은 간호사의 삶의 질의 향상과 일 년간의 사전 계획의 설계, 그리고 다양한 직무경험과 교육 및 업무의 다기능화와 조직운영의 탄력성 향상을 목적으로 설계되었다. 특히, 교대제는 간호부와 진단검산의학과 그리고 영상의학과 등 세 개과의 특성과 요일별, 시간별 업무량 등을 고려해 설계되었다. 또한, 간호부 내에서도 일반병동과 수술실, 그리고 중환자실 및 외래병동 등의 부서의 특성을 감안하여 각각 설계되었다.

근무제도의 설계 결과를 살펴보면, 전체적으로 근무시간은 종전의 주당 약 49시간에서 41.5시간으로 17% 정도 감소하였으며, 교육시간은 연간 76시간에서 122시간으로 160% 정도 증가되었다. 인원은 오히려 17명이 늘어나 9.5%의 고용증가율을 보였다. 각 부서의 근무제도 가운데 간호부의 일반병동과 응급실의 근무제도에 대하여 상세하게 살펴보기로 한다.

먼저, 간호부 일반병동의 근부체계는 4조 3교대근무제도로서 24일 주기를 선택하였다. 간호부 일반병동 근무체계의 특징으로 업무량에 따른 탄력적으로 운영토록 하였는데, 평일은 오전: 4명, 오후: 3명, 야간: 2명으로 구성되었다. 근무주기는 오전: 6일, 오후: 6일, 야간: 4일, 교육: 1일, 휴무: 7일의 24일 근무주기로 편성되었다. 여기에는 연차휴가 등을 포함되어 있으며, 연간 휴무일은 107일이 된다. 주간의 평균근무시간 은 40시간이며, 주간의 평균교육시간은 정기교육

2시간과 외부특별교육으로 편성하였다.

둘째, 간호부 응급실 근무의 경우도 4조 3교대근무제의 24일 주기로 구성되었다. 간호부 응급실은 업무량에 따라 인원을 탄력적으로 구성하도록 하였는데, 평일의 경우 오전: 4명, 오후: 4명, 야간: 3명으로 구성하였으며, 주말에는 오전: 4명, 오후: 5명, 야간: 3명으로 구성하였다. 그리고 24일 근무주기는 오전: 6일, 오후: 6일, 야간: 5일, 교육 : 1일, 휴무: 6일로 구성되었다. 여기서는 일반병동과 달리 연차 휴가 등이 포함되어 있지 않다. 연간 휴무일은 107일이며, 연차 휴가는 오전근무자가 5명인 일자에 실시하는 방식으로 운영된다. 주간 평균근무시간은 41.4시간이며, 주간에 교육시간을 정기교육: 2시간, 기타: 외부특별교육으로 편성되었다.

굿모닝병원의 교육제도는 전 직원을 대상으로 근무체계의 맞춤형 교육훈련으로 실시된다. 종전에는 1인당 평균 교육시간이 연 48시간이었지만 122시간으로 250% 정도 늘렸다. 2005년의 경우에는, 직무(전문): 50%, 직무(일반): 30%, 교양: 20%로 편성하여 실시하였다. 그리고 교육과정 수료 후에 평가를 실시하며, 평가결과를 인사고과에 반영한다. 교육의 내용은 구성원의 부서와 근속년수 등의 특성을 고려하여 직무교육과 교양교육으로 나누어 실시한다. 그리고 직무교육은 공통과 특성화 과목으로 구분하여 교육한다. 특히, 종전에는 자신만을 위한 공부였지만 이제는 "체험 교육"이 가능해진 것이 특징이다. 즉, 예전에는 외과 병동의 간호사들은 외과관련 공부만, 내과 병동의 간호사들은 내과관련 공부만 했는데, 이제는 타부서에 대한 공부가 가능해져서 다른 과의 업무를 이해하는 폭이 넓어졌다. 한 발

더 나아가 타과 간호사들도 수술실의 수술 장면을 체험할 수 있도록 직접 볼 수 있는 체험교육의 장을 마련하였다는데 의미가 크다.[24]

굿모닝병원이 기존의 3조 3교대제에서 4조 3교대제를 개편한 것은 기업의 모험적인 경영혁신을 달성한 모범적인 사례인 것이다. 그 당시에는 경기가 좋지 않은 시절이라 병원마다 자금이 확보되면 기존의 기계와 설비에 투자하던 양적성장에만 급급하던 구 패러다임에서 벗어나 '사람중심의 질적 성장'으로 그 중심축을 변화시키며, 직장 내 평생학습과 괴로의 해소를 통해 병원의 경쟁력을 강화함으로써 국가적으로는 지속 가능한 일자리를 창출하고, 내부적으로는 간호사의 삶의 질을 향상시켜 '사람입국'을 구현한 것이다. 따라서 병원의 비전과 목표를 직원들에게 강요하기보다는 자연스럽게 공유하고 직원개인의 성장과 병원의 성장이 그 궤를 같이하는 방향으로 노사가 함께 자발적으로 차별화된 경쟁력 경쟁력을 갖춘 병원조직을 달성하게 된 것이다. 그리고 이번 프로그램을 통해 향상된 직원들의 역량을 내부적인 자체병원에만 활용하지 않고 경기남부지역 등 지역사회의 병원을 대상으로 하여 경영자문 컨설팅관련 직무 및 실무교육 등을 실시하여 뉴 패러다임의 성과를 공유하기로 하였다.

굿모닝병원은 무한 경쟁시대에 독보적인 경쟁력을 지닌 병원, 끊임없는 변화와 혁신, 그리고 열린 사고, 열린 경영, 투명경영을 추구하는 놀라운 발전으로 뉴 패러다임의 알찬 결실이 가시화되고 있는 것으로 평가되고 있다. 나아가 고객중심의 서비스병원으로, 한국서비스 품질우수병원으로, 남녀고용평등 우수 기업으로, 뉴 패러다임 평생학습 시범사업병원으로 전국적으로 보이지 않는 혁신을 일으키고 있다.

　5) 서울지하철(1호선~8호선)의 4조 2교대제

　서울에 건설된 지하철노선은 9개 노선이다. 1974년 지하철 1호선 개통을 시작으로 2015년 1월 1일 현개 9호선의 일부 개통구간에서 열차를 운영 중에 있다. 서울시는 지하철 운영기관인 지방공사를 설립하여 운영을 담당토록 했다. 따라서 서울시의 지하철 운영주체는 3개 기관이 운영하고 있다. 1호선~4호선은 서울매트로가 운영을 담당하고, 5호선~8호선은 서울도시철도공사에서 운영을 담당하고 있다. 그리고 9호선은 1단계 개통구간은 서울시매트로 9호선(주)에서 운영을 담당하고 있다.

　서울지하철의 1호선~8호선 구간을 운영하는 지방공사인 서울매트로, 서울도시철도공사는 기존의 3조 2교대제에서 4조 2교대제를 도입하여 시범실시를 점차 확대하고 있다. 서울매트로는 2015년 2월 2일부터 역무분야에서 시범적으로 4조 2교대근무제를 실시중이고(역무소식 18-11, 2015.1.19), 서울도시철도공사는 2015년 1월 1일부터 차량분야에 4조 2교대근무를 전면적으로 확대실시하고 있다(2014년도 차량직능 노사협약서, 2014. 10.19).

　2001년에 도입된 기존의 3조 2교대제는 21주기의 주간 1주일, 야간 2주일 근무체제로서 주간근무는 1개조, 야간근무는 2개조가 격일로 배치되었다. 주간근무는 아침 09:00~ 18:00까지 8시간 근무이며, 야간근무는 18:00~익일 09:00까지 12시간 근무하는 교대제이다. 야간근무 팀의 경우 9시에 퇴근하는 비번 팀은 휴식을 취하고 익일 오후 18:00에 출근한다. 그리고 비번 팀이 휴식을 취하는 당일에는 다른 팀이 18:00에 출근하는 등 하루씩 엇갈려서 출근하여 야간근무 팀은 33시간의 충분한 휴식시간이 부여되었다. 휴게시간은 주간에 1시간(12:00 ~13:00), 야간에 3시간 10분(18:30~ 19:00, 02:30~ 05:10)이었다. 휴일은 주간에 1일, 야간에 월 2당무를 부여하였다. 이 근무제도의 단점은 주간 과 야간이 각각 1주일과 2주일의 장주기의 근무제도라는 점이다. 인체의 전반적인 생체기능은 부분적으로라도 순응하는데 필요한 기간은 이론상 최소한 21일 이상의 기간이 소요되기 때문에 교대근무 주기가 짧을수록 피로회복에 도움을 주게 된다. 특히, 지하철의 3조 2교대제의 야간근무는 15시간의 장시간 열악한 지하 환경에 노출된다는 점과 장기간(14일) 야간근무가 지속된다는 장주기의 단점의 영향까지 가중시키는 결과를 내포하고 있다는 점이다.[25]

2001년에 도입된 서울지하철의 3조 2교대제는 지하철 종사들의 평균 연령이 증가하여 신체적 어려움이 예상된다는 점과 변화하는 근무환경을 제대로 반영하지 못하는 등의 문제점이 제기되어 2012년 지하철종사자들이 건강하고 안전하게 업무를 수행하는 환경을 만들기 위한 서울시 산하 최적근무위원회가 가동되면서부터 4조 2교대제 도입이 태동되기 시작하였다. 최적근무위원회는 2012년 7월부터 2013년 9월까지 서울시 및 양 공사(서울매트로, 도시철도공사)에 전문위원 9인, 노사위원 6인, 서울시위원 3인으로 구성되었다. 동 위원회는 양 공사의 7개 영역에서 집약된 10개 필수제안을 넘겨받아 수십 차례의 심의를 거듭한 결과 4조 2교대제(안)을 대안으로 제시하고 양 공사는 최적근무위원회의 권고에 따라 이를 시행하기에 이르렀다.

최적근무위원회의 권고안의 도입은 양 공사의 일일 이용객의 수, 시설의 노후 등 근무환경의 요소에 따라 시행하는 과정에서 다소 차이가 있을 수 있으나 큰 틀에서는 거의 대동소이하다는 것이다. 먼저, 도시철도의 차량직능분야에서 전면적으로 시범실시 중인 4조 2교대근무제는 4일 교대근무 주기(주-야-비-휴)로서 종전 21일의 장주기교대제에서 빠른 주기 교대제로 전환된 것이다. 주간 근무시간은 08:40부터 18:15분까지 8시간 35분이며, 야간근무시간은 18:00부터 익일 09:00까지 12시간(휴게시간 3시간 제외)이다. 휴식시간은 주간에는 1시간(12:00~13:00)이며, 야간에는 3시간(역무=18:40~ 19:00, 01:00~03:40, 현업=18:40~19:00, 02:30~05:10)이다. 그리고 주휴는 1주당 1일이다. 다만, 월 1회 휴일에 주간 지원근무를 실시하도록 되어 있다(2014년도 차량직능 노사협약서, 2014. 10.19).

다음은 2015년 2월 2일부터 노사합의로 이의제기가 없는 한 4조 2교대제를 시범적으로 도입한 서울매트로 역무부야의 4조 2교대제 역시 권고안인 4일주기(주-야-비-휴)의 짧은 주기교대제이다. 근무시간은 주간근무는 09:00부터 18:40까지 8시간 40분이며, 야간근무는 18:00부터 익일 09:10까지 12시간(휴게시간 3시간 10분 제외)이다. 휴게시간은 주간근무는 1시간(12:00~ 13:00)이며, 야간근무는 3시간 10분(19:30~20:10, 02:00~04: 30)이다(역무소식 18-11, 2015.1.19). 그리고 주휴와 월 1회 휴일에 주간에 지원근무를 실시하는 것은 양 공사가 비슷하다.

4일주기 4조 2교대근무제의 연간 주간근무일수는 103.25일이며, 근무시간은 886.23시간으로서 월평균 근무시간은 73.85시간이다.

연간 야간근무 일수는 91.25일로서 종전보다 6.42일이 줄어들었으며, 연간 야간근무 시간은 1,095시간으로 종전보다 60.72시간 줄었는데, 월 야간근무 시간은 91.25시간으로 종전보다 5.06시간 줄어들었다. 따라서 서울지하철의 4조 2교대제에서 연간 총 근무일수는 194.5일로서 연간 휴식일은 170.5일이다. 고로 연간 휴식일은 종전의 163.04일과 대비하여 약 7일 정도가 줄어든 것이다.

결과적으로 대도시 대중교통의 총아이자 수도권 시민의 교통수단인 도시철도는 동전처럼 두 가지 측면의 양면성을 지니고 있다. 하나는 어떤 교대근무제를 도입하더라도 종사자들에게 획기적인 변화를 주는 제도임을 자처하여 도입하기에는 도시철도의 특수성을 지닌 한계가 있는 것이다. 왜냐하면, 심야시간에 시민의 편의를 위해 열차의 운행시간을 연장하면 야간에 실시하는 전동차 정비시간 등의 한계로 인해 안전사고의 위험률이 증가하게 되는 반면, 열차의 운행시간을 줄이면 정비 등 안전사고의 예방시간은 충분히 확보되는 반면에 시민들의 심야시간 이용에 불편을 감수해야하는 등의 양면성이 있기 때문이다. 다른 하나는, 직원들의 휴식시간을 늘리기 위해 종전 3조 2교대제에서 4조 2교대제로 전환하기 위해서는 팀당 근무인원을 추가로 배치하여 종전과 동일한 팀원을 확보하거나, 기존의 인원을 4분위로 하여 팀당 인원을 축소시키는 방법이 있다. 전자의 경우는 인원증원에 따른 추가예산 문제가 제기되고, 후자의 경우는 종전 줄어든 최소인원으로 팀을 운용해야 한다. 이러한 경우 크고 작은 응급상황에 대비하는 응급요원의 역할로 승객에 대한 서비스의 질은 저하되고, 특히 대형사고 등의 응급상황 발생 시 불과 3~4명이 수천에서 수만 명을 상대로 하는 대응력이 역부족이어서 인명과 시설 등 재산상의 막대한 손실을 초래할 수 있는 불안전한 조직인 것이다.

독일의 교대제 근로시간 개선

유럽에서 압축 주 근무제를 도입한 배경에는 근로시간을 단축하려는 근로자의 필요에 맞서 가동시간을 늘리려는 자본의 필요를 관철시키기 위한 의도가 내재돼 있는데 크게 3가지 측면에서 고려되었다.

먼저, 업무의 성격상 24시간 가동이 불가피한 병원, 소방, 경찰, 전화, 통신 등 공공부문이 아니라 제조업에서 압축 주 근무를 도입한 경우에는 공장의 가동 시간 연장이 수반되어 왔다는 점에서 이를 확인할 수 있다.

둘째, 이러한 근무제는 교대제 수가 줄어들어 업무교대를 위한 소요시간과 설비재가동에 따른 워밍업 시간의 손실을 줄려주기도 했다.

셋째, 유럽식 압축 주 근무제는 기업이 적기 생산방식을 도입하여 재고를 최소화하고 주문에 맞추어 생산량을 그때그때 조정할 수 있도록 생산과정 전반을 유연하게 맞추는 데에 이주 유용한 수단이기도 하다.

이러한 사례로서 먼저, 독일의 유럽식 압축 주 근무를 도입한 BMW를 살펴보고,[26] 다음은 바이엘Bayer 사의 교대근무제에 대하여 살펴보도록 하자.

1) 독일 BMW의 압축 주 근무
독일의 뮌헨 BMW 공장의 근무편성은 다음 표와 같다.

교대근무

뮌헨 BMW 공장의 근무편성표

교대주	월	화	수	목	금	토	일	비고
제1주		M	M	M	M			
제2주	E		E	E	E			• M=오전교대
제3주	M	M		M	M			(05:50~14:55),
제4주	E	E	E		E			9시간 5분 근무
제5주	M	M	M	M				• 주당 36.3시간
제6주		E	E	E	E			• E=오후교대
제7주	M		M	M	M			(14:55~24:00),
제8주	E	E		E	E			9시간 5분 근무
제9주	M	M	M		M			• 빈칸은 휴일
제10주	E	E	E	E				

출처: 한국노동안전보건연구소(2007), 『교대제, 무한이윤을 위한 프로젝트』, 도서출판 메이데이.

이 근무편성표에 의하면 근로자 1인의 입장에서는 0시부터 05:시 50분 사이의 심야시간에는 근로를 하지 않으며, 하루의 근로시간은 9시간 5분이며, 주말은 모두 휴일이 발생하며, 주중에도 하루나 이틀의 휴무가 발생한다. 제1주는 화요일에서 금요일까지 오전근무로서 오후근무 조에게 근무교대를 하고, 제2주는 월, 수, 목, 금요일에 오후근무로서 오전 조로부터 근무교대를 받는다. 제3주, 제4주에도 지정된 요일에 근무하면서 제10주까지 교대근무가 끝나면 다시 처음의 제1주부터 업무가 시작되는 10주 단위 교대근무 방식이다. 여기서 제5주와 6주 사이, 제10주와 제1주 사이에는 4일간의 연속 휴일이 발생한다. 주당 근로시간은 9시간 5분씩 4일로서 총 36시간 20분이다(36.3시간).

앞의 표와 같이 직무 숫자보다 더 많은 근무조를 편성하여 교대로 근무하는 방식을 일명 복수직무보유체계라고 하는데, 이렇게 복잡한 근무시스템을 편성하는 목적은 전체적인 가동시간 연장과 다기능화, 그리고 근로시간과 휴식시간의 개별화, 팀별 경쟁체제를 통한 생산력 증대에 있다. 이를 네 가지 측면에서 자세하게 살펴보기로 한다.[27]

먼저, 공장의 전체적인 가동시간의 측면이다. 모든 근로자들이 하루 7.2시간씩 5일을 근무할 때 14.4시간씩 5일 동안 즉, 주당 72시간 밖에는 가동할 수 없다. 그러나 위의 근무편성표에 의하면 하루 18시간씩 5일 동안 즉, 주당 90시간을 가동할 수 있다는 것이다. 이렇듯 노동시간을 연장하는 것이 사회적으로 제한되어 있는 조건에서 공장의 가동시간을 늘리려고 하는 방법으로는 압축 주 근무와 혼합된 복수 직무 보유 체계를 도입할 수밖에 없어서 독일의 금속산업에서 널리 활용하고 있는 제도이다.

둘째, 이 근무형태 속에는 1인 4역이라는 고도의 다기능화가 잠재되어 있다. 이러한 뮌헨 BMW의 교대근무제도는 '10:4 시스템'이라 불리는데, 이것은 10개의 팀이 4개 분야의 업무를 처리하기 때문이다. 위 근무편성표는 근로자 입장에서 보면 한 개인이 10주에 걸쳐 순환주기로 근무하는 일정이지만, 기업의 입장에서는 일주일동안 4개 분야에 근로자를 어떻게 배치할 것인가에 대한 계획표이기도 하다. 이러한 10개의 팀에 대한 특정 1주일의 '10:4 시스템' 을 쉽게 이해하도록 정리한 것이 다음 표이다.

교대팀	월	화	수	목	금	토	일	비고
1팀		1M	2M	3M	4M			• M=오전교대 (05:50~14:55), 9시간5분 근무 • E=오후교대 (14:55~24:00), 9시간 5분 근무 • M, E앞 숫자 1~4는 각각 다른 업무분야를 나타냄
2팀	4E		1E	2E	3E			
3팀	3M	4M		1M	2M			
4팀	2E	3E	4E		1E			
5팀	1M	2M	3M	4M				
6팀		1E	2E	3E	4E			
7팀	4M		1M	2M	3M			
8팀	3E	4E		1E	2E			
9팀	2M	3M	4M		1M			
10팀	1E	2E	3E	4E				

출처: 한국노동안전보건연구소(2007), 『교대제, 무한이윤을 위한 프로젝트』, 도서출판 메이데이.

이 근무편성표에 의하면 근무하는 10개 팀 중 하루에 8개 팀이 출근하여 4개 분야의 오전근무와 오후근무를 담당한다. 따라서 10개 팀의 근로자는 매일 4개 분야의 업무에 종사할 수 있도록 다기능화되어 있는 것이다. 그러기 위해서는 한 명의 근로자가 여러 분야의 과업을 처리할 수 있도록 모든 생산 설비가 자동화시스템이어야 한다. 즉, 압축 주 근무시스템은 생산기술의 발전으로 자동화 시스템이 정상궤도의 생산체제를 도입하는 기업만이 가능한 것이다.

셋째, 근로자들의 근로시간과 휴식시간의 개별화에 있다. 한 팀의 근로자들이 매주 같은 요일에 근무하고, 같은 요일에 휴일이 되면 자연스럽게 집단의 경험을 나누게 된다. 이러한 체제가 생상성의 효율적인 측면에서는 기업에 대한 기여도가 부정적으로 비처진다는 점에서 압축 주 근무를 선호하는 요인으로 작용한 것이다. 따라서 요일마다 서로 다른 팀이 일하거나 휴식을 취하게 되면 상대적으로 근로자들의 집단적 경험과 교류의 기회는 적어지게 마련이어서 팀 단위의 효율성을 극대화 한다는 차원에서 압축 주 근무를 선호하게 된다.

넷째, 팀별 경쟁에 따른 근로자의 단결력이 약화되고 있다. 기존의 자기 고유의 업무를 수행할 때와 달리, 10개 팀의 개별근로자들이 4개 분야의 업무를 돌아가면서 수행하기 때문에 팁별 실적에 따른 분할경쟁체제를 부추기고 있다. 따라서 근로자들의 단결력은 감소하고 생산성은 배가되어 성과급이나 포상휴일 등 인센티브효과가 나타나는 것이다.

그 밖에도 ILO에서 2006년에 발간한「노동 및 고용상태」에서는 근로자의 건강과 안전에 악영향을 미치고 있다고 경고하는 등 여러 가지 문제점[28]에 노출되어 있으면서도, 다른 면에서의 '괜찮은 일자리'를 위한 '노사상생'의 가능성에 대한 기대에 따라, 이러한 유럽식 뉴 패러다임의 압축 주 근무는 세계적으로 점점 확산되어가고 있다.

따라서 우리나라 생활양식과 기업의 풍토 및 근로자의 의식 수준 등 다양한 요인들을 고려한 한국식 압축 주 근무 제도를 개발은 기업의 국제적 경쟁력 증가는 물론 근로자의 삶의 질이 국제적 수준과 소득 수준의 향상과 함께 체계적인 복지국가로서의 기틀을 수립하는데 절대적으로 필요하다 할 것이다.

2) 독일 바이엘 사의 교대근무 개선
고용노동부에 의하면,[29] 독일의 바이엘 사는 80년대 말 주간근로시간이 40시간에서 37.5시간으로 축소되면서 이전의 4조 3교대근무제에서 5조 3교대근무제로 개선하였다. 이러한 교대근무제도 개선의 목적은 노동의 인간화와 우수인력의 확보에 있으며, 이를 위하여 의학적 및 사회과학적 연구 결과에 기초하여 이루어졌다. 또한 구성원들의 개인적인 이해와 요구를 반영하는 동시에 당시의 화학분야의 산업에 종사하려는 희망인력의 감소로 직무의 매력도를 높이려는 회사의 필요에 효율적으로 대응하기 위한 대책이 병행되어 이루어진 것이다. 또한 회사는 5조 3교대제의 8-10%의 추가인력을 확보해야 하는 상황에서 수요의 변동에 민감하게 대처할 수 있는 여유인력을 확보하게 되어 생산의 유연성을 높이는 계기가 되었다.

5조 3교대 근무제는 5주를 순환주기로 하고, 5주 동안에 20일 근무하며, 주당 기본근로시간은 33.6시간(168/5주)이다.[30] 교대근무자들은 5주 동안에 일요일 근무를 두 번(한 번은 조간근무, 한 번은 야간근무) 한다. 이러한 5주 동안의 교대근무시간은 168시간(18일*8시간 + 2일*12시간)이다. 바이엘 사의 연간 휴가는 노사 간의 합의로 33일(6.6주)로 정하여 실제로 45.58주(52.18주-6.6주) 근무하게 된다. 또한 노사 당사자 간의 합의한 협약근로시간은 주당 35.9시간으로 주당 기본근로시간과는 차이가 있어 주당 2.3시간 덜 근무하게 된다.[31] 바이엘 사의 현재 5조 3교대근무제의 근무계획에 의해 협약근로시간을 초과한 경우는 초과수당 비율을 정하여 지급하고 있다.[32]

또한, 바이엘 사는 2001년부터 근로시간 제도를 보다 유연화하기 위하여 연간근로시간 계좌제를 실시하고 있다.[33] 연간근로시간 계좌제는 노사협약체결을 계기로 입지 유지를 통한 고용안정[34]과 근로자들의 근로시간선택권을 신장하기 위한 목적으로 실시되었다. 이를 통하여 사용자들은 근로시간을 보다 유연화하고 연장근로를 줄임으로써 생산의 효율성을 높일 수 있게 되었다. 즉, 기업 경영과 근로자 개인의 요구에서 비롯되는 근로시간계획의 변경을 상사 및 근로자의 합의를 근거로 하여 수시로 가능하도록 하는 것이다. 바이엘 사의 5조 3교대 근무제는 5주를 단위로 순환 근무하여 20일간 근무를 하게 되어 주당 평균 4일 근무를 하게 된다. 바이엘에서 회사 측의 근로시간 변경지시 또는 요구기한은 4일이며, 근로시간 변경시점에서 4일 이상의 기간 이전에 회사 측에서 근로시간 변경 및 조정을 요구한 경우에는 연장근로에 해당하지 않는다. 반면에 4일 미만의 기간에 근로시간 변경을 요구한 추가적인 근로시간은 연장근로에 해당한다. 그리고 일일 시간평가기준(ZBB)을 초과한 추가적인 근로시간은 해당 근로자의 근로시간계좌에는 초과분만큼 잉여근로시간이 계상되는 것이다. 또한 연간근로시간계좌의 정산기간은 12개월이며 차기년도로 이월 가능한 시간은 ±37시간이다.

4

교대근무제
개선의 미래

교대근무제 개선의 출발선

오늘날의 교대근무제는 2차 세계대전 이후 생산성과 경쟁력 향상을 통한 자본이윤을 극대화하기 위하여 도입한 변형된 근로체제이다. 따라서 교대근무는 기업의 이윤을 극대화하기 위한 생산수단으로 전락되었으며, 근로자는 불규칙한 근로임에도 불구하고 각종 수당의 유혹에 이끌려 육체적·정신적 고통을 감내하고 있는 것이다.

오늘의 세계는 인터넷 및 SNS 등 정보통신망의 발달로 국민의 삶의 질의 향상은 물론 평준화가 형성되고 있다. 이러한 정보망으로 근로자들도 어느 때보다 자신의 삶의 질, 그리고 건강에 영향을 미치는 교대근무형태에 대한 관심이 어느 때보다 높아지게 되었다. 관심의 대상으로 국제노동기구 및 선진국에서 제시한 교대근무 개선안, 유럽의 압축 주 근무, IARC가 발표한 야간근무가 발암물질과 같다는 발표 등이 있다. 그리고 덴마크의 직업병 판정위원회의 교대근무자에게 산업재해로 보상한 사례는 이를 바라보는 우리의 현실과 비교되는 것이다.

한편, 국내에서는 정부차원에서 교대근무제 개선의 시범사업과 그에 따른 기업들의 교대근무제 개선의 모범사례는 개선의 방향성을 제시하였다. 그리고 우리나라 행정법원이 교대근무 야간작업에 의한 수면장애를 업무상 재해로 인정한 판례, 불규칙한 교대근무제로 인한 육체적 과로로 심근경색의 유발은 업무상 재해라는 행정법원의 판례, 폐암으로 사망한 지하철 역무원에 대하여 업무상 재해를 인정한 대법원 판례 등이 계속해서 법률적 주목을 받기 시작하였다. 따라서 이러한 다양한 측면에서 교대근무제에 대한 인식이 재조명되면서 우리나라에서 교대근무제 개선을 더 이상 간과해서는 안 되는 상황에 도달한 것이다. 결과적으로 교대근무제의 개선은 기본적으로 교대근무제 폐지에 목적이 있는 것이 아니라 어떤 형식으로든 교대제가 불가피하다는 공통된 인식하에 현재의 교대근무제의 부정적인 요소를 점진적으로 개선하려는데 초점이 맞추어 지고 있는 것이다. 이것은 교대근무제 개선에 따른 기우와 우려하는 상황을 교대근무제를 개선함으로써 오히려 국제적인 경쟁력 강화와 생산성의 향상을 가져오는 등 좋은 성과를 나타내는 계기가 되기 때문이다.

앞에서 논의된 바와 같이 교대근무제는 비정형적인 근무형태로서 인간의 생체리듬을 교란하여 근로자의 건강에 심각한 영향을 미침에도 불구하고 고속성장시대의 산업의 역군으로서 생산지향성의 도구적 수단이 정보화시대의 오늘날까지 지속되어 왔다. 또한, 교대근무제의 근무형태에 대한 학계에서의 활발한 학문적 접근이 거의 없었던 점도 관심적 논의의 대상이 되지 못하였던 것이다. 따라서 근로자들의 현실적 삶의 균형은 단지 그들의 노사문제의 시각으로 비쳐져서 사회적 문제해결의 단초가 되지 못한 것이다. 그리고 정부에서 산업의 일꾼인 교대근무자에 대한 종합적인 정책적 접근도 전무한 것이 또한 오늘날의 현실이라고 할 수 있다. 따라서 교대근무제는 정부의 정책적 측면과 학계의 학문적인 측면, 노사문제에 대한 사회적인 기본적 인식 등이 새롭게 조명되어야 그에 대한 원초적인 문제들이 해결될 것으로 보인다.

기본적으로 교대근무제의 문제점을 해결하기 위해서는 크게 두 가지 차원에서 논의되어야 한다. 하나는 교대근무에 대한 제도적 접근이고, 다른 하나는 교대근무 근로자에 대한 생리학적 차원에서의 접근이다.

전자의 경우 가장 근본적인 해결방안으로는 점진적으로 교대근무제의 폐지를 지향하는 방안이 절대적이지만 현실적으로 힘들고, 최선의 방안으로서 각 사업장에서 실행하고 있는 현재의 교대근무제를 획기적으로 개선하여 근로자에게 미치는 위험요인을 최소화하는 것이다.

후자의 경우는 인간이 교대근무로 인해 파괴되는 생체리듬을 다양한 측면에서 연구하고 검토하여 교대근무로 인한 수면부족과 피로의 누적으로부터 근로자들이 안전하게 생명과 건강을 지킬 수 있어야 한다. 따라서 지금까지 노사문제로 해결되지 못한 문제들이 근로자의 삶의 질과 행복의 추구라는 근본적인 접근으로부터 교대근무제는 궁극적으로 유럽국가의 수준으로 개선되어야 할 것이다. 아울러 국가경쟁적인 차원에서 한 차원 높은 교대근무제의 개선에 지금부터 보다 높은 학계의 관심과 역할도 시작되어야 할 것이다.

교대근무제 개선의 방향성

작금에 이르러 우리 정부나 기업가도 교대근무에 대한 인식이 과거와는 완연하게 미래지향적으로 변화하고 있다. 이것은 인터넷 등 SNS의 발달로 교대근무에 대한 빠른 정보의 교류 때문이지만, 아직도 노사 상호간의 기대치로 갈등하여 노동투쟁이 멈추지 않고 있는 실정이다. 우리나라의 근로시간은 OECD 국가 가운데 가장 긴 반면에 노동생산성 또한 가장 저조한 것도 사실이고, 교대근무자에 대한 근로시간 단축과 산업재해 등 근로자 삶의 질 등의 과제가 산적해 있는 것 또한 현실이다. 그러나 어려운 여건 속에서도 사용자 측과 근로자 간의 공동인식의 일치로 수많은 기업이 자발적으로 교대근무제 개선에 앞장서고 있는 것은 매우 긍정적인 의미를 지니고 있다. 이러한 노력들은 앞으로 교대근무제 개선에 대한 새로운 패러다임으로 작용하여 매우 중요한 역할로 작용될 것으로 믿어 의심치 않는다. 이런 중차대한 시점에서 우리나라 노사가 손을 맞잡고 공동으로 시급하게 추진되어야 할 요인들로서 ILO가 제시한 다섯 가지 핵심요인을 교대근무제 개선의 근간이 되는 방향에서 출발점의 기본적인 초석을 다지고자 한다.

ILO의 산하기관인 IARC는 지난 2005년 교대근무와 야간근무체제에 적합한 내성들을 사전에 분석하여 근로자를 배치하도록 권고하는 기본적인 기준을 제시하였다. 이와 같이 IARC는 교대근무와 야간근무에 영향을 미치는 다섯 가지 기본적인 조건을 다음의 표와 같이 제시하였다.

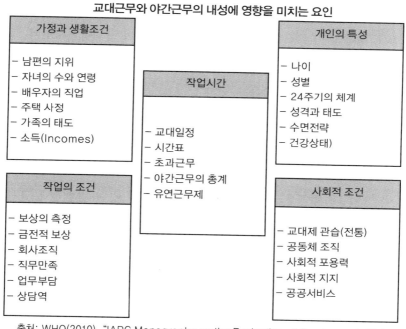

교대근무와 야간근무의 내성에 영향을 미치는 요인

가정과 생활조건
– 남편의 지위
– 자녀의 수와 연령
– 배우자의 직업
– 주택 사정
– 가족의 태도
– 소득(Incomes)

작업시간
– 교대일정
– 시간표
– 초과근무
– 야간근무의 총계
– 유연근무제

개인의 특성
– 나이
– 성별
– 24주기의 체계
– 성격과 태도
– 수면전략
– 건강상태)

작업의 조건
– 보상의 측정
– 금전적 보상
– 회사조직
– 직무만족
– 업무부담
– 상담역

사회적 조건
– 교대제 관습(전통)
– 공동체 조직
– 사회적 포용력
– 사회적 지지
– 공공서비스

출처: WHO(2010), "IARC Monographs on the Evaluation of Carcinogenic Risks to Humans", Vol 98, P. 567.

표에 따르면 가정과 생활조건, 개인의 특성, 직장의 작업조건, 사회적 조건, 작업시간 등 핵심요인에 대한 다각적인 분석을 요구하고 있다. 이러한 요인들은 결국 교대근무와 야간근무에 투입하기 전에 고용주가 작업자의 개인적 특성과 가정환경 및 사회적 여건을 충분히 고려하여 교대근무에 원활하게 적응하고, 야간작업에 대한 최대의 능률성을 충분히 고려해서 부적격자의 배치를 배제해야 한다는 것을 의미한다. 또한, 근로자의 입장에서는 가정생활의 평안한 생활의 영위에 따른 삶의 질은 물론 개인의 적성과 건강, 직장에 대한 개인의 적합성 및 사회적인 성숙한 여건의 조성 등을 최우선적으로 고려하여 근로자에게 최적정의 직업적 선택과 최적의 작업환경 조성을 우선시하는데 있음을 알 수 있다. 따라서 ILO의 국제암연구소가 제시한 '교대근무와 야간근무의 내성에 미치는 요인'을 중심으로 수립되어야 할 세부적인 기준을 자세히 살펴보기로 한다.

먼저, 가정과 생활조건의 세부적인 분석 요인으로는 남편의 지위와 자녀의 수와 연령, 그리고 배우자의 직업 및 주택 사정, 가족의 태도, 그리고 소득 등이 있다. 이러한 요소는 근로자 가정생활의 기본적 조건에 해당하는 필수적인 요인으로서, 가장인 남편이 불규칙한 교대근무에 따른 야간에 근무하여도 바람직한 자녀들의 양육과 교육관련 문제 등에 어려움이 없는지의 기준, 나아가 배우자의 직업이 안정적인 부부생활에 미치는 영향에 관한 기준 및 야간근무 후에 안정적이며 충분한 휴식의 공간 확보에 대한 기준, 그리고 가장의 불규칙한 출퇴근에 대한 가족들의 반응도에 대한 기준 등을 마련하여야 한다는 것이다. 나아가 가정의 소득관계 수준에 관한 기준을 마련하여 안정된 교대근무의 긍정적인 영향 등을 고려하여야 한다. 외국에서는 부부가 동시에 교대근무에 종사하는 것을 금지하여 가정의 행복에 기여하고 있는 것으로 알려져 있다. 이와 같은 가정의 종합적인 측면에서 교대근무로 인한 야간근무 등의 특수한 상황에 적절히 대응해 나갈 수 있는지 등의 기준을 다방면에서 충분히 고려하여야

교대근무

한다는 것이다. 이것은 무엇보다 가정의 안정적인 생활을 보장하려는 배려가 선행되어야 한다는 기본적인 인식을 강조하고 있다. 즉, 수신제가치국평천하修身齊家治國平天下를 의미한다.

둘째는 개인의 특성요인으로서 근로자의 나이와 성별, 그리고 근무주기의 체계 및 근로자의 성격과 태도, 수면전략, 건강상태 등의 요인이 있다.

근로자 개인은 교대근무의 가장 중요한 핵심요인으로서 나이가 너무 어리거나 많은 경우 등도 교대근무 적합성의 기준이 된다. 또한 기존의 근로자라도 연령이 너무 많은 경우 등에 따라 적정한 기준을 정해야 한다. 교대근무 주기도 기업체의 생산체계와 여건에 따라 적합한 근무체계와 함께 근로자 자신에게 알맞은 근무체계를 선호할 수 있는 여건이 조성되어야 할 것이다. 그리고 근로자의 성격과 태도 등도 사전에 충분히 고려하여 근무체계에 적응하는데 효율적이어야 한다. 가령 개인의 생활리듬이 '종달새형'인지 '올빼미형'인지 등을 고려하는 것이 바람직할 것이다. 이에 따라 적합한 수면전략 모형을 계발하여 근로자들이 충분한 수면시간을 확보하는데 기여하는 것이 기업의 생산성에 무엇보다 매우 중요한 전략이 될 것이다. 또한 개인의 건강은 곧 기업의 건강과 직결되는 가치인 만큼 개인의 건강상태가 가장 중요한 요소로서 그 기준을 마련하여야 할 것이다.

셋째는 직장의 작업의 조건과 환경이다. 직장과 관련된 작업의 환경적 요인으로는 과 보상의 측정, 금전적 보상, 회사조직, 직무만족, 업무분담, 상담역 등의 요인이 있다. 직장은 근로자가 일생동안 땀과 열정이 배어있는 삶의 터전이다. 직장에서 근로자의 능력에 따라 제시하는 급여와 근로자가 요구하는 급여와 상충관계 등을 충분히 협의하여 적정수준의 보상 등 금전적인 보상체계가 충분히 검토되어야 한다. 그리고 회사의 조직체계는 근로자의 꿈과 희망을 포용할 수 있는 체계인지 검토되어야 한다. 예를 들면, 서울의 A 공기업은 본사에 근무하느냐 현장에 근무하느냐에 따라 영원한 감독직 코스와 지시받는 코스로 나뉘는 이원적 체계로 이루어진 사업장으로서, 몇 십년간 보이지 않는 노사분규의 갈등요인으로 작용했던 경험에 비추어 이를 반면교사로 삼아야 할 것이다. 또한, 직장의 업무는 근로자가 자신이 수행한 업무에 보람과 꿈을 키워주는 직무인지를 검토해서 자아실현을 성취할 수 있는 업무에 종사할 수 있어야 한다. 나아가 업무에 대한 상하간 또는 동료 간 업무의 역할에 균형성을 유지하여 과도한 업무로 직원이 의욕을 상실하거나 건강을 해치는 부담으로 작용하는지에 대한 직무분석을 정기적으로 실시하는 기준을 정하여야 한다. 그리고 개인적인 고충을 해소할 수 있는 상담원을 배치하는 기준도 매우 중요한 시스템이라고 할 수 있다.

넷째는 사회적 조건이다. 사회에 교대근무와 관련된 인식이 근로자에게 미치는 영향을 매우 크다고 할 수 있다. 사회적으로 요구되는 요인으로는 교대제 관습과 전통, 공동체 조직, 사회적 포용력, 사회적 지지, 공공서비스 등이 있다. 우리나라는 혈연관계와 지연관계 및 학연관계에 따른 사회적 연결망이 다른 나라에서는 느낄 수 없는 구조로 형성돼 있다. 따라서 어떤 모임의 구성원이냐에 따라 한 인생을 좌지우지하는 구조적 모순임에도 불구하고 사회 구성원으로서의 참여는 매우 중요한 위치일 수밖에 없는 입장이다. 이러한 사회적 관습에서 벗어난 교대근무 조직에 종사한다는 것은 자신을 포기하거나 모험을 겪는 상황에 처하게 된다. 따라서 이러한 사회적 공황에서 헤어날 수 있도록 조직체의 보완적 역할이 매우 중요하며, 사회적 포용력과 지지가 보편화될 수 있도록 정부와 사회 및 기업이 제도적인 뒷받침과 정책적 추진이 선결되어야 한다. 그리고 교대근무자는 자기개발이나 자아실현에 노력하고자 해도 평생학습의 참여율이 OECD의 평균인 40.4%에도 훨씬 미달되는 수준이다. 이러한 원인은 모든 사회적 여건과 기반조성이 통상근무자 생활중심으로 편재되어 있어서 불규칙한 교대근무자의 생활패턴으로는 기회균등의 편차가 너무 큰 격차를 보이고 있기 때문이다. 따라서 교대근무자들의 생애주기별 맞춤형 평생교육 프로그램 개발과 제반 공공서비스를 교대근무자들이 편리하게 이용할 수 있는 프로그램 보급과 제도적 지원 정책의 조성이 시급한 과제로 부상하고 있는 것이다.

마지막으로, 작업시간에 대한 요인들이다. 근로자가 직접적으로 산업현장에서 수행하여야 할 교대일정과 교대시간표, 그리고 초과근무, 야간근무의 총계, 유연 근무제 등이 있다. 작업시간은 교대근무자에게 가장 민감한 부분이라고 해도 과언이 아니다. 왜냐하면, 교대근무는 근무형태의 종류에 따라 작업시간이 천차만별이기 때문이다. 따라서 작업시간은 노사가 합의한 근무형태를 시행하는 것이 노사분규와 직원들의 고충을 최소화하는 방안이라고 할 수 있다. 새로운 패러다임의 교대근무제를 도입하는 기업체에 대해서는 근로자 장려수당 등을 지원해서라도 짧은 주기의 교대근무제가 조기에 정착화하는 것이 근로자의 건강 등에 무엇보다 시급하고 매우 중요한 사안이다. 이를 뒷받침하는 법률적 제도가 마련되어야 한다. 왜냐하면, 유럽 27개국의 2005년도 전체 산업별 저녁근무와 야간근무의 보급률에 대한 통계에 의하면, 저녁근무시간이 매월 1~5시간인 경우가 평균 18% 수준이며, 5시간 이상인 경우도 28%미만인 것으로 나타났다. 그리고 산업별 야간근무도 매월 1~5시간인 경우가 평균 10.3% 정도수준이며, 매월 5시간 이상인 경우에도 평균 10.5% 정도에 수준에서 미치고 있기 때문이다. 우리나라의 2015년 6월 기준으로 전체 산업의 취업자는 2,620만 명에 이른다. 이에 특수근무형태인 교대근무자 수를 총 근로자의 16%로 추산하면 400만 여명의 매머드 인원이 야간근무를 하고 있다. 이들에 대한 교대근무시간 단축과 야간근무 시간을 점진적으로 축소해 가는 정책이야말로 우리나라 근로자들의 삶의 질이 OECD 수준으로 향상시키는 지름길이며 국가적 이미지 쇄신의 관건이 될 것이다. 또한, 교대근무자들이 장기간 교대근무로 인해 만성적인 질병에 노출되고 있다. 교대근무 근속기간을 제한하여 국가적 차원에서 질병의 예방할 필요성이 크게 대두되고 있다. 이에 따른 제도적 장치와 질병 등의 발생시 교대근무에서 보다 유연한 근무체계로 전환하는 기준도 마련되어야 할 것이다.

종합적으로 살펴보면, 우리나라는 교대근무자 400만 명 시대에 돌입함에 따라 교대근무제에 대한 법률적 기준의 마련이 어느 때보다 절실하여 교대근무자들에 대한 보다 제도적인 정책이 점진적으로 보완되어야 할 것이다. 여기에는 교대근무자의 가정과 생활조건에 대한 기준과 개인의 특성을 체계적으로 분석하는 시스템의 도입, 작업조건에 대한 법률적 제도 마련, 교대근무자들에 대한 사회적 보장

제도의 도입, 새로운 패러다임에 의한 교대근무제 개선 등의 정책에 대한 법률적 제정 등이 마련되어야 한다. 왜냐하면 산업화시대부터 4~50년의 장기간 동안 교대근무로 인해 직업병과 산업재해 발생의 잠재적 증가요인으로 작용하는 시점에 이르렀기 때문이다. 또한, 우리나라의 경제성장에 따른 복지수준과 삶의 질의 향상이 국제적 과제로 부각되고 국민적 욕구수준의 향상이 교대근무를 기피하여 이직률이 증가하는 등의 사회적 문제가 증가하고 있기 때문이다. 따라서 교대근무자들이 제반 산업에서 제 기능과 역할에 투철한 직업의식을 함양하여 그들이 국민생활 편의의 조력자이자 제공자, 산업생산의 파수꾼, 방범과 치안 등 공안담당자, 국방의 의무자, 서비스상품의 생산과 제공 등으로 국민의 기초적인 편익증진과 산업발전의 원동력으로 기초가 튼튼해지기 위해서는 조직적으로 약자인 그들이 법률적 보호 장치가 마련되어야 가능해질 것이다.

1 4조 3교대는 유럽 미국 일본 등에서는 널리 알려진 근무 시스템으로, 한국에서는 93년 유한킴벌리가 처음으로 생산직 사원에 대해 도입한 이후 포항제철 한국타이어 등이 운용하고 있다. 4조3교대 근무시스템은 3개조는 8시간씩 근무함으로써 공장을 24시간 가동하고 나머지 1개조는 휴식을 취하거나 교육을 받는 것이 특징입니다. 이 시스템의 핵심은 교육으로서, 1개조를 추가로 고용하는 비용을 교육을 통해 생산성을 높여 상쇄하는 것에 그 핵심이 있습니다. 즉, 충분한 인력을 이용하여 충분한 휴식과 더불어 기계부품처럼 한 가지 업무만 하는 것이 아닌 공장의 전체 과정을 이해하고 근로자가 여러 가지 기계를 다룸으로서 근로자의 직무 만족도와 생산성을 크게 높일 수 있다는데 중점을 둔 것이다.

2 한국노동안전보건연구소(2007), 『교대제, 무한이윤을 위한 프로젝트』, 도서출판 메이데이.

3 중국은 2012년도 세계 선박3대 지표 및 시장점유율에서 한국을 앞서고 있다. 선박건조량은 6,021만 톤으로 점유율 40.7%로서 한국의 4,844만 톤의 32.8%를 앞서고 있다. 신규수주량에서도 중국은 2,041만 톤으로 점유율이43.6%인 반면에 한국은 1,479만 톤의 31.6%에 그치고 있다. 또한, 수주잔량에서도 중국은 10,695만 톤으로 점유율이 41.5%인 반면에 한국은 6,860만 톤의 26.6%에 머물고 있다(한국무역협회, 2013).

4 한국노동안전보건연구소(2007), op. cit.

5 설미화(2007), 『교대 근무간호사의 피로도, 수면양상, 수면장애, 수면박탈증상에 관한 연구』, 경상대학교 대학원, 석사학위논문.

6 설미화(2007), Ibid.

7 송명식(2004), 『고(高)성과 생산관리시스템을 통한 제조기업의 생산성 제고』, 건국대학교, 박사학위논문.

8 한국노동안전보건연구소(2007), op. cit.

9 각국에서 주로 사용하는 근무스케줄을 살펴보면, 8시간 3교대근무 형태에서는 유럽의 경우 오전 4시-정오-저녁8시, 오전 6시-오후 2시-밤 10시 사이에 배치하고, 미국에서는 오전 8시-오후4시-자정의 형태가 많다. 그리고 스웨덴에서는 1970년대에 6시간 근무 4교대제(오전6시-정오-오후6시-자정)를 도입하였다가 근로자들의 반대로 3교대제로 환원하였다.

10 한국노동안전보건연구소(2007), op. cit.

11 한국노동안전보건연구소(2007), Ibid.

12 노무현의 참여정부(2003.2.25~2008.2.24)가 고용보험법 시행령(대통령령 제19513호)을 일부개정(2006.6.12)한 제15조의3의 규정에 따라 노동부장관은 사업주가 근로자를 조를 나누어 교대로 근로하게 하는 교대제를 새로이 실시하거나 조를 늘려 교대제를 실시하고, 교대제전환 이후 매분기 당해 사업의 월

평균 근로자수가 교대제전환을 한 날이 속한 월의 직전 3월의 월평균 근로자수를 초과하는 경우에는 교대제전환지원금을 지급하였다.

13 유한킴벌리 홈페이지(2000.12.1), "고능률 생산조직의 도입과 성공".

14 엄명용(2005. 07. 25), "경찰청 뉴 패러다임 사업보고(2차)", 경찰청 혁신기획단 (자료: http://blog.daum.net/greenname/265299, 검색일: 2014. 5. 8)

15 뉴패러다임센터 사이버매거진(2007.11.20), "공기업도 평생학습–인력개발동참", (자료출처: http://blog.daum.net/iseejee/647211, 검색일: 2015. 11.9).

16 부산환경공단 http://www.beco.go.kr/(2015. 11. 9).

17 최우창(2008. 12. 11), "4조 2교대 근무시스템과 평생학습체계 구축 통해 자율적 혁신역량 갖춘 세계적 철강회사로 도약", 노동부 노동연구원 부설 뉴패러다임센터(자료출처: http://blog.daum.net/greenname/7838843).

18 송철복(2009. 04. 24), "대한제강(주), 철강업계 최초 4조2교대 도입하고 초고속 성장", 노동부 노동연구원 부설 뉴패러다임센터(자료출처: http://blog.daum.net/iseejee/8895708).

19 "고객감동서비스", 『2004년 굿모닝병원 웹진 – Hi morning』, 제4호(가을) 4–5. 30.

20 기획기사 "뉴패러다임 도입과 굿모닝병원", 『2005 굿모닝병원 웹진 – Hi morning』, 제7호(여름) 6–7.

21 "처음처럼 한결같은 병원", 『2006 굿모닝병원 웹진 – Hi morning』, vol.11 (Summer).

22 "교육인적자원부 주최 기업부문평생학습 '대상' 수상", 『2007 굿모닝병원 웹진 – Himorning』, vol.13 (Winter).

23 박영환(2007. 8. 27), "세계적 석학 페퍼 교수, 평택 굿모닝병원에 '通'하가", 『이코노믹리뷰』.

24 오마이뉴스(2007. 10. 11), "[현장르포①] 기업혁명의 현장, 그들의 실험은 성공할까 – 굿모닝 병원; 일 줄이고 교육 늘렸더니 매출 늘었네".

25 서울시 지하철 최적근무위원회 활동 백서(2013),

26 WorkLife and Wellness, "Compressed working week", ONE HR COMMUNITY ONE UCDAVIS.(검색일: 2015.9.17).

27 한국노동안전보건연구소(2007), op. cit.

28 한국노동안전보건연구소(2007)에서는 압축 주 근무는 장시간 연속 노동으로 피로가 과도하게 쌓이고, 근무일 중 휴식시간이 부족하여 피로를 제때에 풀지 못하여 만성피로로 이어지고, 근무일 중 여가시간이 너무 적어서 육아나 가사 등 가정생활과 사회생활에 영위하기가 어렵다는 것이다. 또한 피로누적은 근로자의 안전사고의 증가로 이어지며, 장시간 연속 노동은 독성물질,물리적 유해요인에 대한 노출시간이 늘어나 안전보건상의 문제의 심각성 등 문제점을 제시하였다.

29 고용노동부(2011), "교대제 운영실태 조사 및 교대제 개편 촉진방안연구", pp.99-102.

30 월요일부터 토요일까지는 하루에 8시간 근무하며, 조간근무는 6:00~14:00, 주간근무는 14:00~22:00, 야간근무는 22:00~익일 06:00까지이다. 그리고 일요일에는 12시간씩 근무하며, 조간근무는 6:00-18:00, 야간근무는 18:00~익일 06:00까지이다.

31 이렇게 발생한 부족한 2.3시간 가운데 주당 0.15시간은 연간교육훈련 8시간 (0.15시간 × 45.58주 = 6.837시간)의 주요 근거로 활용하고, 나머지 2.15시간은 연간으로 환산한(45.58주 × 2.15시간 = 97.997시간) 98시간은 12일(98시간 ÷ 8시간 = 12.25일)은 추기적인 보상대체교대근무의 근거가 된다. 보상대체교대근무는 협약근로시간에 포함되므로 수요가 증가할 때 생산량의 확대가 요청되는 경우에 회사가 근로자에게 근로를 요구할 수 있는 근거가 되며, 이 근로시간은 연장근로가 아닌 정규근로시간에 해당한다. 또는 수요가 증가하지 않을 때 기본근로시간으로 수요에 대응하여 생산할 수 있는 경우에 노사가 합의하여 휴가 처리를 하거나 아니면 다음 해에 이월하고, 이를 보상대체교대근무로 3월까지 수행하면 된다.

32 연장수당은 25%, 야간근로수당은 20%, 12월 24일 성탄절 전야근무 초과수장은 100%, 12월 31일 신년 전날 초과근무수당은 14:00~22:00까지는 50%, 22:00~익일 04:00까지는 100%, 일요일 초과근무수당은 60%, 부활절, 성령강림제일, 신년일, 법정공휴일 초과수당은 150%를 지급하고 있다.

33 연간 근로시간 계좌제 운용에서의 산정은 주당 협약근로시간은 35.9시간으로 일일 평균 근무시간(35.9÷주당 4일=8.97시간)은 8.97시간이 된다. 따라서 한 근로자가 월요일부터 토요일까지 8시간씩 근무하고 일요일에 12시간 근무하였다면 해당 근로자의 주말 근로시간계좌 잔고는 −2.79시간(−0.97시간×6일+3.03시간= −2. 79시간)이 된다. 즉 2.79시간이 부족한 근로시간으로 계상된다.

34 사용자가 인건비가 저렴한 동유럽이나 아시아로 생산기지를 이전하지 않고 독일에서의 입지를 유지하여 근로자들의 고용안정을 유지하기 위하여 근로자대표기구인 사업장평의회는 연간근로시간계좌제 도입에 동의하였다.

교대근무

찾아보기